省际边缘城市现代服务业发展战略研究
——以陕西省汉中市为例

谢泽明　李凤荣　著

中国社会科学出版社

图书在版编目（CIP）数据

省际边缘城市现代服务业发展战略研究：以陕西省汉中市为例／谢泽明，李风荣著.—北京：中国社会科学出版社，2017.9

ISBN 978 - 7 - 5203 - 1183 - 0

Ⅰ.①省…　Ⅱ.①谢…②李…　Ⅲ.①服务业—经济发展—研究—汉中

Ⅳ.①F726.9

中国版本图书馆 CIP 数据核字（2017）第 249869 号

出　版　人	赵剑英
责任编辑	马志鹏
责任校对	林福国
责任印制	张雪娇

出　　　版	中国社会科学出版社
社　　　址	北京鼓楼西大街甲 158 号
邮　　　编	100720
网　　　址	http://www.csspw.cn
发　行　部	010 - 84083685
门　市　部	010 - 84029450
经　　　销	新华书店及其他书店

印　　　刷	北京君升印刷有限公司
装　　　订	廊坊市广阳区广增装订厂
版　　　次	2017 年 9 月第 1 版
印　　　次	2017 年 9 月第 1 次印刷

开　　　本	710×1000　1/16
印　　　张	24
插　　　页	1
字　　　数	390 千字
定　　　价	88.00 元

目　　录

第 一 章

绪 论

一　研究背景

从 20 世纪 60 年代开始，世界发达国家纷纷步入"后工业化社会"。自 20 世纪 80 年代以来，全球产业结构发生了很大的变化，总的趋势是由"工业型经济"向"服务型经济"转化。科学技术的不断进步及其在社会生活、生产各领域的不断渗透与融合，在极大地提高了人民生活质量的同时也促进了产业结构的升级，主要表现在第三产业升级成为现代服务业。现代服务业已经成为当代世界各国国民经济和社会发展的重要组成部分。现代服务业的发展程度直接表明了一个国家和地区的经济发展水平，相关部门对现代服务业在国民经济中所占比重的统计数据表明，发达国家现代服务业比重在国民经济中已占到 60%—70% 左右，世界平均现代服务业比重也已经超过 60%，而我国的比重刚刚达到 50%。由此可见，我国现代服务业的发展程度处于一个较低水平。因此，《中共中央关于制定国民经济和社会发展第十二个五年规划的建议》中明确要求，坚持把经济结构战略性调整作为加快转变经济发展方式的主攻方向。加快发展服务业，促进经济增长向依靠第一、第二、第三产业协同发展转变，把推动现代服务业大发展作为产业结构优化升级的战略重点。在此背景下，全国各地积极贯彻中央的部署要求，快速调整产业结构，将发展服务业作为优化产业结构的重要举措，现代服务业的发展被提到了一个前所未有的高度，服务业跨区域合作与发展成为理论界普遍关注的问题。

同时，随着区域经济的迅速发展，中国国内已涌现出大批以大城市或都市圈为代表的经济增长极，并且经济增长极已经表现出了突出的经济集聚效应和扩散效应。核心区（增长极）的发展带动了整个相关地域经济的发展，而大部分增长极与周边区域间存在行政边界和自然边界。在行政边界和自然边界区，存在一些经济影响小、发展水平低的边缘区，也存在受不同行政区优势政策影响，发展较好的行政边缘区；或者有些边缘区附近存在多个增长极或者没有增长极，这些经济社会发展模式的空间特征既强调跨边界、区域特色，又强调区域控制和协调。研究这些区域的经济如何发展，是学界和政府都很关注的问题。受行政边界和自然边界影响最突出的即省际边缘区。当前，在全球化、信息化以及后金融危机时代的大背景下，从适应新常态、把握新常态、引领新常态，到《国家十三五国民经济和社会发展规划纲要》明确提出以"创新、协调、绿色、开放、共享"的五大发展理念引领发展，作为区域经济发展"瓶颈"的省际边缘区迅速成为我国统筹发展的重点区域和扶贫攻坚战的主战场。

近年来，在川陕革命老区振兴发展和秦巴山区全面脱贫攻坚政策支持下，加快陕甘川省际边缘区经济转型、快速发展已经成为各级政府高度关注的热点问题。汉中作为陕甘川省际边缘区经济增长较快的城市，基础设施、经济基础、产业布局和市场构建等方面都取得了较大进展，在优化区域经济空间结构，重构区域经济产业的发展格局等方面的地位和作用日益凸显。"十三五"时期，汉中市以打造区域核心城市为目标，将着力构建现代服务业产业体系作为促进汉中经济结构优化升级、加速推进供给侧结构改革的首要任务。本研究从省际边缘区经济发展的视角出发，以实现陕甘川省际边缘区经济协调发展为目标，在陕甘川省际边缘区城市群中选择经济总量较大、辐射带动力较强的汉中市为例，通过对汉中市的经济发展现状、区域经济地位的分析，提出"十三五"时期，汉中市现代服务业的发展战略。

二 研究目的

本研究在对省际边缘区经济发展协调机制和现代服务业发展体系等相关理论进行系统梳理的基础上，运用"核心—边缘"理论、增长极理论、区域经济均衡发展理论、区域经济协调发展理论等区域经济发展理论和产业结构理论、服务经济发展理论，提出省际边缘区经济发展与现代服务业发展的内在联系；以陕甘川省际边缘区为对象，具体分析其现代服务业发展的战略选择——培育现代服务业中心城市和增长极；通过中心性评价方法和计量分析论证陕西省汉中市可以作为陕甘川省际边缘区区域中心城市和现代服务业的增长极城市；再进一步以打造陕甘川省际边缘区中心城市和现代服务业增长极为目标，具体分析汉中市现代服务业发展的总体思路、发展路径和发展战略。

三　研究意义

省际边缘区是区域经济协调发展的重点领域，但也是现实发展中容易被忽视的区域。从区域经济的角度，针对边缘区经济发展现实问题进行分析，进而提出系统的省际边缘区现代服务业的发展战略，对我国省际边缘区经济的发展具有较好的理论和现实意义。

（一）理论意义

服务业作为衡量一个城市发展的重要标志，对城市发展的作用日趋明显。近年来，经济发达地区、省会中心城市等大中型城市的服务业发展突飞猛进，学界对于发达地区服务业发展的研究也非常丰富，而关于省际边缘城市服务业发展的研究却少之又少。本研究通过重新梳理现代服务业相关研究成果，找到现代服务业发展中存在的深层次问题，可以丰富现代服务业的相关理论。通过对省际边缘区经济地位的分析与论证，从区域经济发展的视角分析探讨省际边缘区现代服务业发展战略，提出创新发展的路径和战略措施，丰富区域经济的理论，完善省际边缘区经济发展模式理论，拓展研究中国区域经济现实问题的理论边界。

（二）现实意义

研究省际边缘区现代服务业发展战略，对于区域经济的协调发展具有普遍意义。一方面有利于推进省际边缘区经济社会的协调发展，并使边缘区经济发展进入良性互动状态；另一方面有利于提炼出解决省际边缘区经济发展实际问题的思路和对策，提高整个区域的整体竞争力和综合实力。陕甘川省际边缘区在川陕革命老区振兴发展和新一轮西部大开发中具有重要的战略地位。汉中市作为陕甘川省际边缘区的中心城市，打造区域服务业发展中心城市和增长极，切合汉中市未来经济发展的战略定位，有利于促进汉中市服务业转型升级和产业结构的优化调整，对于汉中市实现"追赶超越"和"脱贫攻坚"具有重要的现实意义。

四 研究思路

本研究选择位于陕甘川三省毗邻区的汉中市为研究对象，以现代服务业发展战略为切入点，以打造陕甘川省际边缘区现代服务业核心城市为目标，在明确界定边缘与核心、省际边缘区、边缘区与边缘效应等基本概念的基础上，系统分析省际边缘城市的经济发展特征；在充分论证汉中市作为省际边缘城市的边缘性、作为陕甘川省际边缘区核心城市的中心性地位的基础上，结合汉中市发展现代服务业的优势、劣势、机遇与挑战，探讨分析汉中市现代服务业发展的总体战略；在上述研究的基础上，具体分析汉中市十大服务领域的发展战略。（研究框架图见图1—1）

五 研究内容

第一章，绪论。主要内容包括研究背景、研究目的、研究意义、研究思路、研究内容和研究方法。

第二章，省际边缘城市经济发展概述。本章系统地梳理了边缘区和省际边缘城市的相关概念，总结了边缘效应和省际边缘区经济发展协调机制，并对省际边缘区的研究进行综述。

第三章，现代服务业发展概述。本章系统归纳和梳理了现代服务业的内涵与范畴，现代服务业的基本特征，现代服务业与其他产业的关系，现代服务业发展的影响因素以及国内外现代服务业的发展模式和发展趋势，并对现代服务业的研究进行综述。

第四章，理论基础。本章主要从区域经济发展理论和现代服务业发展理论两个方面归纳和整理了本研究所采用的经济理论，具体包括"核心—边缘"理论、增长极理论、区域经济均衡发展理论、区域经济协同发展理论、产业结构理论和服务经济发展理论，并形成本研究的理论框架。

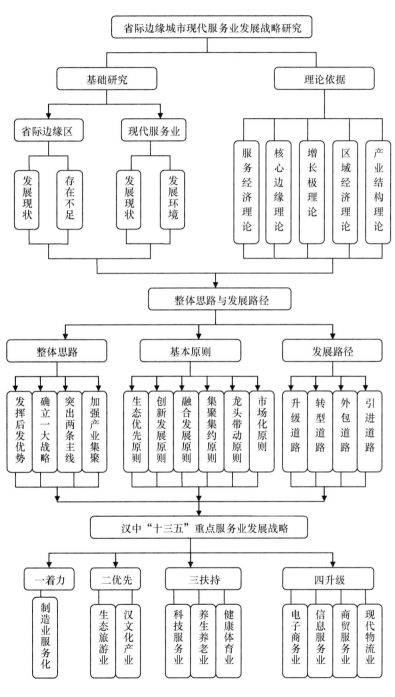

图 1—1 研究框架图

第五章，陕甘川省际边缘区发展战略定位与布局。本章主要介绍了陕甘川省际边缘区的基本情况，分析陕甘川省际边缘区的区位重要性，梳理国家关于陕甘川省际边缘区的经济发展战略定位与空间布局。

第六章，汉中市国民经济和社会发展概况。本章主要介绍了汉中市的地理区位、自然条件、经济基础、人口环境、市场环境等基本情况，并对汉中市国民经济和社会发展现状进行分析。

第七章，汉中市的区域经济发展战略选择——陕甘川省际边缘区经济增长极。本章采用城市中心性模型，通过对陕甘川省际边缘区的城市中心性进行分析，进而确定汉中市的区域经济发展战略选择，即打造陕甘川省际边缘区经济增长极。

第八章，汉中市现代服务业发展基础与发展环境分析。本章通过分析汉中市现代服务业的发展现状及存在的问题，提出汉中市大力发展现代服务业的必要性，进而对汉中市现代服务业的发展环境进行了分析。

第九章，基于增长极视角对汉中现代服务业的发展思路与路径分析。本章基于增长极的视角，分析了汉中市现代服务业的发展思路、基本原则、发展目标和发展路径，并提出"一个着力、两个优先、三个扶持、四个重点"的十大发展领域。

第十章至第十九章，具体分析了汉中市服务业与制造业融合发展战略、汉中市生态旅游产业发展战略、汉中市文化产业发展战略、汉中市休闲养老产业发展战略、汉中市健康体育产业发展战略、汉中市科技服务业发展战略、汉中市信息服务业发展战略、汉中市现代物流业发展战略、汉中市商贸服务业发展战略、汉中市电子商务产业发展战略。

第二十章，意见和建议。本章结合汉中市的实际，从加强规划指导、"走出去"与"请进来"并举、积极扶持与培育示范项目、注重本土学者长效研究和打造汉中市"秦巴创客谷"等五个方面提出宏观建议。

六　研究方法

（一）文献分析法

通过查阅相关期刊文献、书籍、网络知识库等获得有关边缘与中心、边缘区经济发展系列理论、省市边缘区经济发展模式研究方面的相关讯息，对以往国内外边缘区经济发展的研究成果进行了回顾和总结，为后面的分析提供理论和方法基础。

（二）统计分析法

运用历年统计年鉴数据对陕甘川省际边缘区六个城市的经济发展水平和经济差异分别进行比较分析。

（三）计量分析法

运用相应统计综合指标来反映和研究省市边缘区的一般特征和数量关系，采用 2015 年统计数据，构建中心性评价模型，对陕甘川省际边缘区六个城市进行中心性评价，综合分析给出陕甘川省际边缘区中心城市的分析结论。

（四）实证研究法

依据现有的省际边缘区相关理论研究，选择位于陕甘川省际边缘区的汉中市为实证研究对象，以打造陕甘川省际边缘区经济发展中心城市和增长极为目标，并进一步探索面向陕甘川省际边缘区的现代服务业发展思路、发展路径、发展目标和发展战略。

第 二 章

省际边缘区发展概述

一　边缘区

（一）边缘区的界定

19世纪末期，在中欧地理学界特别是城市地理学界就从城市形态学角度提出了"边缘区"这个概念。"边缘"本来就是一个复杂的概念，既包含区位属性也包含经济属性。国内外学者主要从地理学、区位学、经济学等不同的角度对"边缘区"进行界定。

1. 行政区划视角。从行政区划的视角看，边缘区即为处于行政边界的区域。按行政区划的层级，边缘区自上而下可以分为"国家边缘""省际边缘""城市边缘"等。在国际法中，边界是用于"确定各国之间的领土范围，它是一条划分一国领土与他国领土或与国家管辖范围之外区域的界限"（王铁崖，1995年）。国内外对于"城市边缘"的概念研究比较丰富。1936年，德国地理学家赫伯特·路易斯（Herbert Louis）在研究柏林城市空间结构时发现，某些原属城市边界的地区，后被建成区所侵吞成为市区的一部分，他称之为城市边缘带。随后有安德鲁斯（R. B. Andrews，1942年）提出，普利尔（R. J. Pryor，1968年）定义的"乡村—城市"边缘带。随后又有城市蔓延区、城乡接合部、城市阴影区等提法（杨建，2005年）。相比之下，国内对于城市边缘区的研究尚处于起步阶段。国内学者在参考国外定义的基础上，结合中国实际，对"城市边缘区"概念的界定，提出了自己的看法，认为城市边缘区是"城市中具有特色的自然地区"，是"城市化对农村冲击最大的地区"，是"城市扩展在农业土地上的反映"，是城市与乡村之间"交错地带"（顾朝林等，1993年；陈佑齐，1994 年）。

2. 社会功能视角。从社会功能视角看，边缘区仅仅指相对于其他区域而言，在进行决策时经常被忽略的区域，即所谓的"被边缘化"现象。乔尔·加罗（Joel Garreau，1991 年）在《边缘城市》（*Edge City*）一书中指出，相对于主城而言以就业而非居住为主的聚集区。1987 年麦基（Mgcee）提出了"灰色区域"的概念，他认为，这些中间地带是一种全新的，目前被人们认为是不清不白的区域（胡必亮，1993 年）。这些边缘区是看不见的城市，康奈斯（Knox，1993 年）称他们为"隐形城市"。由于这种"隐形"也表现在难以从地理空间上界定其边界，兰格（Lang，2003 年）认为其应该称为"没有边际的城市"。国内学者（康江峰，2006 年）认为"边缘区"是指在区域经济发展过程中，在运输网络中的地位下降，区域合作的参与度低；在区域整合的进程中处于被支配地位，处于被忽略或被排斥的地位。该区域不一定呈现区位的边缘，也不一定是经济贫困地区。

3. 经济学视角。基于经济学的视角，边缘区指经济边缘化地区，其突出表现是经济要素集聚能力呈下降趋势。20 世纪 60 年代，美国区域发展与区域规划专家弗里德曼（J. R. Fried man）的"核心—边缘"理论在解释经济发展过程及空间结构随时间变化的规律时将区域划分为核心区和边缘区。弗里德曼（J. R. Friedman，1966 年）认为核心区域是指城市或城市集聚区，其工业发达、技术水平较高、资本集中、人口密集、经济增长速度快；边缘区域则是较核心区域经济较为落后的区域。基于"核心—边缘"效应理论，郭荣朝（2006 年）把边缘区界定为相邻地域间具有一定空间范围且直接受到类似于生态学中异质地域间"边缘效应"作用的过渡区。陈晓华，张晓林（2004 年）认为边缘化地区是指处于中心城市（核心区）的边缘地带，并在区域发展过程中，社会经济发展水平与中心城市（核心区）的差距逐步拉大的地区。

需要说明的是，随着经济的发展、城市化进程的加快、新经济现象的相继出现，关于边缘区的界定，在前人研究的基础上又演化出了行政边缘区、经济边缘区、城市群边缘区、都市圈边缘区、大都市边缘区等相关的边缘区概念。从研究过程来看，边缘区概念逐渐将时间和空间领域相结合，并且呈现出由静态向动态转变的趋势。

（二）边缘区的类型

相对于核心区域来说，边缘区域是那些经济较为落后的区域。在区域经济增长过程中，核心与边缘之间存在着不平等的发展关系。

边缘区是指相邻地域间具有一定空间范围且直接受到边缘效应作用的边缘过渡区，尤其是自然地理单元与行政地理单元的耦合地带。边缘区具有相邻地域所共有的属性，区位优势显著，资源组成更为丰富，具有很强的关联纽带作用，加之多样性生境（包括社会、经济与自然环境）的叠合、延展，所蕴藏的生态位数量与质量都远高于地域腹心区。边缘区因所处地理区位不同具体又分为行政边缘区、地理边缘区、类型边缘区和复合型边缘区（表2—1）①。本书中所研究的省际边缘区则属于行政边缘区中的区际边缘区。山脉、河流、湖泊等自然因素也是影响省际行政区划的一个重要因素，如鄂豫皖三省就以大别山为分界线，所以省际边缘区往往很多时候也是地理边缘区、复合型边缘区。

表2—1   边缘区的类型

行政边缘区	根据行政区划单元可划分为洲际边缘区、国际边缘区、区际边缘区等。
地理边缘区	根据行政区划单元可划分为海陆边缘区和陆上边缘区，后者包括：丘陵平原边缘区、山地平原边缘区、山地与山地间的边缘区（河谷地带）、山地高原边缘区、高原平原边缘区等。
类型边缘区	边缘区因主导作用内容不同可分为经济作用型边缘区、环境资源型边缘区、社会职能型边缘区、空间限定型边缘区以及复合型边缘区等。
复合型边缘区	自然地理单元与行政地理单元之间的耦合地带

（三）边缘区的特征

随着国内外学者关于边缘区研究的逐渐深化，从单一的研究领域到比较宽广的研究范围，关于边缘区特征的描述也呈现出多元化的特点。国外学者关于边缘区特征的描述，总结起来最突出的特征就是边缘区的过渡

---

① 郭荣朝：《省际边缘区城镇化研究》，中国社会科学出版社2006年版，第76页。

性。比较典型的观点主要有以下几种：美国地理学教授罗伯特·辛克莱（Robert Sinclair）通过多年对美国中西部城市周边土地利用的调查与研究认为现代城市周围地区的土地利用具有明显的动态性特点（Robert Sinclair，1964、1967年）。学者威尔文（G. S. Wehrwein，1942年）研究认为城市边缘区的特征有城市和边缘区之间灵活的道路网络刺激边缘区居民增长和混合的土地使用模式。果勒杰（R. G. Gollege，1960年）将城市边缘区的特征归纳为七个方面：即土地占有存在一种持续的变化模式；农场规模较小；集约型农业生产；人口变动较大，密度中等或偏低；居住区扩散迅速；提供的服务和公共设施不完善；投机性建筑司空见惯。德国地理学家赫伯特·路易斯（L. Louis，1936年）、勒德弗尔德（Redfield，1941年）、威尔文（G. S. Wehrwein，1942年）以及普利尔（R. G. Pryor，1968年）都指出边缘区是土地利用、社会和人口特征的过渡地带，兼具城市和乡村的特征。

国内较早、较系统地对边缘区特征进行研究的学者是顾朝林（1993年），他通过对北京、上海、广州、南京等大城市的调查，总结出我国城市边缘带的特征是：城乡用地犬牙交错，城市建设不断蚕食农业用地，边缘带是资源的发生点，城市蔬菜、副食品的重要生产基地，城市大工业的扩散区，城乡人口混居人口密度梯度递变带、频繁通勤区。此外，学者（陈佑启，1996年；杨建，2005年；段德罡，2009年）对大城市边缘区的特征进行了研究，这些研究将城市边缘区的基本特征概括为：过渡性的区位变化、动态性的地域空间演变、多样化的人口构成、复合型的经济发展、多样性的土地利用等。对于省区交界地带的省际边缘区的特征研究，概括起来主要的特征有：丰富的资源、区位的边缘性、经济的欠发达性、工业化和城镇化进程缓慢、基础设施落后、区域分工不明确、社会功能明显等（安树伟，2004年；冷志明，2005年；郭荣朝，2006年；杨杰，2009年）。

（四）边缘区空间范围界定

国内外关于边缘区空间范围的界定方法很多，对国家边界和省际边缘区的空间范围界定多是单纯地从地理区位的边缘属性界定，而对城市边缘区的研究则比较系统，涉及的研究方法主要有"断裂点"分析法、引力模型法、信息熵法、区位熵法等。

国外对于边缘区空间范围的界定有根据空间特性划分，也有根据具体数值以及各种研究方法进行分析。迪肯森（Dickinson，1947 年）在分析空间特征的基础上提出三地带理论，把城市空间从城市向外依次划分为中央地带、中间地带和外边缘带。也有根据经验给出一定经验数值的范围，如巴特尔姆克斯（Peter Bartelmces）研究英国几个大都市及卫星城的开发经验中认为城市边缘区在城市建成区与卫星城范围之间，到城市核心的距离为 8.15km 的范围；伯里安特（C. R. Bryant）在对加拿大多伦多地区研究后，则认为城市边缘区是城市向外延伸 6.10 英里（大体相当于 10—16km）（薛军，2003 年）；弗雷德曼（J. Friedman）将城市周围大约 50km的地域划分为城市边缘区，其中内边缘区大约 10.15km，外边缘区延伸有 25.50km。

国内研究者在国外"断裂点"、引力模型、"信息熵法"等研究方法基础上做出了积极的探索。陈佑启等（1998 年）在利用"断裂点"分析方法时考虑到交通的可达性，进而确定北京的城乡交错带范围，指出北京市城乡交错带外边界在东北方向为距离三环路约 70km，正东约 30km，东南、南及西南约 40km，正西约 25km，西北、北约 50km。并在 2010 年进一步从人口、用地、景观 3 个方面选取指标，构建指标体系，运用引力模型，界定北京市城乡交错带的空间边界：即将引力大于 6 的乡镇作为城市主体，引力在 0.1—6 的为城乡交错带的范围，引力在 0.1 以下的乡镇为乡村的地域范围（陈佑启，2010 年）。李世峰（2006 年）从人口、用地、经济和社会等方面构建地域特征属性界定的指标体系，并利用"模糊综合评价法"构建了地域特征属性的界定模型，采用多目标线性加权函数法确定综合评价结果，认为特征值在 0.1—0.5 为具有城市外边缘区特征，特征值在 0.5 以上为具有城市内边缘区特征。刘阳炼（2006 年）利用了"阈值法"对株洲市城市边缘区进行了界定，根据到达阈点指标综合判断。方晓（1999 年）、钱紫华（2006 年）分别利用 GIS 技术结合"断裂法""信息熵法"以及 Matlab 软件编制程序对上海、西安进行了城市边缘区范围的界定，并指出上海城市边缘区的范围大致为外环线及地铁等交通轴线延伸段的周边地区，选取具有大量熵值在 0.129 以上的区域作为西安城市边缘区的范围。蔡栋等（2010 年）结合分析城市边缘区土地利用特征，改进了传统的土地利用信息熵模型，分析熵值分布特点，采用突变检测的方法，以熵值 60 和 68 确定南京城市边缘区内、外边界的位置，最后用熵值影像、遥感影像叠加图显示了南京城市边缘区的大致范围。余瑞林（2010 年）使用区位熵方法确定了皖江城市群的空间范围，并认为肥东县、铜陵县等 9 个县属于皖江城市群的边缘腹地。

二 省际边缘区

（一）省际边缘区的界定

国内对于省际边缘区的概念界定十分丰富，根据理解角度不同，省际边缘区的含义也不同。比较统一的界定是：省际边缘区是指两个及以上省级行政区域在交接处所构成的特定地理空间，是以省界为起点向行政区内部横向延展一定宽度、沿省界纵向延伸的窄带型区域。目前比较多的提法是：省际边界区（郭荣星，1995 年；王凯，2004 年；王振波等，2008年）；省际毗邻区（刘玉亭、张结魁，1999 年；王凯，2004 年；郭荣朝，2006 年）；省际交界区（石培基，1999 年；石方正，2004 年；安树伟，2004 年）；省际边境区（陈伯仲等，2001 年）；省际接壤区（陈冶炼，1994 年；沈镭，1998 年）；省级行政边界区（许树晖，2006 年；王爱民，2007 年）；省际边缘区（仇方道，2009 年；张广德等，2010 年；钟高铮，2010 年）。目前，我国大多数学者并没有从定量上系统的对省际边界区域加以界定。

省际边缘区由两个及两个以上省级行政区域在交接处所构成的特定地理空间，它在地理区位、资源条件、文化背景、产业结构、发展阶段等方面具有明显的同质性[①]。由于行政边界因素的影响，边缘区一般具有对基础设施、经济要素、产业扩张和市场等的"切变"作用，从而在这些地区产生"边界效应"。从发展特征讲，由于边缘性区位、省界的刚性约束，以及核心城市实力弱和政策因素等的叠加影响，省际边缘区在中国大多是区域经济整体发展水平相对滞后、省与省核心区域之间的欠发达地区

---

① 仇方道等：《省际边缘区经济发展差异时空格局及驱动机制——以淮海经济区为例》，《地理研究》2009 年第 2 期，第 451 页。

和经济低谷区，一般具有经济的不发达共性和相对差异性等特征。省际边缘区作为各种"流"的节点或汇聚地，边缘效应在城市发展空间组合中的作用越来越重要[1]。

本书所指的省际边缘区即为这样一个经济系统，处于省级行政边界，并与其他省级（直辖市）行政区毗邻。经济系统中的行政区域远离本省行政中心，不属于其经济腹地，是被边缘化的地区，属于经济中心辐射范围之外的边缘区域，但是与毗邻行政区省市有较强的经济联系，受市场经济影响存在自发的经济要素流通现象，同时又受制于"行政区经济"的刚性约束，不能受到更好的政策照顾和享受经济利益。

（二）"聚集—扩散效应"与省（市）边缘区

在区域非均衡发展理论中，由于存在地区差距，劳动力、资本和技术等生产要素将会不断由经济欠发达地区流向经济发达地区。在各种生产要素流动过程中，聚集效应和扩散效应发挥作用，进一步改变地区差距。聚集效应是指社会经济活动因空间聚集所产生的各种影响和效果。聚集效应主要表现为生产要素由外围向极点滚集，在增长极的吸引下，腹地区域的财富，包括资金、技术、人力和资源，不断流向核心区域。扩散效应是指核心区域不断向周边地区产生辐射作用，释放自身能量，把生产要素等由核心区域转移到外围地区。聚集效应和扩散效应作为区域空间与产业演化过程中的两种基本力量，在区域发展初期，聚集效应占主要地位，发展到一定阶段，扩散效应就会相应增强，并逐步占据主导地位。

省（市）边缘区也会面临这样的聚集、扩散效应交错发展、互相促进、互相制约的发展过程。一方面通过聚集效应，核心区域不断拓展自己的腹地空间；另一方面，聚集效应发展的同时，核心区域受地域范围、环境、资源、经济容量等条件约束，也会向周边地区发挥扩散效应，影响边缘区域。区域间竞争力不断获得增长，又进一步伴随着经济系统空间结构的演变。省市边缘区的动态演变过程受到来自外部和内部政治、经济、环境、生态等因子共同作用，在聚集、扩散效应的影响下，表现为不同的空间拓展方式。大概可以分为四个阶段（见图2—1）。第一阶段：边缘区发

---

[1]　郭荣朝：《省际边缘区城镇化研究》，中国社会科学出版社2006年版，第116页。

展初期，受行政边界的影响，只存在孤立的经济中心，核心区向边缘区单一辐射阶段；第二阶段：边缘区发展期，交通、经济以及强大增长极的经济辐射，多中心区域向边缘区辐射；第三阶段：核心区与边缘区存在"双向"综合物质流，在市场经济条件下，人流、物流、信息流、技术流交换频繁。第四阶段：区域空间的匀质发展阶段①。

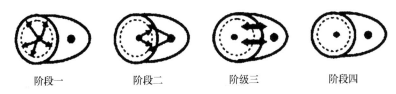

阶段一　　　　　阶段二　　　　　阶级三　　　　　阶段四

图2—1　省际边缘区动态演变阶段

三　边缘效应

（一）边缘效应的产生

边缘效应（Edge-Effect）源于生态学。由于交错区生境条件的特殊性、异质性和不稳定性，使得毗邻群落的生物可能聚集在这一生境重叠的交错区域中，不但增大了交错区物种的多样性和种群密度，而且增大了某些物种的活动强度和生产力，这一现象被称为"边缘效应"②。本书所界定的城市空间中的边缘效应则是指在异质地域间的公共交接地带，由于经济社会生态因子的互补性集聚，或地域属性的非线性相互协同作用，产生超越各个地域单元功能叠加之和的关联增殖效益，赋予边缘区、相邻腹地乃至整个区域综合效益的现象。

边缘效应的大小主要取决于边缘区作用通道的便捷程度及其交易成本的高低，直接影响着边缘效应的显现。受以往封闭型经济、行政区界和地理环境的制约，我国多数省际边缘区往往形成了"边缘—贫困"的经济特性。边缘效应屏蔽状态下的产业要素缺乏流动，边缘区城镇发展受到很

①　黄堃：《省（市）边缘区经济发展模式研究——以四川省环渝经济带为例》，重庆工商大学2012年硕士论文。

②　赵志模、郭依泉：《群落生态学原理与方法》，科学文献出版社重庆分社1990年版，第41页。

大制约。随着现代开放经济的逐步形成和强化，行政区界的限制意义迅速减弱，地理环境的某些优势渐次获得发挥，现代经济因素及区位因素的开放性区际作用则表现出迅速增强的趋势。通过疏导边缘区人流、物流、资金流、技术流、信息流、生态流的作用通道，拓展有益边缘区，扩大边缘效应外部正效果，增殖边缘效应，促使边缘效应内部化，将会使边缘区城市快速发展。边缘效应有正负和强弱之分，边缘区是边缘正效应的直接受益区，也可能是边缘负效应的直接危害区。

（二）省际边缘区与边缘效应

省际边缘区的区位特点是处于行政边界，并与其他行政单元有交界，同时内部也存在不同行政区分。在中国"行政区经济"的背景下，由于行政界线的刚性约束，"交易成本"偏高是阻碍省际边缘区经济发展的主要原因之一。1937 年，科斯在《企业的性质》的论文中提出"交易费用"或"交易成本"的概论，科斯认为，交易费用应包括度量、界定和保障产权的费用，发现交易对象和交易价格的费用，讨价还价、订立合同的费用，督促契约条款严格履行的费用，等等，这是市场配置缺失的情况下出现的资源配置问题。资源配置问题就是经济效率问题。所以，一定的制度必须提高经济效率，否则旧的制度将会被新的制度所取代。这就是制度经济学中的交易费用理论。而事实上各省区拥有地方调控权，市场分割现象以及市场体系不健全，妨碍地区间要素的自由流动，形成无形的"交易成本"，资源无法得到最优配置。要改善这样的情况，就要加强政府间的协调，区域间经济的整合。在省际边缘区产生边缘效应的主要原因包括三个方面：

1. 行政区划的壁垒。行政区划是国家或地区根据政权建设、经济建设和行政管理的需要，充分考虑各方面因素，把领土划分成若干层次、大小不同的行政区划，并在各级行政区域设置对应的地方国家机关，实施行政管理。我国的行政区划历史由来已久，具有历史继承性和相对稳定性。因为直接关系到国家政权的巩固，也同时具有较强的政治性和政策性。省市边缘区由于行政区划对区域的刚性约束作用，区域经济分割明显。经济和政治体制造成的地区分割，阻碍地区间经济主体的自由竞争和要素自由流动，不能建立起区域统一的劳动力市场、资金市场和土地市场。资本流通不顺畅，影响规模效益，无法形成规模经济。省市边缘区地处行政边界，既远离行政中心，难以接受其经济带动，又由于行政分割，不能顺利接受毗邻经济中心辐射力。行政区划壁垒严重影响省市边缘区经济发展。

2. 地方经济利益的驱使。在我国现行经济体制下，地方政府仍然是区域经济活动中最主要的组织者，都有自己独立的经济利益，必然要追求自身经济利益最大化。地方利益驱使造成地方保护主义严重，通过行政管理、土地资源管理、人口管理、就业管理等行政手段以及税收、价格、收费和补贴等经济手段进行资源配置的极端化运用，破坏市场竞争规则。地方经济利益的追求，省市边缘区各行政单元不能发挥比较优势，获得经济资源利用的比较效益，阻碍地区间专业化分工协作，导致产业结构趋同的现象。产业结构趋同又导致地区无序竞争加剧，进一步阻碍要素自由流动。地区间彼此利益分配出现矛盾，区域合作难以顺利进行，影响区域经济的可持续发展。

3. 现行经济体制的约束。我国引导市场经济行为的财税、金融等经济体制体系并不完善。地方财权独立，在本行政区内容易形成重复建设并影响资本流动，阻碍招商引资政策实施。地方政府税收规模小，财政支出资金较小，直接影响基础设施和公共服务的提供。交通运输设施、邮电通讯设施、水利设施、城市设施、环境与资源设施难以形成跨区网络，联系不顺畅，区域间经济联动和整合难以进行。没有完善的转移支付制度去平衡各级政府间的利益分配。金融体制也存在很多约束。商业银行组织机构带有强烈的行政色彩，管理协调机制不完善，都影响跨区的金融服务合作。银行的跨区投资艰难，企业难以获得发展。银行的垂直管理体制不能反映省际间的经济联系强度，阻碍跨行政区信贷发展，不利于金融资源跨区域优化配置。

四　省际边缘区经济发展协调机制

（一）聚集—扩散效应协调机制

经济区域作为社会生产力在空间上的载体，其空间结构对要素流向、产业布局有重要影响。然而区域的空间结构并不是孤立静止的，在追求规模经济效益的冲动下，一方面通过集聚效应加速外围生产要素的集中，另一方面会通过扩散效应辐射并影响外围区域，从而在更大范围内形成集聚优势，经济区域的空间结构也随之变化，改变着区域内部和周边地区产业空间重组的面貌。由于这一过程是由要素的集聚和扩散形成的，因此集聚和扩散效应越显著，这种改变越剧烈。受收益递减规律影响，当集聚作用的负面问题开始产生，例如贫富两极分化、资源短缺、生态安全、环境污染等问题，需要弱化区域聚集效应，增强扩散效应。要时刻关注区域的空间经济关系变化，适当采取宏观调控措施引导资源的合理流向，协调区域间经济发展。

（二）区域经济一体化协调机制

省际边缘区的聚集—扩散效应，边缘区与核心区之间最终是要由区域经济一体化来实现区域间的均衡发展。区域经济一体化，是区域空间系统中的功能子系统的逐步完善和各功能子系统之间分工趋向协调，促进整个区域空间系统稳定、和谐的演变过程。经济一体化程度的高低和区域内空间系统的关联程度高低成正相关关系。经济一体化程度的高低不仅是关系到整个区域空间系统能否进一步稳定发展和健康运行的前提条件，而且是衡量一个区域发展状况的重要指标。省际边缘区要与核心区之间形成要素自由流动的一体化局面，促进经济共同发展，最终实现双赢。

（三）区域经济竞合发展协调机制

省际边缘区城市位置偏僻，远离经济中心，软、硬环境差且受行政界线分割的影响，城市发展存在许多不合理现象。随着城市间竞争激烈程度的加剧，原料战、市场争夺、重复建设、产业结构雷同等有损区域利益的负面效应逐渐表现出来，城市之间为减少各自的利益损失会选择合作，如建立城市合作组织、谋求城市合作机制，但这并不意味着城市间竞争的消失，而是由最初的无序竞争向有序竞争转化，即城市竞合已成为边缘区城市间主要的经济关系。在我国城市区域化过程中，加快城市之间信息、资金、人才、技术等生产要素的自由流动，实现各城市之间的优势互补，从竞争走向竞合，已成为提高区域综合竞争力的现实选择。

（四）区域合作博弈协调机制

合作博弈亦称为正和博弈，是指博弈双方的利益都有所增加，或者至少是一方的利益增加，而另一方的利益不受损害，因而整个社会的利益有所增加。合作博弈强调在集体理性的基础上公平和公正、效率和效益实现"双赢"，这正是区域经济合作发展所需要的前提、保障、动力和目标。区域经济合作活动的开展是一个博弈过程，要在合作框架内建立互信，形成一整套约束机制和激励机制。核心区和边缘区要通过区域经济合作建立利益协调机制，协调区际利益分配，发达地区更多地向欠发达地区输出技术、资金和人才等资源，强化相互之间的关联性和互补性。合作中获益较多的成员应给获益较少的成员以一定量的利益补偿，进而达到利益的相对均衡分配，推动欠发达区域的发展，促进发达区域的平稳发展，最终实现协调发展局面。

五　边缘区研究综述

国内外对于边缘区的研究已经比较丰富，对边缘区基本问题，如边缘区内涵、特征、类型、空间范围界定等方面的研究也随着时间的推移逐渐深化。总结国内外对于边缘区经济的研究，主要的研究领域包括以下四个方面，一是关于省际边缘区类型的研究；二是关于省际边缘区经济发展影响因素的研究；三是关于省际边缘区经济发展模式的研究；四是关于边缘区经济发展理论的研究。

（一）关于省际边缘区类型的研究

从国内学者对省际边缘区研究来看，省际边缘区的类型按照不同的划分标准大体可以分为地理边缘型、类型边缘区、N维边界型、经济毗邻型和综合型五种类型。

1. 地理边缘型。省际边缘区按边界的地理地貌和自然特征可划分为山区型边缘地带、流域型边缘地带、平地型边缘地带（安树伟，2004 年；郭荣朝，2006 年）。

2. 类型边缘区。一些毗邻的边界区往往具有共同的优势资源，如蒙晋陕豫四省边缘区就有丰富的水、煤、有色金属、油气、化工、旅游等资源，可认为是资源型边缘区（王义民、李文田，2008 年）。

3. N 维边界型。郭荣星（1995 年）、安树伟（2004 年）根据省际边缘涉及的行政区个数，认为可以分为二维边界区域（如川滇边界）、三维边界区域（鄂豫皖边界）、四维边界区域（晋冀鲁豫边界）等，N（1，2，3，4……）维边界区域注重考虑行政区划对经济发展的刚性约束。

4. 经济毗邻型。按照毗邻边界区域经济水平差异可分为：弱弱型毗邻区、强弱型毗邻区、强强型毗邻区等（刘玉亭、张结虎魁，1999 年）。

5. 综合型。罗贞礼（2007 年）综合考虑边缘区发展状态和发展条件的差别，基于理性角度的规范分类，认为边缘区的类型应该包括条件贫乏型、区位制约型、机制制约型、综合欠缺型。根据研究视角的不同，可以依据单一类型的分类，也可是几种分类的综合，郭荣朝（2006 年）就认为边缘区还可以划分为复合型边缘区（自然与行政耦合地带）。

（二）关于省际边缘区经济发展影响因素的研究

区域经济发展受制于区域系统内的每一种因素，省际边缘区经济发展也是如此。我国学者研究的省际边界区域发展的影响因素主要包括行政因素、资源因素、环境因素、文化因素、社会安全因素、交通基础设施因素。

1. 行政因素。安树伟（2004 年）认为行政区划、政府职能、地方政府行为对省际边界区域会产生明显的刚性约束。行政边缘地带是跨政区矛盾冲突最为集中的区域（王爱民等，2007 年）。

2. 资源因素。自然资源是省际边缘区发展的自然物质基础。毛汉英（1998 年）和车秀珍（2002 年）分别以苏鲁豫皖、晋陕蒙等边缘区为例，探讨了能源资源的合作开发利用的相关问题；王凯（2004 年）分析了我国省际毗邻地区旅游经济现实特征和区域旅游合作基础，提出旅游空间整合的重要性；许树晖（2006 年）以湘粤交界地带为例指出缓解边界地带旅游开发的矛盾是相邻行政区旅游经济发展共同面临的一大难题。

3. 环境因素。环境整治和保护是省际边缘区可持续发展的难点。穆从如等（1995 年）以晋冀鲁豫、晋陕蒙等省际边界区域为例，指出了省际边界区域土地复垦、环境保护和生态恢复的协作机制；汪耀斌（1998

年）分析了黄浦江上游污染源与水质情况对沪苏浙边界区域协调发展的作用；徐洪高等（2007 年）研究了长江流域省际河流中的水事纠纷，张炯等（2010 年）探讨珠江流域跨省水事矛盾，认为省际边界地区一些水事矛盾和纠纷已对当地的经济发展和社会稳定产生了一定影响，应引起重视；张绪清（2009 年）对川滇黔喀斯特生态环境与省际边缘区经济发展的关系，提出应注重资源开发和生态环境治理；李春晖（1999 年）、刘海燕（2003 年）探讨了边缘区环境脆弱问题；此外还有文化因素（林高峰，2004 年）关系到人民群众生产生活，也关系省际边界区域的社会经济持续协调发展的社会安全因素（吴世森、蔡凌寒，2002 年）、影响了区域的联系和发展的交通基础设施因素（安树伟，2004 年）。

（三）关于省际边缘区经济发展模式的研究

国内关于省际边缘区的经济发展模式主要涉及经济协作、旅游开发、资源整合、产业联动等方面。学者们通过实证研究提出的省际边缘区经济发展模式主要包括五种模式：

1. 经济协同发展模式。陈治谏（1994 年）、刘彦群（2004 年）以川滇黔接壤地区为研究对象，冷志明（2005 年）以湘鄂渝黔交界地区为研究对象，车冰清、朱传耿（2010 年）以苏鲁皖豫交界地带为研究对象，根据省际交界地带相同的自然特征、文化模式，分析交界地区边缘经济形成的原因、特征，都提出了省际交界地区经济协同发展的模式；刘玉亭等（1999 年）则根据边缘区经济差异，针对省际毗邻地区弱弱、强弱、强强毗邻地区 3 种类型，相应提出弱弱联合、强弱互补合作、强强互补协作等 3 种开发模式。

2. 经济博弈模式。罗贞礼（2006 年）以"红三角"为研究对象，通过边缘区资源开发、土地利用、产业结构调整、城镇化等战略研究，提出边缘区发展的适度倾斜非均衡博弈模式和可持续发展的正和博弈模式。

3. 旅游资源整合模式。充分开发边缘区旅游资源，加快旅游资源整合，提出以旅游资源联动发展的模式，如邱继勤等（2004 年）在"核心—边缘"理论和产业集聚理论基础上提出区域旅游联动开发模式，并以川黔渝三角旅游区为例进行了必要性和可行性论证；江薇薇（2008 年）首次提出打造滇黔桂川渝绿色生态旅游共同体的构想及战略目标；肖海平

（2010 年）提出湘赣粤"红三角"省际边界区旅游资源联动开发共生模式。

4. 产业联动模式。优化产业布局，实现边缘区产业集群，采取产业联动的模式，如安树伟、崔洪义（1998 年）探讨蒙晋陕豫四省交界地带产业布局与经济发展；冯珊珊（2008 年）分析蒙、晋、陕、豫四省区交界地带的区位优势及经济发展潜力的基础上，提出了该区域产业布局的框架。

5. 竞合模式。吴泓、顾朝林（2004 年）基于竞合的角度，运用共生理论，对跨越行政区的城市旅游地的旅游竞合模式和机制进行探讨；王飞（2008 年）认为我国地方政府之间的关系不是单纯的竞争关系，也不是单纯的合作关系，而是竞争与合作的一种博弈过程；章玉政（2006 年）把安徽的合肥等 7 个城市打破行政区划限制纳入南京都市圈的规划范围，提高相邻区域分工程度，避免恶性竞争。

（四）关于边缘区经济发展理论的研究

在探讨边缘区经济发展时，美国地理学家弗里德曼（J. R. Friedman）通过"核心—边缘"理论阐明一个区域如何由互不关联、孤立发展，到发展不平衡；又由极不平衡发展，变成互相关联平衡发展的区域系统。他认为任何一个国家都是由核心区域和边缘区域组成，在区域经济发展中，核心地区和边缘地区具有不同的地位和作用。核心区域是指发展条件和发展状态都较好的区域。其工业发达、技术水平较高、资本集中、人口密集、经济增长速度快，处于广域经济中心地位，对广域经济状态具有重大影响的区域；边缘区域则是发展条件和发展状态都较差的区域。其经济发展水平较低，远离经济增长中心，并且缺乏采用典型发展模式转入快速增长轨道的条件的区域。随着对边缘区经济活动的研究深入，不但"核心—边缘"理论的内涵得到了丰富，国内外学者对边缘区经济发展的理论也进行了深化和拓展，并涉及经济发展的各方面。

增长极理论是"核心—边缘"理论的理论来源，随着研究的不断深入，国内外学者对"核心—边缘"理论在边缘区的应用范围也逐渐扩大。区域经济学先驱瓦尔特·克里斯塔勒（Walter Christaller）以及奥古斯特·廖什（August Losch）早在 20 世纪 30 年代提出中心地理论，其研究开始涉及边缘区。随后，法国经济学家弗朗索瓦·佩鲁（F. Perrous，1955 年）的增长极理论，提出用极化和扩散效应描述增长极与周边区域经济发展的关系。

以增长极理论为基础，相互依赖理论、累积循环理论和刘易斯二元结构理论的理论背景下，弗里德曼（J. R. Friedman，1972 年）在他的学术著作《区域发展政策》（Regional development poliy）一书中站在不平衡发展的视角正式提出系统阐述核心区与边缘区经济关系的"核心—边缘"理论。弗里德曼试图通过"核心—边缘"理论阐明核心区与边缘区如何由互不关联、孤立发展，到发展不平衡，又由极不平衡发展，变成相互关联平衡发展的区域系统。

普洛（Prov）、威廉姆逊（Williamson）在空间组织视角下，基于"核心—边缘"理论探讨空间组织要以稀缺资源的优化配置实现经济增长和生产的最大化，选择一定的区域作为增长中心，而后形成强大广泛的辐射力，通过扩散作用，影响边缘区的经济增长；而日本学者提出的"都市圈理论"的空间结构本质就是"核心—边缘"空间结构模型（包卿、陈维，2006 年）。对于核心和边缘地区的互动发展问题，则是以国家竞争优势理论、全球经济一体化理论、空间竞合理论、自组织理论为基础。国内学者关于"核心—边缘"理论的应用最初是用于中心城市及其腹地间的研究，试图阐明经济中心地区与其腹地间的关系（甄峰，2001 年），之后把空间范围扩大到省际边缘、东中西部等，"核心—边缘"理论在区域问题或城市问题的研究领域中逐步创新。

在国外学者的研究基础上，国内学者关于边缘区的理论研究比较成熟和形成体系的是行政区经济理论和行政边缘经济论。在我国，行政区是组织经济和社会活动的基本单元，被赋予了诸多非行政或业务职能。由行政区组织生产、生活，并渗透至社会经济的方方面面。一方面在长期计划经济体制的影响下，政府职能的干预领域相当宽广，行政性职能与业务性职能不分；另一方面，管理单元性质相对单一，本来作为行政管理单元的行政区被赋予了诸多非行政或业务职能，导致"行政区"成为组织一切经济社会活动，配置各类资源的基本运行单元和"超级载体"。这主要表现在，行政区除了执行政治和行政管理功能外，还包揽了经济功能、司法功能、教育功能、文化功能及社会服务功能等。行政区的经济职能异常突出，经济发展当中隐含的行政行为色彩极为浓厚，行政力量由此成为区域经济发展的主导驱动力，由此产生的后果是"行政区"演化为"利益区"，"行政边界"变成了"利益界"。区域矛盾和恶性竞争现象十分突出，严重阻碍了城市和区域的可持续发展。

在上述背景下，刘君德教授于 1992 年提出了"行政区经济"理论，并指出"行政区经济"的实质是地方政府为追求地方经济利益强烈干预区域经济运行，地方行政壁垒高筑，企业跨区域扩展受到严重限制，高度集权的政府行为是我国"行政区经济"现象存在的根源。行政区经济是一个以中心地向外辐射的地域系统，行政区边缘地区的经济运行处于不利的地理区位。根据有关学者研究得出的结论，边界地区的经济水平与他们的省会之间的距离成反比。越靠近边界，经济发展越缓慢，反之，越靠近中心地区，经济发展越快（刘君德、舒庆，1996 年）；沈立人（1998年）、周克瑜（1999 年）、安树伟（2004 年）分别从协调行政区与经济区之间的矛盾、"行政区经济"的负面效应、地区间交易成本等方面丰富了行政区经济理论。在行政区经济理论的基础上，安树伟（2004 年）进一步提出"行政区边缘经济论"，该理论认为计划经济体制、政府职能和地方政府行为对其辖区的经济起很强的干预作用，我国行政区交界地带存在着明显的"行政区边缘经济"现象。"行政区边缘经济"的提出对如何进一步优化和规范地方政府行为，具有较好的社会应用价值（魏后凯，2004 年）。

（五）国内外研究评述

通过以上对国内外关于边缘区概论、边缘区经济发展理论以及省级边缘区经济发展情况的研究进行梳理，笔者发现目前国内外从各种角度对边缘区的内涵进行了界定，边缘区的含义包罗万象，内涵界定各不相同；国内外对于省际边缘区经济发展的基本情况研究丰富，边缘区经济发展理论内容充实，但是没有形成系统的经济发展模式理论。总体来说，目前关于省际边缘区的研究主要存在以下几个方面的缺陷，这也为本书的创作提供了拓展的空间：

1. 缺乏省际边缘区定量的概念界定。目前学者对省际边缘区概念的界定主要从其特征以及边界的特性界定，定性的描述比较多，缺乏定量的界定。

2. 缺乏对边缘区潜在发展优势的挖掘。以往的研究多是集中在对边缘区经济发展影响因素的研究，在这些因素中大多数被认为阻碍省际边缘区经济发展，推动省际边缘区经济发展的因素很少涉及，一直忽略省际边缘区经济发展优势的研究，缺少基于边缘区劣势和优势的分析，进而系统解释边缘区经济现象的根本原因、动力机制的研究。

3. 忽视省际边缘区动态演变的阶段过程及优化路径研究。国内外学者从理论上对边缘区空间开发模型已经有初步的探讨，但针对性和可操作性不强。对于边缘区空间结构的动态演变过程、边缘区与核心区间动态转化的阶段分析以及优化路径被忽视。

4. 忽视对省际边缘区经济发展模式的系统总结。研究中对于各类边缘区的经济活动研究纷繁复杂，国内对于省际边缘区经济发展模式的探讨还比较分散，在边缘区具体的经济发展模式上没有形成系统的理论。忽视针对不同边缘区经济发展现状，边缘区不同的特点，相应提出应该采取的发展模式的研究。

第 三 章

现代服务业发展概述

一　服务业的内涵与范畴

（一）服务的定义与特征

关于服务的定义，学术界普遍认可服务是一个价值增加活动，主要表现为一个经济主体使另一个经济主体增加价值，该价值通过使用价值得以有效体现。具体而言，服务的概念体现为以下三点：第一，服务是一种具有使用价值的无形产品；第二，服务是一种反映不同经济主体间关系的交易对象；第三，服务主要体现为运动形态的客观使用价值。服务作为一种能够满足人们多种需要的活动，尤其是在当前以分工为基础的发达市场经济环境中，各种服务产业逐渐成为产业结构的有机组成要素，服务业的迅速发展直接或间接地推动了经济的发展。概括而言，服务具备以下五方面特征：

1. 无形性。服务不同于一般商品，除非服务包含在商品当中，否则，服务便是无形的，这是服务具有的最主要的特性之一。

2. 异质性。服务具有高度的异质性，即使是同一种服务，受提供服务的时间、地点及人员等因素的影响也很大。

3. 即时性。服务的即时性主要表现在两个方面，一是不可分离性，即服务的生产与消费过程通常是同时发生的；二是不可储存性，多数服务无法如一般有形产品一样，在生产之后可以存放待售，它是不能被储存的。消费者在大多数情况下，亦不能将服务携带回家保存起来。也就是说，服务的生产和消费必须在同一时间同一地点进行。

4. 知识性。近年来，在发达国家和新兴工业化国家，产业结构呈现

"由硬变软"的趋势，实质是传统的物质生产为主的经济发展模式向新兴的信息生产为主的经济发展模式转换，也就是从物质经济到知识经济的转换。

5. 结合性。在现代市场经济体系中，特别是随着知识经济的到来，服务与商品存在一定的替代性和统一性。在很多情况下，替代性表现在服务可以替代商品，如运输服务可以替代工农业生产者的自备运输工具，到餐馆就餐可以替代消费者自己的炊事活动。反过来，商品也可以替代一部分服务，如自动售货机的出现等。另外，在当前，人们对于商品和服务的需求都是通过货币购买来实现的，而且一部分服务与商品已连为一体，不可分离，这充分体现了两者的统一性。

（二）服务业的内涵与范畴

随着社会经济的不断发展，社会分工的细化与专业化的不断深入，服务业的内涵也在不断发生着变化。在早期人们习惯将服务业的内涵及其范围等同于英国经济学家柯林·克拉克（Colin clark）在《经济进步的条件》中三次产业分类中的第三产业。1957年在该书第三版中克拉克以"服务性行业"代替了"第三产业"的称谓。至此服务业的名词首次被提出。但是柯林·克拉克（Colin clark）对服务业的"排他式"定义并没有对服务业的内涵和范畴作出明确的界定。柯林·克拉克的排他式定义方法将三次产业划分为：第一产业包括农、林、渔、牧业，其特点为自然资源的作用呈现出规模收益递减；第二产业为工业，其特点是连续地、大规模地将原材料加工成可运输的产品，是对自然资源的进一步深加工；第三产业为服务业，包括小规模的独立手工业生产、建筑、公用事业、交通及贸易。其特点有三：产品不可运输性、小规模和非资本密集型，以及不直接或间接依赖于自然资源。然而随着经济的飞速发展，社会的不断进步，人们生活质量的不断提高。不断有新需求的出现，引起新的供给被提供，进而产生新的行业，同时一些传统行业为了适应新需求的产生也在不断地进行自身的改造升级。其中服务业中各个行业也在随着经济的发展不断变化以适应新的需求。所以服务业的内涵及其范畴是随着经济的发展不断发生变化的。拜尔斯（Beyers，1993年）以服务业的不同发展阶段为分类标准，将服务业分为传统服务业、新兴服务业以及补充服务业。柯林·克拉克（Colin clark）对于第三产业的阐述是传统服务业概念产生的根源。拜尔斯认为新兴服务业指的是那些生产过剩、消费者需求多样化背景下仍然能够较快增长的包括医疗、教育、文化、娱乐等服务业。补充性服务业侧重于指那些为工业生产与文明服务的行业，包括金融、交通、通讯、商业以及政府部门的法律服务等。

关于服务业的范畴，即服务业所包含的行业类别。权威组织和国内外许多学者都在不同的角度给出过界定，本书对权威机构和有代表性的知名学者观点进行了归纳，内容如下：

1. 联合国产业分类标准（ISIC）中服务业的具体范畴界定。根据联合国国际标准产业分类体系（ISIC，1990 年），服务业包括 11 个大类、26 个小类，具体分类见表 3—1。

表 3—1　　　　　　　　联合国国际标准产业分类体系

（ISIC，1990 年）对服务业的具体分类

编号	大类	编号小类
G	批发零售贸易，机动车、摩托车及个人家庭用品修理	50 机动车、摩托车的销售、维修，汽车燃料零售
		51 批发零售（不含机动车摩托车）
		52 零售贸易（不含机动车摩托车）；个人家庭用品修理
H	旅馆酒店	55 旅馆酒店
I	运输仓储与通讯	60 陆地与管道运输
		61 水路运输
		62 航空运输
		63 交通附属：旅游机构（不含酒店）
		64 邮政与电信
J	金融中介	65 金融中介（不含保险与养老组织）
		66 保险与养老组织
		67 金融中介附属
K	房地产、租赁与商务活动	70 房地产
		71 机器设备与家庭个人用品租赁
		72 计算机和相关活动
		73 研究与发展
		74 其他商务活动（包括法律、会计、咨询、工程、建筑和技术服务、广告等等）

续表

编号	大类	编号小类
L	公共行政与国防；社会保障	75 公共行政与国防
M	教育	80 教育
N	医疗与社会工作	85 医疗与社会工作
O	其他社会团体与个人服务	90 污水垃圾处理
		91 社会团体
		92 娱乐文化体育
		93 其他服务（包括洗衣、美容美发、燃料及相关服务等）
P	家庭雇佣服务	95 家庭雇佣服务
Q	跨国组织团体	99 跨国组织团体

2. 辛格尔曼（Singe Lmann，1978 年）对服务业的归类方法。辛格尔曼在 1978 年按照行业进行划分，将服务业界定为 4 个大类、21 个小类，详见表 3—2。在辛格尔曼（1978 年）对服务业的定义分类中，生产服务指的是与社会分工深化密切相关的服务，社会服务指的是多由社会组织、政府所提供的服务。按照此种定义可以将不同性质的服务业分为四类，如上表所示，流通服务、生产服务更加具有生产性服务性质，公共服务、个人服务多为生活性服务。此种归类方法具有一定的现实借鉴意义，但也有其不足之处，如按照此种归类方法将广告业以及其他销售服务归为流通服务，将金融业、出版业归为生产者服务，都存在一定的不足之处。

表 3—2　　　　　　　　　　辛格尔曼对服务业的归类

流通服务	交通、仓储业
	通讯业、批发业
	零售业
	广告业及其他销售服务

生产服务	银行、信托、保险业及其他金融业
	房地产
	科学研究、技术服务、地质勘查
	工程和建筑服务业
	会计和出版业、法律服务
	其他营业服务
公共服务	医疗和保健业
	教育
	福利和宗教服务
	政府、邮政
	非营利机构
	其他社会团体个人服务
个人服务	家庭服务
	旅馆饮食业
	修理服务
	娱乐休闲
	其他个人服务

3. 我国国民经济行业分类标准（GB/T 4754—2011）对服务业范畴的界定。为更好地反映我国三次产业的发展情况，满足国民经济核算、服务业统计及其他统计调查对三次产业划分的需求，根据《国民经济行业分类》（GB/T 4754—2011），我国一、二、三次产业的范围界定为：

第一产业是指农、林、牧、渔业（不含农、林、牧、渔服务业）。

第二产业是指采矿业（不含开采辅助活动），制造业（不含金属制品、机械和设备修理业），电力、热力、燃气及水生产和供应业，建筑业。

第三产业即服务业，是指除第一产业、第二产业以外的其他行业。第三产业包括：批发和零售业，交通运输、仓储和邮政业，住宿和餐饮业，信息传输、软件和信息技术服务业，金融业，房地产业，租赁和商务服务业，科学研究和技术服务业，水利、环境和公共设施管理业，居民服务、修理和其他服务业，教育，卫生和社会工作，文化、体育和娱乐业，公共管理、社会保障和社会组织与国际组织，以及农、林、牧、渔业中的农、林、牧、渔服务业，采矿业中的开采辅助活动，制造业中的金属制品、机械和设备修理业。

在我国，根据国民经济行业分类标准（GB/T 4754—2011），国家统计局对我国服务业的范畴界定为 18 个大类、49 个小类，详见表 3—3。

表 3—3　　　　国民经济行业分类标准（GB/T 4754—2011）对服务业的归类

编号	大类	编号小类
A	农、林、牧、渔业	05 农、林、牧、渔服务业
B	采矿业	11 开采辅助活动
C	制造业	43 金属制品、机械和设备修理业
F	批发零售业	51 批发业
		52 零售业
G	交通运输、仓储和邮政业	53 铁路运输业
		54 道路运输业
		55 水上运输业
		56 航空运输业
		57 管道运输业
		58 装卸搬运和运输代理业
		59 仓储业
		60 邮政业
H	住宿和餐饮业	61 住宿业
		62 餐饮业
I	信息传输、软件和信息技术服务业	63 电信、广播电视和卫星传输服务业
		64 互联网和相关服务
		65 软件和信息技术服务业
J	金融业	66 货币金融服务业
		67 资本市场服务业
		68 保险业
		69 其他金融业

编号	大类	编号小类
K	房地产业	70 房地产业
L	租赁和商务服务业	71 租赁业
		72 商务服务业
M	科学研究和技术服务业	73 研究和试验发展
		74 专业技术服务业
		75 科技推广和应用服务业
N	水利、环境和公共设施管理业	76 水利管理业
		77 生态保护和环境治理业
		78 公共设施管理业
O	居民服务、修理和其他服务业	79 居民服务业
		80 机动车、摩托车修理与维护
		81 其他服务业
P	教育	82 教育
Q	卫生和社会工作	83 卫生
		84 社会工作
R	文化、体育和娱乐业	85 新闻和出版业
		86 广播、电视、电影和影视录音制作业
		87 文化艺术业
		88 体育
		89 娱乐业
S	公共管理、社会保障和社会组织	90 中国共产党机关
		91 国家机构
		92 人民政协、民主党派
		93 社会保障
		94 群众团体、社会团体和其他成员组织
		95 基层群众自治组织
T	国际组织	96 国际组织

二　现代服务业及其特征

随着我国经济社会持续稳定健康发展，服务业在国民经济中的比重不断上升，服务业对经济社会的贡献逐步提高，服务业的发展提升对整个经济社会发展的影响也愈加明显。在当代世界经济中，服务业是增长最快的部门，在各国国民经济中的地位和作用日益重要，已成为经济发展的主要动力，其兴旺发达程度成为衡量现代化水平的重要标志之一。城市的国际竞争力和国际化水平主要取决于经济结构中服务业，特别是现代服务业的比重。

（一）现代服务业的内涵与范畴

对于现代服务业的内涵及其范畴，我国很多学者都给出了解释和说明。黄繁华（2002年）将现代服务业界定为现代生产性服务与现代消费性服务两部分。现代生产性服务指的是满足生产中间需求与应用现代科学技术的相关服务，如现代物流、金融保险、电子商务、信息服务、企业经营管理服务等；现代消费性服务指的是那些提高个人生活质量与扩展个人生活能力所需的服务，如旅游、教育、房地产、医疗、社区服务、娱乐等。徐国祥、常宁（2004年）借鉴了发达国家与地区有关现代服务业的分类，参照我国第三产业分类标准，对现代服务业分类标准进行了适当的本土化修改。依次将现代服务业分为信息传输、物流与速递业、电子商务、计算机服务和软件业、房地产业、金融保险业、科学研究、租赁和商务服务业、远程教育、技术服务业八大类。国家现代服务业发展问题研究组（2004年）对现代服务业进行了分类，该分类同样借鉴了国际先进国家和地区的现代服务业划分标准，将现代服务业分为生产和市场服务类、基础服务类、公共服务类和个人消费服务四大类。按照四大类又细分成金融、批发、物流、电子商务、通信服务、教育、住宿、医疗保健、文化娱乐、餐饮、房地产、旅游、商品零售、公共卫生、医疗以及公益性信息服务等。

（二）现代服务业的特征

现代服务业的发展本质上来自于社会进步，经济发展，社会分工的专业化等需求。传统服务业一般具有增值低，乘数效应小和劳动力素质较差等特点。现代服务业是随着经济的不断进步，由服务业发展而形成的。因此，就现代服务业自身而言，无法脱离与传统服务业的关系，二者的联系主要体现在现代服务业是传统服务业的传承和发展，二者的区别则表现在发展模式、支撑条件以及投入产出效率等方面。现代服务业一般具有五大基本特性：

1. 高技术性，即现代服务业科技含量高。例如，银行存贷款业务是传统的银行服务业，但若采用高科技的计算机网络技术，建立起电子银行和网上存贷系统，则银行业就变成了现代服务业。

2. 知识性，即现代服务业为消费者提供知识的生产、传播和使用服务，使知识在服务过程中实现增值。例如，教育服务、科研服务、文化传媒服务、专业技术服务和计算机软件应用服务等。

3. 高增值性和集群性，即现代服务业不仅可以使服务过程产生知识的增值，而且可以产生服务的规模效应和各种服务相互整合的聚焦效应，产生服务的大幅增值。例如，现代服务业的交互融合程度高，大多集聚于国际大都市之中，从而使像纽约、伦敦、东京、北京等大都市，拥有众多的国际性咨询企业、金融企业、网络服务企业、市场中介组织和教育培训基地等，由此带动整个大都市的服务经济能够产生规模效应和乘数效应，即引起现代服务业的不断扩张，专业分工细化和高效益的协作。

4. 从业人员高素质性，即现代服务业的从业人员大都具有良好的教育背景、专业知识基础和技术、管理的能力，构成了现代服务业的核心能力和"白领""灰领"阶层的聚集区。

5. 新兴性和发展性。即在时间上是现代兴起的或从过去演变而来的，并在一定程度上体现着时代特征，具有强大的发展趋势。例如，计算机服务业和软件业就是新兴的；以电子商务和第三方集中配送为基础的物流服务业就是从传统商业，运输业中衍生而来的。

（三）现代服务业的行业界定

目前，关于现代服务业的众多理论和政策研究中，行业的分类界定与统计上的国民经济行业分类存在较大的差距。统计上对行业分类的基本原则是经济活动的同质性，凡经济活动的性质相同就属于一类，而不看其生产方式、科技水平是否先进。要用统计的方法来反映现代服务业的发展状况，必须先对现代服务业的行业范围进行界定，把服务业行业分类落实到国民经济行业中。针对现今社会发展状况，要完整的涵盖现代服务业的全部范围，必须突破传统的框框，把第一、第二产业中以现代信息技术为支撑，为满足企业、其他社会组织和个体消费者职能强化和功能强化的需要而发展起来的行业也要划入现代服务业。

根据以上现代服务业的判定标准，在总体定性判定的基础上，结合定量分析的方法，使最终界定的现代服务业都能明确到国民经济行业分类中，体现科学性和可操作性。参照我国的国民经济行业分类标准，按照宽泛的现代服务业标准，根据现代信息技术为支撑和以满足现代社会生活需求为目的，具有"知识密集性""高技术含量""高附加价值"等特征的行业进行合理归并，划分为金融业、信息服务业、房地产业、现代物流与客运业、现代商贸流通业、商务服务业、科学研究和技术服务业、现代社会服务业、其他产业中的现代服务业等九个行业。在此基础上，再把现代服务业分为两类：一是传统服务业经过新技术、新服务方式改造提升后的行业，包括金融业、房地产业、现代物流与客运业、现代商贸流通业、现代社会服务业；二是现代化过程中的新型服务业，包括信息服务业、商务服务业、科学研究与技术服务业。现代服务业具体落实到国民经济行业分类时，为便于把各行业划分清楚，笔者将第三产业和第一、第二产业中的现代服务业分别进行界定。

1. 服务业中现代服务业的界定。全部划入现代服务业的行业门类。全部划入现代服务业的行业门类包括金融业、房地产业、信息传输、计算机服务和软件业、科学研究与技术服务业、租赁和商务服务业等行业。

（1）金融业和房地产业。金融业和房地产业情况类似，其技术更新、经营方式多样，既有在现代化进程中新兴的服务业，如信托公司、房地产公司，同时传统的服务经过技术改造提升后与原来的形态已有本质上的差异，所以将金融业和房地产业全部划入现代服务业。

（2）信息传输、计算机服务和软件业。信息技术作为现代服务业的一个重要支撑，信息服务业自然也成为现代服务业中最具代表性的行业，而且我国的信息服务业正处于新兴的发展阶段，所以将信息传输、计算机服务和软件业全部划入现代服务业。

（3）科学研究与技术服务业。技术服务业是通过应用某些方面的专业知识和专门知识，按照客户的需求，在某一领域提供特殊服务的行业，其知识含量和科技含量都很高，最能体现现代服务业知识密集的特征，所以将其全部划入现代服务业。

（4）租赁和商务服务业。租赁和商务服务业以其企业形式多样、服务品种多变、迎合需求不断改变的特征，在现今的社会上得到飞快地发展，它是现代服务业中最能代表"新兴"这个特征的行业，所以将其全部划入现代服务业。

2. 行业门类中部分行业小类划入现代服务业。交通运输业、批发和零售业、住宿和餐饮业、教育、卫生等行业总体来说属于传统服务业，但其包括的内容相当广泛，已经从以前的单一的经营方式发展到现今多种经营方式并存，部分行业小类经过改造提升后达到了现代服务业的水准，也应该将其划入现代服务业中。

（1）交通运输业。现代物流和客运业是传统交通运输业的演变，也可以从两个方面看，一是因新技术、新知识而新兴的行业，包括轨道交通、航空运输、管道运输等；二是原为传统行业，被新技术、现代化经营理念改造成的现代行业，包括速递业、运输代理服务等，特别是与港口物流相关的服务业也得到了较快发展，而且这些服务业所包含的知识含量、技术含量都很高，也应该属于现代服务业范畴，包括沿海、远洋运输，港口码头经营，集装箱的装卸搬运，仓储业等。

（2）批发和零售业。商业就是商品的流通，它原是古老的行业，但经过几百年的变迁，经过信息技术、经营理念的改造提升，部分传统商业正向现代化商业发展，融入了现代化的管理技术和手段，包括综合百货零售、超级市场零售、4S销售模式的汽车零售、邮购及电子销售、贸易经纪与代理等。

（3）住宿和餐饮业。与批发和零售业类似，传统的住宿和餐饮业也融入了现代的经营理念和方式，所以将餐饮住宿业划入现代服务业。

（4）教育和卫生。教育和卫生都属传统行业，但其中部分行业小类应用了先进的技术设备，具备较高的知识含量，故将其划入到现代服务业中，包括高中教育、中等职业教育、高等教育、其他特殊教育、综合医院、中西医结合医院、专科医院等。

（5）文化、体育和娱乐业。结合"以现代信息技术为支撑""知识密集""新型服务业"等现代服务业特征，将数字广播电视、艺术表演场馆、图书馆、文化艺术经纪代理、休闲健身娱乐活动等划入现代服务业。

3. 其他产业中现代服务业的界定。随着社会经济的发展，很多企业的经营方式已经发生变化，一些第一、第二产业的企业已转为以服务业为主体或体现较为明显的服务业特征，这类企业也应划入现代服务业。

（1）工业企业中的现代服务业。部分工业企业，特别是集团企业，将部分产品的生产外包于其他企业，本身只进行研发、设计、销售及售后服务等活动，这种运营模式更符合现代服务业的定义，即因时代发展、社会需求而产生的，以提供无形产品（技术、服务等）为主的行业，因此有必要将其划入现代服务业。现阶段，集团企业主要分两种类型：第一，松散型，即研发、设计、销售、生产等部门都已注册成独立核算的法人单位，集团本部只负责资产管理等事务，本身已属于服务业的行业门类中，针对这种集团企业，按各个子公司的行业归类，都可以完整的纳入到现代服务业体系中；第二，紧密型，即集团的本部依附于某一较大的子公司，虽然有独立的研发、销售部门，但还没有独立注册，针对这类集团公司，有必要对其研发、设计、销售、物流等属于现代服务业的成分进行剥离，划入到现代服务业中。

（2）第一产业中的现代服务业。在国民经济行业分类（GB/T 4754—2011）中，将对农、林、牧、渔业生产活动进行的各种支持性服务活动，如农、林、牧、渔服务业划入第一产业，但实际上这些行业只是提供与第一产业相关的无形商品，包括技术支持和服务等，而没有生产有形的农副产品，因此并非真正意义上的第一产业，而且也符合现代服务业的特性，所以将农、林、牧、渔服务业划入到现代服务业。

三　现代服务业与其他产业的关系

随着经济进入后工业时代，从服务业发展的角度可以将现代服务业划分为两类：一类为由传统服务业升级发展而来的，即对传统服务业注入新的技术或管理方法，形成新的服务业。其主体行业包括运输业、邮电业、商业、饮食服务业等；另一类是随着经济的发展，在新技术革命推动下已经或正在形成和发展的新兴服务业。主要包括信息服务业、咨询业、广告业、技术服务业、金融业、保险业、房地产业、旅游业、广播电视业、民间体育业、新型娱乐业、物业管理业、人才交流业等。参考朱晴睿

（2005 年）的现代服务业发展模型（如下图 3—1），可以很好地解释现代服务业与其他产业的关系。朱晴睿（2005 年）认为，就现代服务业的有关产业而言，主要有以下两大类构成，其一是主要为生产和市场服务的产业；其二是主要为个人消费服务的产业。

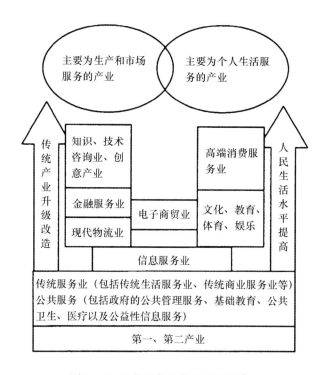

图 3—1　现代服务业发展模型图①

图 3—1 清晰地表明了现代服务业发展的整体过程和结构，从图中可以将现代服务业与第一、第二产业以及传统服务业的关系归结如下：

1. 第一、第二产业的发展促进了传统服务业的产生。如图 3—1，模型的底层和第二层由传统服务业和第一、第二产业形成。现代服务业是在传统服务业的基础之上发展起来的，没有传统服务业的基础，现代服务业的发展就无从谈起。

2. 信息化是现代服务业的最大特点。信息的流通及其应用技术的不

---

① 朱晴睿：《我国现代服务业发展模式浅析》，《上海企业》2005 年第 10 期。

断提升成为一切现代服务业发展的基础。信息服务业不仅为生产和市场提供信息采集和分析的服务，又提供个人生活服务，反过来信息服务也带动了消费，对生产和市场都起到了促进作用。因此，信息服务业应作为第三产业中的优先发展对象。

3. 在信息服务业之上，可以分为生产和市场服务及主要为个人消费服务两类。在为生产和市场服务方面，通过信息化首先带动传统物流业升级，或是建立以信息即时传输、快速反应、及时处理的高标准现代物流业，为区域产业升级和经济发展加速奠定基础。另外，高素质的知识人才是发展现代服务业的核心，因此发展现代服务业的根本在于建立全民学习体系和终身教育体系。这两类产业形成了现代服务业的第二层发展产业。

4. 金融业和电子商贸服务业将在现代服务业第二层产业充分发展的基础上得到快速发展和升级。信息服务业和教育业的带动，使金融业和电子商贸服务业拥有了更多的开展更多信息采集和利用的优秀人才，进而开展更高层次的服务。现代物流业的高效配送体系将使电子商贸业获得更大的发展空间。

5. 现代服务业发展的更高层次是知识、技术咨询业，创意产业和文化、体育等产业的大发展。"以文化产业为标志的服务业"是很多国家对现代服务业的共识。这类产业随着服务业占据国民经济比例的增高而获得高速发展的环境和基础。也就是说，只有在前几个层次的发展基础上才能促使社会产品向专业化、个性化和品牌化方向的发展，这种发展达到一定阶段后，咨询、设计、创意和文化需求才会大量涌现，并带动相关产业发展。

6. 高端消费服务业是现代服务业的进一步发展。服务业可以分为生产者服务业和消费者服务业，有学者指出，发展生产性服务业是现代服务业发展的关键，但生产性服务业不是服务业的目的，服务业的最终服务对象终究是消费者，因此，当基本生活需求和生产需求得到充分满足后，涉外旅游、特需医疗、品牌消费等高端消费服务业将得到大力发展。

四 现代服务业发展的影响因素

现代服务业发展是生产力发展的必然结果，是人类社会从农业经济、制造经济到服务经济的必经阶段。晁钢令（2004 年）指出，服务业的发展原因主要在于以下五个方面：工业化程度的提高和经济的高速发展、市场经济体系发育比较完善、现代经营管理技术的高度发展、社会文化素质的普遍提高以及政府对服务业发展的积极支持。孔繁来（2004 年）根据世界服务业发展轨迹指出，服务业增长的主要原因是经济发展（市场发育、工业增长、社会需求、城市化）、信息化程度的提高、生产者服务的发展和服务业相对价格的上升。

诸多因素影响着现代服务业的发展，现代服务业是一个涵盖多产业部门的集合概念，各产业部门间有时并不具有经济学意义上的相同点。因此，在对现代服务业各产业部门进行分析时，应摒除客观存在的显著差异性，努力寻找现代服务业影响因素的共性。具体而言，现代服务业的影响因素由产业系统自身的内部影响因素和外部环境因素共同作用。

（一）内部影响因素

产业系统的发展与产业自身的要素密切相关。尽管现代服务业包含各类投入要素，也难免受自身的产出成本与收入之间关系的影响，从经济效益来看，如果没有经济利润，任何系统都无法生存与发展下去。因此，可以将现代服务业自身投入要素上的相关指标看作是现代服务业的内部影响因素。

服务业是无形产品的生产产业，劳动力是服务产品的生产者与载体。因此，可以认为，劳动力是现代服务业最主要的投入要素。现代服务业的主要投入要素除了劳动力要素之外，另一方面就是资本要素投入，主要体现为相关固定资产的投资。综合现代服务业各分支产业部门的具体状况，笔者认为现代服务业系统演进中的另一个内部影响因素就是投资要素，但投资要素对现代服务业的影响作用要远远小于劳动力要素对现代服务业的影响。综上所述，现代服务业的内部影响因素主要包括劳动力数量（劳动力数量常用从业人数来表示）、固定资产投资额与劳动力的工资水平（劳动力的工资水平可以表明现代服务业的成本因素）。

（二）外部影响因素

现代服务业受外部因素作用影响的程度也相对较高，现代服务业与制造业、经济领域的其他产业之间都存在着很强的作用关系。因此，外部影响因素对现代服务业的演进也产生了相应的影响。作为一个产业，影响服务业发展的因素是多方面的。由于中国正处于转型期，不同服务业的发展所受的影响因素差异也很明显。所以，分析中国服务业发展的影响因素应该从经济全局出发，细分各项经济指标，考察它们与服务业发展之间的紧密联系。本书从服务业整体发展角度出发，分析影响服务业发展水平的各项因素，归纳为以下几方面[①]：

1. 经济发展水平。发达国家经验和大量实证研究显示，随着经济发展，劳动人口由农业转移到制造业，再从制造业转向商业和服务业。即区域服务业产值比重与经济发展水平密切相关，通常人均 GDP 和服务业增加值比重两者之间存在正向相关性。配第—克拉克定律将产业结构发展过程描述为："随着经济发展，劳动人口由农业移到制造业，再从制造业移向商业和服务业。"发达国家服务业产值比重和服务业就业比重普遍提高的事实验证了这一定律。大量实证研究也表明，各国服务业产值比重与经济发展水平密切相关，人均 GDP 较高的国家服务业产出也相对较高，人均 GDP 和服务业增加值比重两者之间存在正向相关性。因此，用人均 GDP 来表示的经济发展水平是服务业发展的一项重要影响因素。

2. 消费需求水平。服务业在经济中的比重是否随消费需求水平的提高而上升，一定程度上依赖于对服务产品需求的收入弹性和价格弹性。从较长时期看，人均收入水平是影响服务需求的一项重要因素。消费需求对服务业的影响主要作用在生活性服务业。根据恩格尔定律和马斯洛的需求层次理论，人类需求是分层次的，人们总是在满足了低层次需求后才会转向高层次需求。现代社会，农产品满足人们基本生存需要，属于最低层次的基本需求，工业品则是较高层次的需求，服务品中虽有一些也是基本的生活需求，如衣食住行等，但更多的是为满足高层次的享受和满足。随着人们收入增加，越来越大的消费比例将用于服务消费，换句话讲，也就是服务品的需求弹性高于农产品和工业品。收入水平的提高增加了对生活服务的需求，一些现代生活性服务产品在较高收入水平时才能大规模消费，

---

① 李娟：《我国现代服务业发展影响因素分析》，《商业研究》2010 年第 2 期，第 113—114 页。

例如旅游、高等教育、休闲、健身等消费。随着收入水平的不断提高，这类消费需求的收入弹性系数会有较大幅度的上升。由此可见，消费与生活性服务业的联系紧密，可用最终消费支出来反映生活性服务业的需求水平。

3. 工业化水平。从各发达国家的经验来看，现代服务业是建立在工业化基础上的，工业化程度越高，企业内部分工程度就越高，在价值链中的加工、物流、售后服务等环节将被分离出来，由专业的服务企业来完成，工业企业本身将专注于核心技术和品牌推广等，分工的深化必然带动生产性服务业的发展。因此，工业化程度是现代服务业发展的重要影响因素。随着经济增长、劳动分工不断细化和市场不断扩展，产品的制造过程被分解成为一个个更细的专业化节点，大量的中间产品和加工过程独立出来，此时，联结这些节点形成分工网络的必要性就显现出来，这些中间需求是生产性服务业的重要部分。生产性服务业是为了满足中间需求，向农业、工业甚至服务业提供服务，在国民经济中发挥重要作用。当前我国正处在工业化及城市化加速发展的阶段，工业、建筑业是生产性服务业的需求主体。因此，工业发展状况对服务企业的发展起着重要作用。同时从世界的经验来看，服务业是建立在工业化基础上的，服务业在工业化达到一定高水平后往往能够得到迅速发展。工业发展好的地区，业务机会较多，更容易促进生产性服务企业的发展。因此，工业化程度是服务业发展的重要影响因素。工业化水平是一个技术指标，很难用一个简单的经济变量来描述它，综合考虑，可以用人均第二产业增加值来表示工业化的相对发展状况。

4. 信息化水平。由于服务业的许多工作需要手工劳动，服务业的劳动生产率总体上比制造业的劳动生产率增长慢，和制造业相比，服务业的劳动生产率是滞后的。服务业劳动生产率滞后是服务业就业增长较慢的主要原因。同时，服务业较低的价格弹性导致了"成本病"鲍莫尔（Baumol，1967年）。程大中（2004年）使用1978—2000年数据，较为系统地验证了鲍莫尔（Baumol）的论点，结论是：中国的服务业除科学研究和综合技术服务业务外，其他部门表现不同程度的滞后；服务业的需求几乎缺乏价格弹性，很容易导致"成本病"。传统服务业只有基于信息化才能加速发展，才能解决"成本病"问题。信息技术对服务业的渗透，促进了服务业的增长，基于信息技术上的先进管理可以大幅度降低成本和提高效率。从国际服务业发展经验来看，信息化的迅猛发展有助于服务业的增长，对服务业劳动生产率的提高具有重要的作用。因此，可以利用信息化发展指数来表示信息化发展水平。

5. 城市化水平。城市是服务业发展的空间载体，也是服务业的集聚地。世界发展经验表明，人口集中居住更有利于服务业的增长。人口规模决定商品潜在市场大小。服务品的非储存性，即生产和消费的同时性要求大多数服务只能在当地市场出售，因此，市场规模成为服务业发展的首要影响因素。城市化带来人口集中，集中的人口能产生巨大的服务需求，从而为服务业创造了必要的生存条件。改革开放以来，我国经济高速发展，城市化水平不断提高，大量的农村人口从农村涌向城市，引起经济结构发生重大变化。城市规模扩大、交易成本降低、经济效率提高，也促使服务业水平不断提高，促进人均服务业增长。从西方发达国家的经验来看，服务业与城市化的相互促进作用表现得非常明显。城市化为发达国家服务业发展提供了非常重要的需求基础，推动服务业新行业的形成和传统行业的发展。城市化水平是服务业发展的一个重要影响因素，可以用城镇人口比重来反映城市化水平。

6. 市场化水平。学者普遍认为发展中国家的服务业增长与市场化水平存在显著的正相关关系。目前我国的市场化程度并不高，发展历程也相对较短。短期内市场化水平的提高所带来的经济结构效应可能还未充分发挥出来，对服务业的增长起到的作用并不明显。但从长期来考虑，市场化有利于产业结构转变，有利于行业内竞争，从某种程度上促进服务业的增长。市场化水平的提高对服务业来说就是要放宽市场准入，引入竞争机制。允许进入和允许竞争，即准许新的市场主体进入本行业，参与市场竞争，提高经济效率。因此，可以利用市场化指数来表示市场化水平。

7. 国际化水平。扩大对外开放，全面融入世界经济体系是中国服务业发展的一个大背景，它在以下几个方面促进服务业发展：开放条件下市场从国内扩展到国际，市场规模的扩大可以促进分工深化和生产率提高；通过对外贸易和对外投资引起的知识和技术外溢，提升引进国技术水平，从而促进服务业增长；外商直接投资扩大了投资规模，对东道国服务业发展有直接推动作用。开放有利于竞争环境的形成，促使企业进行创新，提升服务业竞争力。因此，可以采用人均利用外资情况来反映国际化影响因素。

欠发达地区现代服务业发展起步较晚，且发展速度较慢，具有明显的滞后性。分析欠发达地区现代服务业发展的影响因素应该从经济全局出发，考察各项经济指标与现代服务业发展之间的紧密联系。本书从区域现代服务业整体发展的角度出发，概括分析影响欠发达地区现代服务业发展水平的各项因素，这些因素除前述 7 项外，还主要包括以下两方面：第一，政府支持程度。我国区域现代服务业的发展离不开政府的政策和资金的支持。地区财政支出主要运用于直接和间接扶持科技、教育、文化、体育、传媒、医疗卫生与社会保障和其他社会服务业，现代服务业是建立在高知识、高技术和信息化基础上的，地方财政支出对现代服务业的发展有较大的促进作用。因此，可以用人均地方财政支出来反映政府对现代服务业的支持程度。第二，基础设施水平。交通、通信等行业本身是现代服务业的组成部分，同时交通、通信等基础设施对现代服务业的发展起着支撑作用，是现代服务业快速发展所不可缺少的基础平台，基础设施水平所包含的因素较多，考虑统计口径和数据的可得性，可以选用具有代表性的人均公路里程数来反映基础设施水平。

五　现代服务业的发展特征

（一）服务业自身发展规律

国外服务业内部结构在工业化进程中与后工业社会时期的演变趋势大体可以归纳成如下八个方面：

1. 服务业在产业中的比重占据了很重要的位置，居三大产业之首。相比较于其他要素，就业比重有一个很大的上升幅度，就业比重在工业化后期上升至 40% 以上。纵观工业化的演进过程，在工业化前、中期，生活性服务业比重呈现出了略微上升的趋势，在工业化后期则表现出了非常明显的向下趋势，同时工业化发展对劳动力的吸收也急剧下降；工业化后期的就业比重和公共服务比重上升趋势明显，生产性服务业就业比重明显上升，但具体产出比重变化趋势不确定。

2. 在工业化发展过程中，物流运输业、现代商业、金融服务业等行业产出比重在第三产业现代服务业中始终处于第一位，超过了公共服务业和个人服务业的发展水平。工业化发展的中后期，物流运输业、现代商业、金融服务业等行业的就业比重也处于第一位，同时期这三个产业占现代服务业总产出与就业的比重达到50%—80%。西方国家的历史经济数据和资料显示：欧洲地区在工业化实现前，物流运输业、现代商业、金融服务业等三个行业已有一定的发展基础——近代金融服务业已初露端倪；同时，在欧美工业化发展过程中，伴随工业经济快速增长，物流运输业、现代商业和金融服务业这三个行业获得了长足发展。其根本原因是这三个行业在工业化发展过程中发挥着举足轻重的作用，而且这三个行业发展与工业经济增长、市场深化程度之间存在相辅相成的关系。据此分析可见，物流运输业、现代商业、金融服务业三行业具有较强的经济网络效应，即一定程度上表现出社会基础设施公共性质与很强的有利外部经济性。

3. 工业化发展后期与后工业社会时期，现代服务业比重大约在55%—70%，其内部产业结构演变表现出了如下的趋势和进程：即传统流通服务业和运输仓储业比重表现出稳中略降的发展趋势；商务服务业、金融服务业、房地产业等现代服务业产出比重呈现较明显上升趋势，其中商务服务业就业比重显著上升，金融服务业、房地产业就业比重在稳定发展中略微上升；以提升国民身体和心理素质与生活质量水平为主题的社会公共服务、社团个人服务业比重呈现明显上升趋势；政府社会公共服务比重稳中略升，如涵盖非市场化的、体现普通民众需求的教育医疗服务占政府服务总体的比重提高。

4. 现代服务业各子系行业占现代服务业整体产出比重变化趋势呈现一定的规律性。即随着现代服务业占国民经济总量比重的上升，传统流通服务业、商业与运输仓储业的比重均呈现明显下降趋势；现代金融保险、房地产、商务服务与和国民身体和心理素质、生活质量水平提升关系密切的服务业、教育医疗、娱乐文化等行业的比重均呈现较明显上升趋势。

5. 第三产业某些分支行业比重存在饱和点。商业产出、就业比重的饱和点分别是16%、20%；运输仓储产出、就业比重的饱和点分别是6%、5%。通过分析可见，在现代服务业发展进程中，存在上述行业比重达到饱和点后即出现下降或稳中略降态势的发展规律，深入了解和利用这一规律对于发展现代服务业具有重要意义。政府及行业协会在发展上述分支服务行业（部门）时不能一味地盲目扩张，在其发展速度减缓、比重趋近饱和点时，应顺应其发展规律，维持其发展现状，保持此行业的发展规模，控制其发展速度和进程，而不应蓄意拉动此类行业发展速度。

6. 深入分析和研究西方发达国家现代服务业内部结构发展态势原因，可以得出以下结论：作为影响服务业增长、服务业结构变化主要因素的私人消费需求，它对服务业增长及其内部结构变化的影响作用并不大。西方发达国家教育服务消费占私人总消费的比重非常小，因为所有的公共教育投入几乎是由政府和非市场机构提供的，政府和非市场机构免费或低费供应给国民消费；运输服务和物流业也由于家庭轿车增多、他人服务被自我服务代替，在发展时尚未表现出随私人消费同向增长的情况；同样的原因和理由，私人消费需求对公共医疗卫生保健服务的影响作用极小或不确定。私人消费需求主要对住宅服务、旅馆酒店、娱乐文化服务等服务业产生一定程度的影响。生产率水平偏低导致第三产业大多数分支行业名义产出比重上升以及它们的就业比重增幅大于其产出比重增幅；分工深化、专业化程度趋深是影响商务服务业增长、第三产业内部结构变化的重要原因。

7. 现代服务业在三大产业中占国民经济的比重最大，且其对经济增长和发展的贡献也是最大，随着 IT 技术对现代服务行业的显著影响以及发达国家积极拓展全球服务贸易份额，20 世纪 90 年代，现代服务业对经济增长的贡献率在以前发展的基础上高速发展、贡献率上升至 70% 以上，相当于工业贡献率的三倍。

8. 现代服务业发展份额比重上升与内部行业结构发展趋势符合现代经济发展的要求，极大地体现了当代社会经济的全面发展内涵，即稳定的社会经济增长、平稳上升的经济运行效率，不断提高的国民身体和心理素质与生活质量水平。

（二）国际现代服务业发展特征

国际现代服务业的发展特征主要可以归纳为以下五个方面：

1. 现代服务业发展速度快于传统服务业。根据西方经济发展史资料和数据可见，西方发达国家现代服务业历时三个阶段：一是资本主义工业化前期，交通运输、商业交流和通信工程业处于发展第一位；二是

1890—1900 阶段，金融服务业和商务服务业推动和促进了第二产业的发展，为第二产业的发展提供知识型产品和服务，成为第二产业发展的推动力；第三阶段是金融服务业和商务服务业、科教文卫等现代服务业衍生阶段，这些行业相继成为独立的行业，并得到了迅速发展。自 20 世纪七八十年代开始，在经济全球化和国际化浪潮的推动下，尤其美国信息高速公路建设的刺激，西方部分发达国家开始利用 IT 技术和网络技术来改造和提升现代服务业的内涵和水平，提高传统服务业科技含量，出现了一批新兴现代服务业，大力推动和刺激了第一产业和第二产业的发展，尤其对产业集群的发展起了巨大作用。近十几年来，互联网的快速发展及其应用，推动了电子政务、电子商务等行业的快速发展，现代服务业的增长速度远超传统服务业。20 世纪 80 年代这 10 年间，美国现代服务业增长速度超过 100%，远高于本国经济的增速。现代服务业的高速发展促使现代服务业在三大产业中的比重上升趋势明显，极大地优化了服务业结构，现代服务业已经成为世界经济发展和国际竞争的最新动力。

2. 现代服务业成为全球直接投资重点。近年来，发达国家的许多大型跨国公司通过服务项目外包和业务离岸化等方式，大大加快了服务业国际资本的跨国转移速度，外国直接投资的重点已慢慢转向现代化服务业。同时，现代服务业的国家贸易业务范围越来越大，其占份额和比重也迅速上升。在 1990 至 2002 年这 12 年的时间内，全球跨国投资比重中，第一产业和制造业分别占比由 1990 年的 9% 和 44%，下降到 2002 年的 4% 和 29%，服务业的占比则由 1990 年的 47% 上升到 2002 年的 67%。

3. 现代服务业推动产业结构升级。近年来，我国政府部门越来越重视服务业的发展，专门制定如何发展、规划服务业的省份不在少数。现代服务业的发展，极大地推动了新生产模式、技术等在服务产业中的应用。西方发达国家自 20 世纪 60 年代已经先后进入服务经济主导的产业结构发展时代，服务业经济时代日益涌现出虚拟化、网络化、协作化等新趋势。目前发达国家服务经济背景下的产业结构已完全被确立起来，如 OECD 的 30 个成员国中，服务业增加值占国民经济总量的比重均达到 70% 以上。全球产业结构自 20 世纪 80 年代开始已经由"工业型"向"服务型"经济模式转变。

4. 现代服务业提升国家创新能力。伴随信息技术的日新月异，发达国家的现代服务业已从早期的劳动密集型行业演变成资本、技术密集型行业，进而向知识密集型行业转变。现代服务业是新技术的重要提供者和促进者，有力地支撑了技术扩散和国家创新能力的提升，而技术的不断创新应用也有力地推动了服务模式转变和产业升级。现代服务业不仅其内部自身产生了大量的服务创新，其在工业领域创新中也扮演着"创新源——创新推动者——创新携带者"的角色，在整个创新体系的形成和构建过程中发挥着非常重要的作用。

5. 政府扶持现代服务业发展。尽管在市场经济体制下，政府直接干预服务业发展的空间很小，但实践证明，许多国家仍在多方面加大对现代服务业的支持力度。一是制定有关的发展规划和管理法规，引导现代服务业发展。如美国在 1999 年通过了《金融服务现代化法案》，取消了对金融企业混业经营的限制，促进了金融业全能化的发展；二是组织或投资建设服务基础设施和开发有关人力资源，为现代服务业的发展创造条件，提供智力支撑；三是制定优惠政策，促进现代服务业的发展。如美国对电子商务、企业咨询服务等实施免征和减征所得税政策；日本对咨询服务出口减免税收并提供政府补助。目前，一些发展中国家也加大对现代服务业的支持力度，促进其发展壮大，并取得显著成效。

（三）国内现代服务业发展特征

新中国成立以来，尤其改革开放 40 年，我国服务业的发展已经取得了显著的成绩，但仍不能满足我国当前经济发展水平、社会大众的消费需求和进一步增强产业竞争力的要求，其发展质量和速度都需要进一步提升。从国内生产总值来看，我国人均 GDP 现已超过 8000 美元，这表明我国现代服务业有很大的发展空间。近年来，随着我国对外开放程度的进一步深化，将进一步优化现代服务业的政策环境，推动现代服务业的发展。纵观我国现代服务业的发展特征，可以归结为以下三个方面：

1. 随着各国社会经济发展水平的不断提高和提升，服务业在国民经济总量中的比重和就业比重会不断上升。大多数发达国家服务业产值和服务业就业比重普遍达到 65%—80%，大部分发展中国家服务业产值和就业比重平均达到 50%—60%，而我国在 2015 年末服务业就业人数占全国就业人数的比重为 42.4%，不仅远远低于发达国家的水平，而且没有达到发展中国家的平均水平，提升空间很大。

2. 相比于世界发达国家，我国的服务贸易份额和比重仍然太小，这完全不符合中国的国际货物贸易大国地位，遏制了我国国家货物贸易的进一步发展，而且也说明我国对外贸易结构尚不合理，不能符合当地服务经济时代的要求。2015 年世界服务进出口总额为 92450 亿美元，而我国服务进出口额为 7130 亿美元，仅占世界服务进出口额比重的 7.7%，远低于美、英、德等国家，从整体上看，中国服务业甚至比韩国还稍逊一些，因此我国应大力发展服务贸易，优化对外贸易内部结构，提升对外贸易的水平和质量，提升其国家竞争力。

3. 我国服务业的技术含量低，附加值水平也较低，相对劳动生产率也非常低。我国服务业发展起步较晚，相比当前经济发展水平而言相对滞后，发展总量及规模都较小，而且内部结构也不合理，主要表现为以劳动密集为主的传统服务业占多数，以知识密集的现代服务业占少数。可见，当前我国现代服务业的发展还处在初级阶段，还远远不能满足经济发展和社会服务的要求，仍有巨大的提升空间。

在当今服务经济时代，我国现代服务业要实现现代服务业在国家经济中的核心与主导地位，充分发挥现代服务业的辐射和带动功能，必须在现代服务改革、改造、创新、创品牌等四个方面做出更大的努力。改革就是要打破过去计划经济时代的各种束缚和枷锁，建立适应服务经济时代发展要求的市场化体制和机制，加快推进中国现代服务业的产业化、市场化和制度化进程，发挥现代服务业的发展活力和潜力。改造就是要用 IT 技术和西方发达国家的已有先进管理理念和管理经验，并通过联合、并购等方式扩大企业规模，实现服务产业发展的纵向一体化和横向一体化，充分发挥服务业的规模经济和范围经济的效应，淘汰落后的传统服务业，提高现代服务业占整个服务业的规模和增加值比重，以更好地适应服务经济时代的发展需求。创新就是要对现代服务业进一步进行技术创新、过程创新、传递创新和管理创新，重点发展服务创新，并进行针对性创新，有效形成持续竞争优势，提高企业的国际竞争力。创品牌就是要以国际优秀的品牌理念为榜样，发挥品牌效应的作用，带动上下游产业链的发展和延伸，从而争夺服务品牌的国际市场地位。

六 国外现代服务业发展模式及启示

(一) 美国现代服务业发展模式①

1. 以主导性服务行业促进整体服务业的发展。从整体上讲，美国服务业经历了三个阶段，分别为个体需求拉动服务经济阶段、中间需求拉动服务业经济阶段及信息技术拉动服务经济阶段，因而美国服务业发展的转变过程可以归结为：个人服务业、生产者服务业和信息服务业。在第一阶段，美国的主导服务业是个人服务和家庭服务，主要是为满足小个体和小群体需求而产生的以简单流通业为主的服务业结构；在第二阶段，美国工业经济的迅速发展促成了满足工业生产需求的专业中间服务机构的诞生。在该阶段形成了以生产者服务业、公共服务业和个人服务业并存为主导产业的服务业结构；在第三阶段，一个标志性特征是信息技术业改变了美国服务业的面貌，信息技术的发展不但催生了新的业态，还大幅度优化提升了服务业生产效率，形成了以信息服务业、公共服务业和知识服务业为主的产业服务结构。

2. 以产业集聚形式促进现代服务业的发展。美国现代服务业的发展已逐步形成了集聚性的发展模式。例如，纽约中心的曼哈顿地区形成了以金融业为主，以会展业、商业服务业、文化娱乐业等为辅的现代服务业产业结构。该地区中心商业区已成为纽约市发展的助推器，并使得纽约市吸引了大量的跨国性行业组织的投资，确立了纽约良好的国际形象。据统计，曼哈顿中心商业区的住宅地产和商业地产成交额占美国全国房地产市场同类型房产成交额的四成，纽约市的电话通信量占全美的21%。

3. 以跨国转移促进现代服务业发展。产业内贸易理论的正确性在美国对外贸易转移中体现得淋漓尽致：美国对外直接投资的区位选择基本遵循经济发展水平相似、地理位置临近这两个最重要的因素。在美国的对外直接投资中，以发达国家为主的欧洲地区占有五成以上份额；而亚非拉美地区由于地理位置和经济发展状况的原因，占比较小。当前，美国服务业

---

① 参阅车鑫、谷一鸣：《发达国家现代服务业发展模式研究——以美国、英国、日本为例》，《科技创业》2015年第14期，第40—42页。

转移已经由当初的制造业追随型，逐渐转变为自主性扩张型的发展模式。

（二）英国现代服务业发展模式

1. 以金融业主导带动其他相关产业发展。英国的现代服务业中，金融业引领了大伦敦地区和英国经济的长期发展。较为完善的银行、证券市场体系，满足了各类中小型高科技企业的融资需求。成熟灵活的风投基金资本投资额占整个欧洲地区的42%。伦敦作为欧盟最大的资本主义市场发源地，是国际金融、物流、咨询中心之一，是全球最大的国际保险、场外金融交易、基金管理中心和外汇交易市场。不仅在英国经济中，在国际金融领域，伦敦金融城也占据着举足轻重的地位。

2. 服务业等级化、功能化、多极化的空间分布特点明显。为了实现刺激需求和降低运营成本的目的，伦敦在城市规划上进行了大量的规划和论证，并遵照实施，现已形成了等级化、功能化、多极化的空间布局模式。20世纪中后期，伦敦通过对泰晤士河码头区的重新规划、建设，将原先的货船装卸码头改造成了市内的第二个中央商务区。全球经济活动的复杂化和专业化让伦敦的现代服务业区位逐渐演化成具有明显等级体系和功能定位的空间分布。金融服务业在英国的良好发展并非偶然，而是在本国良好的工业基础、高度发展的服务业、比较完善的产业集聚共同作用下，因为良好的外部条件所产生的必然结果。

3. 以点带面、多层次发展。通过对泰晤士河港口区的改造，伦敦金融服务业奠定了以城市中心为基础向内城区辐射发展的基本框架。位于伦敦郊区的大量新兴商务区作为配套支撑，则进一步完善了伦敦的多点集群式发展体系。这种空间发展模式在突出中心城市对金融监管、配套水平和行政能力要求的基础上，强调了产业集群功能的可持续发展，兼顾了生态功能和集群综合效应。

（三）日本现代服务业发展模式

1. 发展区域呈现辐射化发展特征。不同于纽约的中心区就地膨胀发展模式、伦敦的中心区抑制发展模式，东京大都市圈现代服务业的发展模式是将市中心膨胀化发展战略和外围地区多点截留双元战略进行结合的产物。主要体现在对发展圈进行合理的区域职能分工，保持各区域协调发展，发挥出区域经济的整体优势。东京大都市圈由"一都七县"构成，其中东京是这个大都市圈的核心。东京的每个区并不是在每个产业功能上都居于主导地位，主导地位集中于金融、批发、信息、专业服务等相关产业，这些服务行业已经成为"一都七县"地区城市功能转型和产业集群的重要特征，主要体现在呈现多层次、网络化、多样化的结构特征。

2. 发展的主体力量是垄断财团。日本企业中，大量存在着交叉持股的现象，各个财团在本国银行、大型企业中的股权关系错综复杂。大型银行向大财团提供资金层面的支持，大财团使用资金投入到自己持股的大型企业，促进了现代服务业相关产业的发展，而中小企业则被大型企业纳入到自己的产业链中，成为主要的供货商或者分销商。虽然大财团的存在在一定程度上导致了垄断行为的产生，但是在日本现代服务业发展的初期阶段，这种大财团主导的发展模式带来了日本产业技术的飞速发展。

3. 服务业和制造业关联化发展。日本通过政府部门和行业协会的协调，结合本国实际产业发展状况来促进各个行业间的关联发展，从而达到各行业的良性循环发展。产业联动方面，日本发达的通信业带动信息产业发展，而信息服务业又带动了相关的信息设备制造业的发展。日本的通信业作为连接检索中心库和用户之间的桥梁，对数据库产业的发展做出了十分重要的贡献。日本学术情报中心联网了日本国内 69% 的国立大学，62% 的公立大学，53% 的私立大学，下设 8 个逻辑子网，实现了与国内主流学术机构之间的信息互联。

（四）新加坡现代服务业发展模式

服务业是新加坡经济的重要支柱产业之一，新加坡服务业中最主要的行业包括交通通讯、商业服务、批发零售、金融服务等，相比较东南亚其他国家而言，新加坡在这些行业上的发展优势非常明显，发展潜力巨大。纵观新加坡的现代服务业发展历程也可以看到，交通（快捷的空运、海运和高效的港口）、金融（银行、保险、会计、律师、审计）、商业、酒店餐饮等领域一直被作为优先发展的行业，这些行业被公认为是东南亚地区的运输中心、金融中心及国际贸易中心。学术界将其概括为"三大中心"驱动发展模式。在解决就业方面，服务业起了支柱性的作用，服务业解决了新加坡 50% 以上的就业人口，而制造业和建筑业的就业人数比重仅占 20% 左右。在服务业中，就业人数最多的是批发与零售业，其次是商务服务业和交通存储与通讯业。

服务贸易在新加坡 GDP 中的比例在三分之一左右，服务贸易领域中传统的有交通和旅游服务，20 世纪 90 年代末新蓬勃发展起来的有与贸易相关（Trade-related）的服务、金融与保险服务、商务服务和技术服务四大领域，并且这四个领域的贸易额增长快速。从服务业的进出口结构来看，出口方面，与贸易相关的交通、旅游和金融是前三大行业领域，而金融和商务服务比例相当，但总额只有前三大领域的五分之一到四分之一。而进口方面，则是交通、旅游、版税是三大主要行业，保险、商务、贸易相关、技术服务属于第二梯队，占服务进口总额的比例在 5% 左右。值得一提的是，贸易相关服务中，出口额大大超过进口额，这是因为新加坡是贸易服务大国，尤其是在转口贸易方面，因此其与贸易相关的服务活动的服务对象就扩大到境外众多贸易商。

（五）发达国家现代服务业发展模式的启示

通过归纳发达国家现代服务业的发展模式，可以看出，现代服务业发展具有集群化发展的趋势。美国、英国、日本三国通过工业化阶段的积累，拥有了完善的产业体系、积累了大量的专业人才、形成了独特的文化和制度。

1. 现代服务业的发展不仅需要一定的外在物质配套条件作为承载平台，更需要一套推动其发展的内在制度条件作为保障。便利的交通条件、宜居的自然和人文环境、通畅的信息沟通硬件等因素决定着一个国家或地区的物质配套条件。而市场经济的发展程度、相关部门的监管体系、法治建设、统一的行业标准等因素则构成了制度环境，在现代服务业发展中发挥着更大的作用。

2. 现代服务业所具有的高技术密集度、高知识密集度、高成本、高人力资本特点。美国、英国和日本得益于其发达的高等教育和职业教育，并不断从世界范围内吸引相关领域人才，为现代服务业的发展进行了充分的人力资源储备。

3. 美国的金融产业和 IT 产业，英国的金融产业，日本的制造业均在全球市场中居于强势地位，正是工业化过程中建立起来的这些优势产业，为三国现代服务业发展提供了必要的产业基础，为现代服务业与其他产业的良性互动发展提供了条件。

4. 美国、英国、日本现代服务业发展的一个重要因素就是在努力开发国内市场需求的基础上，在世界市场中参与竞争。更大的市场，所带来的不仅是更加激烈的市场竞争，也有更为广阔的市场前景。

七　国内现代服务业发展模式及启示

基于服务业的重要意义，我国各地纷纷出台相关促进政策，以便在吸引和发展现代服务业竞争过程中取得有利位置。北京、上海、天津等中心城市在发展现代服务业方面已经率先崛起，为我国打造如硅谷、华尔街、伦敦金融城、日本银座等世界级的现代服务业中心奠定了基础。山东、江苏、广东、浙江、重庆、内蒙古、无锡等省、市、自治区也相继出台了促进服务业发展的政策意见和实施细则。

（一）北京现代服务业的发展模式

"现代服务业产业升级优先发展模式"[①] 最先由北京市提出。北京市"十一五"规划纲要指出：加快现代服务业发展应该被放在产业升级的优先位置，现代服务业要能够承接相关国际服务业的转移，并注重知识型服务业的发展，来进一步增强服务的功能和辐射力。同时可以稳定提升具有相对优势的文化、金融、房地产等相关支柱产业，培育那些空间大的现代物流和旅游会展等潜力产业的发展。北京现代服务业的发展，与城市发展战略转变有着密切的联系。1998 年，"首都经济" 概念的提出确定了现代服务业的主导地位。近年来，北京市产业结构进一步优化，金融、信息服务、房地产等支柱行业的主导地位进一步巩固；软件业、法律服务、咨询调查等新兴行业具有良好的发展潜力。现代服务业已经成为首都经济的新亮点，为北京建设现代化、国际化大都市奠定了一定的产业基础。首都现代服务业发展模式特点如下：

---

① 参阅王淑梅《现代服务业系统机理与发展模式研究——以辽宁省为例》，武汉理工大学2012 年博士学位论文。

1. 外资向现代服务业的重点行业倾斜。对外开放领域的进一步扩大和市场准入程度的逐步放宽，使北京市利用外资呈现以现代服务业为主体的发展格局。

2. 现代制造业为现代服务业的发展提供了契机。在新一轮国际产业转移的过程中，上海、北京等具有比较优势的地区率先成为国际现代制造业转移的承载地。与此同时，和国际制造行业联系紧密的投资公司陆续跟进。如诺基亚、索尼爱立信、西门子均看好首都的区位优势，将投资公司落户北京。世界 500 强企业在京开办代表处、办事处的有 293 家，占总数的 58%。总部经济在北京"生根"，产生了五个效应，即税收供应效应、产业集聚效应、消费带动效应、就业乘数效应和社会资本效应。这些效应的显现都直接或间接地为高端现代服务业特别是生产性服务业的发展提供了机遇。

3. 产业集群初步形成，辐射功能逐渐增强。近年来，北京市逐步形成了金融街、CBD、中关村等一批现代服务业相对聚集的区域，中心城区产业能级和集聚辐射功能不断提升。金融街：金融资产总额占全国的 60% 左右，控制着全国 90% 的信贷资金和 65% 的保费资金，是国内最大的货币资金市场。除了金融街、CBD、中关村等这些"老牌"区域外，顺义空港物流园区、通州物流园区、东二环交通商务区、亚奥会展产业区等新兴服务业集聚区正迅速成长为北京现代服务业的新亮点。

（二）上海现代服务业发展模式

上海的现代服务业集聚区发展模式为我们提供了一种现代服务业发展模式的实践范例。上海现代服务业集聚发展源于 20 世纪 80 年代的虹桥开发区建设，该开发区首先以外向型经济为特征，此后逐步形成了虹桥商务集聚区。

20 世纪 90 年代起上海的现代服务业发展开始加快，上海市统计局 2000 年的统计数据显示，以服务业为主的第三产业占国内生产总值 GDP 的比重首次超过 50%，GDP 年均增长率的 10.8% 增幅中有 6.2% 是由服务业贡献的。服务业的快速发展和内部结构的不断优化，增强了上海作为经济中心城市的集聚和辐射功能。从此以后，以物流、金融、信息等为代表的上海现代服务业呈现出日益蓬勃的发展态势。

近十年来，上海不断加大在功能定位、品牌建设、政策指导等方面的引导和扶持力度，积极规划现代服务业集聚区发展，并启动了一批服务业集聚区建设。上海在 2004 年率先提出现代服务业集聚区概念，之后在黄浦、静安、浦东、卢湾、长宁、徐汇等区都呈现出了服务业集聚的发展态势。调研发现，上海现代服务业集聚区"十一五"发展规划分了两批共计 20 个建设项目，2010 年已基本全部建成，且成效显著。目前，现代服务业集聚区已经成为上海现代服务业发展的"加速器"，中心城区通过功能提升和完善配套，已形成服务业集聚和规模效应的区域，实现了集聚区的商旅文结合；中心城区周边规划建设中的集聚区，通过统一规划和联合开发，显现了中心城区 CBD 溢出效应和二、三产业融合互动效应。通过大力发展生产性服务业，凸显了产业特色和功能定位。形成与中心城区集聚区错位互动发展的格局。

（三）吉林省现代服务业的发展模式

吉林省拥有良好的制造业基础及资源环境。近年来，其依托制造业优势，大力发展生产性服务业；依托区域特色，建立现代服务业集聚区；扩大服务业对外开放力度，吸引更多外资拉动现代服务业的发展。形成了这些模式融合发展的现代服务业多重发展模式。

吉林省制造业具有一定的优势，先进的制造业为生产性服务业的发展提供了可靠的保证。一是制造业产业基础好，发展快；二是涵盖多种行业门类。吉林省装备制造业目前已经包括 30 多种主要装备制造产品，其中，交通运输设备、农业机械、煤矿采掘设备、数控机床、电子通信设备、仪器仪表、环保设备等领域属于国家重点发展的重大技术装备和产品项目，尤其是铁路运输设备和农业机械设备是吉林省装备制造业发展的两个核心；三是产品技术水平有了较大提高。企业通过技术改造、消化吸收进而自主创新，生产能力和产品水平有了较大提高，市场竞争力增强；四是特色更加鲜明，发展趋向集中。随着调整和改造，装备制造业在长春、四平、吉林三市形成了一定的集中度。吉林省的省会长春市已经具备了建设现代服务业集聚区的可行性，并由长春市作为中心地区逐步向周边重点地区分散化、多极化发展。另外，吉林省采用外资拉动模式发展现代服务业也多有成效。主要体现在：承接国际服务离岸外包，这是扩大服务业对外开放的重要内容；利用高校科研机构云集的优势，积极承接数据处理、技术研发、财会核算、售后服务等国际服务业转移，特别是逐步拓展一些具备优势和条件的高端业务；大力发展服务贸易，不断提高吸引外商直接投资（FDI）的质量和层次，为制造业的转型升级提供服务支持。

八　现代服务业的发展趋势及模式选择

（一）现代服务业的发展趋势

只有深刻分析和了解现代服务业的发展趋势，才能制定出符合时代发展要求、有生命力的现代服务业发展模式。美国学者丹尼尔·贝尔（Dniel Bell）在《后工业社会来临》一书中指出，服务业经历了以个人服务和家庭服务为主，以商业服务和运输服务为主，到以技术性、知识性的服务和公共服务为主的进化过程。纵观国内外现代服务业的发展，在当今的经济环境下，随着经济的不断发展，现代服务业产业链正逐渐形成与其他产业的联动发展以及集群化和国际化的发展趋势。

1. 产业联动。工业发展到一定阶段产生的现代服务业，与新型工业紧密相连，两者彼此之间形成了互动机制。新型工业的发展将会带动设计、研发、物流等相关产业链环节的发展，同时，快速的现代服务业也能反过来促进工业生产的改良、升级。从诸多国际范围内的经验看到：一国经济发展水平由中低向中上等转化时期，产业结构常常变动明显，产业结构的变动是服务业迅速发展的一个转折点，对经济发展产生极大影响。现代服务业与新型工业发展常常同步进行，两者已经开始呈现出一种融合发展的趋势。新型工业与现代服务业的融合发展规律是中国经济发展全局必须要遵从的，在促进新型工业与现代服务业快速发展过程中，各省市及大经济区也要实现融合发展。现代服务业的发展如同新型工业的发展离不开现代服务业的服务一样，离不开新型工业的支撑，如果某个城市一味追求服务业在产业结构中的高比例，而忽略了新型工业的发展，一定程度上会使得产业结构空心化，导致经济增长速度放缓。

2. 集群化。产业集群最早由波特（Mike Porter）于1990年提出，指在某一特定领域中，大量产业联系密切的企业以及相关支撑机构在空间上集聚，并形成强劲、持续竞争优势的现象。产业集群已成为世界经济中颇具特色的经济组织形式，关于产业集群的理论分析与实证研究也日益增多。一个国家或地区在国际上具有竞争优势的关键是产业的竞争优势，而产业的竞争优势来源于彼此相关的产业集群。世界经济是由所谓的产业集群主导的经济，它们创造着全球很大一部分财富。全球产业集群几乎遍布所有地区的所有领域，如美国底特律的汽车产业集群、加州硅谷高技术产业集群，法国布雷勒河谷的香水、玻璃业集群、巴黎的服装业集群，德国法兰克福的化学制品集群、伊德的工具车床集群等。在我国产业集群案例中，包括河北清河羊绒业、北京中关村，以及浙江的"块状经济"等。经济全球化和现代服务业在全球经济的飞速发展中起着至关紧要的作用，经济全球化和现代服务业共同提供了好的外部大环境，以支持集群化现代服务业的发展。同时，现代服务业细化的分工和专业合作极大地增强了企业集群化发展趋势，实现了现代服务业在产业链上、下游的扩张，这种扩张式发展导致了更细的专业分工，更强的专业化合作。

3. 国际化。科学技术不断进步，全球经济一体化进程不断加快，世界性的产业结构也在不断地发生变化。经济全球化的主要体现形式——跨国公司的分工逐渐细化，非核心业务外包趋势明显，如现实企业中看到的国际服务业大规模地理区域上的转移，在很多服务性企业中，非核心服务活动被交给其他专业化企业，服务外包是当今国际贸易中的主要内在形式。国际分工变化也体现在服务外包的发展上，2000 年以来，中国被誉为"世界工厂"，即是因为中国承接更多的全球服务外包的原因。尽管当前服务外包行业已经取得了迅速的发展，但纵观世界，仍然存在一些大公司不与低成本国家进行外包服务合作。但服务外包蕴含的巨大发展潜力，已经以一种不可逆转的势头显示出来，在各个行业和许多国家之间迅速蔓延开来。在这样的大环境下，中国现代服务业应该加快发展服务外包以及参与服务外包市场竞争、提升国际竞争能力。

（二）现代服务业的发展模式选择

根据上述分析和国内外经验，基于现代服务业系统机理，现代服务业发展可供选择的发展模式主要有：

1. 生产性服务业模式。生产性服务业是为生产而新兴的服务业，或为其他商品和服务的生产者用作中间投入的服务业。众所周知，20 世纪后期，制造业与服务业的一体化、融合发展成为经济领域的一项革命性变化，生产性服务业依托制造业、服务制造业并实现良性互动。在这种模式下，传统意义上的制造业与服务业的边界越来越模糊，代之而起的是更为广泛的"信息—知识—技术"平台。利用这一平台，不同产业、不同厂家的不同产品或者某一职能可以由一家企业提供，并以服务业为中心将分工价值链的各个环节串联起来，出现"以生产为中心"向"以服务为中心"的转型。制造业企业为了整合资源、发挥专长、提高效率，越来越多地出现"服务外包"行为，传统上由企业内部在产前、产中或产后所进行的一些生产、经营甚至管理服务活动，均转而由其他企业完成。这样，一种为制造业生产而服务的产业就应运而生了，即生产性服务业。世界上制造业发达的国家都凭借自身的制造业实力，采用生产性服务业模式，以此加速本国现代服务业的发展。美国就是很好的例子。美国硅谷高新技术产业集群的成功，研究开发、生产、销售各种配套的专业化生产性服务起到重要作用。硅谷中的大学和科研机构、风险投资公司和商业银行、律师和会计师事务所、猎头公司以及行业协会等服务性企业充分发挥自身的特长，为硅谷的高新技术产业发展保驾护航。

2. 现代服务业集聚区模式。现代服务业集聚区模式是在顺应国际发展规律并借鉴其发展经验的基础上提出的一个全新概念。现代服务业产业聚集指的是在现代服务业的整体范围内，一行业在一区域范围内的聚集、集中。主要是指：按照现代理念统一规划设计，依托交通枢纽和信息网络，以商务楼宇为载体、将相关的专业服务和生活服务配套设施合理有效的集中，在一定区域内形成形态新颖、内外连通、生态协调、资源节约、充分体现以人为本的、具有较强现代服务产业集聚能力的区域。客观地说，现代服务业产业集聚模式对规模效应有非常大的帮助，利于技术、企业间知识、经验等相关知识资源的相互交流，同时在激烈的当前竞争机制下，能够使进一步专业化的分工在聚集区内部形成。现代服务业集聚区具有产业集聚、空间集约、高效连通的特点，通过合理布局和有效开发，有助于在较短时间内形成服务业发展的新高地，推动经济增长方式转变，促进现代服务业集约化、节约型发展，有利于实现服务组织机构的网络化，促进知识交流与服务创新。

20世纪90年代以来，现代服务业发展模式的示范城市上海就走的产业集聚模式。现代服务业在上海市的发展速度令人惊叹，增加值占国内生产总值比重百分比由 1990 年的 31.9% 上升到 2009 年的 70.63%。其中，呈现蓬勃发展势头的是以金融、物流、信息等为代表的现代服务业。上海已经涌现出一批现代服务业集聚度较高的区域，如虹桥、陆家嘴、南京西路等。外部集聚经济效应开始逐渐显现出来，很多相关企业被吸引并入驻，形成了循环发展的良性态势。现代服务业集聚区反映了 CBD（中央商务区）分散化的国际趋势。纵观发达国家的现代服务业发展经验，以纽约、伦敦、东京为代表的世界级城市都经历了单个 CBD 到微型 CBD 网络初步建立的过程。总体而言，当一个国家或地区的经济发展到一定阶段，在经济结构变化、经济总量发展和人口发展等因素的共同驱动下，现代服务业集聚模式会由单一的大型中央商务区模式，向多极化、分散化模式发展，并在原来的基础上演变扩展成若干个微型中央商务区，即现代服务业集聚区，以解决中心城区商务功能过度集中的矛盾。

3. 核心企业带动模式。现代服务业的发展在许多区域都是通过培育、发展核心企业等形式来带动的，其中，核心企业的发展是现代服务业发展的重心。对于核心企业的发展和规划，必须围绕专业化产业基地与相关区域产业优势领域来进行核心企业选择，同时要强化在产业规划整合等方面的相关政策引导，努力使得各类要素和资源向产业链内核心企业进行转移，不断的使产业链核心企业的市场竞争力得到提高，通过产业链核心企业所具有的品牌效应的发挥，来带动产业链的形成，从而加快区域现代服务业的发展。

4. 产业集群模式。现代服务业产业集群指的是特定区域中具有竞争和合作关系、地理区域上集中有较强关联性的现代服务业企业群体。就复杂性和纵深程度而言，不同产业集群差异性明显。典型的现代服务业产业集群模式，如北京 CBD 的发展模式。该产业集群内有 1972 家现代服务业企业，许多跨国公司 500 强企业区域总部及代表处也已在北京 CBD 初步形成。从地理范围看，该区域南起通惠河，东至西大望路，西起朝阳区东大桥路，北至朝阳路，总面积约 4 平方公里。该产业集群内已经形成了证券咨询中介、金融保险、IT 通讯等现代服务业，其中金融服务业是龙头业，北京 CBD 通过产业集群功能的发挥，对北京区域经济和首都经济的发展都起到了促进作用。

5. 外资拉动模式。采用外资拉动模式发展现代服务业正被许多国家和地区所利用和重视。国际服务业全球转移步伐正随着经济全球化的深入不断加快，人力资源管理、信息技术服务、保险、金融、会计服务等多个现代服务业领域日益呈现出国际化趋势。因此，只要率先抢占发展机遇，抓住承接国际服务业转移这一发展机遇，引进高质量的跨国服务机构及随之而来的网络、人才、管理、制度等外资服务业，注重和利用其功能稀缺性、规模性、集聚性等优势，以此来创设和带动关联产业发展，推动区域经济增长，就能促进现代服务业的迅速发展。进入 21 世纪以来，全球直接投资愈来愈呈现出转向服务业的趋势。因此，外资拉动现代服务业的效应必将愈发明显。同时，大力发展服务贸易，不断提高吸引 FDI 的质量和层次，也能为制造业的转型升级提供服务支持。

九　现代服务业发展研究综述

（一）关于现代服务业的概念与内涵的研究

马克卢普（Machlup，1962 年）在其专著《美国的知识生产与分配》中，对现代服务业的范畴和分类进行了界定。他指出，知识性和信息服务性是现代服务业的主要特点，教育、通信媒介、科学研究与信息服务是现代服务业的主要行业。纵观国外学者们对现代服务业的界定，多将其界定为"知识密集型服务业"，但美国学者和欧洲学者存在差异，美国学者认为"知识服务产业"能够更好地概括"知识密集型服务业"，并将"知识服务产业"定义为那些具有技术背景的、以提供知识和技术的、帮助相关产业发展的服务业。欧洲学者认同"知识密集型服务业"的称谓。马勒等（Muller，2001 年）这样描述"知识密集型服务业"，广义上说，那些提供高知识附加值的服务公司都是知识密集型服务业。迈尔斯（Miles，1995 年）的定义较为具体，他认为，那些向客户和组织提供基于知识的中间产品或服务的，并且对于专门领域的专业性知识依赖性较强的公司和组织即知识密集型服务业。显然，他的定义要比马勒等（Muller，2001 年）的定义更为具体，更能反映多样的知识密集型服务业形式。

国内有关学者对现代服务业的概念和内涵有不同的认识。李江帆（2003 年）认为，"现代服务业"是相对于传统服务业而言的，传统服务业常常包括餐饮、商贸、运输、交通等，而现代服务业则应是诸如金融保险、市场咨询、中介、法律咨询、广告、科技等新兴行业。梁军（2006年）以国外的知识密集型企业的称谓为研究视角，对知识密集型服务业进行了分类：一类是传统服务业演变而成的金融、保险、咨询等，另一类是以新技术为基础的如软件设计和计算机应用等高度知识密集型服务。黄繁华（2002 年）在专著《经济全球化与现代服务业》中将现代生产性服务与现代消费性服务看成是现代服务业的范围，他认为，现代生产性服务指的是凭借现代科学技术实现生产中间需求满足的各项服务，如现代物流、金融保险、电子商务、信息服务、企业经营管理服务、技术研究与开发等。现代消费性服务则指的是那些针对生活质量提高和消费能力扩展所需的服务，如旅游、教育、房地产、娱乐、医疗、社区服务等。朱彩青（2006 年）认为，与"传统服务业"比较来说，现代服务业产生于工业化高度发展时期，现代服务业的实质是服务业的现代化，主要表现形式是信息技术和先进管理理念支撑下的信息与知识密集的服务业。刘志彪等人（2001 年）认为，现代服务业行业是随着科学技术的进步而自然产生的，其产生根源是传统制造业，随着制造业的专业化程度不断提高，现代服务业被分离出来。林家彬（2003 年）在"北京产业发展市场论坛"上的发言中较为详细地指出了现代服务业的内涵，他强调，从行业范围看，保险、金融、房地产等行业是绝对意义的现代服务业，具体包括的服务范围和服务活动有广告与公关服务、营销、建筑、法律服务、科学与工程服务、信息处理服务、研发与技术服务等。申畅（2009 年）对传统服务业向现代服务业发展的模式进行了研究，认为现代服务业是现代经济社会持续发展的重要标志，加快发展现代服务业是推进经济结构调整和加快转变经济增长方式的有效途径。他从广义和狭义两方面对现代服务业进行了内涵分析，从广义上看，现代化、信息化是现代服务业的标志，既包括基于新兴服务业而生的纯现代服务业，又包括那些经过传统服务业改造而成的现代服务业，他还认为，新兴服务业具有"三高、三新"特征，狭义上的现代服务业是相对于传统服务业而言的。

（二）关于服务业发展影响因素的研究

国内外相关学者对现代服务业的发展现状和原因进行了深入研究，最早的研究要追溯到英国经济学家威廉·配第（William Petty），他对农业、工业和服务业比重的变化作了精辟的概括；塞利西（Selya R. M，1994年）对现代服务业与城市之间的关系进行了实证研究，结果表明生产性服务业的高端化在很大程度上体现了城市功能的高端化；玛丽·蒂芬（Mary Tiffen，2003年）认为服务业与城市化互为因果、相互促进而发展；朱利安·墨西娜（Julian Messina，2005年）认为城市化对服务业就业具有积极的促进作用，城市化水平的提高对于服务业水平的提高具有显著的正相关关系。国内学者也进行了研究，如程大中（2003年）对我国服务业增长的地区特征和部门特征进行了实证研究，结果表明人均 GDP 和城市化水平是影响我国服务业增长的最主要的两个因素。江小娟和李辉（2004年）通过建立多元回归模型分析了需求结构、收入水平、城市化等因素对服务业发展的影响，等等，他们利用多因素模型分析得出结论：影响我国各省服务业发展最重要的因素是经济增长和城市化进程，而居民消费的拉动和政府支出的减少对服务业就业比重的提高也有显著影响。黄繁华（2005年）对 1997 年世界 40 个国家截面数据回归分析，发现世界上主要国家和地区服务业占 GDP 的比重与他们的人均 GNP 存在一定的正相关性，他认为消费者收入水平和城市化程度明显影响服务业的发展。李江帆（2005年）认为影响第三产业区域发展的主要因素有：经济发展水平、市场分工水平、资源禀赋、城市化水平、外部政策和经济环境等因素。匡国权（2008年）确定了现代服务业发展水平综合评价指标体系，利用主成分分析法构建了现代服务业评价模型，并且根据此模型对我国西部地区的现代服务业发展水平进行综合评价；李娟（2010年）分析了城镇化、工业化、市场化对我国服务业增长的影响。

（三）关于现代服务业系统的研究

刘成林（2007年）对现代服务业发展进行了理论与系统研究，指出：系统工程理论本身包含着分解协调技术。他指出，在研究现代服务业系统演进过程中，应该侧重于研究系统设计、系统分析、系统决策以及系统控制，这对于认清整个现代服务业系统有很大的作用。同时对于现代服务业系统的研究还应该按不同层次下不同子系统或不同组成要素来展开分析，这都有利于认清整个现代服务业系统。秦立公，张丽婷（2010年）以桂林市统计年鉴数据为基础，剖析了桂林市现代服务业的发展现状及存在的问题，从系统的角度出发提出了对桂林市现代服务业进行优化集成的思想。从专业化集成战略、一体化集成战略、价值链集成战略角度指出桂林现代服务业系统的发展思路和方向。李燕（2011 年）对现代服务业系统进行了研究，在其博士论文中，着重论述现代服务业系统的构建、运行与仿真，他认为，现代服务业系统是在一定的政治经济与社会文化大环境下，不同现代服务业要素通过有机结合而形成的复杂的自然、经济、社会系统。他将现代服务业系统归纳总结为现代服务业需求拉动系统、现代服务业要素能动系统、现代服务业引力推动系统以及现代服务业保障辅动系统。不同子系统间相互影响、互相制约，共同推进了现代服务业系统的发展。他还认为，在现代服务业系统内部各因素中，存在四个主导影响因子，即综合实力因子、要素因子、生产因子和政策因子，这些主导因子又进一步决定了系统运行发展的动力模式。刘成林（2007 年）对现代服务业系统的子系统进行了研究，认为如果就现代服务业系统的目标函数而言，该系统可分解成 N 个子系统，即整体目标可以分散。这是进行系统分解建立数学模型的先决条件。

（四）关于现代服务业系统形成机理

任英华、游万海、徐玲（2011 年）在纳入空间效应前提下，构建了现代服务业集聚形成机理空间面板计量模型，对我国 28 个省域相关数据实证研究表明：我国现代服务业集聚在省域之间有较强的空间依赖性和正的空间溢出效应。技术差异在时间维度上对现代服务业集聚促进作用显著，在空间维度上并不显著；交易费用与现代服务业集聚有显著的负相关性；知识溢出、规模经济、政府行为对现代服务业集聚促进作用显著。曾永寿（2005 年）认为，现代服务业产业链存在"链主"。"链主"推动了整条产业链的生成，并引导着产业链的发展方向。产业链核心企业的这种推动主要包括：技术品牌渗透式、业务整合式以及外包分化式，其中业务整合式又分为销售驱动型和生产驱动型两种类型。他认为链主对产业链内成员关系的发展与维护起主要负责作用。关长海、赵国杰（2009 年）在探讨现代服务业生态群落的含义、形成机理和模式的基础上，分析了"两业融合"的动力机制，并提出东北老工业基地现代服务业与装备制造业生态群落融合发展的政策建议。黄进良、吴金明（2007 年）用一个"3＋3＋3＋3"的数学形式来描述一个完整产业的全产业链形成机制。"3＋3＋3＋3"机制指的就是：产业、配套；产业、七寸；产业、龙头构成了一个完整的产业链，与配套、七寸、龙头相对应，形成的产业链关联企业、核心企业、龙头企业在产业链中培育了需求拉动机制、创新驱动机制和双向传导机制。基于原有产业链中的原始创新、集成创新以及吸收外部新知识形成的再创新。张冀新（2009 年）在分析现代产业体系与城市群的互动机理基础上，研究城市群现代产业体系的融合机理、集聚扩散机理和三力平衡机理，构建城市群现代化体系的评价指标体系。吴金明（2006 年）认为，产业链包含了价值链、供需链、企业链以及空间链，基于这四个维度构建了一个产业链运行机制模型，他认为产业链正是这四个维度在彼此交互作用的过程中形成的。他认为这种交互作用可以被理解成一种"对接机制"，这种机制构成了产业链形成的内模式。在实践中，除了"对接机制"这只看不见的"无形之手"，还有诸如企业、行业、政府的调控这只"有形之手"，"无形之手"与"有形之手"的"握手"过程就是现实中产业链的真实形成过程，即所谓的产业链形成的外模式。

（五）现代服务业发展模式

张洁、芮明杰（2010 年）对现代服务业发展模式及其国际借鉴进行了分析论证，认为从城市产业发展的角度来看，现代服务业的发展驱动力来自于产业自主创新的供给驱动、需求驱动，或二者的共同作用。结合世界各地现代服务业的发展，将现代服务业的成功发展模式归纳为：自主创新和需求共同推动的现代服务业发展模式；二次创新推动的现代服务业发展模式；政府主导的国际外包服务需求推动的现代服务业发展模式；外来制造业和服务业需求推动的现代服务业发展模式。

美国学者丹尼尔·贝尔（Dniel Bell，1973 年）在《后工业社会来临》一书中指出，服务业经历了以个人服务和家庭服务为主，以商业服务和运输服务为主，到以技术性、知识性的服务和公共服务为主的进化过程。在当今的经济环境下，随着经济的不断发展，现代服务业与其他产业的联动发展以及集群化和国际化的发展趋势正逐渐显现。王先庆、武亮（2011 年）在归纳总结国内外学者对集聚模式分类研究的基础上，针对现代服务业的特点，从原生型、嵌入型和外生型三个层面分析现代服务业的集聚模式，并结合国外的成功经验提取关键结构要素并分析其机理，对国内现代服务业集聚的模式及结构机理进行剖析和论证。陈淑祥（2007年）总结了世界范围内各大城市的现代服务业发展路径，指出纽约、伦敦、东京、新加坡、北京、上海等国际国内区域中心城市现代服务业发展路径各有千秋。纽约以金融服务业为主、伦敦以金融和创意服务业为主、东京以产品研发和技术创新服务业为主、新加坡以航运和贸易业为主、上海以经济、金融、贸易和航运"四个中心"为主、北京以文化和科技服务业为主。

王苑（2008年）对现代服务业产业链问题进行了实证研究，他认为现代服务业产业链与生物群落类似，可以构建一个演化博弈模型来对其进行解释，即基于产业链的现代服务业企业合作创新演化博弈模型，在对模型进行解释的过程中，他认为有一个吸引相关产业加入的正反馈环存在于现代服务业产业链之中，这一正反馈环是解释现代服务业产业链演进机理的基础。纵观实践领域，现代服务业的产业链发展模式主要包括：核心企业带动模式、产业聚集模式、产业集群模式。张树林（2007年）着重分析了现代服务业集群机理，指出一个适宜的内外部环境是现代服务业发展所必需的，认为产业集群这种形式是现代服务业产业价值链衔接和集合的载体与形式，能够很好地促成集群产业间的相互知识传递和资源共享。他认为现代服务业系统应当是一个具有上、中、下游完整产业的集合，现代服务业系统之外的相关支撑产业是其发展的基础。

（六）关于服务业与其他产业融合的研究

相对于现代服务业与其他产业融合的有效性而言，现代服务业与其他产业协同创新的融合研究没有得到学者们足够的认识。现有文献主要对产业融合进行了研究，理论研究涉及产业融合的动因、模式、类型及阶段，还有些是针对具体地区对现代服务业与其他产业的融合进行实证研究，研究发现地区在产业融合过程中出现的问题，并为之提出解决对策。内涵研究上，彼得·格洛尔（Peter. Gloor，2006年）认为协同创新是由有共同目标的成员构成的小组，在小组中自我激励的成员们通过网络方式进行信息、知识的交流工作，协同达成小组的目标。腾达斯（Das Teng，2000

年）认为协同创新能拉近研究机构与市场的距离，以实现双方的资源优势互补。皮尔·巴巴奥克斯（Pierre Barbaroux，2012 年）认为协同创新能力包含异质创新资源选择和连接能力、知识管理能力和自适应治理能力。绩效评价指标体系方面，西马图庞、斯曼兰达（Simatupang，Sridharan，2005 年）从决策同步、信息共享和合作激励的方面构建了协同创新的指标体系。唐晓旭等（2009 年）从环境、投入、产出、合作机制和效应方面构建了产学研协同创新绩效的指标体系。胡国良（2009 年）综合多位学者的研究，提出产业融合是由于技术进步和放松管制，在有一定技术和产品替代性或关联性的产业间的产业边界发生技术融合，进而带来相关产品和市场的融合，使原有的产业边界模糊甚至消失的现象。秦宏毅等（2011 年）基于现存的测算融合度的方法对我国甘肃省的 14 个市的现代服务业融合度进行测算，发现 14 个城市由于发展重点不同导致现代服务业融合度各异，认为甘肃省 14 个市现代服务业的进一步融合需要靠政府持续推动。

杨艳（2012 年）认为，现代服务业的产业融合主要包括现代服务业与农业、制造业的融合以及现代服务业的内部融合，其中现代服务业与农业的融合模式主要有纵向融合和横向融合，与制造业的融合模式包括结合型融合、绑定型融合和延伸型融合。现代服务业的内部融合主要有金融业融合、旅游业融合、物流业融合等。张风（2008 年）分析了制造业与现代服务业融合的动因，分为内在动因和外在动因，其中内在动因包括技术革新和产业融合的经济性，外在动因有政府对经济管制的放松、企业管理的创新和消费者的需求变动与市场竞争。此外还对现代服务业与制造业的融合阶段与方式进行了详细介绍。刘卓聪、刘蕲冈（2012 年）分析了制造业与先进服务业融合的必然趋势，并阐述了湖北省先进制造业与现代服务业融合的现状，并提出目前出现的问题，还针对各问题提出了有效的解决措施。刘川（2014 年）基于产业融合理论，从融合硬度、融合软度和融合深度三个角度构建指标体系，用灰色关联分析对珠江三角洲地区的十个城市的现代服务业与先进制造业的融合程度进行实证分析，结果表明：融合硬度与经济发展水平的正向关系不明显，融合深度对经济发展带动作用有限，融合软度暴露出目前需寻求新的制造业与先进服务业的融合模式以促进经济增长。谢印成（2013 年）以江苏常州为例，基于产业融合的角度对现代服务业与新兴产业的互动发展进行实证研究，通过一元线性回归分析，他指出常州的现代服务业与新兴产业的互动存在密切关系，产业发展潜力巨大，因此他认为可以通过市场、技术、产品服务等建立全面互动发展，还需要转变传统人才培育方式，加大对人才的培养，最后需建立各种高科技产业集聚园区，促进现代服务业与新兴产业的融合。张同庆（2013 年）指出滨海新区的电子信息、汽车、生物医药等领域的两业融合现象已逐步呈现，但由于起步晚和政策规范不完善等，使滨海新区的制造业与现代服务业的融合面临着挑战，同时他指出为促进滨海新区两业快速融合，政府需大力引导，加强软硬件建设和信息化建设，大力发展生产性服务业。

（七）国内外研究述评

通过以上对国内外关于现代服务业的内涵、现代服务业发展的影响因素、现代服务业系统及其形成机理、现代服务业发展模式以及服务业与其他产业融合发展的研究情况进行梳理，笔者发现目前国内外从各种角度对现代服务业的内涵进行了界定，都得出了现代服务业具有高知识、高技术、高增值和低投入、低污染的特征；国内外对于现代服务业发展的基本情况研究丰富，现代服务业发展理论内容充实，找到了现代服务业发展演进的基本规律，提出了现代服务业与其他产业融合发展的理论，具有很强的理论意义和实践意义。总体来说，目前关于现代服务业的研究主要是以省会城市、大都市为基础进行的研究和基于以大城市为核心的服务业聚集区的研究，而关于省际边缘区等服务业发展薄弱区域的研究极少，关于省际边缘区现代服务业融合发展的研究更为少见。因此，本研究从区域经济协调发展的视角出发，以辐射陕甘川省际边缘区为广度，以汉中市为对象，立足于汉中市经济发展基础具体分析和研究，将汉中打造成为陕甘川省际边缘区现代服务业中心的具体发展战略，以期带动陕甘川革命老区经济振兴发展，促进秦巴山边缘贫困地区脱贫攻坚。

第 四 章

理论基础

一 区域经济发展理论

（一）"核心—边缘"理论

保罗·克鲁格曼（Paul Krugman）用"地理"代替"区位"，研究生产区位和国际贸易的关系，由此诞生新经济地理学，为新贸易理论、新增长理论等提供了一个思想和实证的实验室。空间经济学研究经济活动的空间差异，它从微观层次探讨了影响企业区位决策的因素，在宏观层次上解释了现实中存在的各种经济活动的空间集中现象。由此延伸出"核心—外围"体系、"核心—边缘"理论和城市层级理论体系。这些理论阐明区域经济空间在要素流动过程中的不断演化过程，空间结构改变过程。省市边缘区在经济发展过程中也会经历这样的空间演变，与核心区间以及自身经济发展中形成新的经济中心，不断地形成新的空间经济关系，需要从发展的角度进行分析。

1. 理论的起源。"核心—边缘"理论也称为"中心—外围"（center-periphery theory）理论，是由多位学者发展起来的区域发展和区域开发理论。该理论起源于美国学者波尔洛夫（Perloff H）对 19 世纪以来美国经济空间组织的分析和研究，区域经济学研究方面的先驱瓦尔特·克里斯塔勒（Walter Christaller）以及廖士（A. L&oumljsch）早在 20 世纪 30 年代提出的中心地理论。著名经济学家劳尔·普雷维什（Rain Pulevision，1949 年）在为联合国拉丁美洲经济委员会起草的经济报告中第一次用"核心—边缘"的结构性概念来描述当时国际贸易体系中西方资本主义国家与发展中国家的对峙情形，其后德莱希（Delaisi F）在对欧洲的空间结构分析中深化了该理论。全面阐述"核心—边缘"关系的学者主要有瑞典的缪尔达（Myrdal G.，1957 年）和赫希曼（Hirshman，1958 年）。该理论的完善则要归功于弗里德曼（Friedmann. J. R，1966 年），在其学术著作《区域发展政策》一书中，他试图通过"核心—边缘"理论阐明一个区域如何由互不关联、孤立发展到发展不平衡；又由极不平衡发展，变成互相关联平衡发展的区域系统。他认为，任何一个国家都是由核心区域和边缘区域组成，在区域经济发展中，核心地区和边缘地区具有不同的地位和作用。1971 年，弗里德曼在《极化增长的一般理论》一文中又将"核心—边缘"理论研究的对象从空间经济扩展至社会生活各个层面。此后，"核心—边缘"理论作为关于区域空间结构和形态变化的解释模型被广泛应用。

2. 理论的发展。与弗里德曼几乎是同时提出"核心—边缘"理论的还有施坚雅（Willian. skinner），其理论的侧重点在于"核心—边缘"结构的自然背景研究以及流域空间结构的研究。同时，日本学者提出的"都市圈"理论 ，"都市圈"的空间结构本质就是"核心—边缘"理论的空间结构模型。"世界体系"理论者受马克思阶级分析方法的影响，把"阶级"关系拓展到国家层面，认为整个资本主义世界就是一个由中心、半边缘地区和边缘地区组成的阶级体系。由此"核心—边缘"理论的空间尺度扩展到全球。美国学者伊曼纽尔·沃勒斯坦认为资本主义世界经济体的总体布局是"核心—边缘"格局。普洛夫（H. Prov）在分析世界经济空间组织格局时，曾把美国分为中心区和边缘区两部分。威廉姆逊（Williamson. Coefficient）也认为区域发展的空间组织如果以发展为目标，就必须形成区域经济的不平衡发展；反之，如果以区域均衡发展为目标，就会影响整体经济的增长速度。20 世纪 90 年代以来，随着新区域主义（New Regionalism）实践在全球范围内迅速蔓延，新区域主义研究逐渐成为国际关系学界各个流派探索的新的重大课题。比约恩·赫特纳（Bjrn Hettne）等人提出的"新区域主义方法"（New Regionalism Approach），以批判国际政治经济学研究为学术视角、以"区域性"和"区域间性"为理论基石，描述了"中心—中间—外围"二大区域结中心，提出了以"安全、发展和生态可持续性"为价值准则，涉及经济、政治、安全、社会、文化、环境等多纬度内容和全球、区域、国家和次国家等多层次动力的"新区域主义"世界秩序新图景。新区域主义以全球社会理论和社会建构主义为理论出发点，主张区域、区域主义和世界新秩序多层次的社会建构，即主张在全球变革的进程中，通过集体的人类活动和主体间的互动来建构区域利益和认同，从而推动一个区域化世界秩序的实现。

3. 理论应用研究。

（1）在区域经济发展研究中的应用。在我国，将"核心—边缘"理论运用于区域之间及区域内部经济关系的研究是从社会主义市场经济体制逐步建立和完善以后兴起的。20世纪90年代初，社会主义市场经济体制作为中国经济体制改革的目标正式确立。区域经济发展首先表现为区域中心城市的迅速扩展，由此带来"核心—边缘"理论在大城市规划建设的相关研究中的广泛运用。随着东、中、西部地区经济发展速度差异的明显，"核心—边缘"理论逐步与"增长极"理论、比较优势理论、梯度推移理论等结合，运用于我国各地区的区域经济发展战略研究。在经济特区和沿海开放城市的设立、长江经济带的形成，"珠三角""长三角""西部大开发"等国家重大发展战略的理论研究和政策制定中发挥了重要作用。

（2）在产业发展研究中的应用。20世纪初期开始，我国"核心—边缘"理论开始从经济学向社会学、政治学、产业组织学、人力资源学等方面渗透，"边缘化""反边缘化"等概念日益被各个专业研究领域所采用。包卿教授把"核心—边缘"理论用来分析产业群的发展。李映照（2005年）等人讨论了资本要素在垄断竞争、报酬递增及交易成本条件下的移动与企业集聚形成的关系。陈金波等人（2005年）将"核心—边缘"理论用于"中心—边缘"结构与跨国公司选址的研究中。旺明宇将"核心—边缘"理论用在区域旅游规划中。严春艳、甘巧林以广东省为例，进行了旅游核心区与边缘区的协同发展研究。

（3）在经济"边缘化"研究中的应用。20世纪初，东部沿海地区经济加速增长推动了国内经济区域一体化的发展。"环渤海经济圈""长株潭城市群""珠三角""长三角"等区域经济的高速增长，推动了相关区域经济发展战略以及跨行政区域协调的研究。但是，主导中国经济的"非均衡发展"模式，在区域经济领域发展上表现出严重不平衡。经济的持续增长与地区发展的严重不平衡"两条曲线"并存，东部沿海的"经济飞地"与"塌陷的"中部、落后的西部以及背着"包袱"的东北老工业基地形成巨大反差。另一方面也带来了东西部地区差异扩大，东北老工业基地、中部地区的发展相对缓慢，由此带动了振兴东北老工业基地、中部崛起等相关区域反"边缘化"的研究。

（二）增长极理论

增长极理论是区域经济非均衡发展的理论基础，由于地区间资源禀赋的差异，地区间的经济都是在差异中发展的，区域经济的发展主要依靠条件较好的少数地区和少数产业带动。省市边缘区也印证了这样的地区间非均衡发展现象，增长极理论很好地解释了省际边缘区与经济中心的经济联系，也提供了促进省际边缘区非均衡发展向均衡发展过渡的理论借鉴。

1. 理论的起源。"增长极"的概念是法国经济学家佩鲁（Perroux，1950 年）首次提出的，他受物理学的"磁极"概念启发，认为受力场的经济空间中存在着若干个中心或极，产生类似"磁极"作用的各种离心力和向心力，每一个中心的吸引力和排斥力都产生相互交汇的一定范围的"场"。如果把发生支配效应的经济空间看作力场，那么位于这个力场中的推进性单元就可以描述为增长极。增长极是围绕推进性的主导工业部门而组织的有活力的高度联合的一组产业，它不仅能迅速增长，而且能通过乘数效应推动其他部门的增长①。

2. 主要理论观点。佩鲁在发表于《经济学季刊》的"经济空间理论与应用"一文指出，各种企业的建立，"在地理上是分散"的并形成各自的一定的势力边界。佩鲁认为空间是一种"受力场"，只要在某种客体之间存在抽象的联系结构就存在空间；在经济活动中各活动单元都创造它们自己的决策和操作的抽象空间，并产生一种推进效应，这种推进效应是某种确定的多种效应的集合。按佩鲁的观点，经济空间是"存在于经济要素之间的关系"，与一般意义上的地理空间完全不同，其着眼点是经济联系。法国地理学家布代维尔（Boudeville）在 1957 年和其他许多学者一起将"增长极"的概念引入地理空间，并提出了"增长中心"这一空间概念。他认为，经济空间是经济变量在地理空间之中或之上的运用，增长极

---

① Perroux F. Note sur la notion de pole de croissance [J] . Economic Appliquee, 1955 (8): 307 – 320.

在拥有推进型产业的复合体城镇中出现。增长极包含了两个明确的内涵，一是作为经济空间上的某种推动型工业；二是作为地理空间上的产生集聚的城镇，即增长中心。增长极具有"推动"与"空间集聚"意义上的增长之意思。布代维尔主张，投资应该集中于增长中心，并且增长会从这个中心向周围地区传播[1]。布代维尔把经济空间区分为计划空间、极化空间、均匀空间三种类型。计划空间是指由原材料、劳动力、资本、动力的供应者和购买者之间建立的经营计划为基础的空间；极化空间是"由中心与力的通道"组成的集合体，也就是由引力和斥力的中心与其作用范围组成的制象空间；均匀空间是指在等值的经济变量的作用与影响下的经济空间，如在同一价格管辖下的工厂、生产同一种产品的企业、种植同一种作物的土地，某一城市人均收入几乎相等时也可以认为处在同一均匀空间之中。

佩鲁的增长极是从极化空间的概念伸展出来的，他指出"增长并非同时出现在所有地方，它以不同的强度首先出现在一些增长点或增长极上，然后通过不同的渠道向外扩散，并对整个经济产生不同的最终影响"。佩鲁认为经济发展的主要动力是技术进步和创新，而创新总倾向于集中在一些特殊的企业。这种特殊的企业就是领头产业。领头产业一般来讲增长速度高于其他产业的增长速度，也高于工业产值和国民生产总值的增长速度，同时也是主要的创新源。这种产业是最富有活力的，佩鲁称之为活动单元（Active Unit）。佩鲁指出，"增长极理论与含有活动单元的经济空间理论是一致的，因为活动单元可以创造自己的决策和操作空间，建立具有推进效应的中心，并推动整个经济多维的发展"。这种产业增加其产出（或购买性服务）时，能够带动其他产业的产出（或投入）的增长，也就是说，这种产业对其他产业具有很强的连锁效应和推动效应，称之为推进型产业。后来佩鲁又称之为增长诱导单元（Growth-Inducing Unit）。这种活动单元或增长诱导单元就是增长极，受增长极影响的其他产业为被推进型产业。佩鲁认为，这种推进型产业与被推进型产业通过经济联系建立起非竞争性的联合体，通过向后、向前连锁带动区域的发展，最终实现

---

① Perroux F. Note sur la notion de pole de croissance ［J］. Economic Appliquee, 1955（8）: 307 – 320.

区域发展的均衡。佩鲁增长极理论的核心是三个问题，即占支配地位的企业的支配效应，支配型企业与其他企业（或周围地区）之间存在的连锁效应，这种连锁效应产生乘数效应，占支配地位的企业通过这种乘数效应带动其他企业（或外围区）的发展，最终实现分配的均衡，即分配效应。

3. 理论述评。首先，需要搞清楚几个问题。佩鲁增长极理论的最初的内涵与今天一般意义上的集聚、扩散是不相同的。虽然赫希曼、缪尔达尔等都提出"涓滴效应""极化效应""回流效应"和"扩散效应"，但都与佩鲁所钟情的增长极理论具有根本性的差别。因为增长极理论是佩鲁从特设的一种抽象的经济空间中伸展出来的，而这种经济空间与佩鲁所讥笑的"平庸"的地理空间是截然不同的。佩鲁曾指出，"拉美的真正的增长极在欧洲，部分在美国"，就是说佩鲁的经济空间是"存在于经济要素之间的关系"，在这种空间中的经济要素之间的"联系"，当然与一般意义上的区域空间中的集聚、回流、扩散作用是不同的。虽然赫希曼借用了佩鲁的增长极概念，但也是从一般意义上的区域空间出发的。其次是极与极化空间之间的联系，这种联系是通过其作用通道（Channels）发生的。佩鲁曾指出要使全体群众都得到发展，"必须要增加从大企业到具有偿付能力的顾客集聚区的通道"。佩鲁认为这种通道一般指运输和通信，但并不是指平常所说的运输线路和通信线路，是指一种经济联系。再次，增长极效应就是指在极化空间中增长极对受其支配或依赖于它的产业（国家或地区）所实施的推进作用。这种作用是非对称的，增长极对其他相关企业的成长具有绝对的支配功能，并起决定性作用。这种作用可以以实物、货币、信息等表现出来。

4. 理论的应用。增长极理论认为，一个国家要实现平衡发展只是一种理想，在现实中是不可能的，经济增长通常是从一个或数个"增长中心"逐渐向其他部门或地区传导。因此，应选择特定的地理空间作为增长极，以带动经济发展。该理论提出以来，被许多国家用来解决不同的区域发展和规划问题。针对过分强调工业化造成的工业畸形集中于少数城市的问题，很多国家以增长极作为工业分散化的政策手段，企图通过建立增长极，把工业化扩散到广大边缘地区并解决不发达地区问题。一些国家进行了大规模的增长中心规划的尝试，增长极战略被称为"集中的分散化"。增长极理论于 20 世纪 80 年代传入我国后，很快被理论界所接受，并用增长极理论来指导我国的区域开发实践，先后提出了如"点轴"模式、"发展轴（带）"等观点，旨在改变多年来追求平衡布局所造成的人力、物资的巨大浪费局面，发挥集聚经济效益，推动落后地区经济发展。

（三）区域经济均衡发展理论

均衡与非均衡是贯穿于区域经济发展过程中的矛盾统一体，它们相互交替，不断地推动区域系统从低层次向高层次演化。区域经济增长与发展究竟是趋向均衡还是非均衡，经济学上存在不同的理论解释。

新古典区域经济均衡发展理论的核心思想是：区域经济发展在市场机制作用下通过区域内部资本积累过程和区域间生产要素流动，最终会自动趋向均衡。这一结论是建立在一系列假设条件基础上的。除了新古典通常的基本假设之外，这里还有两个附加的假设条件，一是区域间生产要素完全自由流动，运输费用为零；二是所有区域都是同质的，生产要素可以自由替代，存在同一的固定比例规模收益的生产函数。

1. 通过区域内部资本积累过程实现均衡：一个区域的基本模型。在一个区域的模型中，假定技术和劳动力供给不变，资本存货的变动是唯一的内生因素。为了提高资本存货，必须进行投资，在储蓄率 s 和折旧率 δ 既定的条件下，净投资就表示为：$I = sY - \delta K$。显然，随着资本存货的增加，折旧也会提高。由于追加的单位资本的边际产量随资本存货提高而下降，所以一方面产出水平上升趋缓，另一方面储蓄增加也会趋缓。其结果是，随着资本存货的增加，虽然对追加资本的需求增长了，但是由于储蓄的限制，从某一点起投资不能同步跟上，到达这一点后，资本存货和人均收入就不能再继续增长，进入停滞状态。在这一点上，投资（sY）恰好等于折旧（δK）。因此，净投资增长等于零。从公式 $I = sY - \delta K$ 中很容易推导出，在这一点上必然是：$K/Y = s/\delta$。区域经济增长与发展过程偶然偏离了这一均衡点，还会自动回到均衡点。资本存货低于均衡点，投资超过折旧，资本积累增加，经济增长与发展强劲；资本存货超过均衡点，投资不足以弥补折旧，资本积累下降，经济增长与发展处于停滞和衰退状态。

新古典基本模型虽然阐释的是一个区域的均衡，但也可用来说明区域之间的均衡。在两个具有相同装备的区域（sY 和 δK 曲线相同），其中一个出于任何原因其资本存货偏离了均衡点，都将通过资本积累过程的内在规律重新趋于相同，尽管这两个区域相互之间完全没有联系。新古典的基本模型从一个封闭的区域出发，区域之间既不存在货物交换，也不存在生产要素流动，均衡完全是由区域内在机制的作用实现的，即在一个资本积累水平低的区域内比在一个资本积累水平高的区域内经济增长与发展要快。由于这一作用过程，每个区域的经济都会趋向于均衡点，使区域之间的经济增长与发展达到均衡状态。

2. 通过要素流动实现区域之间均衡：两区域模型。假定只有两个区域，它们的技术水平相同，只是由于某种外部因素的影响，区域 1 比区域 2 资本集约程度高，在区域 1 内资本投入比劳动投入要多。根据新古典关于要素报酬取决于其边际产量价值的假定，区域 1 内的工资水平高于区域 2 内的工资水平，而资本利息则低于区域 2 的资本利息，所以，对劳动力形成一个刺激，他们会从区域 2 流向区域 1 ，而资本则会从区域 1 流向区域 2 。这种流动导致两个区域内资本和劳动的投入比例发生变化。在区域 1 内，由于资本流出和劳动力的流入，资本集约程度就会提高。由此，这两个区域的资本集约程度开始趋近。只有当两个区域之间的工资和资本利息水平不存在差别时，这一过程才会停止。所以，在新古典模型中，无障碍的要素自由流动导致区域之间工资和利息水平的差别消失，从而实现区域间均衡。这一过程可以用图 4—1 阐明①。

图 4—1 中，x 轴表示资本集约（K/L），y 轴向上表示资本的边际产量，向下表示劳动的边际产量；两条曲线分别表示不同的资本集约值，同时 w 表示工资率，r 表示资本利息；两个区域分别用 R1 和 R2 表示。从两条曲线上我们看到工资水平的差别和资本利息水平的差别。由此引起了生产的流动，R1 和 R2 相互接近，直至它们在 R 点相交。在这一点上，两个区域的资本集约程度相同，劳动和资本的报酬相等，两个区域间的经济增长与发展达到均衡状态。

这种通过要素流动实现均衡的过程是前面阐明的通过资本积累过程实现均衡的结果和延伸，并且进一步强化了这一均衡过程。在劳动集约程度

---

① 参见 G . Maier ， F. Toedtling ： Regional-und Stadtoekonomik 2，70s，New York，Springer Wien，1996。

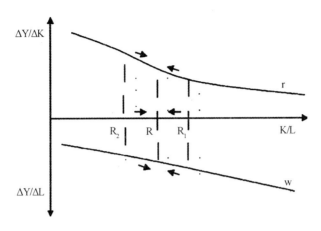

图4—1　通过要素流动实现的区域间均衡

相对高的区域，资本就会流入，由此加速了那里本来就强劲的资本积累的增长，相反的机制会阻止资本集约区域的资本积累。区域经济均衡发展理论为省际边缘区经济发展提供了重要的理论支撑，依据区域经济均衡发展理论，在省际边缘区经济发展过程中，应建立区域经济均衡发展的理念，加强生产要素区域流动，促进区域经济共同发展。

（四）区域经济协调发展理论

区域经济协调发展在1996年的《国民经济和社会发展"九五"计划和2010年远景目标纲要》中首先提出。区域经济协调发展是指在区域国民经济发展过程中，既要保持区域整体经济的高效运转和适度增长，又能促进各次区域的经济发展，使地区间的经济差异稳定在合理的、适度的范围内，达到各次区域或地区间优势互补、共同发展、共同繁荣的一种区域经济发展模式。

区域经济协调是一个综合性、组合式的概念，其基本内涵由五个部分构成。一是各地区的比较优势和特殊功能都能得到科学、有效的发挥，形成体现因地制宜、分工合理、优势互补、共同发展的特色区域经济；二是各地区之间人流、物流、资金流、信息流能够实现畅通和便利化，形成建立在公正、公开、公平竞争秩序基础上的全国统一市场；三是各地区城乡居民可支配购买力及享受基本公共产品和服务的人均差距能够限定在合理范围之内，形成走向共同富裕的社会主义的空间发展格局；四是各地区之间基于市场经济导向的经济技术合作能够实现全方位、宽领域和新水平的目标，形成各区域、各民族之间全面团结和互助合作的新型区域经济关系；五是各地区国土资源的开发、利用、整治和保护能够实现统筹规划和互动协调，各区域经济增长与人口资源环境之间实现协调、和谐的发展模式。区域经济协调发展具有以下几个鲜明特点：一是坚持效率优先、兼顾公平；二是强调优势互补、扬长补短；三是实现共同发展、多方共赢。区域经济协调发展的理论基础有以下几个方面。

1. 协同理论。协同论以现代科学的最新成果——系统论、信息论、控制论、突变论等为基础，汲取了结构耗散理论的大量营养，采用统计学和动力学相结合的方法，通过对不同领域的分析，提出了多维相空间理论，建立了一整套的数学模型和处理方案，在微观到宏观的过渡上，描述了各种系统和现象中从无序到有序转变的共同规律。协同理论是非平衡系统理论的一种，是由德国物理学家哈肯（H. Haken）教授于 20 世纪 70 年代创立的一门横跨自然科学和社会科学的所谓横断学科。协同理论研究的对象是远离平衡态的开放系统，这类系统在保证与外界之间有物质流或能量流运动的情况下，能够自发地产生一定的有序结构或功能行为，即系统自组织过程。在系统自组织过程中，大量子系统通过非线性的相互作用而产生的协同效应，在相互竞争基础上的"合作"，发挥了至关重要的作用，由此构成了"协同"的第一重含义。协同理论即研究这类系统从无序到有序的演化规律，也研究其从有序到混乱的演化规律。正是这种理论，首次将无序与有序真正统一起来。如果我们把系统在一定条件下能自行产生组织性和相干性称为系统的自组织现象，那么协同理论研究的对象就是各种不同的系统如何通过自组织的形式形成某种稳定性和各组织之间是如何进行协同竞争、协调和冲突的。协同理论的主要内容可以概括为三个方面：

（1）协同效应。协同效应是指由于协同作用而产生的结果，是指复杂开放系统中大量子系统相互作用而产生的整体效应或集体效应。对千差万别的自然系统或社会系统而言，均存在着协同作用。协同作用是系统有序结构形成的内驱力。任何复杂系统，当在外来能量的作用下或物质的聚集态达到某种临界值时，子系统之间就会产生协同作用。这种协同作用能使系统在临界点发生质变产生协同效应，使系统从无序变为有序，从混沌中产生某种稳定结构。协同效应说明了系统自组织现象的观点。

（2）伺服原理。伺服原理用一句话来概括，即快变量服从慢变量，序参量支配子系统行为。它从系统内部稳定因素和不稳定因素间的相互作用方面描述了系统的自组织过程。其实质在于规定了临界点上系统的简化原则——"快速衰减组态被迫跟随于缓慢增长的组态"，即系统在接近不稳定点或临界点时，系统的动力学和凸现结构通常由少数几个集体变量即序参量决定，而系统其他变量的行为则由这些序参量支配或规定，正如协同学的创始人哈肯所说，序参量以"雪崩"之势席卷整个系统，掌握全局，主宰系统演化的整个过程。

（3）自组织原理。自组织是相对于他组织而言的。他组织是指组织指令和组织能力来自系统外部，而自组织则指系统在没有外部指令的条件下，其内部子系统之间能够按照某种规则自动形成一定的结构或功能，具有内在性和自生性特点。自组织原理解释了在一定的外部能量流、信息流和物质流输入的条件下，系统会通过大量子系统之间的协同作用而形成新的时间、空间或功能有序结构。

2. 区域分工理论。劳动地域分工是社会生产力发展到一定历史阶段的必然产物，地域分工可节约社会劳动，提高劳动生产率，也提高了资源的空间配置效率。解释地域分工的理论主要是国际贸易理论，包括古典的国际分工理论和新贸易理论。

（1）古典的国际分工理论。①亚当·斯密提出的绝对优势理论。该理论认为，如果甲乙两国各有一种产品生产处于绝对优势地位，则甲乙两国分别生产各自具有绝对优势的产品，然后进行交换，交换的结果对甲乙双方都有利。②大卫·李嘉图提出的比较优势理论。该理论认为，如果两个国家相比，其中一个国家在两种产品的生产上都具有绝对优势，另一个国家在两种产品的生产上都处于绝对劣势，则应按照"两利取重，两害取轻"的原则，在两种产品的生产上都具有绝对优势的国家专门生产优势更大的产品，在两种产品的生产上都处于绝对劣势的国家专门生产劣势较小的产品，然后在两国间进行交换，交换的结果对交易双方都有利。以上两个理论表明，通过地域之间根据区域比较优势和竞争优势开展分工、合作与协调，可以提高整个区域的竞争实力，以减少区域内各层次、各种类型区域经济之间，以及各经济利益主体之间由于盲目竞争和经济行为不规范所导致的不合理分工，从而有利于区域经济的协调发展。

（2）新贸易理论。新贸易理论认为，产业内贸易、发达国家之间的水平分工与贸易的迅速增长成为当今国际贸易的主要现象，这是因为产生国际贸易的动因与基础发生了变化，不再仅仅是因为技术和要素禀赋的差异带来了贸易。因此，新贸易理论从供给、需求、技术差距论等不同角度分析了国际贸易的动因与基础。①新贸易理论从供给角度揭示了规模经济性和不完全竞争市场结构下的企业垄断竞争行为成为贸易产生的重要动因与基础。1977年，迪克希特和斯蒂格利茨建立的 D-S 模型，阐述了在不完全竞争市场结构下消费者需求多样化和企业生产规模经济的两难冲突问题。在具有规模经济的条件下，企业倾向于扩大生产规模，对生产者来说，产品差别越少越好；而消费者则要求产品要具有多样性，即产品差异。国际贸易可以解决这一矛盾，即各国专业化大规模生产具有某一方面差异的同种产品并进行贸易，既利用了规模经济性获得比较优势，又满足了消费者对差异产品的需求。克鲁格曼看到了 D-S 模型解释贸易问题的潜力，首先将它应用到国际贸易分析中，建立了规模经济理论，即一个由规模经济引致贸易的模型。通过采用张伯伦垄断竞争分析方法，得出结论为：贸易并不需要是技术或要素禀赋差异的结果，而可能仅仅是扩大市场和获取规模经济的一种途径。国际贸易的意义就在于能够形成一个一体化的世界市场，厂商可以打破单一狭小的国内市场限制，在世界范围内扩大产品销售市场，并从别国进口其他差异性产品，以满足消费者需求。综上所述，关于贸易发生的原因，新贸易理论从供给角度分析，认为在不完全竞争市场结构下，规模经济就成了引起专业化与国际贸易的重要原因。即使各国的偏好、技术和要素禀赋都一致的情况下，也会产生差异产品之间的产业内贸易，并且国家间的差异越大，产业间的贸易量就越大，而国家间越相似，产业内的贸易量就越大。②新贸易理论强调需求因素对贸易产生和贸易结构的影响。从需求角度进行探索，填补了贸易动因研究视角上的一大空白。瑞典经济学家林德提出的代表性需求理论，将需求与产品差异结合起来解释了产业内贸易产生的原因。他指出，一国平均的收入水平或者大多数人的收入水平就是一国的代表性需求。生产者只有专门生产代表此水平的商品才有可能达到规模经济。因此，一国应集中生产本国代表性需求的产品、出口该产品，并从与本国收入水平相似的其他国家进口相似产品，以满足本国其他收入水平消费者的消费需求。该贸易理论表明，规模经济容易在各国代表性需求的产品上产生，因此收入水平越相似，国家之间的产业内贸易越多。③技术差距论以不同国家之间的技术差距为分析前提，认为技术差距和模仿时滞决定了现实的贸易格局。1959 年，美国经济学家波斯纳运用技术创新理论修正了赫克歇尔—俄林模型，提出了技术差距理论。该理论在解释发达国家与发展中国家贸易时，即是著名的生命周期理论。同时也可解释发达国家之间贸易：即使两个发达国家在技术开发方面具有相同的能力，所开发出的技术与产品仍会有差异，从而促成国际贸易的产生。因此技术水平接近的国家会因为追求产品的差异性而产生贸易，从而解释了发达国家之间的产业内贸易。

3. 城乡协调发展理论。非均衡发展理论中也提出了一些实现区域经济均衡发展的政策措施。如在经济欠发达地区的发展上，赫希曼的不平衡发展理论认为，欠发达地区应把有限的资源分配于最有生产潜力和联系效应最大的部门，通过它们的发展来带动其他产业的发展，解决经济发展的瓶颈问题；增长极理论主张通过政府直接转移支付手段和市场间接手段建立对生产要素具有吸引力的区域增长中心，用极化增长的累积循环效应，带动欠发达地区发展。总结城乡协调发展的理论，代表性理论及其观点如下：

（1）马克思主义经济学家关于城乡关系的理论①。马克思主义经典作家以历史唯物主义视角考察人类社会各阶段的城乡关系，系统揭示其发展规律，即生产力的提高与生产关系的进步将最终消灭城乡差别，城市与乡村将由分离走向融合。①城乡分离是生产力发展的必然结果。在马克思、恩格斯看来，乡村和城市不是从来就有的，而是生产力发展导致的。乡村与城市的产生及分离是社会分工的产物，恩格斯总结了人类历史上三次具有决定意义的社会大分工：第一次大分工产生农业，形成乡村；农业的发展促进手工业的产生，第二次大分工使手工业与农业分离，形成固定的交易场所——集市；第三次大分工发展了商业，加剧了城乡分离。随着资本

---

① 赵东明、白雪秋：《城乡协调发展的理论基础及启示》，《经济纵横》2015 年第 4 期，第 73—74 页。

主义大工业的出现，以城市为代表的资本主义生产关系得到进一步发展，以乡村为代表的封建社会生产关系继续衰落，城乡之间由分离发展到对立。②城乡分离的后果是城市通过剥削乡村加速社会对立和工业化发展。一方面，城乡分离使乡村处于被城市统治、剥削的地位；另一方面，城乡分离促进工业化发展，使生产力进步得以加速。马克思、恩格斯肯定城乡分离的历史进步，并将其视为资本主义发展的基本成果。马克思指出，"一切发达的，以商品交换为媒介的分工的基础都是城乡的分离"。③城乡分离的根源是生产力有所发展但又发展不足。按照唯物史观，生产力发展是历史进步的根本动力。在社会发展到一定历史阶段产生城乡分离，其根本原因在于"生产力有所发展但又发展不足"。此外，私有制的产生为城乡分离提供制度保障，成为促使城乡分离的直接原因。从生产力角度看，技术进步与分工深化极大地解放了生产力，农业产出的提高为城乡分离提供可能。而城市生产力与乡村生产力发展的不均衡，使城市与乡村充满矛盾和对抗。④城乡关系的发展趋势是走向融合。马克思、恩格斯深刻阐述了资本主义城市产生和发展的规律，论述了城乡发展的趋势是走向融合。马克思指出，实现共产主义必须消灭城乡差别、工农差别、体力劳动与脑力劳动之间的差别。恩格斯指出，消灭城乡对立"并不是空想……消灭这种对立日益成为工业生产和农业生产的实际要求"。即要通过城市与乡村融合，使工人和农民之间的差别和人口分布不均衡的现象消失。城乡由分离到融合需要一定的物质条件和社会条件作为前提：物质条件指高度发达的生产力，特别是大工业的协调发展，"由社会全体成员组成的共同联合体来共同而有计划地尽量利用生产力"；社会条件指消灭私有制，建立公有制，"城乡的融合，使社会全体成员的才能得到全面的发展；这一切都将是废除私有制的最主要的结果"。

（2）二元结构视角下的城乡发展理论①。亚瑟·刘易斯将发展中国家的经济概括为现代工业和传统农业两大部门，并构建了剩余劳动力从传统农业部门向现代工业部门转移的模型，开创了劳动力无限供给条件下的二元经济分析方法。古斯塔夫·拉尼斯和费景汉全面深化了二元经济理论，

---

① 赵东明、白雪秋：《城乡协调发展的理论基础及启示》，《经济纵横》2015 年第 4 期，第74—75 页。

建立"刘易斯—拉尼斯—费景汉"模型。该模型将经济发展的过程分为三个阶段——农业经济、二元结构经济及成熟经济。拉尼斯和费景汉认为，农业和工业的平衡发展是成功实现结构转变的关键因素之一，这是对刘易斯模型的超越。戴尔·乔根森提出不同于刘易斯的二元经济发展模型，把研究重点由剩余劳动转向农业剩余。在此框架下，农业不存在零值劳动力，任何劳动力都对农业部门的总产出做出贡献。新剑桥学派代表人物尼古拉斯·卡尔多考察了农业剩余对二元经济发展的重要意义，指出工业部门的扩张不仅受到供给方面的约束，而且受到有效需求不足的约束。约翰·哈里斯和迈克尔·托达罗提出城乡人口流动模型，即"哈里斯—托达罗模型"。他们反对刘易斯以城市为中心的发展战略，提出发展中国家应把更多的资金用于改善乡村的生产生活条件，提高乡村人口生活水平，从而缓解城市失业问题。在二元经济范式的视角下，由于研究者的出发点、研究对象不同，他们得出的结论与政策建议也不尽相同，但达成一个共识：城市与乡村发展的结果是城乡达到更高层次的融合。

（3）空间极化视角下的城乡发展理论[①]。弗朗索瓦·佩鲁提出"增长极"概念，认为增长以不同的强度首先出现于一些增长极上，并对整个经济产生不同的最终影响。瑞典学派代表人物冈纳·缪尔达尔提出"地理上的二元经济"结构，用循环累积因果理论阐释城市中心地区对其周边及乡村的促进作用和不利影响。阿尔伯特·赫希曼提出空间极化理论，强调增长极对其他地区的带动作用，并用极化—涓滴效应学说，解释经济发达区域与欠发达区域之间的相互影响。杰弗里·威廉姆森进而指出，极化效应将在经济发展初期发挥主导作用，造成地区差距扩大，扩散效应则在经济成熟阶段起主导作用，促进地区差距缩小，从而使区域经济差距的变化轨迹呈现为倒 U 形曲线。雅克·布代维尔把抽象的经济空间应用在地理空间之上，把增长极明确为城市中不断扩大的工业综合体，是形成于城市地区的一组推进型产业，只有增长极的扩散效应强于极化效应时，对落后地区的发展才更有利。约翰·弗里德曼（J. R. Friedman）进一步提出"核心—边缘"理论，将区域分解为核心区和边缘区。该理论解释了核心

---

① 赵东明、白雪秋：《城乡协调发展的理论基础及启示》，《经济纵横》2015 年第 4 期，第75—76 页。

区如何在空间系统发挥支配地位，使一个区域由孤立发展转向彼此联系，最终发展为相互关联的平衡发展的区域系统。从城乡关系角度看，两极对立视角下各学派理论都主张采用以城带乡的发展模式，即经济发展要从中心城市开始，并通过市场及政府的引导，逐步扩散到乡村，最终消除城乡差异。

（4）公平视角下的城乡发展理论[①]。二战后，许多发展中国家实施的以城带乡发展模式不仅没有使城市经济实现腾飞，还严重损害了农业部门的发展，造成城乡关系扭曲和城乡差距进一步扩大。这种现象引发理论界对自上而下型发展模式的反思和对自下而上型发展模式的探索，提出许多以实现公平、消除贫困、增加就业为目标的乡村发展战略。迈克尔·利普顿提出城市偏向理论，指出政府政策偏向于城市发展，导致资源要素向城市过分集聚，既造成乡村发展的迟滞，又阻碍国民经济的健康发展，是不公平而无效率的。在批评城市偏向政策的同时，以乡村为核心的区域发展理论逐步形成。沃尔特·施特尔与弗兰兹·托德林提出"选择性空间封闭"发展理论，强调"空间平等"和区域发展的自主性，即乡村应按其自身资源禀赋制定发展规划，而且通过有选择的空间封闭阻断制约其发展的消极外界联系。此外，阿玛蒂亚·森认为，农村贫困是一种权利不足，反贫困需要改变权利配置格局中的城市偏向，赋予农村穷人更多的发展权利。城市偏向理论把消除城市偏向和促进乡村发展作为政策目标，对发展中国家的经济增长与结构调整具有重要意义。

4. 城乡互动关系理论。城市和乡村是区域中两种自然、经济、文化等方面截然不同的地域单元，空间上相互嵌套，发展上相互作用，在区域经济发展中如何处理城乡关系是区域发展的重要问题。现行城乡发展理论主要有三种有代表性的理论范式和发展观：以空间极化理论为代表的城市发展观、以激进的或新马克思主义发展论为代表的农村发展观、以城乡一体化理论为代表的城乡均衡发展观。城乡均衡发展是通过城乡非均衡关联发展实现的。

20世纪70年代以来，发展中国家人口高速增长和转移导致城乡关系

---

① 赵东明、白雪秋：《城乡协调发展的理论基础及启示》，《经济纵横》2015年第4期，第75—76页。

出现新变化，引起理论界高度关注，理论研究重点也逐渐转移到对城乡之间相互作用的分析上。蒂姆·昂温提出"城乡间的相互作用、联系、流动"问题，将研究主体从城市、乡村本身转向联结城乡的纽带。麦克·道格拉斯建立基于城乡彼此依赖视角的区域网络发展模型，指出乡村与城市通过人流、商品流、资金流和信息流等相互联系，将城乡间相互作用的研究引向深入。塞西莉亚·塔科里和大卫·塞特思威特认为，城乡的主要区别在于"生计"基础，进而提出"城乡连续体"概念和城乡相互作用的发展模式。肯尼斯·林奇总结了发展中国家城乡间食物、资源、人、观念、资金五种"流"的作用，提出"城乡动力学"概念，强调要从"生计战略"和"资源分配"两方面分析城乡联系的复杂性。我国学者曾菊新教授提出的"现代城乡网络化发展模式"，旨在使一定地域的城乡之间网络设施完备，产业内在联系密切，要素流转通畅，组织功能完善，从而构筑一个维系城、镇、乡网络系统共生共长的空间过程，提高空间经济组织化程度，使城乡居民共享现代物质文明、精神文明和生态文明①。该模式是实现城乡关联协调发展的最佳模式。总之，城乡间的相互作用是城乡关系理论的前沿问题，它更加注重城乡间的动态关联，可为政府制定城乡发展政策及最终实现城乡协调的社会发展提供理论支撑。

（五）区域循环经济理论

综合循环经济理论和区域经济理论的精髓可知，区域循环经济理论构成如下：

1. 区域循环经济的发展目标是保证本区域生态、经济和社会的可持续发展并尽量带动周围区域的可持续发展。发展循环经济是实现可持续发展的手段，其最终目的是保证人类的繁衍发展并逐步提高人的生活质量。从复合系统论可知要提高人的生活质量，必须保证人类的生存环境不但不被破坏，反而越来越好，同时经济不断快速增长。而经济的增长又离不开自然资源的开发利用，但自然资本论告诉我们，自然资源是稀缺的，因此必须节约资源并尽可能采取措施促进资源的再生。另外，经济的增长又不可避免地破坏环境，而环境容量论告诉我们，生态环境的自我修复能力是

---

① 曾菊新：《现代城乡网络化发展模式》，科学出版社 2001 年版，第 3—20 页。

有限的，因此必须按工业生态论的原理进行工业生产，以保证对环境的影响不超过环境的可承载容量，同时保证物质生产、人的生产和环境生产三种生产之间相和谐。此外，区域循环经济的发展不能局限于本区域，应考虑和周围区域的协调发展。总之，区域循环经济的发展必须以生态、经济和社会的可持续发展为目标。

2. 区域循环经济的发展思路是循序渐进、滚动发展。循环经济是一种新型的经济发展模式，它的发展需要一个过程。一方面，循环经济的理念需要人们慢慢吸收和消化；另一方面，循环经济理论有待完善和更新，而一门新技术必须经历"技术——实践——更新技术——再实践"多次循环验证过程。因此，区域循环经济的发展必须先小范围试点，再逐渐推广，循序渐进、滚动发展。这样，既能在实践中逐渐摸索经验、改进技术、提高效率，又能充实循环经济发展理论，给技术创新和思想理念的转变留有时间。

3. 区域发展循环经济的限制条件是环境的可承载容量。环境是人类生存的根本，是经济发展的基础。环境容量论指出环境对经济发展所带来的污染破坏有一定的自我修复能力，而污染破坏不能超过其可承载容量，否则就会破坏生态系统平衡，影响经济的发展和人类的生存。因此设计区域循环经济系统时必须考虑环境的可承载容量。这就需要解决两个问题：一是环境的可承载容量如何测算；二是采取何种措施避免经济发展对环境的影响超过环境的可承载容量。对第一个问题可用数理统计的方法测算单位 GDP 的增加所引起的环境污染指数的变化，据此预测环境的可承载容量。对第二个问题由于人类发展对资源和环境等自然资本的影响主要受到人口增长、消费增长和技术能力的制约，因此必须在这三个因素上做文章。人口增长可采取计划生育政策控制。消费增长指人均资源消耗程度或消费水平（可用人均 GDP 表示）增长，对此主要是减少消费增长所增加的排泄物，这就必须采取技术措施。技术是一把双刃剑，坏的技术以很大的环境代价带来经济的微弱增长，而好的技术不但能促进经济水平大幅上涨，而且能改善环境。因此，发展区域循环经济必须在各个环节采用先进的技术，一方面减少污染物，如采用产品微型化、标准化，回收利用设计技术，减少资源的投入，增加产品零部件的循环使用，减少废品的排弃。另一方面提高环境消纳污染的能力，如采用生物技术植树造林、绿化环境。

4. 区域循环经济的发展途径是从核心地区的核心企业做起。由于区域内各个地区的自然资本有差异，因此区域循环经济不可能一开始就在区域内全面展开。根据区位理论和累积循环理论，先选择资源条件优越、区位优势明显的地区发展循环经济，形成"核心—边缘"理论中的"核心区"。然后根据增长极理论在核心区找到几个技术创新能力强的核心企业，进行循环经济试点，形成增长极，产生支配效应、扩散效应和极化效应，带动核心地区直至整个区域循环经济的发展。这主要是因为核心区产生了空间结构理论中的集聚效应，在核心区和边缘区形成梯度差，根据梯度推移理论使循环经济技术逐渐向边缘地区推移。这也符合经济地域运动理论原理，随着生产要素在各区域间的不停流动和组合，经济地域运动推动着循环经济不断向前发展。根据威廉姆森的倒 U 模型理论，最终各区域间循环经济发展水平差距会逐渐减小，从而实现全社会循环经济整体水平的提高。

5. 区域循环经济的发展要确定适应的规模。区域循环经济的发展必须选择合适的规模，规模太小、资源不能充分利用，技术潜力得不到充分发挥；规模太大，资源不足、技术乏力。这两种情况都会导致规模不经济。由规模经济理论可知区域发展循环经济，规模确定是关键。主要确定两个方面的规模，一是总体规模，包括整个区域的资源开采规模、产品生产规模、废物处理规模；二是各资源开发企业、产品生产企业之间的匹配规模。总体规模主要根据区域环境的可承载容量、市场需求、资源条件、经济发展水平等因素宏观规划确定。匹配规模主要确定企业之间的循环经济链，如果上游企业的废弃物是下游企业的原料，必须保证下游企业完全消化上游企业的废弃物；如果上游企业的产品是下游企业的原料，必须保证上游企业的产品足够供应下游企业。

6. 区域循环经济的发展措施是贯彻"4R"原则。区域发展循环经济必须在区域内企业内部、企业之间、行业之间以及区域之间贯彻减量化原则（Reduce）、再使用原则（Reuse）、再循环原则（Recycle）、重组化原则（Reorganize）即"4R"原则。在设计产品时尽量向材耗少、能耗低、经久耐用、便于回收复用、废弃物少的方向发展，在生产、流通过程中要从全区域的经济发展角度出发考虑资源要素的整合，以保证资源的高效循环利用。只有将"4R"原则全面贯彻到区域经济发展的每个环节、每个步骤，再辅以一定的监督措施、激励措施，才能真正发展循环经济。

二 现代服务业发展理论

（一）产业结构理论①

产业结构体现产业之间关联，首先体现在产业间的质的联系，即产业间相互依存、相互促进的关系。其次是产业间的量的关系，即产出量比例和要素比例。产业结构理论主要研究社会经济活动中各产业之间广泛的、复杂的、密切的技术经济联系，其理论和实践应用日益广泛，涵盖了宏观、中观、微观不同层面的经济领域。当前，产业关联理论研究越来越趋向于动态化、区域化等方向发展。

1. 产业结构演进。它是一个由简单到复杂、从较低到较高层次不断成长与经济发展相伴相生的过程。从产业在国民经济中产值比重看，产业结构演进可称之为三段论：第一阶段，遵循"一、二、三"的正常发展顺序，重点先发展第一产业，然后发展第二产业，最终发展第三产业，此序列表现为社会生产力的低级阶段。第二阶段，遵循"二、一、三"的发展顺序，工业成为支柱产业，农业退居次要地位，服务业相对物质产品生产部门来说居于次要地位。第三阶段，社会分工逐步加深，生产流通和信息产业及生活服务业加速发展，产业结构过渡到"二、三、一"的结构并逐步过渡到"三、二、一"的发展序列，这一结构出现于社会生产力高度发展的"后工业化社会"。"克拉克定理"产业结构演进理论指出，人均收入差异引起产业结构的变化，进而改变劳动力在三次产业的分布：人均收入水平提高使劳动力首先从第一产业转移到第二产业，如果进一步提高，劳动力便向第三产业转移。

近年来，产业结构演进速度不断加快，使市场需求的满足程度达到新的水准，使新技术在各个新兴产业部门得到广泛的运用和长足发展。如果原有产业结构的平衡状态由于某一个产业及其部门的超前发展而被打破，

---

① 王淑梅：《现代服务业系统机理与发展模式研究——以辽宁省为例》，武汉理工大学2012 年博士学位论文。

进而引起各次产业之间的比例改变，进而促进产业结构向高度化演进。产业结构高度化主要表现：第一、第二、第三产业相应比例发生了结构性的变化，第三产业一跃成为新的经济增长点；第二产业的相应部门结构产生了优化变动；在资源密集度方面产业结构发生优化。

2. 产业关联与产业链的形成。赫希曼（Hirschman，1958 年）首先在其专著《经济发展战略》中提出了产业链的概念，该概念主要是从产业关联角度进行论述的。国内学者对"产业链"的最早论述是姚齐源、宋武生（1985 年），二位学者在《有计划商品经济的实现模式——区域市场》中率先进行了产业链概念的讨论。2000 年以后，国内学术界对产业链的研究逐渐增多。如简新华（2006 年）认为产业链是由经济活动中前后相关联的不同产业链条、环节所组成的。杨公仆、夏大伟（2004 年）认为产业链的实质是产业关联，产业关联的实质是产业间的供需关系。赵绪福（2006 年）认为产业链是一种产业间的相互关联关系，根据服务业中各产业间的相互供给与需求关系所形成的物质、人员、资本、信息、价值以及技术的流动环构成了服务业系统。

根据产业链的内涵，产业链的实质就是产业关联，而产业关联反映了各个产业之间通过产品、技术、资金等纽带组合而成的相互作用、相互影响的动态经济系统，具有复杂系统的基本特征。产业链的具体特性主要表现在：产业链的整体性、产业链的复杂性、产业链的层次性以及产业链的动态性四个方面。事实上，产业链系统的结构总是处在一种不断变化之中。市场变化、科技进步等外部因素影响之下，产业链内部节点企业数量、规模发生变化，进而导致产业链的整体结构不断调整。根据波特的观点，产业链最初形成是企业为寻求利益最大化而进行专业化分工的产物，这是企业价值链的向外延伸过程。随着经济全球化，企业战略上升到产业和区域层面，国家和地区间的竞争正在由企业间的竞争演变成为产业链的竞争，产业链因而成为一个广泛涉及企业、行业和区域发展的新概念。基于产业链寻求自身发展对企业、产业乃至一个地区、国家起着越来越重要的作用。其一，通过接通产业链上的断环和孤环，其中的企业能够与其他企业共享利益、共担风险，增加了企业的价值。其二，产业链拓展和延伸的过程中，衍生出一系列新兴的产业链环，进而增加了整个产业的附加价值。其三，通过有效的产业链的构建，一个企业的整体优势可以转化为一个区域和产业的整体优势，从而形成这个区域和产业的核心竞争力。其四，通过有效的产业链整合，将不同产业的企业积聚在某一战略利益链上，使信息、技术、创新等现代生产要素能够迅速在不同产业间传递，从而使产业关联度明显增强，各产业获得协同发展的机会和效应。可见，产业链对区域经济发展具有重要作用，即以产业链的整合实现区域内的专业化分工，以产业链的完整化形成区域的核心竞争优势，以产业链的模式和管理机制的创新探索新的区域经济发展模式。

3. 产业结构整合与区域产业结构优化。从以上理论基础推导，产业结构整合协调分成以下三个层次：

（1）政策整合协调。在既定的社会经济制度下，重新选择产业政策、产业制度乃至产业内经济关系性质。整合协调表现在政府对现行产业发展战略政策的调整，进而规范产业理论、指导产业实践。

（2）产业整合协调。在时间上和空间上的视角进行产业结构的优化和产业空间布局的调整。首先，解决产业发展中现已凸显的矛盾，使产业比例更加合理和相互关系更加紧密；其次，着眼于未来的产业结构现代化调整和产业高级化规划；最后，形成生态链和产业群落，促使空间产业布局合理、结构优化、空间资源的有效配置。

（3）企业整合协调。以企业的产业行为作为特质，通过企业的买卖和经营实现企业间的整合化效果，通过整体品牌资源获得和增加产业份额，通过产业生态链条实行产供销一体化经营，根据产业布局实行多元化生产经营降低风险，通过资本运作实施企业的购并和联合。

区域产业结构的内涵可以这样理解：区域内各产业的组成状态和发展水平以及产业间的生产联系和数量比例关系。其外延包括两方面内容：一是涉及结构均衡问题，表现为产业之间在生产规模上的比例关系；二是涉及结构高度与效益问题，表现为各产业之间的关联方式。此外，区域产业部门结构涉及第一、第二、第三产业之间的比例关系，区域产业空间结构涉及区域内主导产业、支柱产业、配套产业、基础产业、战略产业、先导产业的选择与优化。产业的部门结构反映产业结构发展中的时序性，而产业的空间结构主要反映产业结构的空间组合性。区域产业结构优化是指区域内的产业结构从低水平状态向高水平状态发展的动态过程，其优化过程具有以下特征：首先，从产业发展优势上，按照第一、第二、第三产业优势地位顺向递进的方向演进；其次，产业发展模式上，按照劳动密集型产业、资本密集型产业、技术（资金）密集型产业分别占优势地位顺向递进的方向演进；再次，从产业附加价值上，按照低附加值产业向高附加值产业方向演进；最后，从产业加工度上，按照低加工度产业占优势地位向高加工度产业占优势地位方向演进。

随着现代服务业的发展，现代服务业成为推动第一产业、第二产业两大产业发展的重要因素。生产性服务业发展实现了产业结构合理推进，信息产业推进了产业结构优化，以信息产业为主的高新技术产业是国民经济的先导产业。总之，现代服务业在众多产业发展中的地位不言而喻。

（二）服务经济发展理论

1. 经济发展阶段理论。

（1）罗斯托的经济发展五阶段理论。罗斯托是非均衡经济发展理论的代表人物之一，他根据经济史的一些事实，提出了经济发展的五个阶段的理论。他认为："根据它们的经济发展水平，任何社会都可以归入下面五种情况之一：传统社会（traditional society）、起飞准备阶段（preconditions for take off）、起飞阶段和成熟阶段（the drive to maturity）、高额群众消费阶段（the age of high mass consumption）"。后来，他又在"高额群众消费阶段"后面加上一个"追求生活质量"的阶段。①"传统社会阶段"，人类对世界的认识处于原始状态，人们的生产完全受自然条件的限制，生产力水平低下，生产活动集中于农业，生产扩张主要靠人口土地的增长。②"起飞准备阶段"，即由传统社会向起飞阶段过渡的转型时期，社会观念、文化价值和制度都在发生深刻变化，在经济上逐步表现出社会商业化，形成二元经济格局。③"起飞阶段"，指经济开始进入快速增长稳定时期，新的价值结构已经建立并成为主流；在产业结构上，传统农业实现了产业化，起飞成功的关键是现代农业生产率的增长。④"成熟阶段"，技术进步引起主导产业结构的变化，主要依靠技术进步以达到高度物质文明，这一阶段基本的社会政治和文化结构是稳定的。⑤"高额群众消费阶段"，在这一阶段，基本生活需求完全得到满足，人口高度城市化，就业高度"白领化"，物质财富高度发达，资源分配出现社会福利化的配置方式。

罗斯托认为一个国家最重要的阶段就是"起飞"阶段，一旦超越了传统社会起飞，经济就可以持续地增长了。"经济起飞阶段"的突出特点表现为农业劳动力向工业、交通、贸易和现代服务业转移，其中交通的革命性生产率变革作为关键，农业和社会基础设施投资具有重要作用，其中农业剩余由奢侈性的消费转移到对工业和社会基础设施的投资最为关键。

（2）贝尔的社会发展三阶段理论。美国社会学家丹尼尔·贝尔（Daniel Bell）提出了以"后工业社会"理论为核心的人类社会发展的三阶段理论，他认为后工业社会有四个特征：①后工业社会应当是一个服务型的社会；②后工业社会中科学、知识与技术主要地位明显；③技术人员与专业人员在后工业社会中的作用突出；④后工业社会的社会控制方式与价值体系与之前发生了很大的变化。据此他提出了人类社会发展的三个阶段：第一阶段是前工业社会阶段，即传统制度下构造的农业社会，生产主要满足基本生活需要，生产率低。由于生产率低和大量人口，存在较高比例的就业不足，冗余人口通常分布在农业和家庭服务业部门，主要为个人服务和家庭服务。第二阶段是工业社会阶段，即较高发展的商品生产社会，是一个技术化或工具理性化的世界，机器大生产主宰和统治社会经济发展，人、物质和市场被组织起来仅为了商品的生产和流通。第三阶段是后工业社会阶段，其社会发展基础是服务业，财富的来源不再是体力、能源，而是信息。

贝尔发现，在他上述的经济发展阶段中，服务业在经济中的比重与经济发展水平的关系并非简单的线性关系，这就有必要将他所强调的"后工业社会"中的服务业与在此之前发展的服务业加以区分，以突出"后工业社会"作为"服务社会"的独特性。贝尔将服务业的发展划分为三个阶段，并强调了服务业本身的发展问题。贝尔认为服务业需要经历三个转变，才能够实现从工业社会向后工业社会的彻底转变。贝尔通过分析得出两个重要推论，第一，不同时期的服务业在适应不同的生产技术水平要求时会产生不同的内部变化与发展规律；第二，作为一个产业整体的服务业，在上述经济发展的三个不同时期一直都在以其自身的方式保持发展。他认为，在上述的农业社会，生产率低，剩余劳动多而素质差，因而服务业主要为个人服务和家庭服务；在工业社会则是以与商品生产有关的服务业如商业为主；在后工业社会则是以知识型服务和公共服务为主。不仅如此，贝尔认为从工业社会向后工业社会转移的过程中服务业经历了三个转变：第一，在工业发展阶段，由于商品移动的需要和对能源提高的要求，交通和公共设施作为其辅助服务必然扩展，并且存在非制造业但是仍是蓝领工人（服务业中的蓝领）的增长。第二，由于大规模的商品消费和人口增长，在流通、金融、房地产和保险等领域传统白领就业将上升。第三，随着国民收入的提高，就像恩格尔定理所显示的，人们发现用于食物的钱将减少，其边际的增加首先用于耐用品（衣服、住房、汽车），然后用于奢侈品，休闲之类。因此，随着人们寿命的延长和需求、口味的变化，个人服务开始增长：旅馆、酒店、自动服务、旅游、娱乐、休闲、运动。这样，服务业的发展历程大体为：个人服务和家庭服务——交通通讯及公共设施——商业、金融和保险业——休闲性服务业和"集体服务业"。

贝尔的分析至少证明两点，其一，服务业作为一个产业整体，在经济发展的三个时期实际都在发展，它不像工业那样只在一个时期有显著增长；其二，服务业在不同时期适应不同的生产技术水平有不同的内部变化和发展。

2. 服务业与工业的关系理论①。20 世纪 80 年代，西方有一些经济学家认为，现代工业已经不再是传统的工业，而是"新工业"；虽然生产活动中服务的成分将增加，但服务的发展是以实物产品的生产为基础和目的，而不是人们的生产活动重心将由实物部门转向非实物部门，实际上生产组织方式的变化才起主要作用。这里又有两种观点：一种认为，工业生产将变成"服务密集"，即工业产品的生产会融入越来越多的服务作为中间投入因素，这实际是通常所说的生产的"软化"；另一种则认为服务业的生产方式将摆脱过去的小生产方式而融入更多的工业化生产方式，即服务的生产将走向产业化。

（1）产业服务化理论。谢尔普（Shelp）和里德尔（Riddle）认为，尽管需求最终决定生产，但在需求结构变化不大的情况下，由于制度、生产要素、生产技术的变化，生产方式也会出现重要变化。在现代社会，无论是产品还是生产组织都变得越来越精巧和个性化，由此对服务的需求也

---

① 刘成林：《现代服务业发展的理论与系统研究》，天津大学 2007 年博士学位论文。

不断增长，这些对服务的需求产生于这种生产方式的变化，因此主要体现为中间性服务和互补性服务（intermediary and complementary services），主要包括：①直接作为工业企业的中间投入；②作为商品交换过程的一部分的流通和金融服务；③与新生产结构相适应的人力资本的形成所需要的服务；④对整个生产体系进行空间上协调和规制所需要的服务。上述四点构成与生产技术和生产组织方式变化相联系的"新服务经济学"的核心。尽管在概念上他们称自己的理论为新服务经济学，但在他们的理论中服务实际上仍然是依附于工业生产的，仅起"中介"或"补充"作用，换句话说，强调的是工业生产的中心地位。

对于工业与服务的关系，他们的主要论点是：第一，商品与服务是互补的，商品的多样化和复杂化同时意味着对服务需求范围和种类的扩大。第二，生产者服务是服务业增长的最强劲和最主要部分。某些服务由于可以标准化而能够实现不同程度的工业化，这些服务业因而可以达成规模经济和提高生产率，即从技术层面看，这些服务业具有工业的特点。第三，在新的社会制度结构（主要是城市化）中对企业的"高级服务"是不可避免的。从这些论点可以看出，生产方式虽然日益"服务化"，但这些变化无非是商品本身生产过程的组织或技术的变化，或者是由于商品生产的复杂化所引起的对服务需求的增加。总之，服务是围绕商品生产展开的。

（2）服务产业化理论。服务产业化理论认为，西方经济中服务业发展过度，已经超出了工业生产能力所允许的范围。由于服务业生产率增长缓慢，它变为一种障碍，阻碍着整体生产率的恢复和提高，因此，服务业的产业化便成为新资本积累和生产发展的前提条件。有些学者对服务业增长基本持否定态度。服务经济和后工业社会理论认为服务业将成为吸收劳动力的主要行业，并且成为更人性化、更集体化的职业，从而改造资本主义社会的观点，实际假定了物质财富生产的无限制增长或物质财富无限丰富的前提条件；一旦物质财富领域的生产增长受到限制，服务业必会表现为过度的发展，物质财富的生产可以支持服务业的不断扩张的假定是不能成立的。有些理论学者走到了服务经济理论的反面，认为服务业，尤其是政府和公共服务，是一种"组织成本"，认为剩余成本（tertiary costs）的扩大损害了投资收益，进而引发资本主义的积累危机。例如美国经济学家斯托法斯认为美国 20 世纪 70 年代的经济危机与过度扩张的服务业的生产率停滞有直接关系；他认为美国经济越来越多地将资源用于与生产无关的行为调节和解决内部冲突上。这些理论观点在英国和日本都有不同的版本。英国的"非工业化"理论出现得较早，主要原因也是英国的制造业下降较早、英国经济增长放缓较早。日本也出现过所谓"产业空心化"理论，其理论观点的核心基本也是将制造业在经济中比重的下降看成对经济增长不利的因素。为此，这些经济学家认为，要解决经济危机、提高现代经济的生产率，改变服务业的生产率滞后困境最为重要，他们主张对服务业进行现代化和产业化改造。

服务业的产业化问题就是将服务生产制造业化，这首先要求将服务业的生产、市场推广和客户服务标准化，在这方面麦当劳是一个典型例子。对于一些所谓"社会基础成本（Social Overhead Costs）"的服务业在提高它们的效率的同时要削减它们的重要性，如政府部门、公共医疗和社会成本性的行业，如律师等。服务产业化和提高服务业效率的基础是新的信息技术和通信技术的发展。"新工业化理论"重视服务业生产率提高对整体经济增长的重要意义，实际把服务业看做了一种未来的工业。

"产业服务化"与"服务产业化"的理论具有重要的意义。20世纪八九十年代服务业在发达资本主义国家经济中的比重持续上升，充分体现了服务业在经济增长中的地位和作用。应该看到，各国服务业内部结构是不一样的，在服务业借助信息技术基本实现了产业化的国家，如美国其经济增长就比较健康、稳定；而服务业产业化不足，经济结构向信息化转变不充分的国家，如日本其经济一直停滞。进入20世纪八九十年代以来，西方经济中的服务业的生产率得到了快速的提高，这个生产率提高的过程中，产业化的特点是明显的。当然有一些服务业并不能"产业化"，因为这类服务业根本无法"标准化"，并且需要人与人的直接接触。总之，"服务产业化"和"产业服务化"现象都有一定的事实基础，工业与服务业实际上是互相渗透的，既有"产业的服务化"，也有"服务的产业化"，都表现为服务业与工业的关系，它们的变化是经济结构的变化。

3. 可持续发展理论与服务业。

（1）可持续发展理论。可持续发展是以人为本，以发展为核心，综合研究并实施经济、社会、资源、环境生态等的协同，实现经济的效率、社会的公平、代际的兼顾以及人类和自然的和谐。可持续发展理论体现了整体优化性和协同和谐性的特点。①可持续发展理论体现了整体优化性。可持续发展理论与实践旨在协调自然、社会与人的发展之间的关系。其提倡建立一个以人为中心的"环境——经济——社会"的复合生态系统，并进一步促进系统的持续、稳定、健康发展，它强调各个发展主体都有平等的生存与发展权利，强调各个发展主体间的相互尊重、共同发展，由于发展是一系列发展阶段组成的"发展链"，各个发展之间同样存在着相互依存、互为条件的关系，因此，可持续发展还特别强调眼前的发展是未来发展的基础，眼前发展要为未来发展做准备。②可持续发展理论体现了协同和谐性。可持续发展理论强调发展的整体性、发展着的各个因素之间的协调性等问题，既要实现可持续发展，就需要处理好人类与自然、经济增长与环境保护、人类与社会、人类不同种族、不同国家之间的协同和谐发展问题，也就是既要满足当代人的需要，又要满足后代人的需要的发展；既要满足自己国家和民族的发展需要，又要考虑与其他国家和民族的协调发展；既要考虑人类的发展，更要促进人与自然、生态的协同和谐发展。

（2）服务业创新与可持续发展。服务业是推进可持续发展的主导产业，通常意义上的主导产业是指在经济发展过程中出现的一些影响全局的、在国民经济中居于主导地位的产业部门，由于这些产业部门在整个国民经济发展中具有较强的前后关联性，其发展能够波及国民经济的其他产业部门，从而带动整个经济的高速增长。主导产业一般具有多层次性、综合性和序列更替性三个基本特征。服务业是推进可持续发展的主导产业，服务业的成长过程就是区域经济社会可持续发展的过程。①服务业终结了以环境损害为主要特征的工业化时代。随着工业革命以来，人类社会以历史上史无前例的速度发展，但与此同时，由于产生污染是人口、工业化和特定的技术发展的函数，导致无论从东方到西方，人类对自然环境的破坏随着人类科技能力的扩张等比例加剧。然而后工业时代的来临，让人们看到了全球经济社会可持续发展的希望。后工业化时代与工业化时代的最主要差别表现在：产业依赖的资源由工业化时代的自然资源，包括不可再生资源转为后工业化时代的人力资源、信息资源、知识资源。这种由自然资源向非物质资源的转变，缓解了地球资源的压力，减少了对自然环境的破坏，有利于人类可持续发展目标的实现。与工业化时代生产的环境不友好性相比，后工业化时代的服务业则具有相当大的环境亲和性，这一点无论是信息服务业、教育服务业，还是环境服务业，都是以资源整合、提高资源使用效率为生产手段，对推进可持续发展目标具有天然的亲和性。后工业时代创新因素超过了规模生产，产品的价值不再用重量和体积来衡量，而是取决于其技术含量。服务业终结了传统的工业化时代，开创了后工业时代，使人类社会实现人口、资源、环境可持续发展成为可能，毕竟服务业以其环境界面的友好性为人类解决自己的发展问题提供了一种创新的思路。②服务业是符合可持续发展目标的产业形态。服务业所依赖的生产资源主要为知识、信息与人力资源，有助于保护自然环境，特别是不可再生资源；服务业的发展推动力是观念创新，而不是传统的物质生产，有助于克服工业生产过程导致的严重环境污染问题；服务业无论生产过程，还是生产效果都完全符合可持续发展的思想，服务业是符合可持续发展目标的产业形态。工业化为人类社会的可持续发展构筑了极其沉重的压力的同时，也为人类社会创造了极大的物质财富，工业化的发展一方面为服务业的发展创造了物质前提，另一方面也创造了服务业所必须依赖的需求条件。工业化在其发展过程中，由于生产技术水平的不断提高，原来属于工业组成部分的不断转变成服务业，主要包括以下几个方面：一是管理职能的分解转化。如企业管理服务业、专家科技服务业；二是整个行业的转移。随着知识经济时代的来临，以信息资源、知识资源为主体的信息产业已逐步由制造业为主体的行业转化为新兴的服务业。随着服务意识的强化，有些甚至是传统的工业部门也正在向服务业演化；三是服务业是在工业部门发展深化的基础上"脱胎换骨"形成的，它的形成是基于信息资源的充分发展与利用；脱离工业部门的直接物质依赖性；知识、人力资源成为推动产业发展最直接的能力，服务意识、环境意识等创新观念构成服务业发展的意识基础。服务业不但可以从工业等传统产业部门中独立出来，而且对工业、农业等传统部门具有渗透性，通过信息、知识、人力资源的有效传递，改善工业、农业等部门的环境损害性。

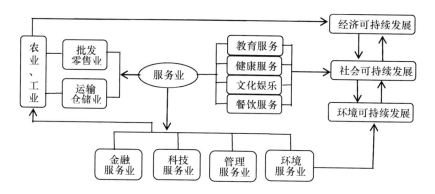

图 4—2　服务业推进可持续发展示意图

第 五 章

陕甘川省际边缘区发展战略定位与布局

一 陕甘川省际边缘区基本情况

（一）区位概况

本书根据研究的需要，将陕甘川省际边缘区界定为以三省交界地区的汉中市为中心，包括周边紧邻的安康市、达州市、巴中市、广元市、陇南市和天水市，共六个地市，该区域横跨13.81万平方公里，拥有56个县区，2714多万人口；3834万余亩耕地。陕甘川省际边缘区主要处于秦岭、巴山腹地，是连接我国西南、西北，沟通西部、中部和东部沿海省市的重要桥梁，是连接"长江经济带"和"丝绸之路经济带"的重要通道，区域内有宝成、西康、阳安、达成、广巴等铁路以及京昆、包茂、兰海、十天、沪陕高速公路等交通主干道。区域内土壤有机质含量高，是全国最大的天然硒资源区。矿产资源富集，天然气探明储量1.9万亿立方米，铁、铝、铅、锌、锰、钡等金属矿以及石墨、白云石、石英岩等非金属矿储量丰富。区域经济社会发展相对滞后，属于传统农业区，可以说是西部地区的经济塌陷之地。本地城镇化率总体不高，均存在不同程度的异地城镇化，是三省人口流出的主要地区。陕甘川省际边缘区也是"游离"于陕西西安城市圈、四川成渝城市圈和甘肃兰州城市带的边缘，属于典型的省际边缘欠发达地区。

（二）产业概况

陕甘川省际边缘区是重要的特色农产品生产加工基地，茶叶、蚕桑、干果等特色农产品和地道中药材在全国占有重要地位。陕甘川省际边缘区是清洁能源、电子信息、航空航天、装备制造、油气化工、生物科技产业

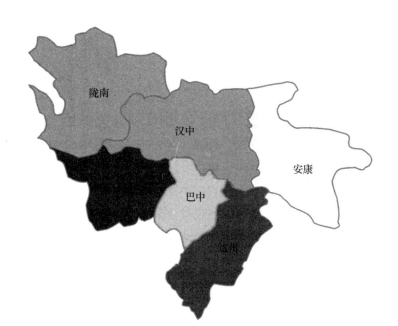

图5—1　陕甘川省际边缘区城市分布图

基地，拥有汉中经济开发区、广元经济开发区、天水经济技术开发区、达州经济技术开发区4个国家级经济开发区。区域内历史文化底蕴深厚，红色文化影响深远，苏区精神深入人心，是重要的革命传统教育基地和爱国主义教育基地。区域历史文化璀璨夺目，是古巴国的发祥地，拥有三国古战场、秦蜀栈道等历史文化遗迹。近年来，生态旅游、红色旅游、现代物流等服务产业发展迅速。

根据《秦巴山片区区域发展与扶贫攻坚规划（2011—2020）》，陕甘川省际边缘区域实施旅游产业组团发展战略，到2020年，区域内将建成四大特色旅游圈，具体如下：

第一，川陕红色旅游圈。包括通江红四方面军总指挥部旧址纪念馆、通江川陕苏区红军烈士陵园、南江巴山游击队纪念馆、平昌刘伯坚纪念馆、万源保卫战战史陈列馆、剑阁红军血战剑门关遗址、苍溪红军渡纪念地、仪陇朱德故居纪念馆等红色旅游经典景区。

第二，两汉三国历史文化旅游圈。包括汉中张良庙、古汉台、张骞墓、武侯祠、张飞庙、永安宫、八阵图、岩棺群、定军山、秦蜀古栈道、昭化古城、蜀道剑门关、秦西隆陵园、六出祁山遗址、阴平古道等景区。

第三，秦岭巴山生态文化旅游圈。包括大南宫山、大瀛湖、长青华阳、金丝峡、黄金峡、太白山、米仓山、琳琅山、曾家山、元坝栖凤峡、苍溪梨博园、青川白龙湖、平武报恩寺、南江光雾山、通江诺水河和空山天盆、北川西羌九黄山猿王洞。

第四，大九寨国际黄金旅游圈。包括宕昌官鹅沟、武都万象洞、康县阳坝、汉中天坑、秦巴盆地油菜花海、文县天池、成县鸡峰山、徽县三滩、两当云屏三峡、略阳五龙洞、石泉"汉水明珠"、紫柏山、汉江古会馆群、勉县云雾山、南郑汉山、青木川古镇、地震遗址等景区。

（三）生态概况

陕甘川省际边缘区地处南北气候过渡区，立体气候明显，雨量充沛，资源禀赋良好，是长江上游重要的水源涵养区和秦巴生物多样性生态功能区的重要组成部分，生物资源丰富，有"天然基因库""天然药库"之称。汉江、嘉陵江等水系发达，天然林和湿地资源分布广泛，森林覆盖率达57.2%，拥有19个国家级自然保护区、23个国家森林公园，是长江上游重要生态保护屏障，承担着秦巴山区生物多样性保护、南水北调中线工程水源保护等重大生态功能。同时，陕甘川省际边缘区也属于秦巴山地质灾害易发多发区、龙门山地震带，生态脆弱，水土流失严重，滑坡、泥石流、洪涝、干旱等自然灾害频发，生态建设任务繁重，环境污染治理压力大，开发建设与生态环境保护矛盾突出。

表5—1　　陕甘川省际边缘区国家级生态保护区和森林公园一览表

地市名称	国家级自然保护区	国家级森林公园
巴中市	诺水河珍稀水生动物国家级自然保护区	天马山国家森林公园
		米仓山国家森林公园
		空山国家森林公园
		镇龙山国家森林公园

续表

地市名称	国家级自然保护区	国家级森林公园
广元市	米仓山国家级自然保护区 唐家河国家级自然保护区	剑门关国家森林公园 天曌山国家森林公园
达州市	花萼山国家级自然保护区	五峰山国家森林公园 宣汉国家级森林公园 铁山国家森林公园
天水市	小陇山国家级自然保护区 秦州珍稀水生野生动物自然保护区	甘肃麦积国家森林公园 甘肃小陇山国家森林公园
陇南市	甘肃白水江国家级自然保护区 甘肃裕河自然保护区	甘肃官鹅沟国家森林公园 甘肃文县天池国家森林公园 甘肃鸡峰山国家森林公园
安康市	化龙山国家级自然保护区 平河梁国家级自然保护区 天华山国家级自然保护区 牛背梁国家级自然保护区	陕西南宫山国家森林公园 陕西鬼谷岭国家森林公园 陕西上坝河国家森林公园 陕西汉阴凤凰山国家森林公园 千家坪森林公园
汉中市	陕西汉中朱鹮国家级自然保护区 陕西长青国家级自然保护区 青木川国家级自然保护区 桑园国家级自然保护区 陕西佛坪国家级自然保护区 陕西观音山国家级自然保护区 陕西略阳珍稀水生 动物国家级自然保护区	陕西五龙洞国家森林公园 陕西汉中天台山国家森林公园 陕西黎坪国家森林公园 陕西紫柏山国家森林公园

(四) 发展现状

1. 基础设施建设滞后。陕甘川省际边缘区交通瓶颈制约十分突出。至 2015 年底，大部分地级市尚未通高铁，高速公路尚未形成网络，国省干线公路等级低，农村公路通达深度不够，县乡断头路较多，核心区铁路、高速公路覆盖严重不足，偏远山区行路难问题突出。水利设施薄弱，工程性缺水问题突出，有效灌溉面积仅占 36.5%，部分山区人畜饮水较为困难，饮水安全问题未得到有效解决。农村供电保障能力不足，仍有不少行政村未完成农网升级改造。教育设施建设滞后，师资力量不足，农村劳动力文盲、半文盲率较高。县乡村三级医疗卫生服务体系不健全，基层卫生计生人才匮乏，每万人拥有医院数仅为全国平均水平的三分之二。

2. 自我发展能力弱。经济发展水平低，人均地区生产总值仅为全国平均水平的 46.6%，原川陕苏区核心区巴中市的人均地区生产总值仅为全国的三分之一。地方财力薄弱，财政支出主要依靠上级转移支付。特色优势产业规模小、链条短，科技创新能力不足，资源优势未能转化为经济优势。要素集聚能力弱，对外开放水平低，金融、物流、信息等现代服务业发展严重滞后，2015 年，陕甘川省际边缘区界定范围内国民生产总值近 5163.76 亿元，其中，第一产业增加值 929.96 亿元，第二产业增加值 2254.63 亿元，第三产业增加值 1979.17 亿元；三次产业结构比为 18：43.7：38.3；第三产业占比比全国低 12.2 个百分点。城镇规模小、功能不完善，常住人口城镇化率仅为 43.7%，比全国低 12.4 个百分点。人均教育、医疗卫生、文化、就业和社会保障支出仅相当于全国的 60%，城乡基本公共服务水平差距大。

表 5—2　　　　　陕甘川省际边缘区基本情况统计表

类别	汉中	安康	广元	巴中	达州	陇南	天水	合计
地域面积（万平方公里）	2.72	2.35	1.63	1.23	1.66	2.79	1.43	13.81
县区数量（个）	11	10	7	5	7	9	7	56
人口总数（万人）	385.21	304.8	309.4	379.52	690	283.23	362	2714.16
耕地总面积（万亩）	923.54	570.14	253.16	228.83	459.29	830	569.62	3834.58
国民生产总值（亿元）	1064.83	772.46	605.43	501.34	1350.76	315.14	553.8	5163.76

类别	汉中	安康	广元	巴中	达州	陇南	天水	合计
第一产业增加值（亿元）	191.53	96.06	99.76	83.98	290.82	70.31	97.5	929.96
第二产业增加值（亿元）	468.84	426.73	285.53	233.81	581.19	72.93	185.6	2254.63
第三产业增加值（亿元）	404.46	249.67	220.14	183.55	478.76	171.89	270.7	1979.17
地方财政收入（亿元）	100.20	72.8	40.82	39.05	79.15	25.45	36.69	394.16

3. 脱贫攻坚任务艰巨。陕甘川省际边缘区带有明显的"贫困"特征，大部分属于集中连片特困地区，贫困面广，贫困程度深，区域性贫困问题突出，致贫因素复杂，因病、因灾、因残致贫相互交织。在本研究界定的六地市中有半数以上是贫困县，其大部分县区是川陕苏区的组成部分，因此，它既是贫困地区，又是革命老区。这一区域的振兴和发展反映了贫困地区改变落后面貌的强烈愿望，也是秦巴山连片贫困地区扶贫攻坚的重要任务。根据国务院扶贫办公布的2012年全国连片特困地区分县名单，在秦巴山集中连片特殊困难地区，四川省有国家特困县区16个，其中最多的为广元市，有7个县区，总人口309万；陕西省有国家特困县区30个，其中最多的为汉中市，有11个县区，总人口385万；甘肃省仅有陇南的9个县区，总人口283万。

表5—3　　　　　陕甘川省际边缘区国家特困县分布情况

	绵阳市	北川羌族自治县、平武县
四川省	广元市	朝天区、元坝区、剑阁县、旺苍县、青川县、苍溪县、利州县
	南充市	仪陇县
	达州市	宣汉县、万源市
	巴中市	巴州区、通江县、平昌县、南江县

	西安市	周至县
陕西省	宝鸡市	太白县
	汉中市	南郑县、城固县、洋县、西乡县、勉县、宁强县、略阳县、镇巴县、留坝县、佛坪县、汉台区
	安康市	汉滨区、汉阴县、石泉县、宁陕县、紫阳县、岚皋县、平利县、镇坪县、旬阳县、白河县
	商洛市	商州区、洛南县、丹凤县、商南县、山阳县、镇安县、柞水县
甘肃省	陇南市	武都区、文县、康县、宕昌县、礼县、西和县、成县、徽县、两当县

资料来源：根据国务院《秦巴山片区区域发展与扶贫攻坚规划（2011—2020）》整理。

二　陕甘川省际边缘区的区位重要性

（一）东挤西进的基地和依托

陕甘川省际边缘区地处我国东中西三大经济地带的结合部，具有经济上的过渡性，容易接受相邻经济带生产要素的转移。随着新一轮的西部大开发和"一带一路"战略规划的实施，国家今后的发展布局将由地区倾斜转变为产业倾斜，对市场急需而又开发效益好的产业优先投入。国家单一的投资格局已向国家、企业以及国外投资的 PPT 等多维格局变化，以跨地区、跨部门、跨行业的大型企业集团为主体的企业办企业的形式显得越来越重要，尤其对陕甘川省际边缘区来说，吸引东部的游资和技术更为重要，吸引的规模和速度与陕甘川省际边缘区的发展水平和吸收能力直接相关。陕甘川省际边缘区在总体上处于经济低谷区，但内部发展不平衡，2015 年国民生产总值超过 1000 亿元的城市只有汉中和达州两个城市，其他城市的国民生产总值仅有几百亿元。另外，西部口岸正在加快开放步伐，西部地区在对不发达国家和中东、西亚国家贸易中具有比沿海更大的优势和便利条件，对俄罗斯、东欧等国贸易只能走铁路，对中亚西亚的贸易，陆路比水路运输成本低 40%。向西开发仅靠新疆，其实力和后劲远为不够，需要强大的"内地基地"来支撑。陕甘川省际边缘区内农副土特产品资源及轻制造业产品正适应对方市场的需求，加之地理近便，既能利用中亚西亚石油国外溢资本，发展创汇产品参与西部国际大循环，又能成为替代或部分替代东部吸收技术、资金，发展加工业，进而向西开放的产业基础。

（二）"西西合作"的桥梁与过渡带

中国西部地区以及西北或西南地区内部大经济协作区的建立，是西部现代经济发展的必然趋势。然而，由于各省资源的相似性和初级产业结构的趋同化，在以财政包干体制下激发起来的地方利益主体的驱动下，纷纷单个瞄准东部，寻求技术、资金方面的合作伙伴，追逐短期利益。因此，大区联合协作的进程十分缓慢，离统一的西南、西北经济协作区的目标尚有很大距离，它说明走大目标、一步到位的思路是不现实的。受区域利益结构和区际生产力水平差异的制约，大区规模上的深层联合只能是一个长期的、分步推进的过程，其改革的操作实践只能积小胜为大胜，从局部的突破入手。做到这一点，就要寻找某些对各省整体利益牵动不大、内部联系较为密切、又体现省际协作的局部地区率先推进。陕甘川省际边缘区域协同发展正是这一推进方式的最佳选择。这一地区历史上民俗风情相近，有源远流长的物资协作关系，加上处在成都、西安、兰州中心城市的三角辐射地带，分别属于各省次一级的中心城市或非产业密集区，因而有较大的自我发展空间和协作余地。加之资源相近，脱贫目标一致，将其作为一个相对独立的经济区去开发不仅是必要的，而且是可能的。反过来，西北西南只有在周边地区形成联系愈来愈密切，并且生产力有较大发展的经济小区，才能填补地区生产要素对流、互补与合作的断带，加快"西西合作"的步伐。也只有这种局部联合的扩大和发展，西部各省区才能最终走向全大区协作联合的新局面。

（三）落后地区摆脱贫困的突破点和实验区

近年来，我国西部以老区、山区、民族地区为主的贫困区正在走入以"造血机制"为主的脱贫道路。由于初始经济势能小、经济联系和商品辐射围于本地，既难渗入以行政体制阻隔的周边地区，也难越过发达地区的商品屏障，限制了脱贫速度。随着《秦巴山片区区域发展与扶贫攻坚规划（2011—2020）》和《川陕革命老区振兴发展规划（2016—2020）》的实施，有利于旧体制壁垒逐步拆除，降低生产要素流进流出的"门槛"，使贫困地区发展商品经济的市场半径自然伸展，从而加快落后地区经济的发展。此外，陕甘川省际边缘区集中了秦巴山区连片贫困地区的大部分人口和土地面积，又是老革命根据地（川陕、陇东）比较集中的地区，便于国家综合地思考、研究、制定、实验推广一系列重大扶贫政策，也有利于各贫困县在统一扶贫政策的指导下展开竞争，激发其活力。这一区域的贫困问题得到解决，老区得到发展，国家就可卸掉西部扶贫中的重大包袱，并为广大西部地区扶贫探索一套新政策，走出一条新路子。这对于消除经济差距过大而转化为政治或社会问题的可能性，巩固安定团结的局势，也是非常必要的。

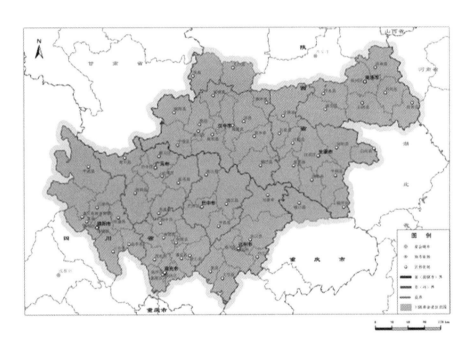

图5—2　川陕革命老区规划范围示意图

三　国家层面的区域发展战略

支持陕甘川省际边缘区加快振兴发展，有利于发挥区域比较优势，通过体制机制创新，探索出一条贫困老区全面建成小康社会的新路子，为全国革命老区加快发展提供经验示范；有利于与培育开放开发高地相辅相成，促进"一带一路"建设与长江经济带发展战略协调联动，带动扩大内需、优化调整经济结构，拓展经济发展新增长极；有利于加强生态建设和环境保护，保障长江流域生态安全，有利于水源涵养、水土保持和生物多样性保护，构筑国家重要生态安全屏障，促进可持续发展；有利于进一步推进西部大开发和促进中部地区崛起，缩小区域发展差距，补齐扶贫开发"短板"，实现国家区域协调发展；加快秦巴山片区区域发展，加大扶贫攻坚力度，有利于保障和改善民生，推进贫困人口整体脱贫致富，对于"十三五"时期打赢贫困老区脱贫攻坚战、加大国民经济回旋余地、对实现国家总体战略目标和全面建设小康社会奋斗目标，具有十分重要的意义。

（一）发展机遇

新一轮西部大开发的深入实施，成渝经济区（城市群）和"关中—天水"经济区的快速发展，天府新区、西咸新区、两江新区等国家级新区迅速崛起，为陕甘川省际边缘区加快改善发展条件，增强内生发展动力创造了环境和条件。"一带一路"建设和长江经济带发展等国家战略的强力推进，为陕甘川省际边缘区发挥独特区位优势，主动融入国际国内产业分工拓展了新空间。精准扶贫、精准脱贫基本方略的大力推进，为有力解决陕甘川省际边缘区区域性贫困问题、促进陕甘川省际边缘区人民尽快脱贫致富带来了强大动力。生态文明建设的进一步加强，为更好地发挥陕甘川省际边缘区生态优势，形成"绿水青山就是金山银山"的新局面提供了有力支撑。各领域改革加快推进，为陕甘川省际边缘区进一步创新体制机制、提高发展质量与效益提供了制度保障。创新驱动发展战略加快实施，"大众创业、万众创新"蓬勃开展，为推动陕甘川省际边缘区加快发展新经济、培育壮大新动能、改造提升传统动能营造了良好的制度环境。

（二）战略定位

国家层面先后出台了《秦巴山片区区域发展与扶贫攻坚规划（2011—2020）》和《川陕革命老区振兴发展规划（2016—2020）》，在陕甘川省际边缘区形成了叠加效应，两大规划关于该区域发展战略定位如下：

1. 《川陕革命老区振兴发展规划（2016—2020）》战略定位。国务院发布的《川陕革命老区振兴发展规划（2016—2020）》确立了川陕革命老区未来发展的战略定位，即：

（1）丝绸之路经济带和长江经济带的重要通道。充分发挥连接南北、沟通东西的区位优势，加强综合交通运输体系建设，加快推进互联互通，形成连接丝绸之路经济带和长江经济带的战略通道，打造联动成渝经济区和"关中—天水"经济区的新增长带。

（2）区域开发与精准扶贫协同推进示范区。积极创新基础设施建设、资源开发利用、区域合作开放体制机制，激发区域发展新活力，增强重大项目、重大工程的辐射带动作用，为精准扶贫提供有力保障。以脱贫攻坚统领老区开发建设全局，建立健全精准扶贫工作机制，在协同推进新型工业化、信息化、城镇化、农业现代化和绿色化中尽快实现精准脱贫，走出一条区域开发带动精准脱贫、精准扶贫促进区域开发的新路子。

（3）清洁能源、特色农产品生产加工基地和军民融合产业示范基地。充分发挥天然气等资源优势，创新资源开发新模式，打造清洁能源综合开发利用示范区。立足生态资源和特色农林资源优势，大力发展绿色生态高效农业，打造特色有机农产品生产加工基地。以区域内军工企业、国防科研院所为依托，创新军民融合产业发展模式，大力发展电子信息、装备制造、新材料以及航空航天等产业。

（4）红色文化传承区和生态旅游目的地。加强红色文化资源保护，建设爱国主义教育、革命传统教育和红军精神教育基地。深入挖掘丰富的旅游资源，大力发展红色文化、生态休闲旅游，打造精品旅游景区和线路，建成全国知名的红色旅游和生态旅游目的地。

（5）秦巴山生态文明先行先试区。严守资源环境生态红线，完善生态补偿机制，健全生态文明制度体系，巩固强化区域生态安全屏障地位，探索生态文明建设有效模式。全面促进资源节约利用，大力推进绿色发展、循环发展、低碳发展，建成资源节约型、环境友好型社会。

2. 《秦巴山片区区域发展与扶贫攻坚规划（2011—2020）》战略定位。国务院扶贫开发领导小组办公室和国家发展和改革委员会联合发布的《秦巴山片区区域发展与扶贫攻坚规划（2011—2020）》确定了秦巴山片区区域发展的战略定位，即：

（1）区域交通重要通道。加强综合交通运输体系建设，发挥连接南北、沟通东西的区位优势，构建连通"关中—天水"经济区、成渝经济区、武汉城市圈和中原经济区的重要通道，推进区域协调发展。

（2）循环经济创新发展区。按照减量化、再利用、资源化、减量化优先的原则，以汽车和装备制造、新材料、生物产业、天然气和精细磷化工业、现代物流业为重点，延长循环经济产业链，实施园区循环化改造、餐厨废弃物资源化利用、"城市矿产"等重点工程，推动循环经济加快发展。

（3）科技扶贫示范区。创新科技扶贫模式，加大科技扶贫力度，不断提高经济发展与扶贫开发的科技含量，高效利用丰富多样的气候、土地和生物等资源，大力发展山地特色高效农业，积极开发有机食品，打造全国无公害农产品生产加工基地，带动贫困农户脱贫致富。

（4）知名生态文化旅游区。大力保护和深入开发利用丰富多样的旅游资源，着力发展山水生态游、历史文化游和红色旅游，加强旅游基础设施建设，延伸旅游产业链条，推动文化产业与旅游产业整合发展，推进旅游业转型升级，密切区域旅游协作，提高旅游综合效益，建设国内外具有重大影响力的生态与文化综合旅游区。

（5）国家重要生态安全屏障。统筹经济社会发展与生态环境保护，推进生态文明建设。加强重点生态工程建设，实施南水北调中线水源地保护工程，建立和完善生态补偿机制，维护生物多样性，增强水源涵养能力，防治水土流失，保障水质安全，保障我国战略水资源跨区域统筹利用，进一步发挥国家重要生态安全屏障作用。

（三）空间布局

1."三带三走廊"经济发展空间结构。根据《川陕革命老区振兴发展规划（2016—2020）》，按照布局合理、功能完善、分工协作要求，依托区域性中心城市和主要交通通道，将构建"三带三走廊"经济发展空间结构。

（1）三带是指构建三个经济发展带。①西安—汉中—巴中—南充—重庆/成都经济带。以汉中、巴中、南充为节点，重点发展机械制造、清洁能源汽车、生物医药、特色农产品加工、食品饮料等产业，规范发展天

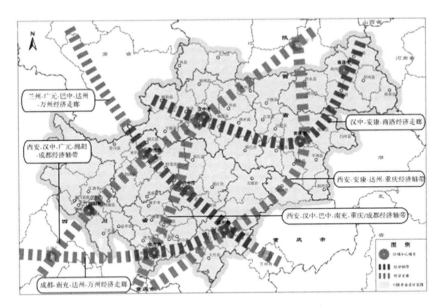

图5—3　"三带三走廊"空间布局示意图

然气和石油化工，构建贯通老区、连接成渝经济区和"关中—天水"经济区的经济带。②西安—汉中—广元—绵阳—成都经济带。以汉中、广元、绵阳为节点，重点发展航空航天、电子信息、装备制造、新材料、现代物流等产业，构建具有国际竞争力的产业集聚带，引领老区融入成都经济区和丝绸之路经济带。③西安—安康—达州—重庆经济带。以安康、城口、达州为节点，重点发展冶金建材、特色农产品加工、商贸物流、机械制造、清洁能源汽车、新材料等产业，规范发展天然气化工产业，促进老区融入重庆经济区和长江经济带。

（2）三走廊是指三条经济发展走廊。①兰州—广元—巴中—达州—万州经济走廊。以广元、巴中、达州和城口为节点，重点发展冶金建材、电子信息、特色农产品加工、节能环保装备、红色生态旅游等产业，规范发展天然气化工产业，融入长江经济带发展。②成都—南充—达州—万州经济走廊。以南充、达州为节点，重点发展冶金建材、特色农产品加工、机械装备、新材料等产业，规范发展油气化工产业，形成融入成渝经济区的重要经济走廊。③汉中—安康—商洛经济走廊。以汉中、安康、商洛为节点，重点发展生物医药、新型材料、装备制造、绿色富硒食品、生态文化旅游等产业，积极融入丝绸之路经济带，对接"关中—天水"经济区。

2. "三横六纵"的交通运输通道。根据《秦巴山片区区域发展与扶贫攻坚规划（2011—2020）》，国家将着力建设秦巴山片区交通主通道，推进国家铁路、国家高速公路等重点项目建设，加强国省干道改扩建，规划建设"三横六纵"交通主通道，构建十堰、汉中、广元等国家公路运输枢纽。强化纵向主通道联系，提升横向主通道交通运输能力，形成纵贯"关中—天水"经济区与成渝经济区，横接中原经济区与武汉城市圈，通江达海的交通运输主通道。

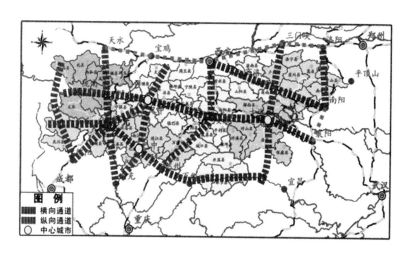

图5—4 秦巴山片区"三横六纵"交通运输通道示意图

（1）"三横"。包括①西安—商洛—南阳通道；②襄阳—十堰—汉中—九寨沟通道；③万州—巴中—广元通道。

（2）"六纵"。包括①洛阳—南召—襄阳通道；②三门峡—十堰—恩施通道；③西安—安康—重庆通道；④西安—汉中—成渝通道；⑤兰州—广元—成渝通道；⑥兰州—九寨沟—成都通道。

3. "一带三中心五走廊"经济发展空间结构。根据《秦巴山片区区域发展与扶贫攻坚规划（2011—2020）》，依托铁路、高速公路等综合运输通道，加快中心城市、重点城市和产业集聚区建设，提升辐射带动功能，增强片区与"关中—天水"经济区、成渝经济区、武汉城市圈和中

原经济区等国家重点经济区和南阳、襄阳、万州、达州等周边城市的经济
联系，构建"一带三中心五走廊"经济发展格局，形成发展要素集聚、
产业特色突出、区域联系紧密、城镇体系完善的主体空间结构。

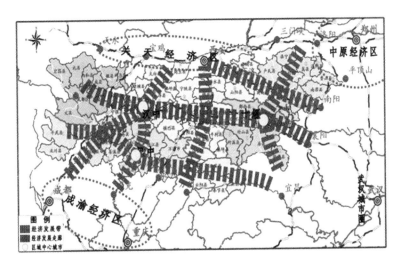

图5—5 "一带三中心五走廊"空间结构示意图

（1）"一带"是指"汉江—陇南"经济带。以国家高速公路十堰—
天水（G7011）和襄渝、阳安、兰渝铁路等骨干交通及十堰、安康、汉
中、陇南等沿线城市为依托，发挥科技优势，重点发展汽车制造业、高端
装备制造业、生物产业、旅游业、矿产品深加工业、新材料产业、设施农
业，建成循环经济发展带。

（2）"三中心"是指十堰、汉中、巴中三个中心城市。具体的城市发
展定位如下：①十堰市重点发展汽车制造业、旅游业、特色农产品加工
业、现代服务业等产业，建成全国重要的汽车制造业基地、区域性交通枢
纽、国际知名旅游目的地、生态文明示范市和科技创新中心。②汉中市重
点发展航空和大型数控机床等装备制造业、生物产业、现代物流业等产
业，建成重要的装备制造业基地、商贸物流中心和山水宜居旅游城市。③
巴中市重点发展天然气精细化工业、旅游业、食品加工业等产业，建成重
要能源开发服务基地、区域性交通枢纽和商贸物流中心。

（3）"五走廊"是指五大经济走廊。具体包括：①南阳—商洛—西安

经济走廊。以国家高速公路上海—西安（G40）、宁西铁路为依托，重点发展汽车配件制造业、新材料产业、机械加工业、生态旅游业、现代中药、特色农业。②宜昌—万州—达州—巴中—广元经济走廊。以川气东送沿线公路、铁路为依托，重点发展天然气精细化工业、机电产业、旅游业、特色农业。③洛阳、三门峡—南阳—十堰、襄阳经济走廊。以国家高速公路二连浩特—广州（G55）、焦柳铁路为依托，重点发展汽车制造业、机械加工业、精细磷化工业、旅游业和现代农业。④西安—安康—达州、万州经济走廊。以国家高速公路包头—茂名（G65）和西康、襄渝铁路为依托，重点发展生物产业、农产品加工业、旅游业、新材料产业、能源产业和特色农业。⑤西安、宝鸡—汉中—广元、巴中—绵阳、南充经济走廊。以国家高速公路北京—昆明（G5）、高速公路汉中—南充和宝成铁路、西成铁路为依托，重点发展装备制造业、新能源、生物产业、现代物流业、旅游业和特色农业。

第 六 章

汉中市国民经济和社会发展概况

一　汉中基本概况

汉中市位于陕西省南部，地处秦巴山区西段，北靠秦岭、南倚米仓山，中为汉江上游谷地平坝，北与宝鸡市的凤县、太白县及西安市的周至县毗邻，东与安康市的宁陕县、石泉县、汉阴县和紫阳县接壤，南与四川省广元市的青川县、朝天区、旺苍县以及巴中市的南江县、通江县和达州市的万源市相连，西与甘肃省徽县、成县、康县及陇南市武都区相邻，处于陕、甘、川三省的交界地带。汉中自古以来就是一直都是陕甘川省际边缘区的交通要塞和重要物资集散地，承东启西、南北交汇的中心。介于东经 105°30′50″~108°16′45″和北纬 32°08′54″~33°53′16″之间，东西最长258.6 公里，南北最宽 192.9 公里，面积 27246 平方公里。[①]

（一）生态环境

汉中全市地貌类型多样，以秦岭和巴山山地为主，占土地总面积的75.2%（其中低山占 18.2%、高中山占 57.0%），丘陵占 14.6%，平坝占 10.2%。一般山体海拔在 1000—2000 米之间。最高峰在洋县活人坪梁顶，海拔 3071 米；最低处在西乡县茶镇南沟口中，海拔仅 371.2 米。汉江横穿中部形成冲积平原，人称汉中盆地。盆地海拔在 500 米上下，盆地东西长 116 公里，南北宽约 5—20 公里，面积 400 万亩，占全市总面积的9.8%。属北亚热带湿润性季风气候，夏季多雨，春冬偏旱，秋多连阴雨。

---

① 本章数据均来自《汉中市国民经济和社会发展统计公报》（2010—2016）。

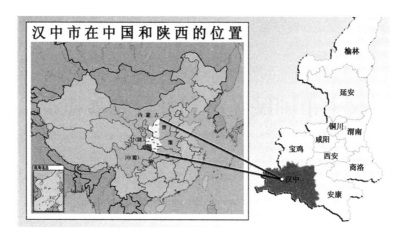

图6—1 汉中在中国和陕西的位置示意图

年降水量 800—1000 毫米。年平均气温 13.5℃，极端最高气温 40.1℃，出现在 1995 年 7 月 12 日（西乡）；极端最低气温 −14.4℃，出现在 1991 年 12 月 28 日（佛坪）。全年日照合计 1585 小时左右，无霜期 235 天左右；春节及 3 月、6 月光照充足，后半年大幅度减少。境内河流密布，有大小河流 565 条，均属长江流域。在水系组成上，主要是东西横贯的汉江水系和南北纵穿的嘉陵江水系。汉江又称汉水，系长江最大支流，发源于宁强县，流经宁、勉、汉、南、城、洋、西等 7 个县区，是区域内水系网络的骨架，其大小支流 373 条。市境内汉江干流长 277.8 公里，占汉江全长 1532 公里的 18.1%，流域面积 19692 平方公里，占汉江全流域 17.43 万平方公里的 11.3%，占全市土地总面积 27246 平方公里的 72.3%。嘉陵江水系分布在汉中的西部和南部，干流由北向南，纵穿略阳、宁强两县的西部山地，为过境河流。境内流程 141.7 公里。市境内属嘉陵江水系的大小河流 192 条，流域面积 7554 平方公里，占全市总土地面积的 27.7%。

（二）资源矿产

植物资源丰富，有六大森林植物区系，即以银杏、杉木为代表的中国—日本植物区系，以桑科为代表的马来亚植物区系，以核桃为代表的北美植物区系，以刺栎、冬青为代表的华中植物区系，以华山松为代表的华西植物区系，以油松为代表的华山植物区系。高等植物有 235 科、1203属、4000 余种，查明野生动物 530 种，其中鸟类 330 种、兽类 140 种、两栖和爬行类 50 多种，鱼类 109 种。国家一级重点保护的有朱鹮、大熊猫、金丝猴、羚牛和云豹等 10 多种。朱鹮 1981 年发现时仅有 7 只，现已繁育到 2000 多只。已发现矿产资源 4 大类 12 小类 92 种。探明资源储量的矿产 62 种，矿产地 293 处，其中大型矿床 47 处，中型矿床 81 处，小型矿床 113 处，矿点 52 处。主要矿产及探明的储量有：铁矿 3.83 亿吨，锰矿1811 万吨，钒矿 16.15 万吨，钛矿 240.7 万吨，熔剂灰岩 4.69 亿吨，冶金用白云岩 22.09 亿吨，磷矿 11996 万吨，硫铁矿 1370 万吨，石棉矿1078.7 万吨，石膏 4.55 亿吨，石英岩矿 2.33 亿吨，水泥灰岩 9.69 亿吨，大理岩 7225 万立方米，花岗岩 5.78 亿立方米，膨润土岩 6321 万吨，海泡石矿 94 万吨，伴生硫铁矿 2340 万吨，化肥用蛇纹岩矿 4.32 亿吨。探明矿产居全国前 10 位的矿种有：石棉、海泡石、大理石、石英岩层等储量居全国前 3 位，化肥用蛇纹岩矿储量居全国第 4 位，冶金用白云岩储量居全国第 5 位，锰、镍、冶金用石英岩储量居全国第 7 位，膨润土储量居全国第 10 位。

（三）历史沿革

公元前 312 年秦惠文王始置汉中郡，历经汉宁郡（东汉）、梁州（曹魏）、汉国（西晋）、汉川郡（隋）、梁州都督府和兴元府（唐、五代十国、宋）、兴元路（元）、汉中府（明、清）等设置。民国 2 年（1913年）设汉中道，辖今汉中、安康及商洛部分共 25 县。民国 17 年（1928年）废道，县直隶于省。民国 24 年（1935 年）设陕西省第六行政督察区。1949 年 12 月 6 日汉中解放，设陕南行政公署，辖今汉中、安康及商洛部分县。1951 年设南郑专区，1954 年改称汉中专区，1968 年改称汉中地区。1996 年 2 月 21 日，国务院批准撤销汉中地区，改设汉中市。截至2015 年 1 月，全市共 11 个县区和 1 个国家级经济技术开发区，2014 年全市镇村综合改革行政区划调整后，全市共有 152 个镇、24 个街道办事处。

（四）人文民俗

2015 年末，户籍总人口 385.21 万人，其中：城镇人口 154.39 万人。

常住人口 343.81 万人。自然增长率为 2.42‰。全市有汉、回、满、蒙、壮、土家、苗、朝鲜、白、彝、侗、藏、高山等 26 个民族。历史悠远，特殊的地理位置造就了极具特色的地方文化。自古迄今，有传唱民歌、有汉山樵歌、山歌、小调、劳动号子、仪式歌（迎新歌、哭嫁歌、拜寿歌、祝酒歌、拳歌、礼宾歌、孝歌、说春歌、劝善歌、拜香歌、佛句等）、盘歌、儿歌等，形成情趣诙谐、幽默含蓄的"陕南民歌"，其中镇巴民歌 2008 年 6 月被列入国家级非物质遗产名录。有陕南地方戏剧"汉调二簧"，陕西九大剧种之一、也是陕南最大的剧种"汉调桄桄"（又称汉中梆子戏），"端公戏""锣鼓草""社火""焰火"等地方特色迥异的民俗文化。地方风味饮食品种众多，其中获"中华名小吃""陕西名小吃"称号的特色饮食有：面皮、粉皮、菜豆腐、热凉粉、浆水面、枣糕馍、核桃馍、魔芋豆腐、泡粑馍、黄金南瓜饼、土豆煎饼、红薯麻园、蕨根粉系列、黑米糊、鲜玉米浆粑馍等。土特产丰富，有镇巴腊肉、巴山竹笋、洋县黑米、上元观红豆腐、谢村黄酒、略阳罐罐茶、西乡牛肉干和松花变蛋等。特别值得夸耀的是汉中以盛产茶叶著名，所产茶叶以绿茶为主，又称陕青茶，叶肉肥厚，条索紧凑，耐冲泡，香味浓醇，素为西北各民族所乐饮。境内镇巴、南郑、西乡、勉县、城固、宁强等县均产茶叶，尤以镇巴的"秦巴雾毫"、西乡的"午子仙毫"、南郑的"汉中银梭"最为著名。

（五）名胜古迹

全市有国家级重点文物保护单位 19 处（褒斜道及摩崖石刻、武侯墓、龙岗寺遗址、张骞墓祠、五门堰、蔡伦墓祠、开明寺塔、李家村遗址、张良庙、灵崖寺、青木川老街建筑群、青木川魏氏庄园、武侯祠、汉中东塔、洋县智果寺、良马寺觉皇殿、西乡何家湾遗址、城固宝山遗址、宁强羌人墓地），省级的 45 处；世界人与自然生物圈 1 个（佛坪人与自然生物圈）；国家级自然保护区 8 个（长青自然保护区、佛坪自然保护区、朱鹮自然保护区、青木川国家级自然保护区、桑园国家级自然保护区、观音山国家级自然保护区、略阳珍稀水生动物国家级自然保护区、米仓山国家级自然保护区）；国家级水利风景区 2 个（石门水利风景区、红寺湖水利风景区）；国家级森林公园 4 个（黎坪森林公园、天台森林公园、五龙洞森林公园、紫柏山国家森林公园）；省级风景名胜区 7 个（南湖、午子山、张良庙—紫柏山、南沙河、天台山—哑姑山、江神庙—灵崖寺、三国遗址）；省级森林公园 2 个（褒河、牢固关）。自古以来，无数的政治家、军事家、科学家、诗人、学者都曾在汉中留下足迹。余秋雨《游汉中有感》这样说：我是汉族，我讲汉语，我写汉字，这是因为我们曾有过一个伟大的王朝——汉朝，而汉朝一个非常重要的重镇，那就是汉中。世界上曾经有非常辉煌的王朝，罗马帝国、孔雀王朝，还有我们的秦汉王朝，这是整个人类的骄傲，我们不能忘却那个伟大的朝代。我到汉中来，就是要追回这个伟大的记忆。来汉中后，我最大的感受就是这儿的山水全都成了历史，全都经过了历史，而且这些历史已经成为我们全民族的故事。因此，我有一个建议，让全体中国人把汉中当作自己的老家，每次来汉中当作回一次家。

（六）汉中评价

1994 年国务院公布汉中为国家级历史文化名城。易中天点评汉中说："汉中告诉我们，城市是一只朱鹮，应该小心地呵护"。又说："汉中是最早的天府之国，自古就是块风水宝地。"中央电视台颁奖点评词说：他们位居中国版图的地理中心，历经秦汉唐宋三筑两迁，却从来都是卧虎藏龙，这里的每一块砖石都记录着历史的沧海桑田，这里的每一个细节都印证着民族的成竹在胸。赠给中国最佳历史文化魅力城市——陕西汉中市。2006 年，汉中获 CCTV "中国最佳历史文化魅力城市"称号。2007 年，由世界著名品牌大会主办机构世界品牌组织、美中经贸投资总商会等单位联合举办的"世界特色魅力城市 200 强"评选中，汉中市作为中国的 80 个城市之一入围。2007 年 11 月，国家旅游局正式命名汉中市为"中国优秀旅游城市"。2015 年 12 月，被评为"中国最美十大城镇"。

二　经济社会发展概况

汉中，富饶丰腴，人杰地灵，系汉家文化发源之地，素有"天汉"之美称。历年来汉中人民励精图治，艰苦奋斗，谱写出发展的华彩诗篇。特别是改革开放以来和进入新世纪，全市经济社会呈现出前所未有的活力，经济取得巨大成就，社会事业全面发展，人民生活水平不断提高。

（一）综合实力显著增强，经济结构日趋合理

汉中市经济社会的发展经历了解放初期的全面重建，十年动荡的徘徊缓进，改革开放以来的加快发展，特别是近十年的稳步快速发展四个阶段，经济综合实力显著增强。从经济总量看：2015 年实现生产总值1064.83 亿元，按可比价格计算，增长 9.6%；其中，第一产业增加值191.53 亿元，增长 5%；第二产业增加值 468.84 亿元，增长 10.4%；第三产业增加值 404.46 亿元，增长 10.4%。人均生产总值 5000 美元。

伴随着经济总量的增加，经济结构调整的步伐也在加快。近年来，围绕"开放兴市、工业强市、农业稳市、旅游活市"发展战略，全市上下以"美丽乡村"建设为契机，稳步推进第一产业，以建设"循环经济产业聚集区"为目标，加快大中型企业整合，鼓励非公经济发展，大力促进绿色产业，同时加快旅游产业发展，建立完善现代化商品市场流通体系，快速推动第三产业，全市经济结构逐步趋向合理。2015 年，地区生产总值中，第一、第二和第三产业增加值占比分别为 18.0%、44.0% 和38.0%。同 2014 年相比，第一产业比重下降 0.6 个百分点，第二产业比重下降 2.2 个百分点，第三产业比重提高 2.8 个百分点。

（二）农村经济全面发展，特色农业逐渐壮大

自中央提出新农村建设以来，各项强农惠农政策相继出台，农业税的全面减免，各种农业补贴的发放，农村经济发展呈现出城市支持农村，工业反哺农业的势头，投入逐步加大，科技深入推广，机械广泛使用，汉中市农业经济得到全面发展，特色农业逐步壮大。农业总产值增速稳步加快。2015 年，农林牧渔业完成总产值 339.66 亿元，增长 5.0%；实现增加值 198.23 亿元，增长 4.9%。其中，农业产值 199.17 亿元，增长7.2%；林业产值 14.65 亿元，增长 6.2%；牧业产值 108.76 亿元，增长0.7%；渔业产值 4.94 亿元，增长 10.9%；农林牧渔服务业产值 12.13 亿元，增长 1.4%。全年粮食播种面积 401.08 万亩，比上年减少 1.29 万亩，粮食总产量 103.24 万吨，比上年增长 1.5%。其中：夏粮 25.99 万吨，秋粮 77.25 万吨。油料种植面积 125.97 万亩，增加 0.48 万亩，油料总产19.21 万吨，增长 1.5%。中药材种植面积 142.78 万亩，比上年减少 0.8

万亩，产量 17.28 万吨，比上年增长 8.0%；茶叶实有面积 98.48 万亩，增加 2.8 万亩，产量 3.61 万吨，增长 9.4%；蔬菜种植面积 96.92 万亩，增加 2.7 万亩，产量 227.23 万吨，增长 6.0%；园林水果实有面积 58.31 万亩，增加 0.77 万亩，产量 45.57 万吨，增长 5.8%。

生态资源丰富，素有"生物资源宝库""天然物种基因库"之称。近年来，汉中市围绕"发展绿色产业，发展绿色汉中"战略，大力推进农业产业化发展，力促"猪、药、茶、菜、渔"五大特色产业，培育龙头企业，延伸产业链条，树立"农"字品牌，取得较好成效。2015 年，大牲畜出栏 10.65 万头，增长 1.2%；生猪出栏 406.88 万头，下降 2.3%；牛出栏 10.64 万头，增长 1.2%；羊出栏 26.26 万头，增长 0.6%；家禽出栏 1430.56 万只，增长 1.4%。肉类总产量 33.26 万吨，下降 0.9%，其中猪肉产量 28.93 万吨，下降 1.1%。禽蛋产量 7.29 万吨，增长 2.1%。生猪饲养量 671.73 万头，比上年下降 18.81 万头。"猪、药、茶、菜"产业产值 209.97 亿元，占农林牧渔业总产值比重为 63.3%。特色农业发展迅速，全市绿色产业发展战略稳步推进。

（三）工业经济不断壮大，主导地位日趋凸显

进入 21 世纪，汉中市工业经济步入快速稳定发展的新阶段。全市上下积极实施"工业强市"发展战略，做大做强优势产业，发展提升传统产业，培育壮大新兴产业，工业经济在结构调整中不断壮大，已成为国民经济的主体和支柱，主导地位日趋凸显。经过多年不断探索和奋力拼搏，逐步形成轻重比例协调发展、产品门类比较齐全的大工业体系和以冶金建材、装备制造、医药化工、食品工业为支柱的现代工业格局。2015 年，全部工业完成总产值 1175.11 亿元，增长 4.1%。其中，规模以上工业完成产值 1053.11 亿元，增长 4.4%。规模以上工业中，轻工业完成产值 334.60 亿元，增长 20.2%，重工业完成产值 718.51 亿元，下降 1.6%。规模以上工业 32 个大类行业中 24 个保持增长，其中 16 个行业增幅超过 20%。装备制造业、有色冶金、能源化工和食品工业四大支柱产业完成总产值 886.55 亿元，增长 2.2%，拉动全市工业经济增长 1.9 个百分点。

中央、省属规模以上工业完成产值 451.20 亿元，下降 2.8%；市、县属工业完成产值 601.90 亿元，增长 10.6%，7 个县区工业产值增幅超

过 10%。规模以上工业产销率为 95.4%。规模以上工业企业实现利润总额 31.92 亿元，增长 8.6%。规模以上工业能源消费总量 397.43 万吨/标准煤，下降 6.1%。工业用电量 48.96 亿千瓦时。规模以上工业已成为汉中经济发展的重要支撑。

（四）投资规模快速增大，交通邮电发展迅速

1. 固定资产投资总量快速增加，项目规模迅速增大，投资对经济社会快速发展的巨大推动作用日趋明显。投资总量增长加快。2015 年，全社会固定资产投资完成 1039.40 亿元，增长 23.0%。其中，固定资产投资完成 878.06 亿元，增长 21.9%。同年，5000 万元以上施工项目 856 个，计划投资总额比上年增加 64.10 亿元，其中，亿元以上施工项目 21 个，比上年减少 22 个。

2. 伴随社会投资的不断增加，汉中市房地产业、建筑行业也加快了发展步伐。2015 年，房地产开发完成投资 68.20 亿元，下降 16.9%；房屋施工面积 915.38 万平方米，增长 1.6%；商品房销售额 40.99 亿元，增长 1.7%。重点项目 335 个，年度计划投资 370.1 亿元，截至 12 月底，完成投资 437.2 亿元，其中：23 个收尾项目完成投资 17.9 亿元；96 个续建项目完成投资 330.3 亿元；80 个新开工项目开工建设 75 个，完成投资 89 亿元。快速发展的房地产业给汉中市经济发展带来一股新的活力。2015 年，资质以上建筑施工企业完成总产值 145.19 亿元，增长 20.1%。其中，建筑工程产值完成 139.33 亿元，增长 19.5%；竣工产值 32.83 亿元，增长 9%。签订合同金额 256.01 亿元，增长 9.5%。建筑业劳动生产率达到 22.23 万元/人。建筑业技术装备进一步增强，生产能力显著提高，设计施工技术达到新的水平。

3. 基础设施建设步伐不断加快，交通运输发展迅速，极大地增强了汉中市的经济活力，公路建设成绩突出。2015 年，全市公路总里程达到 18877 公里，其中，等级公路 16840 公里，高速公路 513 公里。交通运输更加活跃。年末，民用车辆拥有量 59.72 万辆，其中，载客汽车 19.99 万辆，载货汽车 2.15 万辆，个人轿车拥有 9.78 万辆。公路客运量 4390 万人，公路货运量 7608 万吨。

4. 邮政电信业务发展迅速。2015 年，邮电业务总量 44.39 亿元，增

长 37.8%。其中，电信业务总量 39.21 亿元，增长 41.2%；邮政业务总量 5.18 亿元，增长 16.6%。年末，固定电话装机用户 49.84 万户，下降 2.9%；移动电话用户 283.37 万户，下降 1.8%；互联网普及速度加快，年末宽带接入用户 34.89 万户，增长 10.1%。信息行业的迅速发展，不仅催生了新的经济行业，更加快了汉中市传统产业的升级步伐。

（五）商业贸易蓬勃发展，旅游产业方兴未艾

近年来，国有商贸加快改制，非公企业迅速崛起，城镇市场现代化升级，农村市场体系加快完善，商业贸易呈现出多种经济互为补充，城乡市场齐头并进，商品极大丰富，市场交易旺盛的良好局面。2015 年，社会消费品零售总额 319.00 亿元，增长 13.3%。按经营单位所在地分，城镇消费品零售额 260.98 亿元，增长 12.7%；乡村消费品零售额 58.02 亿元，增长 15.7%；按消费形态分，商品零售 281.93 亿元，增长 12.6%，餐饮收入 37.07 亿元，增长 18.5%。

自营对外贸易进出口总额 8796 万美元，下降 13.03%。其中，出口 6886.2 万美元，下降 4.34%；进口 1909.8 万美元，下降 34.49%。居民消费价格上涨 1.6%，食品、烟酒、服装、家庭设备用品及维修服务、医疗保健和个人用品、娱乐教育文化用品及服务、居住分别上涨 2.1%、1.8%、1.2%、2.3%、2.0%、2.7%、1.1%，交通和通信下降 1.1%。商品零售价格上涨 0.3%，农业生产资料价格下降 0.5%。

汉中旅游资源丰富，是国家历史文化名城和国家生态示范建设试点，汉文化底蕴厚重，自然风光独特秀丽。全市现有各级文物保护单位 113 处，其中，国家重点文物保护单位 19 处，省重点文物保护单位 45 处；有世界人与自然生物圈 1 个，有国家级生态景区（点）12 个、省级 16 个。近年来，汉中市围绕"旅游活市"战略，主打"两汉三国文化"和"汉源生态休闲"品牌，以"四区两湖"景区开发建设为重点，大力发展旅游产业，取得较好成效。2006 年获 CCTV"中国最佳历史文化魅力城市"，2007 年被国家旅游局正式命名为"中国优秀旅游城市"，2009 年在人民网旅游频道主办的"中国最美的油菜花海"评选活动中排名全国第一。2015 年，汉中市强力实施"全域旅游工程"，以旅游业快速发展牵动服务业持续提升。13 个重点旅游项目完成投资 9.2 亿元，张骞墓申遗成

功，新创建 4A 级景区 4 个、3A 级景区 2 个，全年旅游收入 131.4 亿元，增长 23.9%。

（六）财政实力增长迅速，金融保险支持有力

随着经济社会的快速发展，汉中市财政实力明显增强，有力地保障了各项社会事业的发展。2015 年，全市地方财政收入 44.66 亿元，同口径增长 13.7%；财政支出 258.60 亿元，增长 10.5%。

随着市场经济体制的建立和完善，金融市场发展步伐加快，金融机构资本积累雄厚，借贷更加灵活频繁，满足了各行各业发展的资金需求，有力地支持了经济和社会事业的全面发展。2015 年末，金融机构各项人民币存款余额 1591.92 亿元，比年初净增加 201.21 亿元，其中，城乡居民储蓄存款 1079.17 亿元，比年初净增加 126.44 亿元。金融机构各项人民币贷款余额 630.54 亿元，比年初净增加 75.70 亿元。其中，短期贷款余额 37.37 亿元，比年初净增加 5.52 亿元；中长期贷款余额 185.61 亿元，比年初净增加 9.97 亿元。

保险行业发展快速。2015 年全市保险业保费收入 43.14 亿元。其中，财产险保费收入 8.55 亿元，人寿险保费收入 34.59 亿元。全年各类保险赔款给付支出 9.82 亿元。其中，财产险赔款支出 4.10 亿元，人寿险赔付支出 5.72 亿元。

（七）社会保障能力渐强，人民共享发展成果

近年来，围绕"以人为本"发展目标，不断加快发展工程建设步伐，社会保障能力日渐增强。2015 年，全市人力资源市场和城镇居民医保民生工程顺利推进，城镇职工医疗保险参保人数 37.6 万人，城镇居民医疗保险参保人数 42.9 万人，城镇企业职工基本养老、失业、工伤和生育保险参保人数分别为 38.48 万人、23 万人、30.8 万人和 21 万人。

就业形势稳定。城镇新增就业 5.8 万人，失业人员再就业 2.36 万人，就业困难人员再就业 1.29 万人。发放小额担保贷款 4.45 亿元。劳务输出84 万人，劳务输出培训 32.8 万人，劳务输出创收 167.9 亿元。城镇登记失业率为 3.21%。

城乡居民社会养老保险参保人数 201 万人。城市低保人数 5.1 万人，

发放保障金 2.9 亿元；农村低保人数 16 万人，发放保障金 3.2 亿元。全市优抚补助 2.7 万人，发放抚恤金 1.79 亿元。

人民生活水平明显改善，特别是改革开放以来，人民群众得到的实惠最多，生活水平提高得最快。国民经济实力的增强，促使城乡居民收入水平大幅提高。2015 年，全市城镇常住居民人均可支配收入 23625 元，增长 8.75%；农村常住居民人均可支配收入 8164 元，增长 9.75%。

（八）教育科技文化卫生，社会事业全面发展

近年来，随着"科教兴市"和"人才强市"战略的实施，精神文明建设取得累累硕果，科教文卫焕发出勃勃生机。

1. 教育事业蓬勃发展。2015 年，全市拥有普通高等学校 3 所，研究生教育招生 155 人，在校研究生 407 人，毕业生 111 人；普通高等教育本专科招生 11547 人，在校生 37561 人，毕业生 10912 人。全市中等职业教育学校 13 所，招收学生 7718 人，在校学生 2.11 万人，毕业生 7449 人。全市共有普通中学 212 所，高中招生 2.71 万人，在校生 7.98 万人，毕业生 2.59 万人；初中招生 3.37 万人，在校生 10.33 万人，毕业生 3.73 万人，初中学龄人口入学率 99.99%。普通小学学校 559 所，招生 3.34 万人，在校学生 19.54 万人，毕业生 3.34 万人，小学学龄儿童入学率 100%。

2. 科技研究进步显著。2015 年，全市共取得科技成果 45 项，国内领先和国内先进水平 36 项。申请专利量 1418 件，比上年增长 10.1%，其中发明专利 375 件，实用新型 706 件，外观设计 337 件。专利授权 973 件，增长 6.5%，其中发明专利 97 件，实用新型 565 件，外观设计 311 件。

3. 文化事业稳步发展。2015 年末，全市拥有剧场 4 个，公共图书馆 11 个，图书总藏量 80.32 万册；广播及电视发射台 11 座，拥有发射机 62 部，电视人口覆盖率 99.02%，广播人口覆盖率 98.16%。

4. 医疗卫生逐步壮大。2015 年，全市拥有各类卫生机构 1141 个（不含村卫生室），床位数 20960 万张。全市卫生技术人员 20356 人，其中执业（助理）医师 5757 人，注册护士 7410 人，药师（士）1291 人，技师（士）1113 人。年末，全市新型农村合作医疗参保人数 291 万人，参合率 99.92%。

5. 体育事业全民参与。群众体育场地面积合计 20.2675 万平方米，其中县、区全民健身基地面积 20.15 万平方米。全年新建体育场地 256 个（块），其中农村健身场 251 个（块），城镇健身场 5 个（块），新建场地总面积 20.2675 万平方米，完成投资 873 万元。全市共有体育俱乐部 13 家，体育社团组织 17 个。

（九）人与自然和谐发展，绿色汉中频现亮点

促进经济与自然和谐发展，既是科学发展观的内在要求，也是汉中作为"南水北调"主要水源地区服从大局发展作出的承诺。近年来，汉中市积极调整发展思路，围绕"绿"字谋发展，大力建设循环经济区，优化整合各种资源，淘汰压缩落后产能，积极引进高科企业，力促绿色工业发展；大力推进绿色产业，鼓励农业产业化发展，力促生态农业发展；积极发展旅游产业，加强对外推介力度，力促无烟产业发展；加大环境保护投入，加强环境治理和监管，加快植树造林工作步伐，大力推进计划生育工作。

2015 年，全市城镇基础设施建设累计完成投资 86.36 亿元。新增城镇建成区面积 10 平方公里，新建、改建道路 19.2 公里，新增公园绿地面积 135 公顷。中心城市城建重点项目完成投资约 34 亿元，1 条城市道路扩宽改造完成。25 个省市级重点镇建设共开工 212 个重点项目，累计完成投资约 31.38 亿元。

化学需氧量、氨氮、二氧化硫、氮氧化物排放量分别为 40283.41 吨、6674.87 吨、28618.55 吨、32729.37 吨，较 2014 年下降 1.65%、2.56%、0.45%、8.87%。市中心城区环境空气优良天数 282 天，优良率 77.3%，可吸入颗粒物（PM10）和细颗粒物（PM2.5）年均值均超过《环境空气质量标准》（GB3095—2012）二级标准。西乡、镇巴、城固和略阳县城区环境空气优良天数在 306～362 天之间，勉县城区可吸入颗粒物年均值超过国家《环境空气质量标准》（GB3095—1996）二级标准，其余各县城区二氧化硫、二氧化氮、可吸入颗粒物年均值均符合标准。

境内汉江干流 5 个监控断面年均值符合水域功能区化标准。重点监控湖库水质符合国家 Ⅱ 类水质标准，14 个城市集中式饮用水水源地水质全部合格。

市中心城区和 7 个县城区，略阳县区域环境噪声质量等级为"较差"，中心城区、勉县为"一般"，其他县城均保持"好"和"较好"水平。市中心城区及各县城区均未检出酸雨。城镇集中式饮用水源地水质全部合格。全市人口变化、经济发展与生态环境保持健康和谐。汉中的天更蓝，水更绿，绿色汉中更加美丽宜人。

第 七 章

汉中市的区域经济发展战略选择

汉中作为典型的省际边缘区城市，处于西安城市群、成渝经济区、关中—天水经济圈的中间，距离都在 300 公里左右，属于辐射层的边缘和末梢。在国家新一轮的西部大开发政策下，汉中的发展面临着由过去"入则承接本省动力，出则吸收外省能量"的边缘正效应到"向外遭'排外'，向内找不到归属"而被进一步边缘化的危险。同时，汉中市也面临同属于陕甘川边缘区城市的"区域中心城市"竞争。除汉中市提出要建设陕甘川省际边缘区的区域中心城市，周边紧邻的巴中、达州等城市也都明确提出要建设不同区域的中心城市，如表 7—1 所示。

表 7—1　　　　　　　　陕甘川省际边缘区城市性质定位

城市名称	城市性质
汉中	以汉文化为主要特色的国家级历史文化名城、陕甘川渝毗邻地区省际开放的枢纽城市，生态环境优越的宜居休闲城市和优秀旅游城市。
广元	连接我国西北、西南地区的综合交通枢纽，以发展工业、物流和旅游为主的川、陕、甘结合部地区的区域性中心城市，最宜人居的生态园林城市和历史文化名城。
巴中	全国第二大苏区、红色之城，西部绿色产业基地、绿色之城，川陕渝边界地区中心城市，川东北重要的现代森林公园城市。
达州	中国西部天然气能源化工基地，秦巴地区交通枢纽和物流中心，川、渝、鄂、陕结合部区域性中心城市。
安康	连接关天、成渝、江汉三大经济区的重要交通枢纽；西北重要的清洁能源、新型材料、富硒食品、安康丝绸、生物医药基地；旅游休闲、生态宜居的山水园林城市。

城市名称	城市性质
陇南	行政文化中心，山水之城、特色产业之城、商贸之城、交通枢纽，陇东南区域中心城市之一。
天水	国家级历史文化名城，西北地区宜居城市，以制造业、物流业和旅游业为发展重点的陇东南地区中心城市。

资料来源：各市城市发展总体规划。

依据"核心—边缘"理论，在一定的边缘正效应积累下，边缘也可以变为核心。目前西安、成都、重庆自身仍处于内聚发展为主的阶段，汉中如何在充分发挥自身优势的前提下科学定位，如何与周边同等城市取得比较优势获得更多的发展机遇，如何防止被"边缘化"和"中间塌陷"则是汉中新一轮发展应该关注的重点。

随着交通运输业的发展，以及与周边区域经济因素的相互吸引，汉中市现代经济发展的区位条件已趋成熟，这有可能使它从经济边缘区的地位向中心区的地位转移。随着国家新一轮扩内需导向下发展的重点向中西部转移，汉中市作为西北地区与汉江经济带、成渝经济区、关中—天水经济区等城镇群联系通道的重要中转枢纽，承东启西、沟通南北、辐射八方的边缘耦合力，将成为汉中新一轮城镇化有序推进的重要动力。汉中市应致力于将"边缘性"弱势特征向区域网络节点、交通节点和门户节点等强势特征转化。汉中的经济区位优势在于扩大它竞争腹地的范围，在与周边城市的竞争中扩大腹地范围，强化在区域经济发展中的作用，加强与周边区域的战略合作，变"边缘"为"前沿"，着力构建自己的"经济场"，成为区域经济中心。

一　陕甘川省际边缘区的城市中心性分析

（一）数据来源与研究方法

1. 数据来源。城市中心性测度的数据均来源于《中国城市统计年鉴2014》，以指标的信度检验刻度要求 $\alpha > 0.7$，以特征值大于 1 作为因子的提取标准，所选指标均为市辖区范围的数据。城市中心性测度的指标数据侧重于提取反映城市规模、商业、公共服务、交通通讯 4 个方面 40 个指标。

2. 研究方法。本研究采用城市中心性测度方法。中心性是衡量城市功能地位高低的重要指标，是反映城市为其以外地区服务的相对重要性[①]。在借鉴周一星等的方法基础上，侧重从城市规模、商业服务、公共服务、交通通讯 4 个一级指标测度城市中心性。采用因子分析法，从 40 个涵盖城市中心性测度的变量中选取具有独立关系的综合因子作为中心性评价的二级指标，利用公因子方差贡献率占所提取公因子累计方差贡献率的比例作为各个二级指标的权重。利用熵值法将二级指标综合评价得到的 4 个一级指标合成为城市中心性得分。城市规模、商业服务、公共服务、交通通讯 4 个一级指标体系的权重与其指标的相对变化程度呈正相关，如果某项指标体系的相对变化程度较大，说明该指标对城市中心性贡献相对较为显著，应赋予较大的权重，如果某项指标体系的相对变化程度较小，说明该指标对城市中心性贡献相对较小，应赋予较小的权重。

（1）数据标准化处理。由于各指标的量纲、数量级和指标正负取向均有差异，需要对原始数据进行标准化处理，采用极差标准化处理，公式为：

$$y_{ij} = [x_{ij} - \min(x_{ij})] / [\max(x_{ij}) - \min(x_{ij})] \qquad ①$$

$$y_{ij} = [max(x_{ij}) - x_{ij}] / [\max(x_{ij}) - \min(x_{ij})] \qquad ②$$

式中：x_{ij} 为指标原始数据；y_{ij} 为标准化处理后的数据；$\max(x_{ij})$ 为第 j 项指标的最大值；$\min(x_{ij})$ 为第 j 项指标的最小值。正向指标用公式①，负向指标用公式②。

（2）指标熵值计算。$e_j = -k \sum_{i=1}^{m} y_{ij} \ln(y_{ij})$ 式中：e_j 为指标熵值，$0 \leqslant e_j \leqslant 1$；$k = 1 / \ln m$。 $\qquad ③$

（3）指标权重确定。$w_j = (1 - e_j) / \sum_{i=1}^{n} (1 - e_j)$ $\qquad ④$

---

① 周一星、张莉：《改革开放条件下的中国城市经济区》，《地理学报》2003 年第 58 期，第 271—284 页。

式中：w_j 为指标权重；e_j 为指标熵值。

（4）中心性得分。$z_i = \sum w_j \times y_{ij}$ ⑤

式中：z_i 为城市中心性得分；w_j 为指标权重。

（二）陕甘川省际边缘区的城市中心性测度

1. 城市中心性指标体系构建。本指标体系的构建引用王玉虎、欧心泉的研究成果①，利用 SPSS 2. 软件对原始数据进行标准化处理，利用因子分析法对城市规模、商业服务、公共服务、交通通讯 4 个指标体系进行分析，按照方差累计贡献率大于 80% 的原则，提取各一级指标的公因子（表 7—2）。

表 7—2 城市中心性评价特征因子分析

一级指标	三级指标	主载荷因子			
		1	2	3	4
城市规模中心性	地区生产总值（万元）X_1	0.912	0.140	0.254	—
	财政支出（万元）X_2	−8.878	−0.009	0.214	—
	工业总产值（万元）X_3	0.817	−0.206	0.267	—
	城市建设用地面积（Km^2）X_4	0.814	−0.081	0.434	—
	固定资产投资（万元）X_5	0.802	−0.244	0.396	—
	人均地区生产总值（万元）X_6	0.766	0.618	0.002	—
	总人口（万人）X_7	0.096	0.944	0.155	—
	行政区域土地面积（KM^2）X_8	−0.078	0.833	−0.254	—
	实际利用外资额（万美元）X_9	0.403	−0.614	−0.414	—
	财政收入（万元）X_{10}	0.333	0.041	0.872	—
方差贡献	解释方差百分比（%）	51.289	22.804	10.637	—
	解释方差累计百分比（%）	51.289	74.093	84.730	—

---

① 王玉虎、欧心泉：《中国欠发达省际边缘区核心城市的选择与区域带动效应》，《地理研究》2016 年第 6 期，第 1127—1140 页。

一级指标	三级指标	主载荷因子			
		1	2	3	4
商业中心性	批发与零售业从业人数（万人）X_{11}	0.980	-0.041	0.026	0.100
	住宿、餐饮业从业人数（万人）X_{12}	0.972	-0.075	-0.072	-0.002
	租赁和商业服务业从业人数（万人）X_{13}	0.857	-0.045	0.251	-0.013
	第三产业从业人数（万人）X_{14}	0.790	0.393	0.415	0.092
	房地产业从业人数（万人）X_{15}	0.071	0.952	-0.138	0.010
	金融业从业人数（万人）X_{16}	-0.134	0.836	0.219	0.365
	社会消费品零售总额（万元）X_{17}	0.161	0.037	0.936	-0.153
	限额以上批发零售贸易业销售总额（万元）X_{18}	0.098	-0.056	0.721	0.588
	第三产业占 GDP 比例（%）X_{19}	0.070	0.222	-0.069	0.933
方差贡献	解释方差百分比（%）	40.599	24.002	15.850	11.204
	解释方差累计百分比（%）	40.599	64.600	80.450	91.654
公共服务中心性	科学研究、技术服务和地质勘查业从业人数（万人）X_{20}	0.885	-0.054	-0.349	—
	高等学校学生数量（人）X_{21}	0.863	0.318	0.229	—
	高等学校教师数量（人）X_{22}	0.863	0.318	0.229	—
	水利、环境和公共设施管理业从业人数（万人）X_{23}	0.724	0.500	0.189	—
	卫生、社会保障和社会福利从业人数（万人）X_{24}	0.684	0.642	0.152	—
	教育支出（万元）X_{25}	-0.025	0.968	0.119	—
	医生数（人）X_{26}	0.469	0.765	0.153	—
	医院、卫生院床位数（张）X_{27}	0.502	0.745	-0.311	—
	公共管理和社会组织从业人数（万人）X_{28}	0.301	0.245	0.849	—
	信息传输、计算机服务和软件业从业人数（万人）X_{29}	-0.069	-0.417	0.703	—
方差贡献	解释方差百分比（%）	55.211	18.218	12.924	—
	解释方差累计百分比（%）	55.211	73.428	86.352	—

续表

一级指标	三级指标	主载荷因子			
		1	2	3	4
交通通讯中心性	互联网宽带接入用户数（万人）X_{30}	0.951	0.150	0.172	—
	移动电话年末用户数（万人）X_{31}	0.922	0.315	−0.083	—
	邮政业务收入（万元）X_{32}	0.903	−0.077	−0.175	—
	电信业务收入（万元）X_{33}	0.853	0.432	−0.140	—
	年末实有城市道路面积（万 m^2）X_{34}	−0.718	0.472	0.310	
	固定电话年末用户数（万人）X_{35}	0.638	0.559	0.127	
	货运总量（万 t）X_{36}	0.112	0.924	0.046	
	客运总量（万人）X_{37}	0.182	0.903	0.082	
	年末实有出租车数（辆）X_{38}	−0.034	0.019	0.954	
	年末实有公共汽（电）车营运车辆数（辆）X_{39}	−0.090	−0.065	0.924	
	交通运输、仓储和邮政业从业人员（万人）X_{40}	−0.054	0.456	0.775	
方差贡献	解释方差百分比（%）	43.479	28.714	14.927	
	解释方差累计百分比（%）	43.479	72.193	87.120	

在城市规模中心性因子分析中提取了 3 个公因子，方差累计贡献率为84.730%。从主载荷因子上看，公因子 1 的方差贡献率为 51.289%，与地区生产总值、财政支出、工业总产值、城市建设用地面积、固定资产投资、人均地区生产总值 6 个指标呈高度正相关关系，较好地反映了城市的经济和用地规模。公因子 2 的方差贡献率为 22.804%，与总人口、行政区域土地面积、实际利用外资额 3 个指标呈正相关关系，较好地反映了城市人口和土地规模及外资规模。公因子 3 的方差贡献率为 10.637%，与财政收入指标呈正相关关系，较好地反映了城市的财政收入规模。

在商业服务中心性因子分析中提取了 4 个公因子，方差累计贡献率为91.654%。从主载荷因子上看，公因子 1 的方差贡献率为 40.599%，与批发和零售业从业人数、住宿、餐饮业从业人数、租赁和商业服务业从业人数、第三产业从业人数 4 个指标呈高度正相关关系，较好地反映了城市生活型服务业从业人数。公因子 2 的方差贡献率为 24.002%，与房地产业从业人数、金融业从业人数两个指标呈正相关关系，较好地反映了金融和房地产从业人数。公因子 3 的方差贡献率为 15.850%，与社会消费品零售总额、限额以上批发零售贸易业销售总额 2 个指标呈正相关关系，较好地反映了社会消费品和批发零售业状况。公因子 4 的方差贡献率为 11.204%，与第三产业占 GDP 比例指标呈正相关关系，较好地反映了第三产业发展特征。

在公共服务中心性因子分析中提取了 3 个公因子，方差累计贡献率为 86.352%。从主载荷因子上看，公因子 1 的方差贡献率为 55.211%，与科学研究、技术服务和地质勘查业从业人数，高等学校学生数量，高等学校教师数量，水利、环境和公共设施管理业从业人数，卫生、社会保障和社会福利业从业人数 5 个指标呈高度正相关关系，较好地反映了教育科技和公共服务特征。公因子 2 的方差贡献率为 18.218%，与教育支出、医生数、高等学校教师数量 3 个指标呈正相关关系，较好地反映了教育和医疗投入。公因子 3 的方差贡献率为 12.924%，与公共管理和社会组织从业人数和信息传输、计算机服务和软件业从业人数 2 个指标呈正相关关系，较好地反映了公共管理和信息服务特征。

在交通通讯中心性因子分析中提取了 3 个公因子，方差累计贡献率为 87.120%。从主载荷因子上看，公因子 1 的方差贡献率为 43.479%，与互联网宽带接入用户数、移动电话年末用户数、邮政业务收入、电信业务收入、年末实有城市道路面积 5 个指标呈高度正相关关系，较好地反映了邮电发展特征。公因子 2 的方差贡献率为 28.714%，与货运总量和客运总量 2 个指标呈正相关关系，较好地反映了客运和货运特征。公因子 3 的方差贡献率为 14.927%，与年末实有出租车数，年末实有公共汽（电）车营运车辆数，交通运输、仓储和邮政业从业人员 3 个指标呈正相关关系，较好地反映了城市公共交通特征。

2. 熵值法确定一级指标权重。在上述各指标公因子提取的基础上，城市规模、商业服务、公共服务、交通通讯 4 个一级指标共提取 13 个二级指标（表 7—3）。以各公因子方差贡献率占方差累计贡献率的比例作为各公因子的权重，计算出各市的二级指标得分。将各指标的得分进行数据标准化，利用熵值法计算出城市规模、商业服务、公共服务、交通通讯 4

个指标在城市中心性测度中的权重分别为 16.612% 、30.880% 、25.030% 、27.478% 。

表 7—3 　　　　　　　城市中心性评价体系和权重

一级指标	权重（%）	二级指标	权重（%）	三级指标
城市规模中心性	16.612	城市经济和用地规模	60.53	X_1 , X_2 , X_3 , X_4 , X_5 , X_6
		城市人口和土地规模及外资规模	26.91	X_7 , X_8 , X_9
		城市财政收入	12.55	X_{10}
商业中心性	30.880	生活型服务业从业人数	44.27	X_{11} , X_{12} , X_{13} , X_{14}
		金融、房地产从业人数	26.19	X_{15} , X_{16}
		限额以上批发零售贸易业销售总额	17.29	X_{17}
		批发零售业和第三产业结构	12.22	X_{18} , X_{19}
公共服务中心性	25.030	教育科技及公共服务从业人数	63.94	X_{20} , X_{21} , X_{22} , X_{23} , X_{24}
		医疗卫生和教育支出	21.10	X_{25} , X_{26} , X_{27}
		信息技术和公共管理从业人数	14.97	X_{28} , X_{29}
交通通讯中心性	27.478	邮电服务和城市道路面积	49.91	X_{30} , X_{31} , X_{32} , X_{33} , X_{34} , X_{35}
		货运和客运总量	32.96	X_{36} , X_{37}
		城市公共交通条件	17.13	X_{38} , X_{39} , X_{40}

（三）陕甘川省际边缘区城市中心性测度结果分析

从中心性测度综合得分来分析（表 7—5），可以发现六个边缘区城市中心性总得分的排名为达州＞汉中＞广元＞安康＞巴中＞陇南，其中达州、汉中的综合得分较高，相差不大；安康、广元、巴中的得分居中；陇南的得分较低。从中心性测度的各个维度来分析，可以发现达州在城市规模、商业服务和交通通讯方面得分最高，在公共服务方面略低。汉中在公共服务方面得分最高，在城市规模、商业服务和交通通讯方面排名分别为第二。达州和汉中两市城市中心性较高，且各有侧重。说明两市在陕甘川省际边缘区为其以外地区提供服务的相对重要程度较高，具有潜在的较强的集聚—扩散能力，均具备作为陕甘川省际边缘区核心城市的内部基础条件。

表 7—4　　　　　　　2014 年陕甘川省际边缘区六城市指标数据

一级指标	三级指标	汉中	安康	广元	达州	巴中	陇南
城市规模中心性	地区生产总值（万元）X_1	8817300	6045520	5187500	12454149	4159422	2495000
	财政支出（万元）X_2	2143635	1872089	1441078	2610709	1648956	1603186
	规模以上工业总产值（万元）X_3	8561027	6089852	6249671	10248545	3791578	1301100
	城市建设用地面积（km^2）X_4	31	38	47	37	29	14
	固定资产投资（万元）X_5	5900383	4269929	4911892	9739589	6440083	4388368
	人均地区生产总值（万元）X_6	22843	19628	16734	18102	10665	8816
	总人口（万人）X_7	386.2	308.3	310.2	687.6	390.2	282.8
	行政区域土地面积（km^2）X_8	27285	23536	16311	16588	12293	27839
	实际利用外资额（万美元）X_9	3100	3002	4678	4797		
	财政收入（万元）X_{10}	358304	253440	335604	229386	484418	441000
商业中心性	批发与零售业从业人数（万人）X_{11}	1.46	0.88	0.39	1.14	0.59	1.52
	住宿、餐饮业从业人数（万人）X_{12}	0.49	0.48	0.09	0.19	0.70	0.99
	租赁和商业服务业从业人数（万人）X_{13}	0.19	0.08	0.19	0.27	0.12	0.03
	第三产业从业人数（万人）X_{14}	17.88	12.55	12.30	17.83	11.55	11.86

一级指标	三级指标	汉中	安康	广元	达州	巴中	陇南
商业中心性	批发与零售业从业人数（万人）X_{11}	1.46	0.88	0.39	1.14	0.59	1.52
	住宿、餐饮业从业人数（万人）X_{12}	0.49	0.48	0.09	0.19	0.70	0.99
	租赁和商业服务业从业人数（万人）X_{13}	0.19	0.08	0.19	0.27	0.12	0.03
	第三产业从业人数（万人）X_{14}	17.88	12.55	12.30	17.83	11.55	11.86
公共服务中心性	科学研究、技术服务和地质勘查业从业人数（万人）X_{20}	0.62	0.28	0.16	0.51	0.24	0.10
	高等学校学生数量（人）X_{21}	43181	20150	8547	21348	231	5661
	高等学校教师数量（人）X_{22}	2137	881	495	1195	30	326
	水利、环境和公共设施管理业从业人数（万人）X_{23}	0.74	0.11	0.80	0.65	0.20	0.12
	卫生、社会保障和社会福利业从业人数（万人）X_{24}	2.13	1.45	1.41	2.29	1.34	1.00
	教育支出（万元）X_{25}	453668	486953	262896	154739	336837	270333
	医生数（人）X_{26}	6367	4358	5727	6179	6605	2185
	医院、卫生院床位数（张）X_{27}	15500	10920	14418	21363	12842	7093
	公共管理和社会组织从业人数（万人）X_{28}	4.61	3.95	3.79	4.38	2.81	3.16
	信息传输、计算机服务和软件业从业人数（万人）X_{29}	0.33	0.28	0.38	0.36	0.46	0.15

一级指标	三级指标	汉中	安康	广元	达州	巴中	陇南
交通通讯中心性	互联网宽带接入用户数（万人）X_{30}	32	26	27	37	15	11
	移动电话年末用户数（万人）X_{31}	274.41	197.38	221.74	333.31	177.76	135.25
	邮政业务收入（万元）X_{32}	35435	19785	17638	35405	23031	7425
	电信业务收入（万元）X_{33}	188081	136597	158218	236295	118355	31351
	年末实有城市道路面积（万 m^2）X_{34}	281	517	512	223	142	74
	固定电话年末用户数（万人）X_{35}	48.41	38.46	39.98	58.35	36.37	17.62
	货运总量（万 t）X_{36}	6629	7502	6770	17284	3763	2443
	客运总量（万人）X_{37}	9946	8548	14161	11632	8160	4042
	年末实有出租车数（辆）X_{38}	870	533	597	1063	398	675
	年末实有公共汽（电）车营运车辆数（辆）X_{39}	227	102	365	222	176	48
	交通运输、仓储和邮政业从业人数（万人）X_{40}	0.99	0.45	0.53	0.97	0.79	0.99

数据来源：2014 年中国城市统计年鉴。

表 7—5　　　　　　　陕甘川省际边缘区城市中心性得分排序

城市	城市规模	商业服务	公共服务	交通通讯	综合得分	排序
汉中	0.6202	0.6450	0.9020	0.5382	0.6759	2
安康	0.4168	0.3619	0.4024	0.4301	0.3999	4
广元	0.4217	0.2514	0.4553	0.6229	0.4329	3
达州	0.7449	0.7359	0.7123	0.8756	0.7698	1
巴中	0.3102	0.3768	0.2969	0.3041	0.3258	5
陇南	0.2100	0.2879	0.0751	0.0809	0.1648	6

说明：由于各城市特征指标明显，所以在计算中三级指标取算术平均值进行计算。

二　汉中区域经济发展战略选择——
陕甘川省际边缘区经济增长极[①]

（一）培育陕甘川省际边缘区增长极城市的重要意义

1. 陕甘川省际边缘区迫切需要培育增长极城市。近年来，陕甘川省际边缘区虽然经济发展水平有所提高，但与中心城市和全国的经济发展相比较，仍有较大差距。如表 7—5 所示，2013 年陕甘川省际边缘区主要城市人均 GDP 与所在省省会城市人均 GDP、所在省人均 GDP 和全国人均 GDP 的比较，均有较大差距。而且，陕甘川省际边缘区与其他落后地区相比，不仅远离西安、成都、重庆、兰州等省会城市，而且还有秦岭、巴山等天然屏障共同作用导致对省会城市经济辐射的强力阻隔，使陕甘川省际边缘区在某种程度上成为省会城市经济辐射的盲区。因此，在这种不利的地理条件下，加之各省会城市现阶段辐射力本身还不足够强大，陕甘川省际边缘区迫切需要在本区域内选取并打造一个真正的中心城市作为区域经济增长极，从而带动区域经济发展[②]。而从国外对落后地区的开发经验来看，对于不利于接受中心城市经济辐射的边缘和落后地区，重新培育新的增长极城市是一个可行之策。

表 7—5　　2015 年陕甘川省际边缘区主要城市人均 GDP 及其比较

	汉中	安康	达州	巴中	广元	陇南
城市人均 GDP（元）	31031	29237	24476	15091	23512	11982
所在省省会城市人均 GDP（元）	67344	67344	75635	75635	75635	57191
所在省人均 GDP（元）	48135	48135	36981	36981	36981	26209

---

① 本部分内容参阅何龙斌《省际边缘区增长极城市培育研究——以陕西省汉中市为例》，《陕西理工学院学报》（社会科学版）2014 年 8 月。

② 本文多处提及"真正意义"的中心城市，主要是针对当前陕甘川省际边缘区存在多个理论上的中心城市，如《秦巴山片区区域发展与扶贫攻坚规划（2011—2010）》中，就提出建设十堰、汉中和巴中三个区域中心城市，而该区域多个城市也在城市发展规划中定位区域中心城市。本文认为真正意义上的中心城市只有一个，而且从经济实力、地理位置等指标上要体现其中心性。

	汉中	安康	达州	巴中	广元	陇南
占本省省会城市人均 GDP 比例（%）	46.08	43.41	32.36	19.95	31.09	20.95
占所在省人均 GDP 比例（%）	83.87	60.74	66.12	40.81	63.58	45.72
占全国人均 GDP 比例（%）	64.47	59.39	49.72	30.66	47.76	24.34

注：表中数据来源于 2015 年中国统计年鉴，2015 年全国人均 GDP 为 49228 元。

2. 对其他省际边缘区具有示范作用和借鉴意义。在我国，省际边缘区通常也是经济落后地区。根据 2012 年国务院公布的国家级连片特困地区名单，我国 14 个特困连片地区，有 10 个处于省际边缘区①。因此，省际边缘区的经济发展一直是我国政府思考的重要问题。其中思路之一，就是积极推动中心城市对这些地区的经济辐射，充分发挥中心城市作为增长极的扩散效应。但是，省际边缘区接受周边中心城市经济辐射却存在多重难点。从辐射通道上看，省际边缘区地理位置偏僻，交通不便。首先是地理位置远离中心城市，处于相对边远地区。我国远离省会以上中心城市的典型边缘地是省际边缘区。一些落后的三省省际边缘区交接点距离省会城市，最近 200 公里左右，最远超过 500 公里。从辐射流上看，省际边缘区自然条件较差，要素匮乏。除了华东、东北及中部部分地区外，我国的省际边缘区大多数自然条件恶劣。一是地理条件差，二是自然灾害多，三是生态条件弱。从辐射动力上看，省际边缘区长期被行政边缘化，动力不足。省际边缘区由于远离省会城市，容易被"边缘化"而成为政策"盲区"②。就目前我国区域经济发展的总体来看，沿海城市、中部中心城市的发展已比较成熟，但省际交界地带常成为各种政策难以惠及之地。因此，重新培育增长极对于省际边缘区经济突破发展是一个新的思路和大胆尝试。把汉中培育成陕甘川省际边缘区增长极城市，对其他省际边缘区具有示范作用和借鉴意义。

---

① 国务院扶贫办："关于公布全国连片特困地区分县名单的说明"（http：//www.cpad.gov.cn/publicfiles/business/）。

② 何龙斌：《省际边缘区接受中心城市经济辐射研究》，《经济纵横》2013 年第 6 期，第 12—16 页。

3. 对西部和全国经济的均衡发展具有现实意义。新古典经济学学者信奉均衡说，认为空间经济要素配置可以达到帕累托最优，即使短期内出现偏离，长期内也会回到均衡位置。而佩鲁则主张非对称的支配关系，认为经济一旦偏离初始均衡，就会继续沿着这个方向运动，除非有外在的反方向力量推动才会回到均衡位置。作为增长极理论的重要主张，这一点非常符合省际边缘区与中心城市经济差异存在的现实。省际边缘区是远离政治、经济中心的欠发达地区，其发展问题一直是发展中国家研究的热点和难点问题。"促进区域协调发展，缩小区域发展差距"是党的十八大提出的重要任务，也是国家"十三五"规划要完成的主要目标。新中国成立以来，经历了由半殖民地半封建社会的非均衡发展到计划经济的均衡发展，再从计划经济的均衡发展到市场经济的非均衡发展，最后走向市场经济与政府调控相结合的均衡发展①。因此，在当前国家经济均衡发展的大前提下，通过把汉中培育成陕甘川省际边缘区增长极城市带动整个地区经济发展，对西部和全国经济的均衡发展具有现实意义。

（二）汉中作为陕甘川省际边缘区增长极城市的优势

1. 具有良好发展基础的经济优势。陕甘川省际边缘区主要有六个地级城市，分别是陕西的汉中、安康二市，四川的达州、巴中、广元三市以及甘肃的陇南市，六市经济基本情况如表7—6所示。为选取一个具有增长极意义的中心城市，必须首先对这些城市进行综合经济实力评价。

表7—6　　　2015年陕甘川省际边缘区六大城市主要经济发展数据

经济指标	汉中	安康	达州	巴中	广元	陇南
人口（万人）	386.2	308.3	687.6	390.2	310.2	282.8
城区面积（平方公里）	31	38	37	29	47	14
GDP（亿元）	1064.83	772.46	1350.76	501.34	605.43	315.14
人均GDP（元）	31031	29237	24476	15091	23512	11982

---

① 武力、肖翔：《不均衡与均衡：中国经济发展的历史与逻辑》，《中共党史研究》2012年第7期，第35—39页。

经济指标	汉中	安康	达州	巴中	广元	陇南
财政收入（亿元）	35.83	25.34	22.94	48.44	33.56	44.10
城镇职工年人均工资（元）	43713	42757	39497	39306	44550	37448
社会消费零售总额（亿元）	319.00	219.2	672.47	254.47	296.62	90.81
全社会固定资产投资（亿元）	1039.40	758.16	1331.68	1030.3	583.23	590.61
货运量（万吨）	6629	7379	17284	3763	6770	2443
客运量（万人）	9946	8548	11632	8160	13161	4042

从表7—6可见，在经济总量①上，达州经济总量最大，汉中次之，陇南最低；在消费水平②上，安康、汉中因人均GDP较高，得分居前一、二位，而陇南仍然排在最后。综合来看，在陕甘川省际边缘区的六个城市中，达州经济实力最强，汉中次之，而其余城市综合实力相对较弱。显然，从城市实力或发展基础上看，汉中具有作为陕甘川省际边缘区增长极城市的经济优势。

2. 具有均匀辐射周边的地理优势。作为边缘区这一特殊区域的增长极城市，在地理位置上应处于区域中心位置，方能实现对区域的均匀辐射。为了评价陕甘川省际边缘区各城市的地理中心性，本文选用国家基础地理信息系统中心提供的1：400万数据地图，使用ArcGIS中的PointDistance工具测得省际边缘区六大城市两两距离，如表7—7所示。从表中各城市之间的最远距离来看，汉中距离其他五个城市的最远距离最小，为202km，巴中次之，而陇南距离其他五个城市的最远距离最大。从距离其他五个城市的平均距离来看，巴中距离其他五个城市的平均距离最小，为164km，汉中次之，陇南仍居最后。显然，综合以上两因素分析，从地理中心的角度，汉中当之无愧为陕甘川省际边缘区的中心城市，具有作为增长极城市的地理优势。

---

① 经济总量主要考察GDP、全社会固定资产投资总额和财政收入三项指标。

② 消费水平主要考察人均GDP、城镇职工年人均工资和社会消费零售总额三项指标。

表7—7　　　　　陕甘川省际边缘区六大城市间直线距离（单位：km）

城市	汉中	安康	达州	巴中	广元	陇南	最远距离	平均距离
安康	194	0	219	234	302	391	302	268
汉中	0	194	211	140	134	202	202	176
达州	211	219	0	101	206	341	341	215
巴中	140	234	101	0	108	241	241	164
广元	134	302	206	108	0	236	302	199
陇南	202	391	341	241	236	0	391	282

3. 具有独立成为一极的空间优势

边缘区是中心城市的辐射盲区，因此边缘区在选择增长极城市时应考虑在空间上对省会等中心城市的经济辐射作用的补充性。换言之，边缘区增长极城市应该为一个最不利于接受中心城市辐射的城市，具有较强的边缘性。边缘区城市与省会城市的边缘性，主要通过计算省际边缘区城市与省会城市的经济辐射进行测度，边缘区城市接受省会城市的经济辐射强度越弱，则意味与省会城市的边缘性越强。为此，本书引入断裂点模型计算出陕甘川省际边缘区六大城市与最近省会城市的断裂点及其辐射场强，见表7—8。从表中可见，安康和达州在六个城市中接受省会城市的经济辐射最强，巴中和广元居中，而汉中和陇南接受省会城市的经济辐射最弱。由此可见，六个城市中，汉中和陇南相对省会城市具有较大的边缘性。如从与省会城市的边缘性角度选取陕甘川省际边缘区增长极城市，这两个城市均具有较高的可能性。

表7—8　陕甘川省际边缘区六大城市与省会城市的断裂点（单位：km）

城市	最近省会城市	与最近省会城市直线距离	经济实力	断裂点到最近省会城市距离	断裂点处场强	断裂点处场强排序	断裂点到本市距离	断裂点到本市距离排序
安康	西安	175	158.88	132.22	0.08677	2	42.78	1
汉中	西安	225	229.01	162.05	0.05776	5	62.95	5
达州	重庆	202	433.81	149.82	0.15927	1	52.18	3
巴中	重庆	254	188.06	206.62	0.0837	3	47.38	2

城市	最近省会城市	与最近省会城市直线距离	经济实力	断裂点到最近省会城市距离	断裂点处场强	断裂点处场强排序	断裂点到本市距离	断裂点到本市距离排序
广元	成都	258	168.03	204.26	0.05817	4	53.74	4
陇南	兰州	312	103.31	215.94	0.01119	6	96.06	6

4. 具有促进扶贫攻坚的效应优势。以陕甘川省际边缘区为主的秦巴山集中连片特殊困难地区，是我国面积最大和人口最多的特困连片地区，选取和建设陕甘川省际边缘区增长极城市对落实国家扶贫攻坚战略具有重大意义。而从扶贫攻坚的效应角度选取，增长极城市应处于特困地区中间位置，换言之，增长极城市周边的国家特困县区越多，则增长极城市对其经济拉动形成的扶贫效应越明显，效果越好。如表7—9所示。显然，从扶贫攻坚的效果角度选取，汉中作为陕甘川省际边缘区增长极城市具有较强的扶贫攻坚效应。

表7—9　　　　　　　　陕甘川省际边缘区国家特困县分布情况

	绵阳市	北川羌族自治县、平武县
四川省	广元市	朝天区、元坝区、剑阁县、旺苍县、青川县、苍溪县、利州县
	南充市	仪陇县
	达州市	宣汉县、万源市
	巴中市	巴州区、通江县、平昌县、南江县
陕西省	西安县	周至县
	宝鸡市	太白县
	汉中市	南郑县、城固县、洋县、西乡县、勉县、宁强县、略阳县、镇巴县、留坝县、佛坪县、汉台区
	安康市	汉滨区、汉阴县、石泉县、宁陕县、紫阳县、岚皋县、平利县、镇坪县、旬阳县、白河县
	商洛市	商州区、洛南县、丹凤县、商南县、山阳县、镇安县、柞水县
甘肃省	陇南市	武都区、文县、康县、宕昌县、礼县、西和县、成县、徽县、两当县

综上分析，从多个方面综合考虑，选取汉中作为陕甘川省际边缘区增长极城市是一个最佳选择。

第八章

汉中现代服务业发展基础与环境分析

　　服务业的大发展是现代经济的重要特征之一，也是经济社会发展的一大趋势。服务业的发展程度与经济发展水平相辅相成、相互促进，经济发展水平受服务业发展水平的制约，而经济发展要升级又必须依靠服务业的发展助推。随着经济社会的发展，服务业的领域不断拓宽、范围不断扩大，信息经济、文化经济、休闲经济等新业态不断涌现并迅速成长，创造了巨大的经济价值，也产生了深刻的社会影响。中国自 2011 年开始，服务业就成为劳动力就业的第一大部门；2011—2013 年，连续 3 年服务业利用外资额都超过了制造业；2013—2015 年，中国服务业增加值均超过了工业增加值，成为 GDP 的最大贡献者。服务经济在国民经济和社会发展中发挥着越来越重要的作用。伴随着制造业向中西部地区转移，无论是生产性服务业，还是生活性服务业，都将在西部地区迅速崛起。汉中要加快推进新型工业化和新型城市化进程，由后发城市变为发展前沿城市，必须准确把握服务经济的本质和运行规律，充分认识服务业在经济社会发展中的重要地位和作用，以超常举措占据服务经济制高点，使其成为汉中新一轮经济发展的强大引擎。

　　本章基于上述背景，以打造陕甘川省际边缘区现代服务业增长极城市为目标，在充分分析国内外服务业发展环境的基础上，深入分析汉中的国民经济结构及服务业的发展变动趋势，把握"十三五"时期的机遇和挑战，为探索提出汉中服务业发展的具体战略和措施奠定基础。

一 汉中服务业发展基础分析

"十二五"时期，汉中市在市委、市政府的正确领导下，以推动科学发展、促进社会和谐、富裕汉中百姓为主题，以加快转变经济发展方式为主线，全市上下共同努力，工业化进程明显加快，国民经济发展取得了显著成效。在中国国民经济整体出现明显减缓势头的背景下，汉中市 GDP 以年均 14.5% 的速度高速增长（如图 8—1）。2015 年，汉中市地区生产总值已经达到 1064.84 亿元，三次产业的比例为 18∶44∶38。尽管服务业在地区生产总值中的占比明显低于陕西省和全国的水平，但是，汉中服务业的发展仍然取得了明显的成绩。第三产业增加值达到 404.46 亿元，增长 10.4%，增长速度高于 GDP 增长速度。随着汉中国民经济持续、快速、健康发展，工业化、城镇化、市场化进程不断加快，交通条件不断改善，城乡居民收入不断提高，汉中服务业经济总量快速扩大，产业门类不断增加，内部结构日趋优化，服务业发展趋势良好，潜力巨大。但在总量、结构、增速等方面还存在许多问题和制约因素，需要抢抓新机遇、调整发展思路、规划发展目标、确定发展着力点，促进服务业加快发展。

（一）服务业发展现状

1. 总量持续扩张，发展速度较快。"十二五"时期，服务业的增加值一直呈现增长态势，平均增长速度达到 12%，截止到 2015 年，服务业增加值达到 404.46 亿元，增长速度为 10.4%。2015 年与 2010 年相比，服务业增加值增长了 102%，服务业增加值实现比"十一五"末年翻一番的目标。

2. 服务业吸纳就业能力不断加强。服务业就业人数从 2010 年的 15.61 万人增加到 2015 年的 18.33 万人，年均增加就业人数约 5440 人。综合考虑就业效应与成本费用利税率指标分析，服务业吸纳就业的能力较强，批发和零售贸易综合就业系数最高，为 0.296，表明每增加 1 万元最终使用，可带动各个行业直接和间接就业人数共增加 0.296 人。其成本费用利税率高达 37%，说明该行业还具有较大的就业吸纳空间；交通运输、仓储及邮电通信业与租赁和商贸服务业的综合就业系数以及成本费用利税

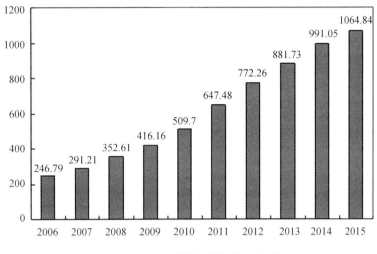

图 8—1　GDP 总值变动情况（亿元）

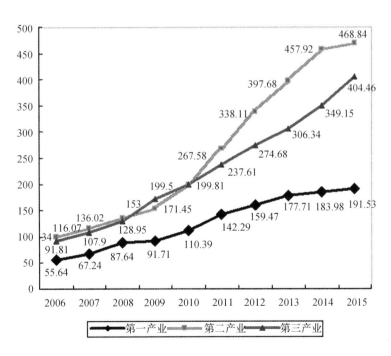

图 8—2　汉中市三次产业增加值变动情况（亿元）

率均比较居中。金融保险业的综合就业系数并不高，仅为 0.101，这主要是由金融保险业为资本密集型行业所致，然而其成本费用利税率高达59.4%，远远高于其他行业，说明金融保险业的就业吸纳空间极大。因此，传统服务业和新型服务业都具有吸纳劳动力的广阔前景，商贸餐饮、交通邮电、社会服务业等领域成为吸纳就业的重要渠道，为分流农村转移人口、剩余劳动力以及解决城市就业发挥了至关重要的作用。

3. 投资力度加大，发展潜力增强。汉中服务业已经成为投资的热点产业，特别是交通运输、住宿、餐饮、租赁业、商贸服务业、科学研究、技术服务、环境管理和居民服务等方面的投资建设进一步加大。2015 年，汉中全社会固定资产投资完成 1039.40 亿元，比上年增长 23.0%。其中，固定资产投资完成 878.06 亿元，增长 21.9%，三次产业投资结构比为 18.6：46.2：35.2。其中，服务业投资完成 399.52 亿元，增长 76.0%，服务业投资流向出现新特点，水利、环境和公共设施管理业完成投资 111.09 亿元，同比增长 3.1 倍，交通运输、仓储和邮政业完成投资 31.68 亿元，增长 51.8%。

4. 旅游业持续快速增长。"十二五"时期，汉中市以"生态旅游"为主题，深入实施全域旅游工程，旅游产业发展成效显著。旅游业已成为汉中稳增长、调结构、促改革、惠民生的重要引擎，为推动经济转型升级、扩大对外开放做出了积极贡献。主要表现在以下四个方面：

（1）文化旅游景区建设成绩显著。黎坪、青木川、武侯祠、朱鹮梨园成功创建成国家 4A 级景区，实现了在高 A 级景区创建上的重大突破，4A 级景区数量位居陕南三市首位。张骞纪念馆、熊猫谷建成国家 3A 级景区。

（2）旅游经济增长迅速。2010 年，汉中市旅游收入为 48.7 亿元，接待游客人数为 1211.7 万人；到 2015 年，实现旅游总收入 152.8 亿元，共接待游客 2915 万人。与 2010 年相比，旅游收入增长了 2.14 倍，接待游客人数增长了 1.4 倍。

（3）旅游节会带动效果明显。"油菜花节"作为每年的例行旅游节会，实现了以节庆活动扩大对外影响、推动旅游产业发展。同时，旅游业对相关服务业的贡献较大，旅游业对住宿行业的贡献率约为 90%，对餐饮和零售行业的贡献率约为 40%。

（4）乡村旅游发展水平不断提升。南郑县瓦石溪村等 84 个村被列入全国乡村旅游扶贫重点村，西乡县钧鑫农场被评为全国休闲农业与乡村旅游示范点，青木川油菜花被评为"中国最美休闲乡村""中国美丽田园"，新建成省级旅游特色名镇 1 个、省级乡村旅游示范村 2 个。

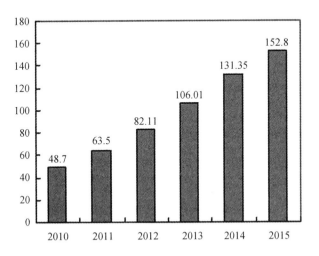

图 8—3　旅游收入变动情况（亿元）

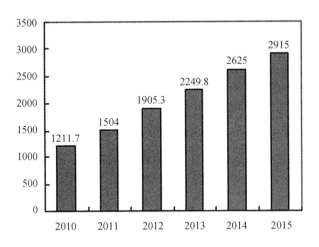

图 8—4　接待旅游人数变动情况（万人）

5. 文物发掘与保护工作实现新突破。"十二五"期间，汉中市紧紧围绕"历史文化名市"的建设目标，全力打造"两汉三国、真美汉中"城市品牌，发展动力不断增强，提档升级步伐加快，经济社会效益持续提升。主要表现在以下四个方面：

（1）张骞墓成功入选世界遗产名录。经过八年的不懈努力，张骞墓成功入选丝绸之路"长安—天山廊道"世界文化遗产目录，成为陕南三市第一处世界文化遗产，打响了汉中走向世界的一张"金名片"。

（2）文化遗产保护利用水平显著提升。青木川古建筑群消防安全专项规划列入全国十家规划编制试点，是陕西省唯一入选的规划试点单位；青木川村被评为第三批中国传统村落，实现了汉中市中国传统村落的零突破。

（3）汉中市博物馆提档升级步伐加快。围绕汉中博物馆七大陈列主题，编制了古汉台扩建、拜将坛汉中历代文物展等5个方案，启动了韩信生平事迹展布展工作，初步形成了特色鲜明的群落式市级博物馆功能定位。

（4）文化遗产保护利用水平显著提升。龙岗寺遗址列入国家大遗址保护项目，龙岗文化生态旅游园区项目入选全国优选旅游项目名录，是陕南三市唯一入选的项目和陕西省入选的4个项目之一；两汉三国文化景区诸葛古镇项目开工建设，华阳、黎坪旅游专线建设前期工作启动实施，骆家坝古镇建成开园。

（二）存在的问题和原因

"十二五"期间，尽管汉中市服务业发展取得了一定成就，但总体来看服务业仍是国民经济中相对薄弱的产业，还存在一些亟待解决的问题，一些问题甚至构成了影响汉中市服务业发展的"瓶颈因素"。

1. 整体规模和速度有待提升。"十二五"以来，汉中经济发展整体表现出工业化加快发展的态势。虽然服务业增加值的总量不断提高，但从发展趋势来看，体现出两个突出的问题：一是服务业增加值占GDP的比重不断下降，对GDP的贡献率降低；二是服务业的增长速度低于GDP的增长速度，也明显低于第一产业和第二产业的增长速度。与"十一五"末年的2010年相比，GDP总量增长了73%。其中，第一产业、第二产业、第三产业的增加值分别提高了61%、99.3%和53.3%，第二产业增加值增长速度最快，一直领跑汉中GDP，在"十二五"的前三年几乎增长了一倍，而服务业增长明显滞后。与装备制造业密切相关的金融服务、信息服务、中介服务等规模仍然较小，科技研发、技术转化等产前服务业的规模和速度都有待提高。

"十一五"的前三年，汉中市服务业的发展势头较好，服务业的增长速度几乎每年都高于 GDP 的增长速度，但自 2009 年开始出现一个拐点，服务业的增长速度开始下滑，自 2010 年开始低于 GDP 的增长速度，而且，2011、2012、2013 年汉中市地区生产总值的增长速度分别为 15.5%、15.2%、12.7%，服务业增加值的增长速度分别为 13.7%、12.9%、9.5%，几乎每年都低于 GDP 的增长速度 3 个百分点，服务业的发展明显滞后。

自"十一五"时期以来，汉中市几乎各年份服务业对 GDP 的贡献率都低于工业对 GDP 的贡献率。只有 2009 年服务业对 GDP 的贡献率最大，达到 41.2%，其余年份服务业对 GDP 的贡献率均低于 40%，且进入"十二五"（2011 年）以后，服务业对 GDP 的贡献率一直呈下降趋势，到 2013 年，服务业对 GDP 的贡献率已经降到了 34.7%。

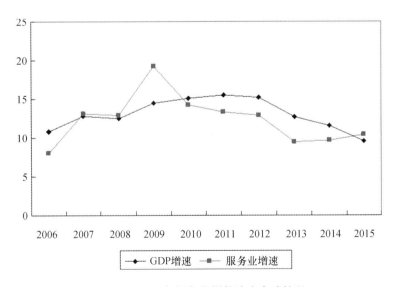

图 8—5　GDP 与服务业增长速度变动情况

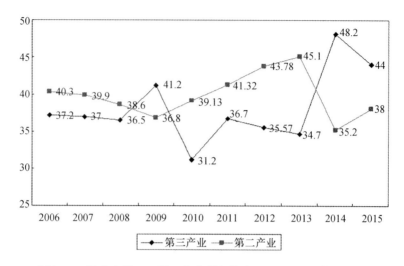

图 8—6 汉中市第二、第三产业增加值占 GDP 的比重变动情况

2. 服务业存在结构性缺陷。在服务业内部结构中，生产性服务业所占比重偏低，信息传输、计算机服务和科技服务业等生产性服务业存在结构性缺失，服务业发展滞后与结构性缺陷两种矛盾相互交织、共同制约着汉中服务业增长。主要表现为以下两个方面：

（1）以传统业态为主，现代服务业份额较低。2013 年，交通运输、仓储和邮政业，批发和零售业，住宿和餐饮业，公共管理和社会组织等传统服务业仍然占据主导地位，四大行业增加值占服务业增加值的 65.4%，比 2010 年提高了 4 个百分点。现代服务业，如信息传输、计算机和软件业，金融业，房地产业等行业占服务业增加值的 16.9%，比 2010 年下降了 2.2 个百分点。

（2）以非营利性服务业为主，营利性服务业比重较低。2013 年，非营利性服务业[1]（主要是公共管理和社会组织）占服务业增加值的比重为 42.8%；营利性服务业[2]占服务业增加值的比重仅为 5.4%，其中，信息

---

[1] 非营利性服务业包括公共管理和社会组织、科学研究、技术服务和地质勘探、水利、环境和公共设施管理业、教育、卫生、社会保障和社会福利业、其他非营利性服务业。

[2] 营利性服务业包括信息传输、计算机服务和软件业、租赁和商贸服务业、居民服务和其他服务业、文化、体育和娱乐业、其他营利性服务业。

传输、计算机服务和软件业所占比重最低为 2%。

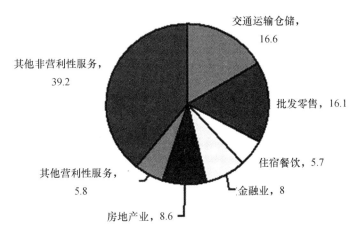

图 8—7　2010 年服务业结构

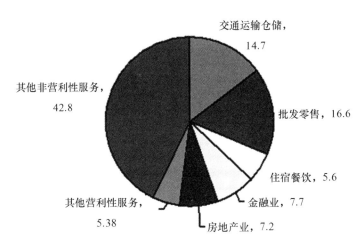

图 8—8　2013 年服务业结构

3. 生活性服务业需求不足。汉中地处西部边远地区，经济发展起步晚，现在正处于工业化加速发展的中期阶段，在当前的经济发展水平下，居民收入差距比较明显，不同行业的从业人员收入差距较大，导致相当一部分人处于最基本生活需求的边缘。因此，这部分人对服务业的需求还没有达到相应的临界点，收入差距导致生活性服务业的需求不足。另一方面，汉中的城镇化水平较低，并且城镇化的发展速度还比较慢。2015 年末，全市户籍总人口 385.21 万人，其中非农业人口为 154.39 万人，常住人口 343.81 万人，非农业人口在汉中常住人口中所占比例只有 26.2%，农业人口在常住人口中所占比例高达 73.8%。城镇居民人均消费性支出 14008 元，农民人均生活消费支出只有 5490 元。因此，城镇化水平低也是导致生活性服务业需求不足的重要原因。

4. 服务产业综合竞争力不强。汉中服务业整体竞争力不强，主要有以下三方面的原因：一是汉中市服务业以中小企业为主，企业规模较小、高端服务业不足，产业融合度不强，服务功能不完善，没有形成产业集聚效应；二是与制造业相比，现代服务业缺乏有影响的品牌，行业特色不突出。汉中产业结构调整和升级缓慢，明显滞后于国内外需求结构的变化和经济发展的阶段性变化。汉中制造业有陕飞集团、汉江工具等一批有影响力的大企业，服务业却没有一个有影响力的品牌企业，竞争力不强也构成了制造业发展的阻滞因素；三是高端人才匮乏。现代服务业所需要的人才明显短缺，尤其是适应于产业转型升级发展需求，处于研发设计、商务中介、物流管理、大宗商品交易等高端服务业人才严重不足，在一定程度上影响了现代服务业产业化发展的进程。

5. 服务业集聚功能区建设还不够清晰。汉中服务业功能布局相对比较散乱，总体缺乏规划，对外拓展区域功能承接、培育力度不足。中心区的服务功能还不够完善，一些旅游服务集聚区、物流服务区的基础配套设施还需进一步加强和完善，大多数工业园区都规划有物流园区，势必造成重复建设和低效率运营，无法提升物流业的综合竞争力和实现服务业集聚效应。

二　大力发展现代服务业的必要性

服务经济具有资源消耗低、环境污染少、就业容量大等特征。首先，服务经济最宝贵的资源是信息和知识，而不是土地、设备和原材料等传统生产要素；其次，服务经济提供的"商品"是服务，不会出现像工业生产中的污染问题；第三，服务经济涉及行业最广，可开发岗位最多，能适应不同层次、不同年龄求职者的需求。纵观世界经济的发展轨迹，先发国家主要城市都已形成服务经济为主的产业结构，其显著特点就是服务业在GDP和就业总量中均占绝对比重，生产性服务业又在服务业中占相当比重。汉中是陕西省重要的制造业基地之一，工业基础较好，无论是经济理论还是先发城市的发展历程都表明，加快发展服务业，提高服务业在GDP中的比重，形成服务业与制造业"双轮驱动"经济发展格局，不仅是汉中实现跨越式发展的现实需要和迫切要求，也是汉中提升城市功能的必由之路。

（一）是推动发展方式转变和产业结构转型的根本途径

1. 加快发展现代服务业是推动汉中经济转型升级的最重要的战略选择。现代服务业是产业价值链中增值最大、最具竞争优势、也是最具战略性的高级环节。在现代服务业中，密集地隐含着巨大的技术资本、知识资本和人力资本投入，因而，其产出也是一种差异化极强的无形产品，这直接决定了使用这些无形产品的企业生产的市场竞争力。现代服务业是把日益专业化的知识技术引入商品和服务生产过程中的纽带，同时也是这些资本进入生产过程的重要通道。大力发展现代服务业，加快构建以服务经济为主的现代产业体系，是推动经济转型升级的最重要的战略举措和最为关键的工作。如果在推进经济转型升级的过程中，首先启动现代服务业的发展，那么就等于抓住了经济转型升级的关键所在。这是因为：第一，大力发展现代服务业有利于推动经济体制和机制的更新和转型。第二，现代服务业是创新要素密集度最高的产业，是现代经济增长的"中枢"和"引擎"。因此，大力发展现代服务业是推动汉中创新型经济发展和转变经济发展方式的必然选择。

2. 加快发展现代服务业是汉中转变经济发展方式和城市发展模式的必然选择。现代服务业具有低能耗、低污染、高增长、高效益和高增加就业、促进消费等优势，受资源、能源、环境的约束较小。香港开发100多年，未开发的土地还有78%，而刚刚开发30余年、GDP不足香港三分之一的深圳却用地紧张，一个重要原因是香港以服务业为主，深圳以制造业为主。汉中位于秦岭国家生态功能区，也是"南水北调""引汉济渭"工程的重要水源地，具有先天的环境优势，所以，资源、环境压力没有发达地区大，但土地、资源等矛盾已经开始显现，产业层次不高、活力不够、竞争力不强的深层次问题也日益突出。因此，应该吸取发达地区的经验教训，不能再走"先污染、再治理"的传统工业化发展的老路，而应把发展服务业、提升服务业比重摆在更加重要的位置来抓。这是汉中占据发展制高点，切实转变经济发展方式和城市发展模式，实现经济社会全面、协调、可持续发展的必然选择。

（二）是建设先进制造业基地，加快新型工业化进程的重要手段

随着信息技术的飞速发展和广泛应用，服务业与制造业呈现出"你中有我、我中有你"的相互融合、相互促进的局面，制造业服务化已成为先进制造业的重要特征。与传统制造业不同，先进制造企业创造的产值和利润越来越多地依赖于如研发、材料采购、设计、品牌、物流、金融、维修等服务活动，服务活动成为制造业增长的基本来源。欧盟的一份研究报告指出，欧盟各成员国制造业增加值中服务业创造的增加值高达25%—30%，甚至50%。服务业与制造业的边界变得模糊起来。近几年，汉中制造业虽然获得快速发展，但由于与服务业融合不够，在企业内外都缺乏强大的生产性服务业支撑，导致现有企业扩张裂变速度缓慢，带动能力较弱、竞争活力不足。因此，实现传统制造业向先进制造业的跨越，必须积极推动从事简单加工装配的企业努力向价值链的上下游服务领域延伸，拉长价值链，开发研发设计、品牌营销、供应链管理乃至金融服务等业务，必须加快发展适应先进制造业需求的、与先进制造业高度融合的生产性服务业。

（三）是提升汉中城市综合实力，推进"三市"① 建设目标的必然选择

汉中市作为国家生态功能区内的一座城市，城市的定位本质决定它是服务活动高度聚集的区域，中心城区不仅要有先进的制造业，更应拥有发

---

① "三市"建设目标分为"新三市"目标与"老三市"目标。"十三五"汉中"新三市"目标，即建设陕西最美城市、区域中心城市、文化旅游名市。"十二五"汉中"老三市"目标，即经济强市、文化名市、宜居城市。

达的现代服务业。因此，国内经济发达城市都在加紧实施由工业经济向服务经济转型的发展战略。而处于工业化、城市化加速发展时期的汉中服务业在经济规模、产业能级、资源配置功能等方面差距明显。发展现代服务业是完善城市功能的重要方面，现代服务业是城市发展的新动力，是城市综合竞争力的决定因素。只有以金融服务、商贸服务、交通运输、信息服务等为载体，着力构建完善的现代服务业体系，城市的服务功能才能完善，城市的辐射带动作用才能充分发挥。近年来，汉中为保障"一江清水供北京"，投入了大量人力、物力进行保护水源和生态环境建设，解决好汉中生态环境的保护与发展问题，对国家生态文明战略具有重要的示范意义。因此，汉中必须限制一部分高能耗、高污染和产能过剩的工业部门的发展，同时加快向发展现代服务业的战略转型，抓住历史机遇，加快发展现代服务业，大力推进区域生态旅游中心、休闲养老中心、商贸中心和物流中心的建设，这不仅是不断提升汉中城市综合实力的选择，也是推进"三市"建设目标的必然选择。尽管新老"三市"都有一定局限性，但山水田园的汉中市发展将为世人提供一个安居乐业与高雅生活的典范。

三　现代服务业发展环境分析①

（一）现代服务业发展的国际环境

从世界主要国家和地区服务业采购经理人指数（PMI）来看，世界服务业保持稳定增长态势，但扩张放缓，增速也放慢。美国和欧洲服务业的扩张速度在 2014 年底都在放缓。这是两个服务业最发达的地区，其服务业产值占经济规模的 70%。服务业活动指数可以反映全球经济发展的动向，2014 年 12 月公布的制造指数已经显示了全球经济增长在年底趋于放缓。2014 年，摩根大通全球服务业 PMI 值从 11 月的 53.4 跌至 12 月的52.3，跌至 14 个月的最低点；美国 12 月服务业 PMI 值是 53.7；意大利12 月服务业 PMI 值是 49.4；法国 12 月服务业 PMI 值是 50.6；德国 12 月

---

① 本部分内容和有关数据,主要摘录了中国国际经济交流中心经济研究部副研究员、经济学博士徐伟撰写的《中国服务业发展与展望》一文的相关论述,该文章发表于"中国经济分析与展望(2014—2015)"2015 年会议论文集。

服务业 PMI 值是 52.1；英国 12 月服务业 PMI 值是 55.8；欧元区 12 月服务业 PMI 值是 51.6。该指数高于 50 点即表明服务业的经济活动有所扩张，低于 50 点则表明经济活动收缩。欧元区 12 月服务业 PMI 值降至 51.6，表明欧元区第四季度的经济增速为 2014 年最低，欧元区 PMI 疲弱将促使欧洲央行采取更多激进手段刺激经济。但是，从国际发展环境看，也有积极的一面。当前，世界经济一体化、贸易全球化向纵深发展，世界主要经济体更加重视科技创新、发展模式创新和产业转型升级，全球对服务业特别是高端服务业市场需求扩大，服务业尤其是知识、技术、信息密集型高端服务业国际转移步伐加快，这些积极因素都将促进全球服务业发展。

1. 国际服务业发展的特点。世界主要发达国家的经济重心自 20 世纪 60 年代初开始转向服务业，产业结构呈现出"工业型经济"向"服务型经济"转型的总趋势。由此拉开了国际现代服务业突飞猛进的发展序幕。目前，服务业占世界经济总量的比重为 70% 以上，主要发达国家达到 80% 以上，香港达到 90% 以上，即使是中低收入的发展中国家也达到了 50% 的平均水平；劳动力在第一、二、三产业中的比重，表现为由第一产业向第二产业、再由第二产业向第三产业转移的趋势，西方发达国家服务业就业比重普遍达到 70% 左右，少数发达国家（美、德、英、日等国）达到 80% 以上，中等收入国家平均超过 50%，低收入国家也达到了 40% 左右①。国际现代服务业经过多年的发展，伴随信息革命和技术的飞速发展，在经济全球化的当今，呈现出一些新的特点：

（1）人力资本对服务业发展的重要性更加凸显。服务业内部结构升级趋势体现为服务业从劳动密集型转向知识密集型，知识、技术含量高的现代服务业逐渐占据服务业的主导地位。现代服务业从业人员整体上具有高学历、高职称、高薪水特征，说明现代服务业主要受人力资本要素约束。现代经济发展表明，高质量的经济增长主要来源于人力资本存量的有效积累，人力资本对现代经济增长的重要作用日益凸显。

（2）服务业内部结构升级趋势明显。全球经济分工的深化带动了对全球服务业的中间需求，于是服务在商品生产体系内部展开。与商品生

---

① 数据来源：2012 年中国现代服务业发展研究报告。

产、流通和消费有关的信息的搜集、处理、加工等需求带动了信息服务业的发展，也推动了诸如管理、咨询、广告、研发、会计等现代新兴服务业的发展。这些服务业一方面越来越需要专业知识、专业技能的进步或信息来实现。同时，服务业通过运用不断进步的信息技术使自身的生产率水平得到前所未有的提高，即服务业的生产技术也在"知识化"和"信息化"，如连锁经营、电子商务等服务在全球得到了极大的发展。

（3）全球制造业呈现逐步服务化的趋势。现代经济已经出现了现代服务业主导制造业的现状，经济活动发生了以制造为中心向以服务为中心的转变，制造业部门服务化趋势非常明显。制造业部门的产品是为了提供某种服务而生产的，例如通讯和家电产品，随产品一同售出的有知识和技术服务，服务引导制造业部门的技术变革和产品创新。

（4）现代服务业成为技术创新的重要促进者。服务业是新技术最主要的使用者，企业和个人对新技术的普遍应用为新技术的发明创造者提供了丰厚的回报，对新技术的发展起到了重要的推动作用；服务业指引新技术发展的方向，服务部门所产生的新需求是现有技术研究和开发的方向，是新技术所追求的目标，对新技术的发展起到了重要的拉动作用；服务业是新技术最主要的推广者，特别是从事技术服务和支持的服务业；服务业促进了多项技术之间的相互沟通和发展，例如运输和仓储业就直接融合了运输工具、仓储管理和信息技术多个领域。

（5）服务业吸收外资增长较快。根据联合国贸发会议的数据显示，2011 年，全球吸收 FDI 中有 63.7% 流入了服务业，其中发展中国家有 63.5% 流入了服务业。同时，过去的 20 多年，全球服务业 FDI 流向贸易、金融和商务活动的趋势越来越明显。2011 年，85% 以上的服务业 FDI 集中在这三个行业，其中金融业吸收外资比重超过 40%。

2. 国际服务业发展的趋势。21 世纪以来，国际服务业的发展日益呈现出以下趋势：

（1）服务领域跨国公司迅速扩张。在 2013 年全球 500 强中，全球最大的 500 家公司共涉及 52 个行业，从事服务业的跨国公司超过半数。另外，在制造业企业中，有相当一部分企业的服务业务的收入已接近或超过其制造业务的收入。传统制造业跨国公司正加速向服务型跨国公司转型。随着这一进程的加速，越来越多的传统制造业跨国公司将成为名副其实的服务业企业。与此同时，跨国公司通过掌控研发、市场营销等核心环节和强大的供应链管理体系，在国际竞争中的地位不仅没有削弱，反而有所增强，具体表现为三个方面的提高：一是在世界产业链中的竞争优势和地位进一步提高；二是在世界价值链和利润分配中的地位进一步提高；三是对世界市场的影响力和支配力进一步提高。

（2）国际服务离岸外包发展前景广阔，服务业国际转移将成为重要趋势。发达国家跨国公司实行核心竞争力战略，越来越多地将后勤办公、顾客服务、商务业务、研究开发、咨询分析等非核心业务活动全面外包，其中离岸外包将成为新的发展趋势。目前服务离岸外包业务尚处于起步阶段，联合国贸发会议估计近几年全球服务外包市场以每年 20%—30% 的速度递增。

（3）服务业跨国转移由制造业追随型逐步向服务业自主扩张型转变。服务业进行跨国经营最初的动机就是为了向已经从事跨国生产经营的顾客提供服务，留住原来的顾客，占住已有的市场份额。但随着信息技术的应用和产业分工的深化，服务业开始不断从传统制造业中独立出来，信息、咨询、设计、财务管理、售后服务、技术支持等专业服务公司不断发展壮大，服务业转移也逐步向自主扩张型转变，不仅为原来的客户提供服务，还可以为东道国其他公司提供服务，甚至可以向第三国出口服务。

总之，服务业全球化不是一个孤立现象。伴随着经济全球化进程的不断发展，世界服务业信息化、现代化、国际分工协作从传统制造环节日益向生产性服务等高端环节延伸，推动全球经济不断向服务经济转型。尤其值得注意的是，发达国家服务业结构和业态也发生了翻天覆地的变化，其中现代服务业成为技术、知识密集型产业的典型，不仅在广泛运用现代信息技术等成果和充分培育运用人力资源方面占据领先地位，而且事实上也成为现代产业链、价值链和创新链的高端环节。因此，服务业全球化的不断发展将是未来全球经济发展的趋势，标志着经济全球化进入新的发展阶段。

（二）现代服务业发展的国内环境

近年来，中国服务业发展表现强于制造业。2014 年以来的数据显示中国服务业活动延续增长趋势，但维持在小幅扩张的趋势。2014 年 12 月汇丰中国服务业 PMI 升至 53.4，达到历史最高。而同期中国制造业 PMI 为 50.1，比 11 月回落 0.2 个百分点。数据表明，在制造业下滑之际，服务业发展继续保持良好态势，这有利于缓解经济的下行压力。

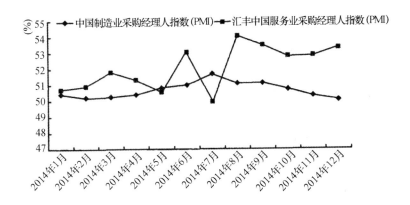

图 8—9　采购经理人指数①

1. 中国服务业发展的政策环境。一系列战略举措有利于服务业发展。党的十八届三中全会提出，发挥市场配置资源的决定性作用，深化经济体制改革，加快转变经济发展方式，加快建设创新型国家，推动经济更有效率、更加公平、更可持续发展。党中央、国务院高度重视服务业发展，把推动服务业发展作为产业结构优化升级的战略重点，经济发展的新引擎。扩大内需是中国经济发展的重大战略，与消费需求和投资需求紧密相关的生活性服务业和生产性服务业的进一步发展，对于保持投资的良好势头，满足居民多样化和个性化的消费需求能够起到积极的促进作用，同时，扩大内需的进一步实现也为服务业的发展提供了广阔的市场空间。

近年来，中国出台了一系列鼓励服务业发展的政策和举措，以产业事例和构建新型业态为导向，重点支持对行业发展带动和支撑作用强、信息化水平和科技含量高、商业模式新的现代服务业，具体的政策措施如下：

（1）《国务院关于加快发展服务业的若干意见》（国发〔2007〕7 号）提出将发展服务业作为加快推进产业结构调整、转变经济发展方式、提高

① 资料来源：wind 资讯。

国民经济整体素质、实现全面协调可持续发展的重要途径。至 2020 年，基本实现经济结构向以服务经济为主转变，服务业增加值占国内生产总值的比重超过 50%，服务业结构显著优化，就业容量显著增加，公共服务均等化程度显著提高。《国务院办公厅关于加快发展服务业若干政策措施的实施意见》（国发〔2008〕11 号）在加强规划和产业政策引导、深化服务领域改革、提高服务领域对外开放水平、加大服务领域资金投入力度、优化服务业发展的政策环境等方面进行了部署。党的十七大报告提出要发展现代服务业，提高服务业比重和水平。"十二五"时期经济社会发展主要目标进一步强调，经济结构战略性调整取得重大进展，居民消费率上升，服务业比重和城镇化水平提高。这对中国服务业发展和产业升级都起到了积极的推动作用。

（2）2014 年，在中国经济下行压力较大的情况下，把调结构和稳增长结合起来，以利于长远提质增效。在促进服务业发展方面，国务院出台了诸多举措。这些政策和措施的出台与实施，为中国服务业的发展和提升中国服务业的国际竞争力提供了支持和保障。具体政策措施如下：①7 月 28 日，国务院以国发〔2014〕26 号文印发《关于加快发展生产性服务业促进产业结构调整升级的指导意见》（以下简称《意见》），这是国务院首次对生产性服务业发展做出的全面部署。该《意见》提出发展导向是：以产业转型升级需求为导向，进一步加快生产性服务业发展，引导企业进一步打破"大而全""小而全"的格局，分离和外包非核心业务，向价值链高端延伸，促进中国产业逐步由生产制造型向生产服务型转变。鼓励企业向价值链高端发展；推进农业生产和工业制造现代化；加快生产制造与信息技术服务融合。该《意见》提出，现阶段中国生产性服务业重点发展研发设计、第三方物流、融资租赁、信息技术服务、节能环保服务、检验检测认证、电子商务、商务咨询、服务外包、售后服务、人力资源服务和品牌建设等领域，并提出了发展的主要任务。《意见》强调，在推进生产性服务业加快发展的同时，要继续大力发展生活性服务业，做到生产性服务业与生活性服务业并重、现代服务业与传统服务业并举。9 月 29 日召开的国务院常务会议确定了一项加强进口措施。这一措施除了应对进口下降以外，更着眼于中长期经济结构调整和经济发展方式转变。②10 月 23 日，国务院办公厅印发的《关于加强进口的若干意见》（国发〔2014〕

49 号）提出，继续鼓励先进技术设备和关键零部件等进口，加快调整《鼓励进口技术和产品目录》，鼓励银行业金融机构加大进口信贷支持力度，扩大先进技术设备、关键零部件等进口，促进产业结构调整和优化升级。③10 月 28 日，《国务院关于加快科技服务业发展的若干意见》（国发［2014］49 号）公布，部署了健全市场机制、强化基础支撑、加大财税支持、拓宽资金渠道、加强人才培养、深化开放合作、推动示范应用等 7 项政策措施，力争到 2020 年，科技服务业产业规模达到 8 万亿元，成为促进科技经济结合的关键环节和经济提质增效升级的重要引擎。④12 月 24 日公布的《国务院关于促进服务外包产业加快发展的意见》（国发［2014］67 号）明确提出要着力培育竞争新优势，明确产业发展导向、实施国际市场多元化战略、优化国内市场布局、培育壮大市场主体、加强人才队伍建设。要定期发布《服务外包产业重点发展领域指导目录》，拓展行业领域，大力发展软件和信息技术、研发、互联网、能源等领域的服务外包，推动向价值链高端延伸。

2. 中国服务业发展的特点。当前，服务经济在国民经济和社会发展中正在发挥着越来越重要的作用。中国服务业的发展表现出以下特点：

（1）服务业规模不断扩大，但总体发展水平相对滞后。①服务业增加值不断扩大。2001 年，中国服务业增加值为 44361 亿元，到 2010 年服务业增加值达到 173596 亿元，对 GDP 的贡献率为 39.3%。而 2013 年中国服务业增加值达到 262203.79 亿元，超过工业增加值，服务业增加值对 GDP 的贡献率达到 46.8%，拉动 GDP 增长 3.59 个百分点。2015 年，中国服务业增加值达到 341567 亿元，服务业增加值对 GDP 的贡献率达到 50.5%，首次突破 50%。服务业增加值的增速为 8.3%，比 GDP 增速 6.3% 高出 2 个百分点。②服务贸易总额跃居世界第二。2013—2015 年，中国服务业进出口总额年均增长 14.9%。2014 年，服务贸易世界排名首次超过德国跃居第二位。2015 年，服务进出口规模再创历史新高，达到 7130 亿美元。③服务业领跑税收增长，2015 年，全国税务部门 110604 亿元税收收入（已减出口退税）中，服务业税收占比达 54.8%，比 2012 年提高 4.4 个百分点，服务业对新增税收的贡献高达 80%。其中，互联网和相关服务业、软件和信息技术服务业、租赁和商务服务业、科学研究和技术服务业等现代服务业税收收入分别增长 19.0%、21.2%、23.8% 和

13.0%。④服务业固定资产投资增长较快。2013—2015 年，服务业累计完成固定资产投资（不含农户）836932 亿元，年均增长 15.9%。2015年，服务业投资占全部投资的比重达到 56.6%，比 2012 年提高 1.7 个百分点。但是，与其他国家相比，中国服务业发展相对滞后，服务业增加值占 GDP 的比重不仅远远低于美国、日本（超过 80%）等发达国家，而且比巴西、印度（超过 60%）等发展中国家还要低。

（2）服务业正逐步成为吸纳劳动就业的主力军，但其潜力仍没有发挥出来。随着人均 GDP 的提高和城镇化进程的加快，中国的就业结构也发生了很大变化：第一产业就业比重不断下降，第二产业就业比重基本稳定，第三产业就业比重不断上升。国家统计局公布数据显示，2015 年末服务业从业人员稳步增加，达到 30995 万人，成为吸纳就业的主阵地。2013—2015 年，中国服务业就业人员年均增长 5.8%，比全部就业人员年均增长高出 5.5 个百分点。2015 年末，服务业就业人员占全部就业人员比重为 42.4%，比 2012 年末提高 6.3 个百分点，分别比第一产业和第二产业高出 14.0 和 13.2 个百分点。服务业成为拉动社会就业总量上升的主要力量。尽管如此，中国服务业在吸纳劳动就业方面并没有表现出明显的优势，所吸纳的全部就业人口比例远远低于国际平均水平。从服务业就业人口占总就业人口的比重来看，美国、英国达到 80% 以上，日本达到70% 以上，俄罗斯达到 60% 以上，印度也达到了 40% 以上。

（3）从服务业内部结构来看，传统服务业较为发达，现代服务业和新兴服务业明显落后。近年来，中国服务业在保持较快发展速度的同时，其内部结构明显改善，服务业结构转换与升级速度加快。物流、金融、信息服务等生产性服务业的带动作用开始显现，旅游、文化、教育培训、医疗卫生、体育、会展、中介服务等需求潜力大的新兴服务业发展迅速。现代技术型、知识型服务业迅速发展，各种新型业态层出不穷，提升了服务业对国民经济特别是对制造业的支撑能力。但交通运输、邮电、通信业、批发和零售贸易、餐饮等传统产业的主导地位并未改变，现代物流、信息、金融等现代服务业发展总体水平仍然偏低。从服务业内部各行业增加值来看，批发和零售贸易、交通运输、仓储和邮政业、住宿和餐饮业等传统服务业所占比重高达 36%，金融业增加值所占比重为 12.8%，房地产业增加值所占比重为 12.7%。与发达国家（如美国）相比，金融保险、专业技术服务业、健康与社会救助等现代服务业处于主导地位，而住宿和餐饮、批发和零售贸易等传统服务业所占比重相对较低，现代服务业和新兴服务业的发展水平明显落后。

（4）服务业发展的地区差异十分明显，东部、中部、西部三大地区很不平衡。中国服务业在城市和农村、沿海和内地之间的非均衡差异非常明显，各个区域间服务业发展的协调性也很差。从增加值来看，东部地区既是中国经济最发达地区，也是服务业总量最大的地区，而西部地区则是中国经济欠发达地区，其服务业总量也较小，服务业增加值在 GDP 中所占的比重也较小。2013 年，东部地区服务业增加值为 161856 亿元，服务业占 GDP 的比重达到 46.3%，广东省服务业占 GDP 的比重为 47.8%；西部地区服务业增加值 47945 亿元，服务业占 GDP 的比重为 38.1%，陕西省服务业增加值占 GDP 的比重仅为 34.9%。

（5）吸收外资增速较快，但与产业发展不一致。根据商务部发布的数据显示，2011 年服务业吸收外资首次超过制造业，占比为 47.6%，超过制造业 2.7 个百分点；2012 年服务业外资占比为 48.2%，超过制造业 4.5 个百分点；2013 年服务业吸收外资占比持续上升，份额首次超过 50%，为 52.3%，超过制造业 11.5 个百分点。2015 年服务业实际使用外资达到 772 亿美元，2013—2015 年均增长 12.8%，远高于全国实际使用外资年均为 4.2% 的增长速度。①服务业外资结构与国际差别明显。我国房地产、批发和零售、租赁和商务服务业一直是吸收外资最多的行业，2013 年这三个行业占服务业吸收外资的比重达 76.6%，尤其是房地产业吸收外资贡献了 40% 以上的份额，这和国际服务业 FDI 结构相差甚远。金融是国际服务业 FDI 第一大行业，相反，我国金融业吸收外资占比非常低，2013 年仅为 3.5%，这说明我国金融服务开放范围和开放深度都非常有限，阻碍了外资的进入。此外，更具现代意义的技术和知识密集型的通讯、教育在服务行业吸收外资中占比也很低。2013 年信息传输、计算机服务和软件业外资占比为 4.4%；科学研究、技术服务和地质勘查业为 4.2%，教育吸收外资几乎可以忽略不计。②我国服务业吸收外资与产业发展水平不一致。我国服务业吸收外资明显滞后于服务产业的发展。从服务业具体行业来看，吸收外资和产业发展相背离的情况更加显著。2005—2013 年，交通运输、批发零售、住宿餐饮以及金融吸收外资占服务业外资总额的平均份额分别为 7.3%、12.4%、2.4% 和 2.1%，而四种服务行业增加值在第三产业增加值中的平均比重分别为 12.0%、20.0%、4.9%和 11.2%，可见，上述四类服务业吸收外资明显滞后于产业发展，尤其是批发零售和金融业。与此相反的是房地产业，吸收外资严重偏离了产业发展。2005—2013 年，房地产业吸收外资占服务业外资总额平均份额达45.0%，同期房地产业增加值占第三产业增加值平均份额仅为 12.3%。这说明不少外资企业进入我国服务业是为了套利，追逐房地产的高额利润。

（6）服务业对外投资呈现快速增长趋势，但与产业发展不匹配。2004—2012 年间，服务业对外投资流量从 25.3 亿美元增至 589.6 亿美元，年均增长率达到 48.2%，高出我国同期对外投资总额增速（41.4%）6.8个百分点。从存量上看，2004 年底，我国服务业对外直接投资存量为324.1 亿美元，到 2012 年底已达到 3962.0 亿美元，8 年之间增长了 11 倍之多，增势非常迅猛。同时，我国服务业对外投资占全球比重也基本呈现上升态势，2005—2007 年间这一占比仅为 1.59%，到 2010 年迅速升至11.3%，2011 年有所回落，但仍保持 8.6% 的较高水平，这说明我国服务业企业竞争力有所增强，开拓国际化市场意识日益提高，也与国际金融危机爆发之后全球经济格局出现调整，中国企业"走出去"意愿加强等因素有关。但是，服务业对外投资与产业发展水平不匹配。我国服务业对外投资在对外直接投资总额中所占比重非常高，存量占比在 75% 左右，而我国服务业在 GDP 中的比重却只有 46% 左右。从具体产业来看，租赁与商务服务业增加值仅占 GDP 的 2% 和服务业增加值的 4.3%，但这一领域对外投资却占到对外投资流量的 34.3% 和服务业对外投资的 52.4%。

3. 中国服务业发展的趋势。随着互联网的发展，大数据时代已经来临，在新产业变革背景下，服务业模式、业态创新将体现四种形式：一是新技术驱动的服务创新，即通过引入新技术、新服务方法，开辟新市场需求而形成的全新服务业形态，以及基于物联网、大数据、云计算等技术的服务创新，智能制造服务等；二是新技术对传统服务业的提升，通过引入新技术特别是新一代的信息技术，赋予传统服务业新的内涵、形成新的服务业态；三是基于产业链分工的服务创新，即以科技进步为基础，从传统制造业、服务业中衍生和分剥出的新的服务业形态；四是基于跨领域融合的服务创新，即由于技术融合或者线上线下融合而形成的新服务业业态。中国服务业既要适应世界服务业发展的趋势，也要抓住中国经济发展为服务业发展创造的巨大机遇。

（1）制造业服务化，现代制造业与服务业的融合发展日益深入。这种融合发展主要表现为服务业向制造业的广泛渗透和扩散而出现的制造业服务化。制造业服务化主要涉及设计和研发服务、系统解决方案、零售和分销服务、维修和支持服务、安装和运行、会务、金融服务、财产和房地产服务、咨询服务、外包和经营服务、采购服务、租赁服务、运输服务等内容。其中系统解决方案、设计和研发、维修和支持、零售和分销服务是制造业服务化的主要体现。制造业服务化的基本表现形式是"产品＋服务"，涵盖顾客需求调研、产品设计、生产制造、市场营销、售后服务和报废回收等产品生命周期的全过程。国际经验表明，制造业发展到一定阶段，其附加值和市场竞争力的提升更多的是依靠生产性服务业的支撑。制造业服务化越来越呈现知识密集型和技术密集型趋势。跨国公司通过由制造企业向服务企业转型，打造核心竞争力。发达国家和地区制造业服务化水平普遍高于正处于工业化进程中的国家，这是由于发达国家分工生产技术密集型产品，而发展中国家生产技术密集度低、规模化产品。中国制造业实现做大做强的目标，就需要实现制造业的服务化，从而提高中国制造业在国际上的竞争力。

（2）网上零售发展迅猛。随着商品交易由大批量交易转向小批量、多批次、短期、快速交易方式，网上购物呈现两方面特征：一是网购消费增长迅猛；二是网购消费者主力已从"80后"转移到"90后"，互联网简单快捷高效的消费模式，已经渐渐被年轻人广泛接受。以2014年的11月11日为例，阿里巴巴中国零售平台又一次刷新纪录：11日全天，交易额达571.12亿元，创下新纪录，也创造了24小时内在线零售额最高的单一公司的吉尼斯世界纪录。而且2014年的"双十一"，还出现了购物的全球化和移动化的新特点。天猫平台在2014年首次采用了海外品牌直采模式，以天猫平台的力量聚合买家需求直抵海外品牌商家端，缩短传统采购供应链条。通过这个平台，国内的消费者能买到包括美国、日本、韩国等在内的全球商品。而220多个国家的海外消费者也可以通过淘宝海外、速卖通等跨境电商平台购买来自中国的商品。消费者在移动端访问双

"十一"会场的流量几乎达到了 PC 端的两倍，而在往年这一数字只占到了 20% 左右。从这次线上线下交易看，呈现几个趋势：一是销售额过亿服装商家相当一部分都是线下品牌；二是小县城在"双十一"中展现出来的人均消费力更强劲；三是移动端交易额猛增，阿里巴巴已经是名副其实的移动电商；四是反映了中产阶级的生活方式正在改变。随着人们对网上购物方式的认可和接受，网上商品将更加丰富，也将更能满足人们求新求变的消费需求，网上消费的影响力也将越来越大。

（3）节能环保服务业是各国抢占低碳经济的制高点。全球节能环保服务业市场将持续增长，世界主要经济实体都把绿色经济作为刺激经济增长和转型的重要内容，节能环保技术装备和服务水平也开始提高。2011—2025 年，全球节能环保服务业平均每年增长幅度有望超过 5.8%。节能再投资力度加大，从 2010—2020 年，全球节能投资将达 1.999 万亿美元，节能环保产业成为产业调整及经济复苏的重要支撑点。节能环保技术服务领域的研发、环境咨询服务、合同能源管理（EPC）市场、发展碳金融是各国抢占低碳经济的制高点。资源循环利用产业作为发展循环经济的关键产业，受到欧盟、美国、日本等发达国家和地区的重视并得到迅速发展。中国提出了要大力发展节能减排投融资、能源审计、清洁生产审核、工程咨询、节能环保产品认证、节能评估等第三方节能环保服务体系，这将有助于提高中国环保服务业水平和国际竞争力。

（4）中国服务外包发展空间广阔。服务外包产业是中国经济结构调整，特别是对外经济结构调整的一个重要内容，也是中国产业升级的一个重要支撑点。中国提出了大力发展软件和信息技术、研发、金融、政府服务等领域的服务外包，推动服务业向价值链高端延伸。支持企业特别是工业企业购买非核心业务的专业服务。服务外包产业成为吸纳就业及中国经济可持续增长的新动力，中国正在快速迈向服务经济时代。美、日、欧等发达国家和地区仍是主要的发包方，主导整个产业的发展，发展中国家是主要承接方。随着承接服务外包的发展中国家数量不断增多，以及以发达国家全球服务业务回流和内包重启，越来越多的企业从单纯选择低成本外包承接地，转向选择制造业基础良好、营商环境良好、市场广阔的地区作为外包承接地。中国、印度、巴西等传统接包国的成本优势正在减弱。

科技发展为服务外包模式创新提供了动力。特别是以移动互联网、云计算为代表的新一代信息技术的发展以及用户需求的提升，推动服务外包模式不断创新，最优解决方案成为新趋势，呈现从外包到众包的发展趋势，外包服务的精细化、专业化程度日益提高。随着服务业跨国转移的持续、服务业全球化新阶段的来临，全球离岸服务外包市场越来越大。信息技术外包、业务流程外包和知识流程外包仍将迅速扩张。服务外包行业向高附加值、高科技方向发展。中国服务外包产业仍然具有巨大的发展空间。

（5）总部经济推动服务业发展。总部经济是指某一区域由于特有的资源优势吸引企业将其总部设在该区域形成集群布局，同时将其生产制造基地布局在具有比较优势的其他地区，从而使企业的价值链与区域资源实现最优空间组合，同时对该区域经济发展产生重要影响的一种经济形态。总部经济呈现明显的区域集聚现象，主要分布在纽约、东京、伦敦、巴黎、中国香港等国际大都市圈。这些世界级的大都市圈贴近消费、生产市场，为服务业的发展提供了关键的基础。发展总部经济有利于提高中心城区的辐射和综合服务功能，有利于集聚高端资源，推动产业结构升级。由于亚太地区经济的迅速发展，亚太区新兴市场总部经济格局明显表现为集聚全球性跨国公司地区总部的特征。总部经济也是各地区尤其是东部地区发展战略的主要内容之一，发展总部经济对于带动当地服务业发展，促进当地经济发展都具有重要作用。

（6）信息技术服务业发展潜力巨大。信息技术服务业是高技术密集型产业，具有网络化、平台化、智能化的特征。信息技术服务业对提升全球化服务能力，实现全产业链的整体解决方案具有积极的促进作用。大数据、移动互联网、社交网络、云计算的出现以及网络安全的保障，对信息技术服务业提出了更高的要求，也提供了巨大发展空间。信息技术外包交付模式向现场、近岸、离岸相结合发展，发包方越来越重视外包服务提供商的全球交付能力。随着3G、4G技术的发展，移动用户迅猛增加，中国的移动用户数增长更是迅猛，移动支付、移动社交、新型移动即时通信等移动物联网新型服务更是引领互联网服务领域增长。

（7）时尚产业方兴未艾。随着中国居民消费水平和消费能力的提高，人们越来越注重消费品的品质、品牌的知名度和影响力。时尚产业在中国有着巨大的发展市场。中国时尚产业发展的特征及趋势表现在以下几个方面。①消费人群年龄年轻化。在国外，奢侈品的主要消费群体一般为40—70岁年龄段，中老年人是奢侈品消费的主力；而在中国，奢侈品的消费者是20—50岁的人群，并且20—40岁的消费者是中国奢侈品消费的主力。中国时尚产品的消费主要集中在大、中型城市，经济发达、人口密集的城市人群构成了时尚消费的主力。②奢侈品消费在中国市场还处在初期，但是增长迅速。尽管中国还处在奢侈品消费增长的初期，但国内的奢侈品消费增长迅速。据高盛公司2013年1月发布的数据，2012年中国奢侈品总消费额为460亿美元，而2005年国内奢侈品销售额才20亿美元。2013年，中国奢侈品市场本土消费280亿美元，境外消费进一步加强，达到740亿美元，即中国人奢侈品消费总额为1020亿美元，相当于中国人买走全球47%的奢侈品，是全世界最大的奢侈品客户。中国奢侈品市场消费总量为9550亿元，尽管同比下降38.8%，但消费总量仍不可小觑。③中国消费者消费的奢侈品主要集中在个人用品上。对于中国消费者来说，奢侈品消费以产品消费为主，大部分集中在服饰、香水、皮具、手表等个人用品上，高端服务消费比重还比较低。而在欧美国家，消费者偏爱尊崇的体验消费，豪华名车、度假酒店、豪华游轮等更具体验特征的商品才是大家更向往的奢侈品。④消费升级进一步促进奢侈品消费增加。随着中国居民收入和生活水平的提高，消费者的消费理念也将发生变化，曾经是奢侈品的部分品牌也将渐渐变得大众化，成为高档消费品。这显示未来中国消费人群将从从众炫耀性消费逐步向个性消费转变。这对许多奢侈品品牌提高销售服务质量和满足顾客消费产品时的服务体验提出了更高的要求。

（8）中国专业服务业保持旺盛发展态势。欧美地区专业服务业发展较成熟，在全球保持领先水平。美国和欧洲在法律服务业、管理与营销咨询服务业、会计服务业和广告服务业方面在全球市场均占有较大份额。世界知名的律师事务所、会计师事务所、管理咨询公司等专业服务业机构几乎都在美国和英国等发达国家设有全球总部或区域性分支机构。欧美等发达国家已建成了较为完善的专业服务业体系。中国提出要提升服务业服务专业化、规模化、网络化水平，引导服务业企业以促进产业转型升级为重点。中国的专业服务业具体包括：经纪与代理，会计、审计及税务服务，法律、公证服务，评估服务，专业咨询服务，信用服务，知识产权服务，人力资源服务，市场研究服务，广告服务等。随着中国经济融入世界经济发展的深入以及中国经济的快速发展，与之相伴随的专业服务业也将步入快速发展的阶段，尤其在会计服务、法律服务、专业咨询服务、广告服务四大行业，其发展态势将更加稳健和强劲。这为各类咨询机构及相关的各类主体把握市场机会促进自身发展提供了难得的机遇。

（9）医疗健康服务业异军突起。随着居民生活水平和生活质量的提高，居民对医疗健康的需求越来越大。中国提出了要重点发展健康教育、预防保健、康复医疗、卫生保健、健身休闲等行业，加强医疗卫生支撑，培育健康服务机构，探索健康服务业发展模式，建立健全多层次、多元化的健康服务业产业体系。鼓励社会资本、境外资本投资健康服务业。壮大健康服务人才队伍，规范并加快培养护士、养老护理员、康复治疗师等从业人员。这将极大地满足居民对医疗健康服务的需求，也将促进医疗健康服务业企业找到更多的市场空间。

第 九 章

基于增长极视角汉中服务业
发展思路与路径分析

　　本书在充分分析国内外现代服务业的发展特点、发展趋势和汉中国民经济发展、特别是服务业发展的现实基础，以建设陕甘川省际边缘区现代服务业增长极城市为目标，面对新时期的新形势、新机遇、新挑战，如何统筹谋划汉中现代服务业发展的未来，科学准确地定位现代服务业在汉中地区经济发展中的地位、制定切实可行的发展战略、确定合理的发展目标、明晰重点任务和对策措施是确保汉中市服务业有序发展的重要前提。

一　整体思路

　　本研究根据对国内外服务业发展的现状及趋势分析，结合汉中经济社会发展的现实基础，将汉中服务业发展的整体思路确定为：深入贯彻十八大精神，以社会主义核心价值观为指导，以推进经济转型升级为主线，以加快转变经济增长方式为方向，以"提升总量、优化结构、完善布局、产业集聚"为基本要求，把握中央、省大力发展服务业的政策机遇，围绕建设"旅游文化名市、生态宜居城市"的城市发展定位，全面提升汉中服务业发展的水平和规模，以开放、创新"双轮驱动"为动力，促进汉中服务业实现跨越式发展，着力打造工农业带动服务业、服务业促进工农业的经济发展新模式——"汉中模式"，为汉中市经济发展提供重要支撑。因此，汉中服务业的发展应"发挥后发优势、确立一大战略、突出二条主线、完善空间布局"。

（一）发挥后发优势

基于后发优势理论和发展中国家及地区的经济发展实践，后发地区可以充分吸取先发地区的发展经验，跨越经济发展中的某些阶段，具有实现经济跨越式发展的优势。根据汉中的资源禀赋，依托汉中拥有的旅游资源优势、历史文化优势和地理区位优势，发挥后发优势，积极运用"政策引领、企业参与、市场运作"的方式，通过由"模仿"到"创新"的学习过程，加强自主创新能力，争创汉中市服务业的"大产业、大平台、大项目、大企业"优势。通过搭建服务业发展支撑平台，建设一批重大项目，支持一批示范企业，在推动服务业规模做大、速度提高的同时，进一步优化结构、提高效益、提升能级，努力实现服务业跨越式发展。

（二）确立一大战略

基于产业融合的理论，确立服务业与工农业融合发展战略。大力提升服务业在汉中经济社会发展全局中的地位，一要把生产性服务业摆在与制造业同等重要的位置，促进服务业与制造业融合发展，在打造先进制造业重要基地的同时，加快建设现代服务业发展高地，促进服务业与高端装备制造业的融合发展；二要促进生活性服务业与生态农业融合发展，以生态农业园区为载体，加快发展生态旅游、文化旅游、休闲养老、健康体育等服务业，促进服务业与生态农业的融合发展。形成制造业与服务业融合促进、生态农业与服务业融合提升、共同推动汉中经济社会又好又快发展的良好局面。

（三）突出二条主线

即突出发展与先进制造业相关联的生产性服务业、突出发展与生态农业相关联的生活性服务业。一要立足制造业服务化的大趋势、大背景，以高端化、集聚化、产业化、市场化为导向，把为先进制造业需求服务的金融、现代物流、信息技术等产业作为服务业发展的重中之重，把制造业骨干企业价值链由以制造为中心转向以服务为中心作为突破口，摆脱汉中制造业"在产品链条最低端挣扎"的局面，使之成为汉中制造业优化升级的重要推手；二要充分发挥农业的多功能性、农业经营的多元化、延伸农业产业链，用活农业资源、做活农业产业，把挖掘农耕文化、农业休闲体验、食疗养生、农业观光等服务业作为延伸农业产业链的方向，提高农业附加值，增加农民收入，促进农村经济繁荣。

（四）提高产业集聚度

基于产业集群理论，建设形成各具特色的现代服务业主体功能区。顺应汉中产业集群转型升级需要，依托集聚规模较大的航空配套产业集群、生物制药产业集群、现代材料产业集群、农特产品加工产业集群等，统筹协调城市中心、农村服务业资源，实现服务业城乡合理布局。加快建设一批服务业集聚区，选择确定一批已有一定基础、符合城市定位且发展前景看好的现代服务业集聚区，优先纳入汉中市服务业重大项目建设计划进行重点培育，并培育一批优质服务企业及品牌，形成科学发展的现代服务业体系。

二　基本原则

（一）坚持生态优先原则

基于生态文明的理念，汉中服务业的发展必须坚持生态优先原则。生态优先原则与经济优先原则完全不同，经济优先原则的实质是片面追求经济利益和经济效益最大化，片面追求物质财富占有和消费的最大化，而基本不顾及生态系统的承载力和平衡，几乎无所顾忌地牺牲生态环境、大量消耗自然资产与生态资本，使经济增长严重超过生态系统承载能力，导致严重深刻的人类生存基础危机。生态优先原则的核心是建立生态优先型经济，即以生态资本保值增值为基础的绿色经济，追求包括生态、经济、社会三大效益在内的绿色效益最大化，也就是绿色经济效益最大化。当经济社会规律与生态规律，市场原则、科技原则、政策制度原则等与生态保护发生冲突时，要服从生态规律和生态保护优先原则。

（二）坚持创新发展原则

立足汉中现有产业特色，着力推进现代服务业理念创新、技术创新、管理创新、业态创新和模式创新，在创新中寻求发展、培育亮点，提升服务业的规模、层次和水平，大力发展面向生产的服务业，突出服务业在要素流通、信息带动、节能降耗、技术进步等关键环节上的服务效应，促进服务业与制造业和战略性新兴产业的融合互动，催生新技术、新工艺、新产品和新业态，发挥服务业特别是生产性服务业对新型工业化的促进作用，努力塑造汉中现代服务业特色、打响汉中现代服务业品牌。

（三）坚持产业融合发展原则

汉中应立足区位、交通、资源条件和产业基础，把握传统服务业的比较优势和现代服务业的后发优势，因地制宜，扬长避短，积极发展具有汉中特色的服务业，将服务业的比较优势转化为市场竞争力。优先发展生产性服务业，积极引导服务环节向加工制造业延伸，促进三次产业联动发展。统筹协调，提升服务业的能级，增强服务业对制造业、服务业对生态农业发展的推动力。

（四）坚持集聚集约发展原则

城镇化与现代服务业发展相辅相成，互动发展。按区域划分服务功能块，加快主体功能建设，进一步完善产业集群规划，加强上下游合作，不断壮大主导产业规模，提升主导产业层次，丰富产业集聚区内涵。把握城镇化加速发展的时代特征，抓住消费结构升级、需求扩张等机遇，大力发展中央商务区、城市商圈、城市综合体等现代服务业集聚区，加快发展文化、教育、卫生、体育、社区服务等公共服务业，完善中心城市的社会服务功能，以现代服务业的发展支撑城市发展、促进城市繁荣。

（五）坚持龙头带动发展原则

遵循产业发展规律，坚持市场主导、企业主体、政府引导与扶持相结合的方针，充分发挥市场配置资源的决定作用，促进资源要素合理集聚，走产业化、市场化、社会化、规模化的发展路子，精心选择并重点支持基础较好、优势突出、成长快速、发展前景好的行业，以跨越式发展带动全市服务业成长壮大。鼓励规模化、网络化、品牌化经营，加快形成一批具有较强竞争力的服务业龙头企业和集团。着力引进和培育一批实力雄厚、带动能力强、具有竞争力的服务业龙头企业，推动龙头企业成为带动全市服务业发展的主导力量，全面提升现代服务业的整体素质和水平。

三　发展目标

按照加快转变经济增长方式，推动产业结构优化升级的总体要求，综合考虑汉中市服务业发展基础和未来发展趋势，本研究将汉中市"十三五"时期服务业发展的总体目标确定为：以优化生态环境为前提，实现服务业主导产业突出、结构不断优化、实力大幅提升、产业集聚发展，基本建成多层次、高增值、广就业、强辐射的现代服务业体系。到2020年，实现经济结构向以服务经济为主的转变，把汉中建设成为区域性的信息中心、商贸中心、物流中心；全国性生态旅游中心和休闲养老中心；世界性的汉文化中心。成为引领陕南、带动秦巴山区、辐射陕甘川毗邻区的现代服务业中心城市。具体体现在"做大规模、做优结构、做足特色、做强实力"四个方面。

（一）做大规模

到2020年，服务业增加值达到600亿元，占GDP比重每年提高1个百分点以上，确保达到42%，力争达到45%，经济发展形成主要依靠工业带动向依靠工业和服务业协调带动的格局。服务业从业人数达到18万人，占全社会从业人数比重每年提高1个百分点以上，力争达到40%。

（二）做优结构

到2020年，生产性服务业增加值占服务业增加值的比重达到40%左右，运用信息技术和现代经营理念发展的现代服务业规模明显扩大，物流、信息、金融、商贸等生产性服务业发展明显加快，为制造业两端延伸提供强有力支撑；新兴服务业增加值占服务业增加值的比重达到20%，成为拉动汉中市服务业发展的新增长点；文化产业和旅游产业增加值占服务业增加值的比重分别达到10%和20%。逐步形成以生态旅游、休闲养老、现代物流、商贸服务、信息服务等产业为重点的现代服务体系。

（三）做足特色

大力发展现代物流、金融、商贸等生产性服务业，建成一批重要的服务业功能区及集聚区，并使其对区域辐射和带动效应显著提升；建设形成中心（汉台区市区）现代金融、商贸服务业功能区，北部现代物流服务集聚区，城市周边（四园、四湖、四区）生态旅游、休闲养老服务业功能区等重要的服务业集聚。大力发展生态旅游、休闲养老等生活性服务业，将汉中打造成为中国西部的生态休闲旅游度假之都，世界著名山水园林城市典范。

（四）做强实力

培育形成一批服务业优势企业。到 2020 年，具有一定能级和规模的现代服务业企业达到 20 户，其中国内知名服务企业 1—2 家；销售收入超 5 亿元的服务企业 1 家，超 1 亿元的服务企业 5 家，竞争力提升。形成营业收入超 10 亿元的企业 2 家以上，超 20 亿元的企业 1 家以上；新增省级百强服务业企业 1—2 家，新创省级以上商标品牌 3—4 件。

四　发展路径

在全面分析国内外、省内外以及汉中市服务业发展的现状及趋势的基础上，本研究认为："十三五"时期，汉中服务业的发展应以转变经济增长方式，实现汉中经济整体"升级、转型"为主线，积极探索服务业发展的三条路径，即升级道路、转型道路和外包道路。

（一）升级道路

推进服务业自身提升。推进服务业企业之间的整合与重组，扩大自身的规模，通过自主创新提升服务质量。实现服务业自身的规模和质量升级，应从两个方面着手：一是传统生产性服务业的升级，如物流业通过信息化、规模化，实现规模和质量的提升；二是优先发展知识型、创新型生产性服务业。服务业创新可以包括商业模式创新、服务内容创新、服务界面创新、服务技术创新等。鼓励企业实行服务业制造化发展。倡导服务企业的专业化、模块化发展，鼓励企业申报服务标准，对服务企业的标准进行知识产权保护，推动服务企业从个性化定制向大规模定制转型。

（二）转型道路

加快制造业服务化发展应从业务转型和价值链转型两个方面着手：一是大型制造企业逐步转变为提供整体解决方案的服务供应商；二是通过对价值链中研发、设计、制造和服务活动的有机整合，实现价值链升级。鼓励大中型制造企业向服务业转型，鼓励大中型制造企业进入行业关联度大的服务产业，成为本行业品牌、设计、营销网络等关键性服务的供应商，甚至可以将服务的范围拓展到业外，逐步实现产业服务化。

（三）外包道路

促进服务专业化发展，要让在制造业领域已经拥有核心竞争力的企业、高技术领域的大中型制造企业和国有企业内部承担的社会化服务业，把非核心服务业剥离出去，通过专业化、社会化发展，培育一批服务企业。具体做法：鼓励制造企业进行合理定位，保留和发展制造业部分的核心价值创造环节，将混合在制造企业中的服务支持活动分离出来，如物流、会计等非核心价值环节，鼓励其让渡给专业的第三方服务业，或内部设立服务业专业公司，大力推进制造业企业主辅业分离；针对政府部门、大中型国有企业承担社会服务的弊端，把政府部门和国有企业中应该社会化的服务剥离出去，形成一批专业化、社会化运作的服务企业；要支持提升现有各类生产性服务企业的专业化、规模化发展水平。通过专业化、规模化运作，降低服务企业的运行成本，产生规模经济效应，帮助被剥离企业降低生产成本和管理成本。

五　发展重点

服务经济要成为汉中新一轮发展的强大引擎，关键要明确发展重点产业，并着力推进其实现跨越式发展。本研究认为，汉中服务业的发展要在全面改造提升传统服务业的基础上，大力发展现代服务业；在努力发展与群众生活息息相关的消费性服务业的同时，大力发展与制造业相关联的生产性服务业，通过制造业服务化，促进汉中经济快速做大做强。为此，要做到"一个着力、两个优先、三个扶持、四个重点"。

（一）着力推进制造企业服务化

汉中拥有配套较完整、技术水平较高的中大型运输机和特种电子战飞机的制造能力，形成了规模化的数控机床、特种机床和刀量具生产基地。"十三五"时期，陕西飞机工业集团、汉川机床、汉江工具等一批大型制造业骨干企业，要实现价值链由以制造为中心向以服务为中心的转变。要实现企业的产出以实物产品为主向以服务产品为主的转变，提升具有自主知识产权的核心竞争力。不仅要卖产品，更要卖品牌、卖服务。既要为产品提供金融服务、售后维修、系统集成、技术支持等附加服务，更要争取成为本行业品牌、咨询、设计、策划、专利等关键性服务的供应商，使服务活动成为制造企业产值、利润来源的主导。

（二）优先发展生态旅游和汉文化产业

1. 优先发展生态旅游产业。加快实施全域旅游打造工程，继续完善"一心、两环、三线、五区"的旅游基础设施、规范旅游标识系统，大力开发汉中智慧旅游数字平台，突出汉中旅游"青山秀水、自然生态"的特色，强化生态旅游的核心理念，打造精品旅游线路，开发特色旅游商品，全面提升汉中旅游服务体系，提高旅游服务管理水平，树立汉中生态旅游品牌。

2. 优先发展汉文化产业。以两汉三国文化为主线，充分发挥"汉字、汉语言、汉民族、汉文化"之源的核心优势，以传承和推广汉文化为出发点，建立汉文化研修中心，面向国内外开展汉文化培训，抢占汉文化学术高地；着力打造一批地方特色文化园区，重点发展汉文化服饰、汉文化演艺、汉文化用品、特色文化节会四大文化产业链，做强汉中汉文化产业；通过实施"走出去"战略，树立汉文化品牌。

（三）扶持科技服务、休闲养老、健康体育产业

1. 扶持科技服务业。加大对科学研发、技术创新的资金和政策扶持力度，不断完善科技创新服务平台和科技成果转化服务平台，大力扶持企

业自主研发、鼓励发明创造，逐步实现汉中市从"技术引进"向"自主创新"的战略转型。

2. 扶持休闲养老服务业。充分发挥汉中生态资源优势，按照社会化、专业化、产业化的方向发展休闲养老产业，促进生态休闲养老相关产业的全面发展，抢占西部休闲养老产业高地，将汉中建设成为中国西部地区规模最大的休闲养老之都，推动汉中经济实现绿色发展、生态富民和科学跨越，促进汉中生态宜居城市建设目标的实现。

3. 扶持健康体育产业。扶持全民健身工程建设，将汉中山水资源与健康文化、体育运动项目有机结合，开发地方特色的健康体育项目，按照"社会化、大众化、常态化"的方向发展健康体育服务业，拓展和延伸体育相关产业链，进一步满足人民群众对体育的新需求，实现健康体育产业的跨越发展。

（四）重点发展信息、物流、商贸、电子商务产业

1. 重点发展信息服务业。加快建设数字信息传输网等先进通信设施，积极推进电信网、计算机网和有线电视网的升级改造和融合应用。提高信息资源的开发和利用水平，加快"数字汉中"建设。加快实施农业信息化和制造业信息化两大工程，加速软件业的集聚和企业综合竞争力的提升。

2. 重点发展商贸服务业。继续繁荣和提升城市中心区"百亿商圈"，将其打造成汉中市的中央商务区，培育3—5个辐射面广、带动力强的区域性商品交易市场（如陕南汽车交易市场、陕南中药材交易市场、陕南服装批发市场、陕南特色产品交易市场等）、农产品批发市场，合理布局和适度发展大型购物中心和大型综合超市，积极发展电子商务、连锁经营、特许经营等新兴商贸业态，加快发展社区商业服务和服务农村的"农家连锁店"。

3. 重点发展现代物流业。明确区域市场定位，把汉中建设成为面向"西三角"经济圈和陕甘川毗邻区的重要物流集散地。加快褒河物流园区等绿色产品物流中心建设，加快现代通信和网络技术体系建设，大力发展工业物流、积极发展航空物流，加快建设航空物流园区，逐步形成以重点物流企业为依托，以物流基地、物流中心、配送中心、物流信息平台相结

合的专业化、网络化物流体系。积极引进具有综合服务能力的大型物流公司，大力发展第三方物流。

4. 重点发展电子商务产业。着力促进电子商务与农业互动发展、与工业融合发展和与现代服务业联动发展。按照生态化、标准化、平台化、品牌化的要求，坚持高起点规划、高标准建设、市场化运作，以农村和农产品电子商务为重点，以电子商务创业园建设提升为抓手，强化功能整合，夯实基础配套，推进产业优化，将汉中市打造成辐射陕甘川渝毗邻区的电子商务中心城市和国内有影响的地市级电子商务示范城市。

六　产业布局

以汉中城市主体功能区划为主线，以汉中市工业产业园区、现代农业产业园区规划布局和生活居住区域布局为基础，合理设计、规划生产性服务业和生活性服务业的聚集区，形成相辅相成的总体发展格局。

1. 中心城区产业布局。汉台区依托区域优势，大力发展能级高、产业强度大的金融服务、现代商贸、信息服务、文化会展等服务业，建设成为现代服务业集聚区。

2. 副中心城区产业布局。包括经济技术开发区、城固县、勉县。围绕承接城区制造业转移，重点发展为制造业、农业和农村经济服务的服务业。依托航空智慧新城、褒河物流园区，加快现代物流平台和科技信息服务平台建设，优先发展现代物流、商贸服务、科技服务、航空物流等与先进制造业密切相关的生产性服务业。

3. 边缘山区产业布局。突出生态资源优势和特色民俗文化优势，大力发展生态旅游、民俗风情旅游和农业观光旅游，同时，积极拓展服务业领域，发展科普教育、养生文化、山地体育等服务产业。

第十章

服务业与制造业融合发展战略研究

产业融合是指不同产业或同一产业内的不同行业相互渗透、相互交叉，最终融为一体，逐步形成新产业的动态发展过程。产业融合是产业高度发达的一种产业发展形态。产业融合发展就是借助产业融合的作用，提升产业链的竞争力，实现各产业的协调发展。专业化分工程度深化、制造业产业链重组、追求范围经济等因素是推动产业融合发展的原动力，技术创新、制度创新和管理创新则是产业融合发展的催化剂，而企业是实现产业融合发展的主导力量。产业融合发展是社会生产力进步和产业结构优化的必然趋势，是现代产业经济发展的新特征。

产业融合发展为企业带来的好处主要有：一是使制造业企业能够通过产业链重组实现生产组织方式合理化，集中力量培养和提高自身的核心竞争力。由于现代社会科技发展日新月异，产品更新换代的周期变短，市场竞争异常激烈，使得企业保持竞争优势的难度增大。因此，企业必须集中力量于自身的核心能力上，即通常所说的外包的理念"做自己做得最好的，其余的让别人去做"，这是企业在激烈的市场竞争中求生存和发展的重要途径；二是产业融合发展能够充分利用社会资源，降低企业的运营成本。将一些自身并不擅长的业务，如科技开发、会计服务、人员培训、IT服务等，交给专业性服务机构去做成本会更低。企业也借此改变了"大而全"和"小而全"的组织结构，使企业的组织结构更为合理，降低了管理成本；三是融合发展能够提高企业的生产效率和产品质量。将生产性服务业和一些制造环节外置之后，企业的专业化水平伴随着核心能力的培养和技术的融合逐渐提高，生产效率和产品质量也必然提高。

一　制造业与服务业的关系

制造业和服务业是互为依托和相互促进的关系。制造业是服务业发展的前提和基础，是服务业特别是生产性服务业产出的需求方，没有制造业的发展，服务业就失去了需求来源。服务业尤其是生产性服务业，其产出的相当比例是用于制造业部门生产的中间需求，是制造业提高核心竞争力和实现良性发展的有力支撑。

制造业和服务业融合发展是现代产业演进的客观规律，是推进工业化进程和调整经济结构的重要举措，越来越被人们所认识、所认同。随着制造业中间投入服务的增加，服务业和制造业的关系变得愈来愈密切，传统意义上的服务业与制造业之间的边界越来越模糊，并出现"融合"发展现象，这种融合使得资源配置更加合理，产业结构日趋高度化。目前，制造业与服务业融合主要呈现两种融合框架。

（一）制造业服务化

企业将以产品为中心的制造业向服务增值延伸，不再是单一的产品提供者，而是集成服务提供商。制造业附加值中越来越大的比重来源于服务，而不是加工制造。在制造业发展过程中，信息服务、技术服务和金融服务等变得日益重要，产业链上研发、采购、储存、运营、销售、售后服务等服务性环节所占时间越来越长，在整个价值链中与服务相关环节的价值含量也在提升。制造业向服务业延伸（制造业的服务化）表现为以下两种情况：一是内生型服务化，是由制造业领域原有的服务性活动受市场影响大幅度增加，导致的制造业的服务化；二是外延型服务化，是由被并入制造业领域的非原有服务活动大幅度增加而导致的制造业的服务化。

（二）服务业产业化

由于现代服务业发展基于现代信息技术的广泛运用及网络化，使现代服务业也呈现出"产业化"的新趋向，即像制造业那样的规模经济和定制生产。当前世界上，越来越多的制造业企业不再仅仅关注产品的生产，而是将关注视角延伸至产品的整个生命周期，包括市场调查、产品开发和设计、生产制造、销售、售后服务、产品的解体和回收。越来越多的制造型企业不再仅仅提供产品，而是提供产品、服务、维修、衍生产品等的"集合体"。服务在这个"集合体"中占据的位置越来越重要，日益成为产品增加值的主要来源，致使制造业同服务业之间的界限越来越难以区分。许多制造企业将内部在产前、产中或产后的服务功能独立出来，原来的服务活动转而由其他企业完成。这一转变促使提供生产服务的专门企业迅速发展。

改革开放以来，中国依靠低成本的要素供给、庞大的市场需求及不断增强的技术能力，逐渐确立全球制造业大国的地位，但同时也面临更加激烈的国际竞争环境。这不仅表现为来自发展中国家的低端产业的竞争压力日益加剧，而且体现在发达国家正通过对战略性新兴产业全球价值链的构建，抢占新一轮产业竞争的制高点。在此情况下，中国制造业不仅可能面临已有比较优势丧失之忧，而且面临着被锁定于全球价值链低端和经济陷入贫困化发展的巨大风险。《"十二五"国家战略性新兴产业发展规划》明确提出，要构建先进制造业与现代服务业"双轮驱动"的现代产业体系。服务经济的发展为制造业转型带来新的契机，随着服务与制造相互融合趋势的加强，服务环节在现代制造业价值链中的作用也越来越大，这促使传统制造模式开始逐渐向制造与服务相融合的新型制造模式转变。美国制造与服务融合型的企业占制造企业总数的58%，芬兰、马来西亚、荷兰、比利时这一比例分别是51%、45%、40%、37%。与这些国家相比，中国制造业的服务化进程相对落后，具备服务型制造能力的企业仅占所有企业的2.2%。这是中国制造业发展长期处于价值链低端的重要原因，也是加速先进制造业与现代服务业融合的现实因素。

二　经验借鉴

（一）北京：大力发展技术创新服务业，推进制造业与现代服务业的融合

北京的服务业在国民经济中占有很大的比重。2013年服务业增加值占GDP的76.4%，提供了75%以上的就业岗位，创造了85%左右的税收收入和地方公共财政预算收入，集中了90%的固定资产投资和实际利用

外资。北京依托首都科技资源优势，通过实施"首都二四八重大创新工程"，积极推进制造业与现代服务业的融合。通过建立实施现代服务业促进主题、科技条件服务首都建设主题、北京重点产业技术竞争力提升主题行动，为现代服务业未来发展提供了强大的技术支撑。如推进了"DRC工业设计创意产业示范基地""石景山数字内容产业基地"等创新型服务业聚集区的建设；设立了"北京现代服务业促进"专项计划，发挥了科技创新对制造业与现代服务业融合的推动作用。在产业重点上，一是促进汽车制造业与信息、保险、物流等现代服务业融合；二是推进电子产品制造业与软件服务、通信服务、网络服务、电视广播服务等现代服务业的融合；三是促进医药制造业与医药研发、物流和医疗服务产业的融合发展；四是积极探索金融资本与产业资本相互融合的途径。

（二）上海：推进生产性服务业功能区建设，为先进制造业升级提供支撑

2013年，上海服务业从业人数占全市就业人数的比重超过50%，服务业占生产总值的比重提升至62%，服务业对上海经济增长的贡献率超过70%，服务业投资和地方财政收入占比超过70%，服务业实际利用外资占比超过了80%。为促进制造业与现代服务业的融合，上海市把发展生产性服务业作为经济发展的重要组成部分，重点加强了科技研发、设计创意、现代物流等生产性服务业功能区建设。例如，在微电子产业为主的漕河泾新兴技术开发区，重点引进跨国公司的技术和产品研发、产品销售、技术服务、软件开发、管理咨询、信息服务等知识密集型服务产业，打造"总部经济平台""研发设计平台"和"创新孵化平台"；在浦东空港、外高桥、上海化工区等产业园区配套发展物流型功能区；在安亭汽车制造基地，重点建设汽车检测、汽配零售、汽车物流、汽车保险等专业型生产性服务业功能区。

（三）江苏无锡：以专业化创新平台建设促进制造业与现代服务业的融合

无锡的制造业发达，制造业增加值占全市GDP的50%以上。制造业规模在全国大中城市中列第七位，在长江三角洲各城市中位居第三。2013

年完成服务业增加值 3714 亿元,占地区生产总值比重达 46.2%,服务业指标比重在全省仅次于南京,排名第二。服务业在地区经济增长、就业岗位提供、产业结构优化等方面都做出了很大贡献,仅服务业税收占国地税收比重一项,就从 2008 年的 30% 提高到了 2013 年的 40.8%。无锡的科技创新实力较强,2007 年有 8 项科技创新指标居江苏省首位。为此,无锡通过打造工业设计园、高新物流中心、电信物流信息平台等服务平台,促进制造业与现代服务业的融合。无锡工业设计园作为工业设计服务孵化平台,面向中小设计企业提供展示交易、辅助设计、快速成型、信息查询和创业服务等服务,形成了 IC 设计、自动控制设计、产品造型设计、机械与模具设计、平面设计、建筑与装潢设计等为内涵的设计产业。

(四) 陕鼓集团:做服务型制造商

陕鼓产值从 2005 年的 25 亿元增长到 2013 年的 62.89 亿元,国有资产得到了极大的增值。2007 年"陕鼓"品牌入选中国品牌 500 强,位居第 58 位,品牌影响力逐年提升。自 2002 年以来,陕鼓一直稳居国内风机行业龙头位置,也成为中国现代制造服务企业的新标杆。2005 年,陕鼓 25 亿元的总产值中,高端服务经济占了 51.6%。2007 年,在陕鼓 40 亿元产值构成中,自制加工完成的产值仅占 32% 左右,其余的 68% 是企业转换经营思路,靠"技术+管理+服务"整合资源来完成。陕鼓做服务型制造商的发展历程经历了以下四个阶段:

1. 源起:帮助竞争对手做服务。陕鼓第一次对外提供服务始于其跟对手的一次竞争中失利,但对方在给厂家提供设备的过程中,想让陕鼓的研究所帮着做配套的控制系统,却只有 20 多万元的收入,陕鼓接受了为竞争对手服务的合同。一年后,客户说,我们需要系统服务,这回连主机设备带系统都由你们做。这次的订单是 2000 多万元。

2. 转变思路:抢占服务的制高点。2001 年,陕鼓认识到卖产品一厢情愿不行,要真正考虑客户需求。在工业领域,专业化系统服务成为消费趋势,这就需要企业向用户提供完整的解决方案。于是,陕鼓提出要实现两个转变:即从提供单一产品的供应商向全方位提供动力设备系统问题的解决方案商和系统服务商转变,从产品经营向品牌经营、资本运作转变。2005 年,陕鼓提出了为客户提供项目融资的新型服务思路,在银行、配套企业等的大力支持下，将产业服务与金融服务相结合，为客户提供包括项目融资服务在内的完整解决方案。

3. 形成模式：向制造服务业全面进军。

（1）开展工程项目总承包。2001 年开始，陕鼓开始战略转型。宝钢集团上钢一厂 TRT 项目是陕鼓第一次承揽的工程项目总承包。如果卖产品，陕鼓只能拿到 600 万元的主机订单，但是他们通过系统服务带动最终签订了 3000 万元的配套合同。

（2）开展在线技术支持和故障诊断。2002 年起，陕鼓开始研究旋转机械远程在线监测及故障诊断系统。大型机组的运行数据，通过互联网传输到陕鼓远程监测与故障诊断中心，技术专家通过数据，全天 24 小时为用户提供在线技术支持和故障诊断，大大降低了用户维护检修成本，保证机组安全运行。目前，陕鼓已为全国 58 家用户的 200 余台套产品提供了远程检测服务。

（3）成立陕鼓成套技术协作网。2003 年，陕鼓牵头成立了由 56 家企业组成的陕鼓成套技术协作网，对产业链和配套资源进行优化整合管理，大大强化了为客户提供系统集成和系统服务的能力。

（4）设立备件库。陕鼓还与客户携手共建备件库，这样不但能够随时为客户提供备件，而且大大降低了客户的资金、场地占用率，从而使客户实现备件的零库存。

（5）核心业务转向服务。按照做精主业、强化服务的思路，陕鼓对内部组织架构和业务流程进行了调整，企业的核心业务以风机安装调试、检修、维修服务为主，将企业内部的所有设备维修业务实行了对外委托，全力开拓自己擅长的风机服务市场。

4. 打造品牌：提升服务的质量与层次。2005 年起，陕鼓启动了名牌行动计划，投入 1000 万元，对早期出产的 TRT 机组进行免费技术升级。陕鼓制订了首台首套产品零缺陷管理制度，郑重承诺：对于国产首台套产品，如不能满足客户流程的需要，出现技术质量问题，将无条件召回。10 多年前，陕鼓与云峰化学工业公司签订了国内首台硝酸四合一机组订单，这是云峰公司在关键的时刻支持了陕鼓的自主创新。此后，陕鼓又相继拿到了近 20 余台此类机组订单，实现了批量出口。但是，由于云峰机组是国产第一套，后来与陕鼓最新产品相比已经落后。2006 年，陕鼓决定免费为云峰进行机组升级改造，体现了陕鼓对客户的报答之情。当时改造费用近 400 万元，由陕鼓企业和员工共同承担，其中，陕鼓所有在岗员工及离退休人员就自愿捐款 100 多万元。

三 汉中制造业发展现状分析

（一）制造业发展速度快，核心竞争力正在形成

汉中制造业初具规模，形成了相互配套的制造业结构体系，制造业发展规模不断扩大。具体表现为：

1. 拥有配套较完整、技术水平较高的中大型运输机和特种电子战飞机的制造能力。其中，"运八"系列飞机达到国内领先水平。先进的陀螺仪表、自动驾驶仪等装备多种机型，汉航集团所属的装备研制和生产的企业对汉中工业发展具有较强的带动作用。

2. 初步形成了规模化的数控机床、特种机床和刀量具生产基地。省市所属的汉川、汉江等 4 家机床和刀具企业，以及汉航集团所属的 3 家特种刀量具军工企业，都具有了一定的研制生产规模，初步形成了初精加工的配套制造链，带动当地中小型企业近几十家，这种产业集群在国内也是少有的。

3. 核心装备制造能力正在形成。一批军工企业高新技术装备制造业发展引领作用正在呈现，航空自动控制、精密仪器仪表等机械设备制造能力初具规模，"中源"电子应变计和衡器量传感器中，高端产品国内市场占有率达到 80%；"燎原"液压油缸和液压泵阀已经成为行业名牌，气流纺织机关键核心部件制造已经形成较强能力；核燃料制备和稀有金属材料生产也初具规模，为汉中建立军民结合、大力发展高新技术装备制造业提供了良好的基础。

4. 制造业产业规模不断扩大。2013 年，汉中市装备制造业现有 63 户规模以上工业企业，完成工业总产值 136.1 亿元，增长 25.4%，增速比上年加快 15.2 个百分点。完成产值过亿元的装备制造企业有 22 户，占全市产值过亿元企业的 19.5%，其中，过 50 亿的 1 户，过 5 亿 5 户。从细分行业看，铁路、船舶、航空航天和其他运输设备制造业完成产值 86.95 亿元，增长 20.4%；通用设备制造业完成产值 17.68 亿元，增长 16.8%；

金属制品业完成产值 14.19 亿元，增长 58.3%；电气机械和器材制造业完成产值 8.18 亿元，增长 69.3%；仪器仪表制造业完成产值 5.04 亿元，同比增长 31%；专用设备制造业完成产值 2.98 亿元，增长 18.9%；汽车制造业完成产值 1.11 亿元，增长 10.4%[①]。

（二）服务业发展滞后，产业结构层次低

"十二五"以来，汉中服务业保持年均 12.6% 的增长速度，增加值由 2010 年的 199.81 亿元增长到 2013 年的 306.34 亿元[②]。从产业融合的角度，汉中的服务业表现"两大两小"的特征，一是传统服务业比重大，现代服务业比重小。如批发、零售贸易、餐饮、交通运输和邮电等传统服务业占服务业的比重超过 50%，而金融、保险、信息、咨询、技术、现代物流等现代服务业比重不足三分之一；二是消费性服务业规模大、发展快，生产性服务业规模小、发展慢。生产性服务业规模不大，物流业、金融业、信息服务业和科研服务业还不发达，对汉中经济发展与企业的支持力度较弱。

（三）现代服务业与制造业的融合处于"原生态"状态

从产业融合的程度来看，汉中制造业与服务业的融合仍处于自生自发的"原生态"状态。一是制造业与现代服务业规划脱节。单纯地就制造业规划制造业，单纯地就服务业规划服务业，尚未对制造业与现代服务业进行统筹规划；二是政策体系不完善。在制造业领域，在用地、税收和其他政策有系统的、有力度的政策，而在现代服务业，缺乏系统的政策支持；三是抓产业集群的思路上，制造业与现代服务业脱节，汉中虽然提出了航空配套装备、汽车制造和生物制药三大优势产业集群，但关注的重点是生产加工环节，没有拓展到制造业的上游和下游环节；四是园区产业布局规划上，缺乏对制造业与现代服务业的统筹规划，大多数工业园区缺乏制造业与现代服务业融合发展的整体规划。

---

① 本部分相关数据均来自《汉中市国民经济和社会发展统计公报》（2010—2016）。
② 同上。

四　发展思路

（一）战略选择

大力实施创新先导战略、集群发展战略和品牌培育战略等三大战略，着力推进制造业与现代服务业的融合。

1. 实施创新先导战略。通过技术创新平台建设和关键技术开发与转化，强化自主创新在制造业与现代服务业融合的支撑引领作用；同时，把制度创新作为促进制造业与现代服务业融合的保障，促进各种创新资源的整合和共享，建立专业化分工、协调发展的运作机制。

2. 实施集群发展战略。发展产业集群，不仅要关注制造业生产加工环节，更要把上游的研发、下游的市场营销等纳入产业集群体系，延长产业链。不仅要关注制造业企业在地理空间上的聚集，更要关注金融、保险、物流、教育培训等生产性服务业与制造业在空间上的聚集。

3. 实施品牌培育战略。在制造业和现代服务业领域，培育一批品牌企业、品牌园区和品牌产品，形成一大批具有核心竞争力的制造品牌和服务品牌，提高制造业与现代服务业融合的示范作用。

（二）发展原则

1. 以产业创新需求为导向原则。以满足汉中支柱产业、新兴产业和传统产业的发展需求为导向，突出重点园区、重点行业和重点企业，通过一批惠及产业、企业和园区的重大项目的实施，推动制造业与现代服务业的融合，提高企业、产业竞争能力为导向。

2. 科技支撑促进融合发展原则。发挥科技进步在促进融合的支撑和引领作用，通过重大平台和关键技术的攻关和技术推广应用，解决制造业与现代服务业融合过程中的技术瓶颈和缺乏有效平台支撑的问题。

3. 以优势产业为重点原则。注重优势和特色，重点抓好航空配套装备、数控机床、数控刀具、汽车及零部件、生物制药、新材料、有机食品等制造业与科技服务、金融服务业和物流业等现代服务业的融合。

4. 政府引导与市场推进相结合原则。一方面，充分发挥政府在规划、政策和产业布局的宏观引导作用，超前部署，有序推进；另一方面，按照市场规律，促进企业间、产业间和园区间的产业融合。

五　发展路径

当前，汉中制造业处于从传统发展阶段向创新驱动的制造业高级化发展阶段转型之际，要实现先进制造业从追赶到跨越的历史跃变，必须破除对传统发展路径的依赖，实现从基于引进技术的"创造性模仿"到基于自主创新的"探索性创新"的战略转型。先进制造业与现代服务业在"产业融合"过程中，立足于自主创新和服务化战略的产业价值链联动升级才是实现可持续发展的根本道路。

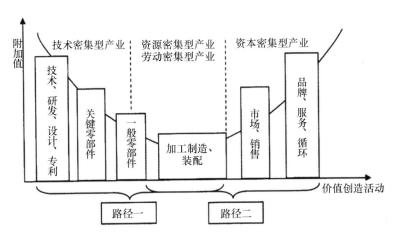

图 9—1　先进制造业与现代服务业融合的路径选择

（一）以高端装备制造业为基础，推进先进制造业与生产性服务业的融合

先进制造业可通过关键领域的研发和协作体系的自主创新，形成以大企业为龙头的行业创新联盟，争取在关键的共性技术、技术标准、产业链配套等方面实现突破，加强先进制造企业和现代服务企业在技术研发行业、标准业务创新、服务贸易等领域的协作与融合，实施一批企业技术改造项目，推动现代服务业与传统制造业的融合发展，打造健康协调的大产业链条。装备制造业是汉中产业的重要支柱，已形成航空配套装备、高档

数控机床、数控刀具等优势产业集群。陕飞集团、汉江机床、汉江工具等一些制造业企业具备较强的研发能力和将研发经验和知识转为向第三方提供服务的能力。

另一方面，对中小企业来说，单靠一个企业或机构的力量很难具有持续性。因此，充分利用公共创新平台，将各方力量结合起来进行自主创新，将有利于产业的可持续发展。例如，采用政府引导、市场运作、多方共赢的机制，吸引企业积极参与平台投资与建设，使企业逐渐成为自主创新的投入主体和成果应用主体，促进科技创新平台的市场化发展。通过这种产业链上的制造企业和服务企业联合起来进行自主创新，就容易实现先进制造企业和现代服务企业之间的技术融合，沿着基础研究—应用研发—商业开发的路径，从技术融合到产业融合，其结果也就是先进制造业和高端服务业的融合。

汉中促进先进制造业与生产性服务业的融合，重点是加强特色产业基地与技术创新公共服务平台、专业化物流园区等生产性服务平台建设，突出制造环节与服务环节的产业配套，延伸产业链，形成上中下游配套、大中小企业协作的产业集群。

1. 汽车及汽车零配件领域。以汉江产业园区为载体，打造汽车和汽车零部件特色产业基地，发展新能源汽车以及发动机关键零部件、汽车电子产品、汽车内饰件等产品。加强汽车模具设计中心、汽车设计中心、营销服务中心、物流园等技术研发与市场营销服务平台等服务平台建设，形成集产品研发、整车生产、零部件配套、维修服务、市场营销于一体的产业链。

2. 航空配套装备领域。依托航空智慧城和经济开发区，建设汉中航空配套特色产业基地，发挥陕飞集团、汉江机床、汉江工具等龙头企业的带动作用，大力发展航空配套产业和企业。围绕产业发展需要，组建工程设计中心、技术研发中心、信息网络中心、物流配送中心、应用人才培训中心等五大服务板块。

（二）以新材料和生物制药为重点，推动新兴产业与服务业的融合

1. 新材料产业领域。以洋县现代材料园为核心区，大力发展先进电池材料、复合材料、硬质材料、轻质金属材料等优势领域，建立布局合理、产业更加细化的特色基地。围绕新材料产业集群的提升，重点扶持国家级、省级工程技术中心和重点实验室，配套建设新材料产品检测服务平台，为科技型中小企业提供实验设备、中试设备、产品检测与评价的服务。

2. 生物医药产业领域。以汉中经济开发区为载体，抓好生物医药产业融合，加快生物技术研发与产业化基地发展，重点发展现代中药、基因制药和现代农业三条高新技术产业链。围绕产业链的发展，着力打造生物合成与天然药物开发、功能食品与基因药物创制、实验动物中心、新药检测与申报认证和项目孵化器等专业化服务平台，配套发展医药专业物流基地，建成专业化的技术创新和产业创新两大支撑体系。

（三）以地方特色产业为依托，促进传统产业与生产性服务业的融合

围绕传统优势产业的优化升级，大力创建特色产业基地，重点抓好有机食品产业基地、有机茶产业基地等基地建设。以基地为载体，大力推进农（副）产品深加工，发展绿色食品、休闲食品和新型特色食品。组建一批产品设计中心、包装设计中心、外观设计中心等特色产业工业设计中心，产品策划中心、金融服务中心、物流中心等专业服务平台，以此促进传统产业与生产性服务业的融合。

（四）利用电子商务平台，促进信息服务业与制造业的融合

信息技术与信息产业是汉中服务业发展的短板。"十三五"时期，一方面，通过建立汉中"全域网"，充分开发利用电子商务平台，大力发展数字媒体、网络服务、电子商务等信息化服务业；另一方面，以信息服务业带动制造业发展，促进制造企业的信息化，培育信息产业集群。

在制造企业信息化方面，以航空配套装备、数控机床、汽车等制造企业为重点，推进企业信息化由示范向推广应用转变、由单项技术应用向系统集成应用转变、由单个企业的信息化向区域企业集群信息化的网络化转变，重点抓好数字化设计、过程自动控制、电子商务、虚拟制造等方面的信息化，建立健全企业信息化推广服务体系。

六　对策措施

（一）完善产业融合的发展规划

1. 制定产业融合专题规划。根据产业融合的需要，专题规划汉中制造业与生产性服务融合的中长期发展，制定实施方案，启动一批重大项目，推进高新技术产业与生产性服务业的融合。

2. 制定专业型园区发展规划。以汉中经济技术开发区为核心，突破行政区划界线的制约，大力发展专业型的配套园区，尤其是规划若干专业型的生产性服务业园区。明确各开发区、专业园区的产业发展与功能定位，避免园区间的无序竞争。

3. 完善城市功能区规划。重点打造一批金融中心、研发中心、信息中心、采购中心、会展中心以及总部经济区、贸易与运输集聚区等生产性服务业功能区。

（二）建立产业融合的政策体系

1. 健全促进产业融合的财税金融支持政策。加大财政扶持力度，省、市、县（区）设立专项资金对产业融合的重大项目、重点产业进行扶持。研发、设计、创意、科技中介、科技投融资和担保等生产性服务享受相应的优惠政策。

2. 健全市场准入政策。放宽银行、保险、证券、电信等领域的准入条件，全面实行"非禁即入"，引导和鼓励民营资本广泛参与生产性服务业，促进各类服务业资源的优化配置。加快国有企业改革，推进企业内置服务外包，培育生产性服务企业。

3. 探索促进区域发展的利益调整机制。完善财政、税收分享机制，加强对研发基地、孵化服务功能区的倾斜支持，建立区域协调中地方利益流失补偿机制，为产业集群的区域融合营造优良环境。

（三）设立产业融合的专项计划

1. 设立技术创新平台建设专项。在优势高新技术产业领域、传统优势产业领域，支持建设一批技术研发、技术检测、项目孵化与成果转化、工业设计等专业型的创新与服务平台。

2. 设立名牌工程促进专项或发展基金，对获得名牌产品或商标、国家新产品或免检产品给予奖励，对名牌产品、名牌企业在财政、税务、信贷、投资等方面给予支持。借助名牌优势，推动企业重组，壮大名牌产品、名牌企业。

3. 建立数字化建设专项。推进电子商务、电子政务的建设，创建数字化企业、数字化楼宇、数字化园区。加强特色产业基地的专业网站建设，搭建产业创新信息服务平台。

（四）加强自主创新促进产业融合

1. 加强生产性服务业领域的科技攻关和成果推广。在物流、信息、工业设计等领域，开展管理工程技术和支撑技术的攻关，提高生产性服务业领域的科技含量。

2. 建立技术创新联盟。加强大学和科研机构的创新源头建设，支持企业创办各种技术开发机构，鼓励企业与高校、科研机构建立产学研合作机制，建立以市场为导向，以企业为主体，产学研合作的技术创新体系。

3. 培育中介服务体系。支持科技服务中心、创业孵化器、信息服务机构、科技融资机构、科技评估咨询中心、知识产权事务中心、技术产权交易中心、公共科技信息平台等中介服务机构。

（五）构建产业融合的人才队伍

1. 优化高等教育结构。在巩固应用型大学优势的同时，大力发展职业技术教育机构，加快专业技能型人才的培育，支持职业技术学院与企业建立"订单式"的人才培养合作机制。

2. 引进和培养高层次的创新人才。根据各类生产性服务企业的不同需要，引进高层次技术和管理人才。引进国际知名培训机构，建立高层次的创新人才培养基地。选拔优秀人才到国外进行培训，提高人才适应国际化要求的水平。

第十一章

汉中市生态旅游产业发展战略

生态旅游是在生态学的观点、理论指导下，享受、认识和保护自然与文化遗产，带有生态科教和科普特点的一种专项旅游活动。"生态旅游"是随着"生态""旅游"的存在和范畴的变化发展，衍生出来的一种带有新兴社会价值观念的旅游方式和旅游行为，它在国际社会中被广泛倡导。发展生态旅游业是汉中促进经济结构调整的现实选择，不仅可以大大提高服务业的比重，而且可以发挥旅游业在整个服务业中的综合、关联和拉动作用，促进经济结构调整优化。

随着我国经济社会的飞速发展，人们外出旅游的意识不断提高，这刺激了我国旅游产业的蓬勃发展，旅游业已经成为我国国民经济的重要组成部分。另一方面，随着城市化进程的加速与工业化的过度发展，生态环境不断恶化，人们对"城市空间"开始出现"审美疲劳"，逐渐渴求"回归大自然"，寻求"返璞归真"的感觉。越来越多的城市人开始重视自己喝的水，吃的饭以及呼吸的空气是否健康。人们越来越注重生活环境的质量，华北地区的雾霾天气，各地不断曝出的水污染问题也使越来越多的人开始"逃向"那些空气清新、水质清澈、食物健康的养生之地。每到周末、节假日，人们总是喜欢到城市外边放松一下心情，呼吸一下新鲜空气，生态旅游项目备受欢迎。在这样的背景下，可持续发展理念和环境保护意识日益深入人心，我国快速发展的旅游产业正在也应该进入注重"可持续发展"的生态化阶段。在这个阶段，生态旅游成了实现旅游产业可持续发展的重要途径。我国具有丰富的生态旅游资源优势，因此，生态旅游的发展就成了我国旅游产业可持续发展战略的重中之重，也是促进我国旅游产业转型发展的重要手段。

纵观我国生态旅游的发展历程，发现尽管其以"起步晚，势头猛"的态势快速发展，而且整体上呈现出一片欣欣向荣的景象，但在发展过程中还存在不少令人忧虑的问题，主要表现为：

1. 旅游行业管理不够规范，而且管理力度亟须提高。虽然我国生态旅游已经取得了可喜的成绩，但是旅游行业管理机构还没有制定出一系列科学规范的管理条例和管理法规，致使现阶段出现不少"管理随意""经营混乱"等不良现象。诸多经营者根本不按照生态发展规律和旅游市场规律合理开发旅游资源，片面注重经济利益，对市场上"赚钱"的项目一哄而上，根本不充分考虑地方实际与未来发展，而且在具体的旅游活动中不重视对游客的优质服务，因此，这种由于缺乏规范管理引起的低层次开发经营的模式会严重影响农村生态旅游可持续发展。

2. 大多数生态旅游地区基础设施和相关配套设施建设滞后，跟不上发展形势。其中首要的问题就是交通问题，相当一部分景区距离公共汽车站点较远，而且很少有直达景区的旅游专线，因此观光者难以方便进入景区，同时景区内部交通条件较差，一旦遇上旅游旺季或者恶劣天气状况，景区接客能力不足的弊病就会暴露无遗，这非常不利于景区的发展。其次，景区内缺乏足量的休闲设施，而且多数现有设施比较陈旧，无法满足游客适时休憩从而驻足观赏的需求，大大影响游客的心情。另外，景区内医疗保健、购物餐饮等配套服务设施不足，无法为游客提供安全服务保证。

3. 生态旅游中对生态环境破坏的现象较为严重。一方面，过度开发使原有的自然生态景观失去了原样，风采不再，甚至不复存在。另一方面，在开发中，由于环保意识和能力的欠缺，当地居民随意地丢弃生活废弃物、排放污水等，同时游客也不注意对景区的保护，从而导致景区的生态不再平衡，也使诸多景区留下了"脏、乱、差"的名声，阻碍了农村生态旅游的长效发展。

一　发展环境分析

（一）宏观背景分析

1. 全国视野：新常态下的旅游发展观。我国进入经济新常态，后工业化社会正由产品经济走向服务经济；国家发布《国家新型城镇化规划（2014—2020 年）》，引导约 1 亿人在中西部地区实现就近的城镇化；2015年 7 月 28 日，国务院办公厅发布《关于进一步促进旅游投资和消费的若干意见》（以下简称《意见》），提出了 6 个方面、26 条具体政策措施对旅游消费、旅游投资、旅游基础设施等方面给予了明确指导。

2. 陕西视野：文化生态双核驱动的丝绸之路经济带新起点。陕西提出"人文陕西、山水秦岭"旅游新形象，依托丰富的历史文化遗产资源和秦岭山水生态资源，打造国际知名旅游目的地。重点建设西安、延安、汉中三大旅游目的地城市，全面建设丝绸之路经济带新起点，积极申报建设大秦岭国家中央公园。

3. 汉中视野：国家水源地的经济发展创新模式。汉中是南水北调中线工程重要水源地，也是国家中部秦岭生态敏感区，发展循环经济、生态经济成为汉中未来发展的主方向，重点以汉文化体验和原生态观光为核心建设生态休闲与文化并重的综合性旅游目的地。

（二）区域占位分析

1. 中国地理中心之城——南北气候分界线上的中国地理版图中心。根据国家测绘中心数据计算结果，我国地理版图中心地理坐标为北纬 32度 48 分，东经 106 度 34 分，位于汉中市境内。同时，被喻为中国南北气候地理分界线的秦岭山脉横亘汉中境内，使得汉中兼具南北方气候特征。

2. 中国汉文化奠基之城——体现汉文化兼容并包的多元文化融合汇聚地。汉中位于黄河文明与长江文明交融通道，自古以来便是多种文化的汇聚区。其中，北边是秦文化核心区、东边是中原文化核心区、东南是楚文化核心区、南边是巴文化核心区、西南是蜀文化核心区、西边是古老的羌文化核心区。多元文化在此碰撞融合，使汉中成为兼收并蓄的汉文化发祥地。

3. 南北丝路交通枢纽之城——南北丝绸之路交通遗产核心分布区。秦蜀古道是中国历史上连接关中平原与成都平原的重要交通命脉，是黄河流域文明与长江流域文明交融的文化通道，也是联结南北丝绸之路的交通要道。汉中境内的秦蜀古道，分布有建筑、桥梁、道路、石窟、石刻遗存等众多文化遗产，深刻反映了南北丝绸之路的发展变迁历史。

4. 秦巴山区中心之城——三省之交、两江两脉，川陕甘鄂交通咽喉之地。

（1）高铁——西成高铁与汉巴渝高铁两大高铁的开通将使汉中步入高铁时代，极大地提升了汉中的交通通达性。届时，汉中与西安、成都、重庆三个特大城市的交通时间将缩短在2小时之内；汉中与广元、江岫、绵阳、巴中、宜宾等高铁沿线城市的交通便利程度也将得到大幅提升。

（2）高速——汉中市内的十天高速、西汉高速（京昆高速）与宝巴高速形成"＊"型高速公路格局，提升了天水、十堰、安康、宝鸡、巴中的交通便利性。

（3）机场——随着城固机场开通北上广飞行航线，汉中与北京、西安、重庆、上海、深圳等大都市的交通时间将大大缩短，为长三角、珠三角、京津冀都市圈的游客进入汉中提供了便利。

（三）产业基础分析

"十二五"期间，汉中正式启动全域旅游工程，推动旅游产业全市布局、全景覆盖、全局联动、全业融合、全民参与，是坚持循环发展、生态宜居的内在要求，是促进消费、拉动增长的重大举措，是扩大就业、富民惠民的有效途径，对于转变发展方式、提高人民生活质量、加快"三市"建设具有重要意义。经过"十一五""十二五"时期的发展，汉中已经具备了大力发展生态旅游业的基础。

1. 旅游资源丰富。拥有褒斜道石门及其摩崖石刻、武侯墓、张骞墓、蔡伦墓祠、龙岗寺遗址、张良庙等19处国家重点文物保护单位；拥有佛坪、长青、朱鹮、青木川、桑园、米仓山、观音山（佛坪）、略阳大鲵等8处国家级自然保护区；拥有五龙洞森林公园、天台山森林公园、黎坪森林公园、紫柏山森林公园等4个国家级森林公园；拥有石门水利风景区、红寺湖水利风景区、南沙河水利风景区等3个国家水利风景区。另外还拥有汉台遗址、拜将坛遗址、天台山古建群等省级文物保护单位37处；省级森林公园2个；省级风景名胜区7个。

乡村旅游开发水平不断提升。大力发展休闲农业和乡村旅游，深入实施乡村旅游扶贫工程，青木川镇入选第一批中国特色小镇，华阳等3个镇（村庄）入选全国美丽宜居小镇（村庄），骆家坝镇跻身全省文化旅游名镇，新建成省级旅游特色名镇 2 个、乡村旅游示范村 5 个和省级休闲农业示范点 6 处、市级休闲农业示范点 63 处，新发展"农家乐"110 多家，乡村旅游接待游客 1460 万人次、旅游综合收入 23.8 亿元，同比增长 20% 和 22.7%，吸纳就业近 2 万人，带动超过 8 万农民受益，"油菜花系列"旅游商品荣获第八届中国国际旅游商品博览会铜奖，取得汉中市参加历届全国旅游商品大赛的最好成绩。

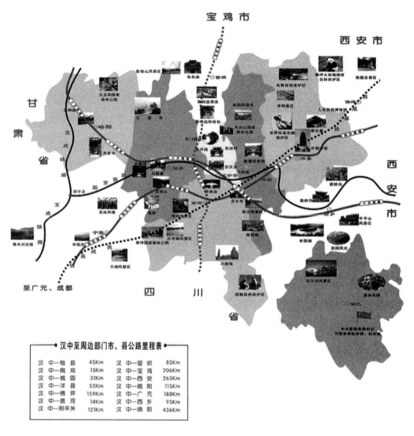

图 11—1　汉中市旅游景点分布图

2. 旅游区（点）建设不断完善。经过多年的开发建设，截止到 2016 年年底，全市基本成熟的旅游区（点）达到 50 多个，已建成国家 A 级景区 24 家，其中，武侯墓、华阳镇、张良庙、紫柏山、黎坪、青木川、武侯祠、朱鹮梨园、石门栈道、五龙洞等 9 个景区已成功升级为 AAAA 级景区；汉中市博物馆、南湖、蔡伦墓祠、桔园、南沙湖、拜将坛、午子山、栈道漂流、汉水源森林公园、张骞纪念馆、佛坪熊猫谷旅游区、天台山国家森林公园和骆家坝 13 个景区为 AAA 级景区；灵崖寺、秦巴民俗村 2 个景区为 AA 级景区；全国农业旅游示范点 12 家。5A 级景区创建取得突破，成功召开了全市 5A 级景区创建工作座谈会，完成紫柏山、华阳、黎坪景区创 5A 资源评估报告，经省旅资委评估，省旅游局向国家旅资委上报了紫柏山创建国家 5A 级景区的申请，标志着汉中市 5A 级景区创建迈出了坚实步伐，取得了积极突破。洋县成功创建为省级旅游示范县，佛坪、西乡县跻身全省第三批旅游示范县建设试点。

3. 旅游接待能力不断提高。汉中现有旅行社 22 家，共有专兼职导游员 500 多人。星级饭店 29 家，共有标准床位 5000 多张，可同时接纳 18000 余人就餐。有能够提供旅游服务的各种营业性车辆 1000 多辆。全市直接从业人员 2 万余人，间接从业人员达 5 万余人[①]。汉中旅游业发展具有以下特点：

（1）旅游业整体呈现上升的发展趋势，发展质量有待提高。一是游客量增长率上升幅度有波动，存在一定的不稳定性。2015 年汉中全市接待游客 2915 万人次、实现旅游总收入 152.8 亿元，同比增长 11% 和 16.3%。其中接待国内游客 2911.2 万人次、旅游收入 151.7 亿元，同比增长 11% 和 16.3%；接待海外游客 3.86 万人次、旅游创汇 1835.8 万美元，同比增长 14.5% 和 17.6%。二是人均停留时间短，旅游消费水平有待提高。2013 年，到汉中的游客人均消费水平仅为 470 元，而同期全国旅游人均消费为 892 元、陕西省旅游人均消费为 626 元、西安市旅游人均消费为 800 元[②]。

（2）各区县旅游业冷热不均，发展差异较大。从旅游业发展总量来看，以汉台区、勉县为首的平坝区县规模较大；从人均旅游效益来看，"全域留坝"表现突出，人均旅游收入最高；从旅游经济贡献率来看，留坝、佛坪等区县旅游业对经济的拉动更明显。

（3）高级别景区接待人数偏少，未能形成龙头带动效应。其中有 3

---

① 本部分相关数据均来自《汉中市国民经济和社会发展统计公报》（2010—2016）。
② 同上。

个 4A 级景区旅游接待人数普遍偏低，年游客接待量都在 20 万以下，反映了景区未能形成龙头带动作用，汉中文化遗产类旅游资源开发策略需要进行调整。

4. 旅游产业要素有待提升。文化遗产景区应加强活化开发策略，生态、乡村类景区建设应得到更多的关注和重视；酒店设施结构性短缺问题突出，服务水平有待提升；餐饮服务需加强培育地方招牌美食和地方品牌餐饮企业；面向游客的休闲娱乐业态发展较为缓慢；缺少特色商品和购物场所；旅行社散、小、弱、差问题突出，传统旅行社业务面临挑战。

二 发展思路

充分发挥汉中自然山水生态资源突出、文化资源丰富的优势，以建设休闲与观光并重的综合旅游目的地为长远目标，以转型升级、提质增效为主线，大力推进全域旅游工程，统筹区域发展，以整合资源、产业融合为关键，全方位开发生态旅游、休闲度假产品，着力延长产业链条、提升发展内涵，推动旅游产品特色化、旅游服务规范化、旅游环境优质化，全力打造"两汉三国、真美汉中"城市品牌，把旅游业培育成为汉中地区经济的一个支柱产业和富民惠民的民生产业。

（一）发展方向

1. 生态优势品牌化。塑造汉中生态旅游品牌，将生态资源优势转化为汉中旅游品牌优势。将汉中最适宜人居生态空间转换为休闲度假核心品牌，将"秦巴生态宝库""秦岭四宝"品牌，由资源优势转化为汉中旅游的生态品牌。

2. 乡村旅游产业化。突破汉中孤立的乡村观光，延伸乡村旅游产业链，构建乡村旅游产业体系。一方面发展乡村特色民俗，丰富乡村旅游产品内容；另一方面，将乡村旅游与农产品加工、旅游商品、特色民间手工艺等融合联动，拓展乡村旅游经济链条，形成汉中特色乡村旅游产业模式。

3. 旅游服务全域化。旅游服务水平和特色是游客旅游舒适度的重要体现，涉及从硬件服务配套到软性服务水平、服务特色方面，要培育全行业、全区域、全体居民的旅游服务意识和服务水平。

4. 旅游餐饮有机化。地方特色餐饮是吸引游客、留住游客的重要因素，结合汉中市全域生态农业、有机农业的集群发展，在汉中全域提供游客就餐服务的定点餐饮服务机构实现餐饮食品有机化，打造汉中旅游餐饮品牌。

（二）发展模式

1. 以秦蜀古道为发展引擎。以秦蜀古道为汉中全域旅游的核心引擎，通过对秦蜀古道的历史文化资源、山地生态资源以及交通线路资源进行全面整合，在保护传承的基础上进行古道旅游的创新创意开发，打造汉中旅游独特吸引力。

2. 以综合产品为发展路径。通过打造以古道旅游为核心的综合旅游产品体系，激活古道沿线国家自然保护区、国家森林公园、景区景点、乡村旅游点及文化遗产等资源，进一步带动重要节点的村落改造、城镇化发展以及基础设施建设。

3. 以产业融合为发展方向。利用旅游业产业集聚、产业耦合、产业延伸和品牌效益，带动农业产业链延伸、绿色有机食品加工产业提升、工业转型升级、文化创意产业发展，构建汉中全域旅游产业格局。

4. 以整体效益为最终目标。通过古道引擎驱动、综合产品打造、产业融合发展，最终实现汉中经济、生态、社会、文化"四位一体"的整体发展，使效益最大化。

5. 以旅游产业为撬动产业。以全域旅游发展为抓手，将其培育成为全市国民经济发展的战略性支柱产业和转方式调结构的战略产业。撬动全市经济、社会、生态、文化发展，构建旅游引导的区域综合发展模式。

（三）发展目标

围绕快速打造"西部地区重要的休闲旅游目的地"的核心目标，精心打造汉中旅游精品，使汉中市从一个新兴的区域性旅游目的地逐步建成成熟的中国西部地区著名的生态休闲与文化旅游目的地和以秦蜀古道遗产群和秦巴生物基因库为特征的国际自然旅游目的地。依托秦巴山区优良的自然生态环境，以秦蜀古道为脉络，整合沿途文化遗产、古镇古村、自然保护区、森林公园、旅游景区、乡村农业等自然和文化资源，以构建全域化旅游服务体系为支撑，把汉中建设成为集生态徒步、科普教育、遗产旅游、生态休闲、文化休闲、养生度假、山地运动等于一体的国际知名自然旅游目的地。

到 2020 年，将汉中建设成为陕西生态旅游高地和西三角旅游合作集散中心。建成国家 4A 级以上景区 10 处，5A 级景区必须有所突破，省级旅游特色名镇 20 个、乡村旅游示范村 20 个，省级休闲农业示范点、明星村 20 个；重点景区旅游专线等级提升，"秦巴旅游大环线"基本建成，形成精品旅游线路、自驾游线路 10 条以上；市、县（区）旅游咨询服务中心全部建成，景区游客中心实现全覆盖；接待游客突破 4000 万人次，旅游总收入达到 300 亿元，旅游业规模、质量、效益处于全省中上水平。

近期（2016—2020 年）：全域旅游启动，形成发展合力，成为秦巴山区生态旅游中心城市；

中期（2021—2025 年）：重点项目建设完成并投入运营，成为陕西第二大旅游目的地城市，国内著名休闲度假胜地；

远期（2025—2030 年）：重点实现全域产业融合发展与升级，打造国际著名自然山水田园与汉文化旅游目的地城市。

三　重点建设工程[①]

（一）全域旅游产品开发工程

汉中市全域旅游的特色在于自然、文化、乡村等资源的高度融合，尤其以秦蜀古道沿线旅游资源为汉中市最大的亮点，并将作为引领汉中全域旅游发展的品牌产品进行打造。因此，汉中市全域旅游产品的开发遵循古道产品战略引领、全域开发构建支柱、产业融合延伸产品三大原则，构建全域旅游产品体系。依托汉中旅游产品基础，以市场需求为导向，利用古道文化、山地森林、田园风光等各种资源进行特色开发，围绕"真美汉中"主题，打造包括"古道汉中、自然汉中、养生汉中、乐活汉中、文化汉中、欢庆汉中"系列产品体系。

---

① 资料来源：《汉中市全域旅游发展规划（2015—2035）》。

表11—1　　　　　　　　　汉中市全域旅游产品体系一览表

产品名称	策划思路	产品构成
古道汉中	以汉中境内七条主要的秦巴古道为载体，以创建国家徒步健身步道为目标，形成汉中古道徒步与户外生态休闲相结合的旅游产品，撬动汉中其他旅游产品开发。	古道徒步旅游产品、古道探秘旅游产品、古道露营旅游产品、古道修学旅游产品、古道主题游乐旅游产品。
自然汉中	以汉中境内众多森林公园和自然保护区为空间载体，以秦岭四宝为核心吸引物，以汉中优美的乡村自然景观为依托，开发自然生态旅游产品。	环境教育旅游产品、生态科考旅游产品、地质探秘旅游产品、户外运动休闲产品、山地度假产品、滨水度假旅游产品、森林旅游产品、乡村休闲产品。
养生汉中	以秦巴生物基因库以及珍稀野生动植物资源为核心品牌吸引力，结合户外生态休闲娱乐项目，开发养生养老旅游产品。	秦巴中医药养生旅游产品、食疗养生产品、温泉养生旅游产品、森林理疗旅游产品、养老地产旅游产品。
乐活汉中	以G108国道为载体，融入汉中的自然山水及历史文化，开发与风景道相关的自驾营地与帐篷营地等产品。	休闲农业旅游产品、乡村度假旅游产品、自驾穿越旅游产品、森林避暑旅游产品、低空运动旅游产品、户外休闲旅游产品、美食品鉴旅游产品。
文化汉中	以勉县、汉台、城固为主的两汉三国文化，开发相关文化休闲体验产品。	汉源寻根旅游产品、禅修度假旅游产品、民俗体验旅游产品、文化休闲旅游产品、遗产活化旅游产品、研学教育旅游产品、古镇观光旅游产品。
欢庆汉中	依托丝路开拓者张骞，通过张骞论坛永久会址的打造，提升汉中城市知名度，结合产业发展需求，开展商务会展产品体系。	会展节庆旅游产品、时尚购物旅游产品、汉中美食旅游产品、会议论坛旅游产品、主题乐园旅游产品、丝路风情旅游产品。

（二）秦蜀古道自然旅游廊道建设工程

整合汉中秦蜀古道资源，串联沿线景区景点、自然保护区等，构建汉中全域旅游发展脉络，成为激活汉中生态旅游、文化旅游和乡村旅游的核心大动脉。重点发展古道徒步、自驾游、登山健身、探险露营、遗址观光等旅游产品。

1. 品牌引擎项目：秦蜀古道移动旅游廊道。以秦蜀古道为脉络，整合沿线交通道路、乡村田园、景区景点、自然保护区、风景区等资源，对其进行整体包装和策划，形成以秦蜀古道生态徒步游为核心，融合乡村旅游、文化休闲、养生度假、生态研学等旅游产品为一体的汉中旅游品牌引爆型项目。重点建设 G108 国家风景道、古道户外徒步登山系统、秦蜀古道水下考古遗址公园、中国交通发展活态博物馆。

（1）G108 国家风景道。G108 自东北向西南贯穿汉中市域，囊括了汉中境内北部秦岭山地、中部汉中盆地、南部巴山森林三大核心地貌景观。通过生态保护与修复工程、道路等级提升工程、多彩植被景观工程、古道文化展示工程，建设秦岭自然、天府乡村、巴山水韵三大主题，打造一条古道文化展示与生态休闲相结合的国家旅游风景道。

（2）古道户外徒步登山系统。根据汉中境内秦巴古道线路系统，选择古道历史遗存与自然风景较好路段，规划古道徒步旅游线路，建设四个一级营地、九个二级营地、十三个三级营地，打造秦巴古道徒步旅游系统。近期计划集中开发北部秦岭褒斜古道、傥骆古道，按照国家登山健身步道系统（NTS）标准，形成北部户外登山健身旅游环线。南部重点针对徒步探险爱好者、驴友，重点规划徒步线路，开发古道户外探险系统。

2. 品牌引擎项目：秦岭四宝国家公园。积极响应国家在生态文明建设方面提出建设国家公园体制这一重大战略部署，以佛坪国家自然保护区为核心，整合熊猫谷、音乐谷、秦岭人与自然宣教中心、秦岭瑞士小镇、朱鹮自然保护区等片区，形成以秦岭自然生态科普旅游、野生动物旅游、山地休闲度假旅游为主要特色的自然生态旅游项目，充分发挥其自然保护、生态旅游、科学研究和环境教育等功能，并力争将该项目列为秦岭国家公园的先行启动区。重点建设秦岭自然学校、佛坪国家野生动物科考公园、丛林生活大本营、朱鹮生态园。

（1）秦岭自然学校。整合秦岭人与自然宣教中心、熊猫谷、音乐谷，以趣味性、体验性、参与性、科普性为要求，用精致化、实践化、拟人化、社区化理念打造"发现王国"，建设寓教于乐的秦岭野生动物生态教育基地。建设熊猫王国、大自然剧场、国际生态自然学校、发现生态课堂、自然博物馆主题酒店。

（2）佛坪国家野生动物科考公园。以佛坪世界人与自然生物圈为依托，以"秦岭四宝"大熊猫、朱鹮、金丝猴、羚牛为核心吸引力，加强与国内外知名大学和科研机构的合作，建设动植物的科考、研究基地，打造世界级野生动物科考旅游目的地。重点建设地球观察——秦岭野生动物科考项目、秦岭探秘——大众科考游学项目。

（3）丛林生活大本营。在国家自然保护区与实验区内，选择适宜地区，建设原始丛林探险、空中走廊、丛林旅馆、丛林冒险岛，开发丛林探险、原始生活体验旅游产品。重点建设丛林探险、空中走廊、丛林生活体验营。

（4）朱鹮生态园。充分利用汉中最具代表性野生动物——朱鹮，以朱鹮自然保护区为核心，以朱鹮为主题特色和品牌高地，融合周边生态乡村，构建我国首个朱鹮与人和谐共生系统。综合开发朱鹮观光、朱鹮地理标志农产品、朱鹮生态环境养生旅游产品。重点提升朱鹮自然保护区、建设朱鹮生态农业共生系统、朱鹮有机生活体验村。

3. 重点支撑项目。主要有以下 5 个方面：

（1）石门栈道风景区。该景区以石门栈道和摩崖石刻为突出资源，通过恢复栈道以及复制摩崖石刻，再现两汉三国鼎盛时期的历史文化、栈道文化和石刻文化。借助褒河国家公园、连城山、汉王山等森林生态自然资源，打造人文与生态齐头并进，观光与体验并驾齐驱的综合型国家风景名胜区。重点建设石门水利展馆、褒姒文化休闲广场、褒河鲜鱼一条街、临河褒城驿站。

（2）中国交通发展活态博物馆。借力陈仓古道国家风景道建设以及连接四川、甘南生态旅游目的地交通通道优势，依托略阳江神庙及略阳古栈道遗址、铁路、国道、嘉陵江等，打造基于生态环境和古道文化的秦蜀古道交通活态博物馆。重点建设古道时空列车、嘉陵江旅游航线。

（3）秦岭山地度假旅游区。依托张良庙—紫柏山国家 AAAA 级景区品牌吸引力，整合营盘村、狮子沟区域，开发山地休闲运动、山地养生项目，完善山地度假服务体系，构建多功能的综合性山地度假旅游目的地，打造秦岭国家级山地旅游度假区。重点建设张良庙—紫柏山国家 5A 级景区提升、营盘山地乐活度假谷、留侯山地度假小镇。

（4）华阳长青生态养生旅游区。古镇文化、古道文化、生态秘境是该区域最突出的特征，推进华阳—长青景区申报国家 5A 级旅游景区，形成"国家顶级景区＋特色文化古镇"产品组合形态，打造秦岭南麓以文化体验、生态休闲、养生养老为主要功能的国家级文化旅游区。重点建设华阳—长青国家 5A 级景区、华阳"慢生活"养生小镇。

2. 大巴山森林旅游度假区。以巴山森林生态度假、地质观光为主题方向，整合黎坪国家森林公园、黎坪省级地质公园、黎坪镇，打造特色森林旅游度假区。建设黎坪国家 5A 级景区、黎坪白垩纪国家地质公园、黎坪度假小镇。

3. 五龙洞氐羌文化生态旅游区。依托五龙洞片区高山环境、文化资源、丰富的林木资源、众多的天然洞穴，打造森林养生、洞穴养生、禅修养生等多种类型的养生产品，将五龙洞片区打造成为汉中旅游的养生度假基地。建设五龙洞国家森林公园、三佛寺景区、陕南氐羌民俗旅游综合体。

4. 辅助旅游项目。三河口水利风景区、嘉陵江"秦蜀故道"文化生态旅游带、八渡河流域氐羌民俗生态旅游带、G345 乡村自驾旅游、"汉水北源"乡村休闲旅游带、云雾山秦岭生态休闲旅游区、黄金峡漂流度假区、智果寺、红 25 军司令部旧址、大鲵银杏观光园、天台山国家森林公园、阜川漾河旅游小镇等。

（三）两汉三国文化休闲旅游建设工程

整合相对分散的文化旅游资源，形成两汉三国、千年古镇、"秦巴栈道非遗"等文化主题系列产品，打造"拳头"旅游产品，带动全市文化旅游资源全面开发。重点以"两汉三国"文化为核心，融合民俗文化、非遗文化、宗教文化、古镇文化等文化旅游资源，通过文化创意，实现汉中文化旅游资源的活化利用开发。重点发展文化休闲、民俗旅游、宗教旅游、修学旅游等旅游产品。

1. 品牌引擎项目：中心城区汉文化旅游综合体。以古汉台、拜将台、饮马池、东关及南关历史文化街区为主要节点，以一江两岸为发展轴线，整合汉中现有的商贸中心、生活居住区、城市休闲设施，共同打造汉文化旅游综合体，推动汉中城市旅游的发展。重点建设天汉不夜城（两汉三国文化景区汉文化园、东关及南关历史文化街区）、滨江新区天汉文化公园、龙岗文化生态旅游园、兴元生态旅游示范区汉文化建设。

（1）天汉不夜城。重点以城市文化遗址公园模式对古汉台、拜将台、饮马池进行开发，作为市民休闲、文化体验场所，免费对市民和游客开放。重点保护质量较好的历史建筑和传统民居，对其他建筑进行改造，整体形成汉文化主题景观风貌。以历史文化为亮点，以主题餐饮、特色购物、文化体验为业态，打造陕南最具特色的文化古街休闲区。建设汉文化景观风貌提升、咖啡吧、酒吧、汉乐演艺中心、西汉三遗址博物馆、国际青年旅舍、汉隶书法中心。

（2）滨江新区天汉文化公园。项目依托汉江打造集文化、休闲、旅游、商业于一体的现代服务业产业带，是汉中辉耀神州的城市新名片与礼遇天下的最美会客厅。重点建设滨江活力骑行绿道、天汉文化美食休闲街区、生态养生度假城。

（3）龙岗文化生态旅游园。重点以考古遗址公园建设为引擎，整合龙岗寺、凤凰山水库、猴子岭等资源，打造集古人类文化体验、宗教文化、生态度假于一体的国家级文化旅游产业示范区。重点建设古人类遗址保护区、龙岗文化体验区、佛禅体悟区、田园风情观光区、水岸休闲度假区。

（4）兴汉生态旅游示范区汉文化建设项目。项目依托赵寨水库、兴元湖以及兴汉湖规划文化活动设施用地建立文化公园，打造以区域旅游集散中心为依托的观光旅游产业集群；打造集商业、餐饮、酒店、购物于一体的休闲度假产业集群；打造以演出、演艺、主题游乐、商业娱乐为主的文化娱乐产业集群以及教育培训产业集群、医疗保健产业集群、养老养生产业集群和艺术文艺产业集群，着力增强新区聚集效应和辐射带动能力。建设"一轴一带三组团，两湖六区多中心"：即步行商业轴、滨水景观带、"汉绎""汉源""汉升"三组团、现有兴元湖和规划兴汉湖、站前商务区、复合功能区、生态核心区、健康养生区、人文居住区和生态居住区等为整个区域提供服务的多个公共服务中心。

2. 品牌引擎项目：张骞丝路文化旅游综合体。张骞文化旅游创意新市镇是依托项目地深厚的张骞文化底蕴与田园生态资源，以张骞文化为灵魂，以旅游开发为引擎，以产业聚集为支撑，以城镇主题社区为配套，集旅游、文化、生态、宜居、城市服务等功能于一体的汉中文化旅游创意新市镇，将助推汉中社会经济发展，实现区域社会、经济、生态"三位一体"良性发展目标。重点建设张骞纪念馆4A级景区提升、"丝路之魂"张骞国际论坛、探索世界主题乐园、天下胡城休闲街。

（1）张骞纪念馆4A级景区提升。以张骞墓为核心的张骞纪念馆是该项目中原生历史文化遗产所在地，定位为"张骞出生纪念地和拜谒地、原生文化遗产的保护和展示地、祭祀仪式、出使仪式和荣归仪式空间及历史文化景观游览区"。围绕此进行景观空间仪式化，与张骞故里博物馆形成互动，借助智慧导览提升游憩体验，调整游览路线和优化游览环境。

（2）"丝路之魂"张骞国际论坛。以"丝绸之路外长论坛"为主题切入点，策划国际影响力论坛，并作为永久会址，打造中国西部第一外交论坛。这一项目将成为汉中承接"一路一带"国家战略机遇的重大平台，并将极大地提升汉中在丝路沿线城市中的知名度和影响力，带动汉中城市旅游的整体开发和崛起。重点建设张骞外长论坛、使节文化主题酒店。

（3）探索世界主题乐园。以发扬和传承张骞"开眼看世界"的开拓精神为出发点，将张骞精神转化成寓教于乐的游乐产品。重点面向儿童市场、青年市场，以张骞两次出使西域和一次探险西南夷为故事背景，大力开发学娱兼具的游乐产品，填补汉中大型主题游乐产品市场空白。重点建设西域大冒险、航海乐园、星际迷航科普馆。

（4）胡城文化休闲街。以汉中非遗活化开发为导向，以形成文化创意产业基地为目标，探索非遗文化活化的产业发展新路径，通过非遗文化活化展现张骞故里的地域文化魅力。建设以汉中非遗活化产业为特色的文化创意小镇。重点建设美食街、民俗街和酒吧街。

3. 重点支撑项目。

（1）三国文化旅游综合体。以诸葛亮为主题，以三国文化为背景，整合武侯墓祠、古阳平关、定军山、武侯镇等资源，集文化演艺、主题公园等功能为一体的国家文化产业示范基地、三国文化创新发展区。重点建设武侯文化旅游区5A景区提升、三国文化主题公园、武侯小镇。

（2）汉中环城休闲游憩带。以汉中市汉台区为中心，依托汉山和天台山的森林资源自然地貌，发挥山水生态、人文景观、宗教等三大资源优势，同时整合圣水镇特色休闲农业，以汉山和天台山2个主要景区的精品旅游开发，以及圣水特色农业产业园区建设为依托，打造城市近郊生态文化游憩圈。重点建设圣水文化生态旅游园区、大汉山旅游综合开发及汉台天台山风景区。

（3）汉中航空智慧新城。汉中旅游资源丰富、航空工业基础雄厚，发展航空旅游潜力巨大。打造集航空博览、航空体验、航空科普、航空学术交流、运动休闲于一体，以"航空、科技、现代"为主题的航空科普休闲旅游基地。重点建设"四爱一大"项目，即爱飞客、爱游客、爱创客、爱馨客、航空大世界等项目。

4. 辅助旅游项目。张鲁政道合一文化旅游区、太白洞宗教文化度假区、古汉源景区、大鱼洞景区、勉县天荡山景区等。

（四）汉江溯源人文旅游廊道建设工程

以汉中境内的汉江为主要载体，以宁强汉水源为起点，以西乡茶镇为终点，贯穿汉中市东西，整合汉江两岸的人文、自然景点，形成以滨水生态休闲、文化旅游综合体、一江两岸城镇景观带为特色的汉江溯源人文旅游之路。突出文化性、生态性、休闲性，打造汉江地理空间的溯源线路以及汉家文化的溯源线路。重点发展滨水休闲、文化旅游、休闲度假等产品。

1. 品牌引擎项目：百里汉江休闲长廊。以汉中盆地为载体，以勉县和洋县为端点，借助高铁与城际公路的连带作用，加强汉江沿岸城市之间的联系，将自然景观、特色农业、乡村民宿、历史文化结合在一起，形成以一江两岸城镇景观带为特色的百里汉江休闲长廊。重点建设汉江滨江绿道、汉江古码头湿地公园。

（1）汉江滨江绿道。以汉江两岸为观景长廊，深化汉江两岸景观绿化，融合汉中"汉文化"主题，并以此为中心打造人文、生态和谐共享的滨江绿道。重点建设骑行服务驿站体系、三大类营地建设、四大类基地建设、骑行绿道及健身步道。

（2）汉江古码头湿地公园。汉江古码头是展现汉中历史文化信息的重要载体，在湿地公园中恢复建设古码头，将历史文化展示同湿地生态休闲紧密结合起来，打造集自然观光、养生养老、文化体验、旅游购物于一体的生态文化旅游目的地。重点建设古码头遗址、芦苇泛舟、湿地垂钓、养生食府等。

2. 重点支撑项目。

（1）中国纸文化旅游综合体。以蔡伦造纸为切入点，以世界纸文化艺术为创意点，整合蔡伦墓祠、蔡伦纸文化博物馆及周边乡村，打造集文化体验、旅游购物、旅游观光于一体的世界级纸文化艺术创意旅游目的地。修缮蔡伦墓祠、世界纸文化博物馆、中国造纸第一镇。

（2）天汉水城生态旅游度假区。以南湖、红寺湖、钟宝寨湖三大湖泊为核心，整合青树古镇及周边生态乡村，建设以湖泊为核心度假空间，以古镇为特色服务基地，以生态乡村为辐射空间的国家级旅游度假区。重点开发湖泊观光、水上运动、休闲度假、养生养老、古镇休闲、民俗旅游、休闲农业等旅游产品。建设青树古镇、南湖生态休闲度假区、红寺湖养生文化度假区。

（3）汉水源羌文化旅游度假区。以羌族文化为特色，以生态资源为基础，以汉水源头、森林公园、乡村等资源为支撑，打造集民族文化体验、森林休闲、户外运动等功能为一体的羌文化生态旅游产业聚集区。建设汉水源森林公园、羌文化旅游小镇、羌文化生态保护实验区。

（4）南沙湖旅游度假区。以南沙湖生态湿地为核心，以地域历史文化内涵和陕南水乡民俗风情为依托，融自然野趣的山地、秀美的湖水、积淀深厚的历史景观和质朴现代的田园风光为一体，展现南沙湖"幽、野、秀、古"的景观风貌，打造一流的以自然为特色的生态型风景区，使之成为最佳的生态休闲、旅游度假目的地之一。重点建设入口景区、宗教文化区、孤岛景区、黄金滩景区、明珠湖景区。

3. 辅助旅游项目。城固湑水河景区、五门堰水利工程、上元观古镇、谢村民俗文化风情旅游区、勉县温泉度假区等。

（五）秦巴天府乡村民俗旅游带建设工程

以汉中"油菜花海"品牌为核心，通过文化创意，带动全市500万亩油菜花观光、农业庄园发展，发展乡村旅游及特色民俗旅游。重点发展民宿旅游、农业观光、油菜花旅游、休闲农庄、观光采摘等产品。

1. 品牌引擎项目：一花四园精品示范项目。将特色种植与旅游发展充分融合，以乡村特色休闲庄园为建设方向，通过文化创意、休闲创意开发，打造秦巴地区创意庄园精品示范工程。重点建设汉中油菜花精品观光线、茶乡创意休闲庄园、桔园创意休闲庄园、樱桃文化休闲庄园、朱鹮梨园休闲庄园。

（1）汉中油菜花精品观光线。规划一条汉中油菜花主要观光线，同时每个区县推出若干条油菜花观赏线路，构成汉中油菜花观光线系统。依托汉中油菜花海及每年举办的油菜花海节庆活动的影响力，将汉中油菜花观赏与新型低空观光娱乐活动相结合，为游客提供低空赏花全新体验。依据油菜花海线路开展油菜花海骑行项目，串联沿途的特色乡村旅游点，将油菜花的选种、种植、收割、加工、利用等环节与乡村旅游点相结合。举办油菜花主题摄影绘画比赛，设置婚纱摄影基地、电影电视拍摄取景地等，弥补油菜花季候性制约，整体提升油菜花旅游产品生命力。

（2）茶乡创意休闲庄园。借鉴葡萄酒庄园生产经营模式，引导茶乡建立创意休闲庄园。以茶为核心，以文化为主要表现力，将茶文化与现代生活元素相融合，把茶叶庄园作为拓展现代茶业文化、生态、产品和观光休闲功能的重要载体，提升品位。建设禅茶生活馆、生态茶园活态博物馆、品茗书院、茶乡民宿。

（3）桔园创意休闲庄园。整体打造"一人得道、鸡犬升天"的典故景观，实现庄园景观的整体提升；策划十月金秋采桔忙的采摘活动及亲子旅游体验产品；引进多种桔类品种，打破传统桔园旅游季节性明显的弊端，开展四季桔园旅游，打造多元桔文化旅游产品，以休闲、养生、度假为主题，整体提升桔园度假旅游。建设桔园养生堂、桔灯自驾营、桔乡盆景园。

（4）樱桃文化创意休闲庄园。以"甜美樱桃"为主题，突破传统休闲农庄和农家乐的打造手法，将文化创意应用其中，致力于打造以农业生产、休闲体验为特色的高端艺术庄园。将创意与浪漫结合，最终打造成为农业创意庄园和文化创意产业基地。建设"樱桃果庄"现代农业示范区、"甜美工坊"创意农业体验区、"甜美湿地"公园区、"香泉花园"主题度假区。

（5）朱鹮梨园休闲庄园。依托"赏万亩梨花，游朱鹮之乡"这一主题，以花为媒迎宾朋，以节会友促发展，通过举办梨花节，展示洋县新形象。建设梨园花海、观鸟垂钓园、梨园绿道、果农民宿。

2. 重点支撑项目。

（1）十大乡村民宿示范村。借鉴台湾乡村民宿设计建设手法，提炼汉中本土文化元素，设计建设汉中特色民宿样板，对农家乐进行主题改造，打造秦巴天府特色乡村民宿。首批可选取勉县喇家寨村、李家湾村、唐家湾村、南郑县陈村、汉台区花果村、城固县韩巷村、洋县巩家槽村、西乡县古城村、莲花村等十大村落进行改造。重点建设秦巴风情主题民宿、特色民俗主题民宿及创意农业主题民宿。

（2）四季乡村大地景观带。依托汉中油菜花海引爆的乡村旅游市场，结合汉中作物种植，建设创意农业大地景观，形成"春季——油菜花海景观带""夏季——稻田茶园景观带""秋季——多彩果园景观带""冬季——温泉赏雪景观带"的四季乡村大地景观带工程。建设汉中四季摄影大赛、四季乡村婚纱摄影基地、国际儿童田园绘画大赛暨绘画作品展。

（3）青木川传奇小镇旅游度假区。借势《一代枭雄》带来的品牌影响力，整合青木川古镇、青木川国家自然保护区、白龙湖，新建青木川传奇文化体验园，打造中国西部传奇文化旅游目的地。建设青木川影视文化园、青木川古镇旅游区、青木川森林传奇娱乐区、白龙湖水上度假区。

（4）巴山民俗旅游度假区。以中国巴山风情为发展定位，整合荔枝古道、巴山老林、古道山村等资源，打造以文化体验、古道休闲和乡村旅游为特色的巴山文化旅游区。

3. 辅助旅游项目。油菜花海沿途观景点、民宿旅游点、休闲农庄、骆家坝古镇游览区、小南海自然风景区、午子山景区、鹿龄寺、七星湖旅游度假区、李家村—何家湾文化遗址公园、永乐红色影视体验基地、三元镇巴山草甸与原始木竹林生态观光区等。

四 全域旅游线路规划

（一）区域游线规划

1. 世界遗产黄金走廊之旅（西安—汉中—大九寨—成都—重庆）。

2. 北纬33度中国阶梯之旅（甘南—川北—汉中—鄂西北）。

3. 南北分界线大秦岭穿越之旅（西安—宝鸡—汉中—安康—商洛—渭南），以华阳—太白山—黄柏塬为重点。

4. 醉美民族风多彩文化之旅（甘南—陇南—汉中—安康）。

5. 丝路之魂朝觐之旅（河南—陕西—甘肃—新疆）。

（二）市域游线规划

1. 四大主推游线：秦巴古道徒步游、两汉三国主题游、秦巴天府自驾游、秦岭四宝探秘游。

2. 八条精品游线：秦岭山地度假游、巴山水韵森林游、汉江滨水风情游、油菜花海休闲游、秦巴天府乡村游、宗教文化休闲游、秦巴古镇文化游、特色民俗风情游（汉家养生文化游、羌韵民俗风情游）。

五　对策措施

（一）科学编制规划

按照"高起点谋划、全域化覆盖、产业化支撑、板块化开发、差异化发展"的要求，编制高层次、高水平的全域旅游规划，充分发挥规划引领作用。及时修编历史文化名城、名镇、名村和风景名胜区规划，凸显房屋、村庄、建筑、绿化的风貌特色。

（二）促进产业融合

大力发展休闲农业、观光农业，促进旅游业与生态农业发展融合；立足自然生态培育壮大休闲度假、健康医疗、科普教育，促进旅游业与教育、健康服务业发展融合；加快发展数字旅游、旅游地产、特色商业，促进旅游业与现代服务业发展融合；把提升文化内涵贯穿到旅游产业各环节和发展全过程，着力推动文化与旅游的深度融合，打造一批高品质旅游文化产品，增强汉中旅游的文化吸引力、市场竞争力。大力开发富有特色、制作精良、物美价廉的文化类、工艺类、食品类和日用品类旅游商品，支持建设大型旅游购物商城、旅游购物超市、旅游专卖市场，促进产业链条延伸。

（三）坚持错位发展，提升旅游特色

依托资源优势，以生态旅游、休闲度假为主题，坚持错位发展，各县区要突出各自旅游主题特色，差异化发展，避免产品同质化，全方位展现汉中特色旅游魅力。汉台区要完善城市旅游功能，充分发挥游客集散中心辐射带动作用；南郑县要全面提升黎坪、天汉水城等景区开发水平；城固县要打响世界文化遗产品牌，建设张骞文化园，加快融入丝绸之路经济带；洋县要完善华阳景区配套设施，大打朱鹮品牌，加大生态旅游产品开发，加快建设生态旅游强县；西乡县要彰显田园风光特色和红色旅游，完善樱桃沟、茶园、骆家坝等景区休闲度假功能，建设乡村旅游度假胜地；勉县要深入挖掘三国文化内涵，加快定军山国家旅游度假区和诸葛古镇建设；宁强县要倾力打造青木川、汉水源、羌文化产业园；略阳县要加快推进五龙洞、灵崖寺等景区开发建设；镇巴县要加快建设巴山风情谷；留坝要继续坚持"一业突破"不动摇，积极培育"四季旅游"新亮点；佛坪县要强力推进秦岭熊猫谷景区建设。

（四）深化旅游管理体制改革

加快政府职能转变，进一步简政放权，使市场在旅游资源配置中起决定性作用，加快建立适应全域旅游发展要求的旅游管理体制机制。坚持景区所有权、管理权和经营权分离原则，创新旅游、林业、风景名胜、宗教等互动机制；建立既能发挥各自优势、又能融合发展的工作机构，推动景区加快发展；建立公开透明的旅游市场准入标准和运行规则，推动旅游市场向社会资本全面开放。

（五）培养旅游人才

实施人才兴旅战略，将旅游人才培养列入全市优才计划，加强旅游主管部门队伍建设，围绕旅游企业经营、项目策划、市场营销，培养、引进一批懂市场、善经营、会管理的专业人才，不断充实旅游管理队伍。

第十二章

汉中市文化产业发展战略

文化产业是市场经济条件下满足人民群众多样化、多层次、多方面精神文化需求的重要产业，也是推动经济结构调整、转变经济发展方式的重要着力点。2012 年，汉中市委、市政府依据汉中丰富的文化资源，制定了《关于实施文化振兴工程的意见》，全力打造"文化名市"，促进文化产业大发展、大繁荣，文化产业正在成为新兴的主导产业，在汉中建设"三市"目标的进程中发挥着越来越明显的作用。

一　发展环境[①]

当前是我国实现小康社会发展目标的关键期，也是我国经济社会发展到新常态发展的转型期。在这个转型期里，我们要调整经济发展模式转型和价值导向、推动产业结构升级和生产方式创新，促使人们生活方式的根本转变。文化产业是实现我国产业结构升级的主要途径，加快文化产业的发展，有利于我国通过产业升级摆脱"中等收入陷阱"。以文化产业的引领、经济结构的转型为标志，政府文化治理的目标是推进文化产业与相关产业的融合发展，以政府扶持与市场发展的双重模式，以产业价值链营造为重点，提升传统产业的附加价值，注重文化创意的深层培育和不同组织主体的多元共生，推动我国经济发展模式的转型与升级。随着科学技术的进步加速、国际市场的竞争加剧和文化企业的成熟加快，这个时期的文化产业发展将逐渐出现技术驱动、融合驱动和金融驱动的发展特征，逐渐出

---

① 向勇:《转型期我国文化产业发展模式研究》,《东岳论丛》2016 年第 2 期,第 66—70 页。

现时尚化、国际化和品牌化的发展趋势。

（一）电影和演艺行业走向国际化

通过海外并购、海外研发和海外引资等不同的国际合作形式，通过原创、版权引进等途径强化内容创意，不断提升自身优势，扩大市场份额，取得长足发展。以电影业为例，过去几年来发生在电影领域的国际并购、国际合拍等经营业务都非常成功。从 2003 年不到 10 亿元人民币的全国票房，到 2014 年将近 300 亿元人民币，平均每年的增速都超过 35% 左右。随着我国文化消费的进一步扩大，尤其是电影消费的"全国化"和电影产品的"全球化"，我国电影票房已超过美国，成为全球最大的电影市场。演艺业也是如此，无论是境外驻演、海外剧场收购，还是国内旅游演艺，都取得了骄人的成绩。2015 年 4 月，上海马戏团收购了加拿大太阳马戏团 20% 的股份，加大了中国企业走向国际文化产业市场的步伐。

（二）数字文化产业彰显国际竞争力

数字文化产业抓住了互联网，尤其是移动互联网的发展契机，通过基础研究和技术开发等自主研发的形式，推动文化与科技的融合，催生了世界级的文化产业巨头。中国的阿里巴巴、腾讯、百度等企业都是千亿美金量级企业，展示了中国企业在新经济时代的卓越表现，代表中国向世界进军。这些企业通过互联网和移动互联网等新技术手段，通过协同创新的资源整合和多边经济的商业模式，搭建了新经济的平台和生态，实现了市场创新与商业变革。2015 年的春节档期间，大众点评与美团、猫眼等电商以 O2O 模式介入电影票房营销，通过票价补贴和便捷的线上服务，直接刺激了电影票房。以全球共时性的技术优势和国内蓬勃兴起的消费市场，正在培育有学者所谓的具有国际竞争力的"准文化航母"。

（三）科技创新推动传统媒体行业加速发展

广播电视业、新闻出版业和工艺美术业通过技术革新、体制改革和机制创新，推动传统媒体与新兴媒体的融合，推动技术生产和手工制作的融合，加强版权开发和品牌塑造，实现产业的振兴发展。广播电视业和新闻出版业作为党和国家的舆论阵地，其主流媒体的权威价值和意见领袖功能，还依然具有很强烈的社会影响力。提升型文化产业要协调好文化经营的社会效益与经济效益，发挥戴着镣铐跳舞的创意压力，通过制播分离、采编分离，工艺创作与工业设计结合，实现平台自营与内容委托的业务模式，发挥公共影响力和商业竞争力的双重能力。提升型文化行业的组织机构要发挥社会型企业的经营策略，追求舆论引导、文化传承与商业经营、市场竞争的双重平衡。2014 年 9 月，中央全面深化改革领导小组通过了《关于推动传统媒体和新兴媒体融合发展的指导意见》，针对提升型文化行业提出了诸多改革策略和提升措施。

（四） 文化产业与相关产业融合发展

创意设计和动漫游戏行业以"大文化发展观"为战略指导，注重内容研发与载体融合，发挥文化创意和设计服务与相关产业的融合战略，提升和改变传统产业的附加值，实现我国经济结构的转型与升级。创意设计业和动漫游戏业通过专利、商标、版权、形象、故事、符号等非物质生产要素，投入到传统农业、现代制造业和生活服务业，通过"转物为心"和"化心于物"的巧创新策略，实现内容创意的全产业链经营。融合型文化行业改变了审视产业划分的传统思维，将第一、第二和第三产业整合成一种生活方式、生活体验来看待，积极推动第一产业与文化产业、第二产业与文化产业、第三产业与文化产业的融合发展。2014 年 2 月，国务院颁布了《关于推进文化创意和设计服务与相关产业融合发展的若干意见》，高度重视融合型文化行业的发展。

（五） 战略型文化行业

以文化制造业、文化旅游业和节庆会展业为代表的战略型文化行业，或研发周期长，或资金投入高，或收益结构不稳，但作为其他文化产业发展的硬件依托和基础支撑，具有长期性、基础性的战略价值。战略型文化行业应以政府的政策性引导和策略性扶持为先导，以企业经营为主体，以长远眼光和持续价值为评估视角，发挥资源整合、创意孵化、文化传播的综合价值，注重空间上的辐射价值以及时间上的长期效益。中国作为世界制造业大国，经过三十年的制造业洗礼，积累了良好的现代制造经验和工业管理技能，如果以文化创意为升级的突破口，加大文化产品、文化设备的生产与制造，加大文化制造业的标准建设与出口贸易，真正实现从"世界工厂"到"世界梦工厂"的战略转换，这将标志着中国产业转型的成功。

二 发展现状

（一）资源优势突出

汉中作为国家级历史文化名城和中国最佳历史文化魅力城市，文化积淀厚重，其历史文脉具有四大特色：栈道文化、两汉三国文化、红色抗战文化和地域民俗文化。汉中拥有丰富的历史文化资源，古汉台、拜将坛、饮马池、张良庙、石门栈道、华阳古城、龙岗遗址等一批古遗址遗迹和张骞、刘邦、蔡伦、李固、文同、方孝孺等一批历史名人，无不展示着汉中深厚的历史文化底蕴。位于城固县的张骞墓被列为"丝绸之路"世界文化遗产群，此外，汉中现有国家级重点文物保护单位10处，分别是武侯墓、褒斜道石门及其摩崖石刻等。有省级文物保护单位45处，分别是勉县的武侯祠、城固县的李固墓等。有市县级文物保护单位52处。其次，汉中现有国家级非物质文化遗产代表作项目6项，分别是汉调桄桄、镇巴民歌、洋县悬台社火、洋县杆架花焰火、洋县佛教音乐、龙亭蔡伦造纸传说故事。2008年11月，汉中被文化部确定为羌族文化生态保护实验区。省级非物质文化遗产代表作项目59项，包括洋县谢村黄酒酿造工艺、宁强王家核桃馍制作技艺、镇巴渔鼓等。市级非遗代表作项目75项，包括西乡地围子、汉中面皮等。为汉中文化产业的发展奠定了基础。

（二）文化产业初具规模

近年来，汉中市认真贯彻中央、省相关精神，高度重视，大力推进文化体制改革和文化产业发展。依靠文化体制改革推进了文化产业体系建设，文化产业建设的格局得到不断完善。成立了汉中闻博传媒有限公司、汉中广电文化传媒有限公司、新广传媒有限公司、汉中市歌舞剧团有限责任公司、汉中市电影有限责任公司等5家改制文化企业。初步形成包括歌舞娱乐、文艺演出、网络文化、游戏游艺、音像制品、艺术培训、美术品经营、印刷复制、出版发行、文化节会、文化旅游、广告影视传媒共12

个门类的文化经营业态。拥有剧场 4 个，公共图书馆 11 个，图书总藏量 80.32 万册；广播及电视发射台 11 座，拥有发射机 62 部，电视人口覆盖率 99.02%，广播人口覆盖率 98.16%。到 2015 年，文化产业实现了"五个翻番增长"，即文化产业固定资产投入翻番增长，2015 年达到 6.43 亿元；文化产业增加值翻番增长，年均增长 25% 以上，2015 年达到 18.43 亿元；文化产业从业人员数量翻番增长，2015 年达到 3.3 万人；文化产业年经营额翻番增长，2015 年达到 7.26 亿元；文化产业上缴税收翻番增长，2015 年达到 1.24 亿元[①]。

（三）发展潜力巨大

纵观全市近年来文化产业发展状况，2008 年前，汉中文化产业呈平稳发展状态，2004—2008 年间全市文化产业增加值年均增长 16.8%，略高于同期现价 GDP 年均增长速度。从 2008 年开始，汉中文化产业呈快速发展态势，2008—2012 年间全市文化产业增加值年均增长达 27.5%，远高于同期 GDP 的现价年均增长速度和第三产业增加值增长速度，文化及相关产业发展显现出了蓬勃的朝气和强大的发展潜力。

（四）存在的问题

1. 文化产业规模小、占经济总量比重低。2012 年，全市文化产业实现增加值 10.84 亿元，仅占全省经济总量的 2.16%；文化产业增加值占全市生产总值的 1.4%，也远低于全省平均水平（2012 年全省文化产业占比为 3.5%）。

2. 产业结构不尽合理，缺乏品牌支撑。2012 年，汉中文化产业传统文化产业、新兴文化产业、文化产品生产销售的增加值结构为 55.8 : 30.7 : 13.5，呈现传统文化产业比重大、新兴文化产业及文化产品生产销售所占比重偏小状态。从总体上看，汉中文化企业数量少、规模小、实力弱，缺乏有带动力的大型文化龙头企业和有影响力的文化产品品牌，根据 2012 年调查显示，全市文化产业法人单位中 80% 以上是小企业。许多传统手工艺品的生产依然是家庭作坊式的生产方式，处于产业链条的低端，

---

① 本部分相关数据均来自《汉中市国民经济和社会发展统计公报》（2010—2016）。

附加值不高。

3. 文化产业资源整合和开发力度不够。目前，汉中对自身有特色的文化产品发展方向缺乏深入细致的探索，导致文化产业相关单位与企业无法准确把握自身或品牌发展的方向，没有走上适应市场的产、供、销相配套的良性发展轨道。另外，汉中丰富的历史文化研究成果还只是囿于小范围，囿于学术圈子和上层社会中，尤其是普通市民、部分青少年对汉中历史文化资源知之甚少。反映历史风貌的街区和文物遗存尚未得到维护和开发，一些历史文化遗存知名度虽高，文化容量却不大。

4. 文化产业消费需求不足。文化产业的发展规模，归根到底取决于文化消费需求的大小。汉中文化消费需求明显低于发达城市，也低于全国平均水平。由于汉中城镇人口较少，城镇化水平较低，文化消费需求严重不足，制约了文化产业的快速发展。可以预见，随着经济的快速增长，人民生活水平日益提高，汉中文化产业及相关产业发展的步伐将会更加稳健，发展势头将会更加强劲。

三 发展思路与目标

（一）发展思路

面向未来，汉中应充分发挥丰厚的文化资源优势，以社会主义核心价值观为主导，以满足人民的精神文化需求为主旨，坚持"市场化、人文化、品牌化、生态化"的发展理念，挖掘文化资源，凸显文化特色，以提升"汉文化"、促进产业链升级为主线，调整优化结构、转变发展方式，按照主体企业化、产业规模化的原则，把发展文化产业与打造"汉文化"品牌、弘扬"汉文化"、培植支柱产业相结合，以创新文化品牌、增加文化产业新增长点为核心，以举办重大文化节会为突破口，促进文化资源整合、聚集，提升城市文化品位，促进汉中市文化产业超常规、跨越式发展。重点发展文化旅游产业，促进文化产业上规模、上水平，全面提升汉中文化产业市场份额和竞争力，推动全市文化大发展大繁荣，满足人民群众日益增长的精神文化需求，将文化产业培育成全市国民经济增长的新亮点和经济转型升级的新引擎。

1. 实施全方位协同战略。要做好内部协同和外部协同。内部协同要做好城乡统筹、三产联动、产业协调。外部协同要做好与秦巴山区其他城市的战略合作，联手打造环秦巴生态旅游圈；加强与西安等中心城市在现代传媒、教育培训、影视动漫等相关领域深度合作，实现文化产业联动发展。

2. 实施文化品牌塑造战略。打造独具特色的文化产业品牌是促进汉中文化产业发展的重要途径，也是推动文化产业发展、提升文化产业竞争力的重要举措。要引进、开发一批有重大带动作用的文化产业项目，带动文化产业相关产业链发展。培养一个体现汉中文化特色的"文化符号"；要将汉中传媒品牌做大做强；通过办展会、扩大交流、注册商标等方式，努力开拓文化市场；加快文化产业化进程；打造民俗、节会文化品牌；以文化旅游为主线和龙头，打造文化旅游品牌，突出文化内涵。

3. 实施"走出去"战略。汉中文化产业的发展过程，实质上也是汉中城市文化品牌创造与传播的过程，是汉中文化"走出去"的过程。要加大对汉中文化的宣传和推广；通过举办文化年、文化周、文化节等方式与国内外的友好城市开展文化交流，通过与友好省份和城市的联合，把外部游客吸引到汉中来旅游观光。

4. 实施人力资源支撑战略。人力资源在文化产业发展中具有基础战略性和决定性的作用。要坚持以人为本的科学人才观，形成育才、引才、聚才、用才的良好环境；积极培养本土自有人才；建立人才激励机制，对做出突出贡献的文化工作者予以重奖。

（二）发展目标

到 2020 年，文化产业增加值达到 200 亿元，占 GDP 的比重达到 10%，成为汉中国民经济的支柱产业。形成与经济社会发展相适应的文化产业，与文化资源相适应的文化实力，与人民群众精神文化需求相适应的文化条件，培育一批知名企业，形成管理规范、辐射能力强的文化市场，建立系列文化产业园区和示范基地，推出整套文化产品组合，培养有竞争实力的文化产业人才，把汉中市建设成为"文化名市"和文化产业强市，使汉中市文化产业发展水平居于全省除省城外的地级市前列。到 2020 年，力争实现"三个基本建成""四个明显突破"发展目标。

"三个基本建成"：基本建成文化品位高、辐射能力强的"汉中开汉业"汉文化传播中心；基本建成文化体验、生态旅游、休闲养生一体化的人文生态旅游集聚中心；基本建成西三角（西安、成都、重庆）能体现本市历史文化、民间文化和生态文化特色的文化产品产销配送中心。

"四个明显突破"：特色文化产品生产取得明显突破；特色文化品牌打造取得明显突破；骨干龙头企业培育取得明显突破；文化市场体系建设取得明显突破。

（三）空间布局

依据汉中文化资源分布状态、已形成的交通格局和文化产业发展基础，构建以"双百"城市为核心，以西汉高速、十天高速、108和316国道为轴线的"5812"（五大产业基地、八大产业门类、一个中心、二条产业带）文化产业空间布局。

1. 五大产业基地。

（1）两汉三国文化产业基地。以中心城区为核心，以勉县、城固、洋县为主要组团，以西汉三遗址、武侯墓、武侯祠、石门栈道景区、张骞纪念馆、蔡伦墓祠及造纸博物馆等为支撑，打造两汉三国文化产业基地。

（2）大秦岭生态文化产业基地。依托长青、佛坪、桑园、青木川等国家级自然保护区，突出"秦岭四宝"（朱鹮、大熊猫、金丝猴和羚牛）等珍稀动植物保护与观赏，以紫柏山、天台山、五龙洞等国家森林公园，城固桔园、洋县梨园、西乡樱桃沟、西乡茶园、勉县云雾寺、佛坪金丝猴大峡谷和汉中天坑群等为支撑，建成大秦岭绿色生态文化产业基地。

（3）羌文化产业基地。依托略阳、宁强两县的羌文化保护区建设项目，通过宁强、略阳两县的羌文化资源挖掘、整理，打造保护实验区和展示园区，并以此为平台，建成以国家级羌文化保护实验区为重点的羌文化产业基地。

（4）民间文化产业基地。以秦巴民俗文化村、宗教寺庙道观、生产性非遗保护中心等为依托平台，以民间文化演艺和非遗传承人团队为主要成员，以汉调桄桄戏，端公戏，汉山樵歌，镇巴民歌，汉中曲子，洋县悬台社火、杖头木偶、谢村黄酒，宗教祈福，西乡牛肉干，城固上元观红豆腐，宁强麻辣鸡、核桃馍，略阳乌鸡宴，南郑棕编、盐菜等为主要内容，建成汉中民间文化产业基地。

（5）红色文化产业基地。以南郑、洋县、镇巴、西乡、汉台为重点，以川陕革命纪念馆、红二十五军、红四方面军、红二十九军、华阳游击队、陕南红色交通线、陕南特委等革命遗址（遗迹）为依托，建成红色文化产业基地。

2. 八个文化产业门类。

（1）旅游文化休闲娱乐服务业。主要涵盖旅游文化服务、娱乐文化服务。发展载体为全市风景名胜区、野生动植物保护站、旅行社、文化娱乐休闲场馆等。

（2）出版印刷业。主要包括书报刊出版印刷发行业、音像及电子出版物出版印刷复制发行业、网络出版和数字出版业，以及与出版印刷相关的版权服务业。发展载体为汉中日报社、闻博传媒公司、汉中报业大厦有限公司、汉中广电传媒公司、汉中新广传媒公司、省广电网络汉中分公司及各县支公司、陕西新华集团汉中分公司、智达彩印公司、汉江之声报刊音像有限公司等。

（3）广播影视服务业。主要包括提供有线无线广播影视的节目服务、传输服务和广告服务，影院的观赏服务等行业。发展载体为汉中电视台、汉中人民广播电台、省广电网络汉中分公司及各县支公司、汉中市电影公司、全市现有和在建的影视演播场馆。

（4）文化艺术服务业。主要包括文艺创作与表演服务的剧团，提供文物保护服务的博物馆、纪念馆，提供公共文化服务的图书馆，提供群众文化服务的群众艺术馆等文化机构。发展载体为汉中市歌舞剧团有限责任公司、镇巴县文工团演艺有限公司、南郑县桃桃剧团、留坝紫柏文工团、汉中水晶宫演艺公司、全市歌舞演艺企业、汉中市张骞文化传播有限公司，市县群艺馆、图书馆、博物馆，等等。

（5）现代艺术品与工艺美术品业。主要包括历史时期艺术品的收集、整理、保护、流通服务业，现代艺术品的创作、展示与流通服务业，工艺美术品的设计、制造和流通服务业，文化艺术商务代理服务业（文化活动组织、策划服务、演员、艺术家经纪代理服务等），文化产品出租、收藏、拍卖服务业。发展载体为汉中远航文化创意发展有限公司，各类博物馆与民间收藏家，书画艺术家群体，工艺美术设计与制造企业，艺术品与工艺美术专业化市场、拍卖行、经纪人队伍等。

（6）网络文化及新兴现代文化服务业。主要包括互联网信息服务、新闻服务、出版服务、电子公告服务，附着于各种传媒的广告服务，文化创意，数字动漫服务。发展载体为中国电信、中国联通驻汉各互联网络运营公司，电脑数码公司，数字信息综合服务商，网吧，网站，省广电网络汉中分公司及各县支公司，汉中闻博传媒公司，汉中润泽山丘文化创意公司，陕西汉中汉未央文化产业发展公司等。

（7）文化节会业。主要包括文化节会策划、产品开发、节会演艺等行业。发展载体为汉中市油菜花节，勉县清明庙会，紫柏山—张良庙文化旅游节，汉台区牡丹文化节，城固柑橘文化旅游节，洋县梨花节，西乡县茶文化节及樱桃节，宁强"羌文化节"，佛坪秦岭大熊猫旅游节暨清凉帐篷节等。

（8）文化用品、设备及相关文化产品销售业。主要包括文化用品销售（含批发和零售）、文化设备销售、相关文化产品销售等。发展载体为全市文化用品、设备及相关文化产品的批发和零售企业，大型综合超市文化用品、设备及相关文化产品销售专柜等。

3. 一个中心。一中心是指汉中市中心城区。依托中心城区作为陕甘川毗邻地区经济文化中心的区位优势，作为汉中市政治、经济、文化中心的地位以及近年来已基本形成的文化产业规模，重点打造新闻服务、出版发行和版权服务、广播电视电影服务、文化艺术服务、文化休闲娱乐服务、其他文化服务、文化用品（含设备）及相关文化产品的生产等特色文化产业集群，形成具有一定规模的演艺娱乐产业群（以汉中大剧院、朱鹮楼、一江两岸文化广场设施等为载体）、汉文化休闲游览群（以西汉三遗址、一江两岸景观、汉江湿地公园、文化休闲广场为载体）、现代数字内容服务群（以市区电信、移动、联通3家电信公司，电视台，三网融合，前进路现代办公设备销售商铺群为载体）、茶道文化产业群（以汉中茶城为载体）、印刷包装产业群（以北开发区众多印刷企业为载体）、文化创意产业群（以市区众多设计公司为载体）、影视娱乐产业群（以万邦时代广场的万达影城、百吉星电玩城、世纪阳光原址上拟建的西影大地国际数字影城为载体），使中心城区成为汉中市"文化产业聚集与发展"中心和陕西省文化产业次中心。这在文化产业发展上也最符合经济学上的节约原则。

4. 二条产业带。二条产业带是指汉江文化产业带与嘉陵江文化产业带。

（1）汉江文化产业带。主要包括宁强至西乡汉江流域，聚集起宁强汉水源头文化，勉县三国文化，汉台两汉文化，抗战时期大后方文化以及明清城池文化，城固县张骞与西域开拓文化、青铜文化、升仙文化，洋县蔡伦与纸文化、民间文化（悬台社火与杖头木偶、杆架花烟火），西乡茶文化、三国文化等历史文化资源和文化产业；还聚集起水文化、女性文化（汉水女神、褒姒）、湿地文化、水运文化、现代城市景观文化等文化资源和文化产业。通过这些产业聚集，逐步形成城固、勉县和南郑三个特色鲜明、相互支撑的县域文化产业集中地。

（2）嘉陵江文化产业带。主要包括略阳至宁强的嘉陵江流域，聚集起宁强羌文化、青木川古镇文化，略阳羌文化、灵崖寺摩崖文化、江神庙船帮文化、秦蜀故道文化等文化资源和文化产业。

四　重点任务

（一）深化文化体制改革

汉中文化产业跨越式发展和总体布局的实现，必须深化改革。文化体制改革是推动文化建设与时俱进、创新发展的根本之道，是实现文化大繁荣的动力之源。文化体制作为文化产品生产组织方式，要进行凤凰涅槃式的改革，完成由国有经营性文化事业单位向文化企业单位的转制，建立起由国家控股的、具有法人治理结构的、面向市场经营的现代文化企业。全市转企改制的国有经营性文化单位要充分利用转制的历史机遇，创新文化企业的运行机制，按照现代企业的组建方式，尽快进行股份制改造，完善法人治理结构，形成面向市场的经营机制和企业管理模式。全市的文化事业单位要把突出公益属性、强化服务功能、增强发展活力作为创新文化运行机制的着力点，全面推进文化事业单位的人事、分配、保障等改革。全市各级文化行政管理部门，要完善国有文化资产管理体制，积极引导文化企业组建行业协会，建立健全既有利于解放文化生产力、促进文化产业做大做强，又有利于确保意识形态安全和文化安全的运行机制。

（二）夯实文化消费基础

汉中文化产业的跨越式发展，最终取决于提升城乡居民文化消费水平和加大对新兴文化产品与服务的政府采购力度。加强公共文化服务，推进惠民工程，引导、培育、提升城乡居民新的文化需求。继续实施配送村级文化室活动器材工程，使全市 80% 以上的行政村具备开展文娱活动的条件；依托市县级图书馆、群众艺术馆、街道文化站、乡村文化中心和农家书屋，建立公益性公共电子阅览室，并与全省图书馆联网，实现文化资源共享；配备流动服务车和下基层业务活动的相关设备，图书馆每年下基层服务不低于 50 次，群艺馆每年下基层流动演出和流动展览 10 场以上；图书馆、文化馆、博物馆、科技馆（青少年活动中心）、文化站均向社会免费开放。

加大政府对公共文化设施的投入，推行低成本、低票价、小规模、广参与的文化消费活动，实施对低收入阶层、老年人、残疾人和学生群体优惠制度，促进文化的消费。对部分文化产品实行政府采购。体现社会主义核心价值体系的艺术作品和时政类的节目频道、报纸版面等，均由政府采购消费。既有效提升公共文化需求，又促使企业创造更多更好的文化产品。

（三）积极筹措建设资金

为保证规划建设项目顺利完成，要广开筹措建设资金的渠道：通过项目来争取中央、省下拨的专项建设资金；通过项目配套，获取地方财政拨发的项目配套资金；通过招商，吸引民间资本投入；通过文化企业自身的资本积累，进行产业置换，自筹建设资金。同时由市政府牵头，协调金融业，组建文化产业融资担保公司，为文化企业提供融资服务。对于前景好的文化企业，经过政府考察审定认可，按照投资方资本金 3%—5% 的比例，由同级文化产业发展基金给予项目补贴。

（四）完善文化市场体系

1. 推进文化产品市场建设。全市各级文化行政主管部门要充分发挥市场在文化资源配置中的积极作用，坚持以市场为导向，以专业市场为龙头，推动传统产业链向上游产业链延伸，促进文化产品和要素在全国范围内合理流动。鼓励支持有实力的外地民营文化企业，通过控股、参股、合资、合作吸收民间资本，成立有限责任公司，带动本地文化经营企业健康发展，并协调政府其他相关部门和银行，通过贷款贴息、项目补贴、补充资本金、奖励等方式支持文化产品市场和产业项目建设。

2. 加强文化市场体系监管。全市各级文化行政主管部门要坚持"一手抓繁荣、一手抓管理"方针，对于低级、庸俗、颓废的文化产品，加强正面教育，责令其整改；对于淫秽文化产品和非法出版物，依法予以坚决打击。改善文化市场监管，以服务促发展，文化、公安、工商等部门联手，维护好文化市场公正公平的发展环境。引导各类文化产业组建行业协会，实现文化企业自我约束和自我管理。

（五）打造"汉中开汉业"的汉文化品牌

古代著名词人辛弃疾对汉中的评价是"汉中开汉业"，伟大爱国主义诗人陆游到汉中后留下的最深刻印像是拜将坛和汉王刘邦的业绩。汉王刘邦在汉中发迹，使得汉中成为整个汉文化的起点和地标。汉中要打造这种作为起点和地标的汉文化。

加强与陕西理工大学汉水文化研究基地的合作；加强与汉中文化界一大批热爱地方文化的学者联系，举办各种级别的学术研讨会，获得学界和社会各界的认同和支持；加强与中央电视台的合作，通过百家讲坛的方式，将"汉中—汉朝—汉族—汉字—汉语—汉文化"的命名惯例，上升为一种普遍的文化理念而获得广泛传播；打造一个在全国叫得响的"汉文化"文化地理品牌，降低汉中文化企业的广告成本，促进汉中文化产业跨越式发展。

五　保障措施

（一）强化组织领导

汉中文化产业的跨越式发展是以实施文化产业发展规划为抓手的系统工程。按照《汉中市文化产业发展规划纲要》的具体目标要求，坚持政府统揽、部门负责和责任到人的工作机制，市、县（区）要成立文化产业发展规划实施领导小组，加强对文化产业发展规划建设工作的指导、检查和协调。市委办公室、市委宣传部、市政府办公室、市文化广电新闻出版、科技、发改、建规、财政、教育、文物旅游、国土、工商、国税、地税、金融、统计、体育、卫生等部门和文联、科协等团体为文化产业发展规划实施的成员单位，共同研讨汉中文化产业发展的规律，制定落实方案和相关实施措施。市、县（区）文化行政主管部门具体负责年度性的计划制定、项目实施和目标任务落实，每年对规划执行情况进行评估督查，确保各项任务落实。建立规划评估机制，把市、县（区）文化产业发展规划纲要的执行情况，文化产业增加值、文化产业增加值占 GDP 比例等指标的完成情况，列入地方领导班子和精神文明建设的年度考核，并进行定期检查验收和通报。

（二）把握文化产业政策，制定落实优惠措施

要针对文化产业具有"轻资产重创意"的特性和文化产品盈利的非确定性，加大对文化产业发展的政策支持力度，调动文化企业创新的主动性和积极性。要把握和吃透国家和省对文化产业相关的扶持政策，结合汉中实际，制定和落实支持全市文化产业发展的优惠措施。

中央、省有关文化经济政策，必须落实到全市所有文化企业；经营性文化事业单位转制为企业的，依据相关文件精神免征企业所得税；其他法人单位对于文化企业的公益性演出和文化活动提供捐赠的，其捐赠部分可按照国家税收法规的有关规定予以税前扣除。

对原创的电视剧作品，在中央电视台首播的按照 1 万至 3 万元/集的标准给予一次性奖励；原创的电影作品，在中央电视台首播的，按每部 10 万至 20 万元标准给予一次性奖励；对参加国家级和省部级艺术表演比赛，取得优异成绩者给予一定的专项奖励。

（三）加大财政投入保障力度

各级政府要加大财政投入保障力度，建立文化产业发展规划项目建设专项基金，把文化事业建设纳入经济和社会发展总体规划，所需经费列入地方财政预算；建立健全文化投入稳定增长机制，每年新增财力中用于文化建设的资金比例不低于2%。对于本地公益性的文化事业单位，减免各

种规费，以支持公共文化服务活动开展。市、县（区）财政从上年娱乐行业营业税实际入库数中按国家规定的比例划拨文化部门，用于文化娱乐市场的建设管理。建立和完善支持文化事业队伍建设和项目开发的专项资金制度，用于文化精品创作和人才培训，确保文化事业软件建设适应文化产业发展规划建设的客观需要。设立文化发展专项资金账户。市财政每年按 1000 万元的基数，建立市文化发展专项资金，用于引导扶持全市文化事业和文化产业的重点项目建设、文化精品工程建设和文化企业发展。

（四）建立投融资平台

不断改善投融资环境，优化资源配置，建立多渠道投融资和多种所有制形式的文化发展机制，鼓励引导民间资本进入汉中文化市场，并为其健康发展制定必要的支持政策。

凡国家法律法规未明令禁入的文化产业领域，均向外资和社会资本开放；凡在汉中市投资创办生产性文化企业的，注册资本均可按法定最低限额执行；允许投资人以实物、知识产权、土地使用权等可以货币估价并可依法转让的非货币财产作价，组建文化企业，其中知识产权可占注册资本比例的 70%。

设立汉中市文化产业投资建设公司，组织重大文化产业项目的论证、申报、立项工作，负责重点项目的招商、融资、招投标和项目的资金管理，指导和监管在建的文化产业项目。

（五）加强文化生产要素保护

文化产业发展的最重要生产要素是内容的创新和文化符号的整合。服饰文化、餐饮文化、医药文化、建筑文化、礼仪文化、女性文化、宫廷文化都会形成非物质形态文化创新要素。全市要把加强文化产业生产要素的积累和保护作为发展文化产业的重要方面，各级知识产权行政主管部门要密切关注知识产权保护的最新走势，并结合汉中实际，对于已经成为汉中文化符号的名称、色彩、造型、景观、商标等，要引导和敦促相关部门和企业，进行注册保护，为发展文化创意生产积累宝贵的生产要素。

（六）培养、引进专门人才

文化人才是区域文化的象征和品牌，也是文化产业生产要素生成的基础。全市积极实施人才强文战略，用5—10年时间，建立一支高素质的文化管理干部队伍、文化经营人才队伍、文化专业人才队伍。

要加强与西北大学、陕西理工大学等具有硕士授权的单位合作，通过培养在职管理硕士的方式，提升文化管理干部队伍的学识水平和管理水平。要用3—5年时间，通过教育培训、进修交流、传帮带培养、推介宣传和引进聘用等方式，着力推出一批领军的文化名家、文艺骨干、文学新秀；培养一批在全省、全国有影响的名作家、名编剧、名导演、名演员、名主持、名书画家等文化名人；引进和造就一批文化创意、文化创新、文化经营管理人才；提高一批优秀乡土文化人才和非遗文化传承人。

设立政府"文艺成就奖"和"文艺终身成就奖"，每3年评选一次，给予做出重大贡献的汉中文化名人以荣誉和物质奖励；符合政府规定标准和条件的文化产业领军人物，由同级政府给予一定的项目启动资金；引进的高层次文化人才，可不受编制和岗位的限制，其在汉中工作期间交纳的个人所得税中由市、县（区）分享部分，可经过市文广新局和市财政局认定后，作为奖金奖励给本人；民间文化人才可确定为民间优秀文化传承人，获得市、县（区）政府的补助和奖励。

（七）完善文化产业信息化建设

1. 要完善统计口径。按照国家统计局《文化及相关产业分类》的统计口径，文化产业既包括公益性文化单位，又包括经营性文化单位，同时还包括了家用的电视机、摄像机、放像机、录音收音及音响设备等的批发与零售。在统计过程中，需要将公益性的投入和收益，经营性的投入和收益，家用电器批发与零售，划入文化产业统计中来，以确保汉中市文化产业发展目标的实现。

2. 要培育社会力量创办文化产业信息中心。通过制定相关政策，支持非政府的文化产业信息中心通过服务文化企业获得发展的空间和经费。

第 十 三 章

汉中市休闲养老产业发展战略

养老产业是一个横跨第一、二、三产业的综合产业体系，是从第一、二、三产业中分离出来的特殊产业。养老产业包含三大核心组成部分，养老服务、养老产品和养老产业链。养老服务是养老产业的核心内容；养老产品是围绕老年人的衣、食、住、行、休闲、保健、养生、医疗、文化、情感慰藉、法律咨询、参与社会等需求，根据老年人的身体特点、健康状况、经济能力，经过特别设计的产品的总称（包括实物和服务）；养老产业链是在养老服务和养老产品不断发展的基础上形成的，养老产品的规模化、专业化、精细化生产销售，形成养老产业链。从产业链上看，涉及看护护理、医疗康复、金融、旅游、文化等20多个行业，并对上下游产业，如建筑、钢材、水泥、机械、医疗卫生等有明显的带动效应。

一　宏观环境

当前，我国已经整体进入迈向小康社会阶段，正在向富裕型社会迈进，人们将更加关注生态、呵护健康，休闲养老将成为一种重要的生活方式和社会趋势。

（一）生态低碳生活方式兴起

工业文明极大地改善了人们物质生活，也带来了环境污染、生态破坏、气候异常等一系列问题，优质生态环境日益成为紧缺资源。随着社会进步，绿色生态、环保低碳等理念日益深入人心，生态低碳生活方式也逐步成为人们追求的时尚。在这种时代背景下，良好的生态环境成为汉中市实现跨越式发展和可持续发展的重要资源。

（二）休闲旅游经济蓬勃发展

随着人们旅游观念的日渐成熟和休闲需求的不断增长，我国旅游业在经历了以观光为目的的初期发展阶段后，度假休闲式旅游正逐渐取代观光式旅游，成为旅游消费的主流。生态环境资源良好的汉中市非常适合开发休闲式旅游，迎来了发展良机。

（三）休闲养老经济潜力巨大

随着物质财富的增长，养生活动日益引起人们的重视，产生了巨大的养生需求及市场。同时，养老经济也随着我国老龄化社会的快速到来而拥有巨大的市场潜力。按照国际惯例，60 岁以上人口比例达到 10% 以上或65 岁以上人口比例达到 7% 以上，即为老龄化社会。预计 2020 年，我国60 岁以上老年人口将达到 2.4 亿，占总人口的 17.2%。有关专家预测，到 2050 年，中国老龄人口将达到总人口数的三分之一。老龄社会为老龄产业提供了巨大发展空间。

（四）"银发产业"催生投资机会

当前中国部分行业已开始涉足养老产业，在北京、上海、深圳、江苏、东北等多地已有部分高端养老项目在运营，且日本、美国等国多家护理、医疗企业等养老产业相关公司开始向中国市场拓展，中国也有多家上市公司开始涉足养老产业。例如，养老地产：世联地产、天辰股份、上海三毛、金陵饭店等；医疗护理：天士力、恒瑞医药、康缘药业、利德曼、乐普医疗等；老年食品及日常用品：汤臣倍健、光明乳业、承德露露、海南椰岛、克明棉业、上海家化、卫星石化等；养老服务与用品：双箭股份、奥维通信、大族激光、蒙发利；养老保险：中国平安等。

（五）养老服务政策保障有力

《国务院关于加快发展养老服务业的若干意见》（国发［2013］35号）提出，到 2020 年，全面建成以居家为基础、社区为依托、机构为支撑的功能完善、规模适度、覆盖城乡的养老服务体系，提出促进中小企业发展进入养老服务产业集群，发展养老服务网站、养老服务消费市场。政府深刻认识到我国养老服务体系面临的巨大压力，随着中国即将进入快速老龄化阶段，发展养老事业具有国家战略高度。

二　发展基础

秦巴山地优良的生态环境、天然氧吧、药材宝库都为汉中发展休闲养老产业提供了良好条件，为顺应人口老龄化发展趋势，应对人口老龄化带来的挑战，积极探索符合汉中实际的养老模式和运行机制，着力加快养老服务体系建设，全市养老事业得到快速发展。汉中市把养老服务业的发展作为老龄事业发展的龙头来抓，取得了显著成绩，主要表现为：

（一）养老服务发展规划全面形成

汉中市先后编制了《汉中市民政事业发展第十三五规划》《秦巴片区汉中民政事业区域发展与扶贫攻坚规划（2011—2020 年）》《关于加快老龄事业发展的意见》《汉中市老龄事业发展十三五规划》等发展规划。截止到 2015 年，全市完成基本养老服务建设项目共 245 个，新增床位 25180 张，老年人床位拥有率将达到 30‰以上、农村五保集中供养率达到 70% 以上。其中，全市扶持养老服务机构建设项目 1680 个、总投资 175970 万元。同时，从 2013 年起到 2015 年，全市新建农村幸福院 300 个以上，农村互助养老床位达到 3000 张以上，农村养老服务覆盖 50% 以上的农村社区，城市社区养老服务站实现全覆盖，城乡社区综合服务水平和管理功能将进一步提升。

（二）养老服务体系建设投入力度大

近年来，汉中市在地方财力十分困难的情况下，相继投入养老服务机构项目建设资金 6000 余万元，确保了各类养老服务机构的顺利建成和投入使用，赢得了好评。目前，全市共建成 204 所养老服务机构，床位数达到 16515 张，总投入 4.1 亿元，床位拥有率达 26.2‰。同时，安排专项资金 20 余万元，用于各级养老机构的人员培训。先后组织全市养老服务机构的行政管理人员、养老护理人员等 350 余人，到北京、海南、西安等地学习深造，并结合实际组织全市养老服务工作业务培训，邀请天津市养老机构的专家来汉中市授课。市级每年培训养老护理人员、社会工作者、基层民政干部等达到 500 人次。

（三）社区养老服务迅速发展

按照"就近就便、小型多样、功能配套"的原则，汉中市依托社区综合服务设施，重点加强日间照料服务、老年活动中心等社区养老服务体系建设。全市相继开展了旨在为农村老年人提供日间照料、就餐、文化娱乐、精神慰藉等服务的公益性活动场所——"农村幸福院"建设，并在全市建成 38 个城乡示范社区，全面推进以生活照料和文化娱乐服务为主要内容的社区养老服务设施建设。目前，投资 700 余万元的汉台区舒家营社区"大舞台"等 4 个城镇社区文化活动广场、明珠社区等 3 个社区"星光老年之家"日间照料服务中心和大寨村等 5 个农村社区互助幸福院、新兴街等 5 个社区"小饭桌"项目已建成投入使用。

（四）养老服务规范化水平大幅提高

近年来，汉中市根据中央、省相关规定，结合市情，相继出台《汉中市农村五保供养服务管理暂行规范》《汉中市养老机构设立许可实施办法》等一系列规章制度，为规范养老服务机构管理和提升服务水平提供了制度保障。同时，成立了"汉中市社会养老服务体系建设领导小组和农村五保供养服务机构星级评审委员会、社会福利机构等级评定领导小组"，进一步加快推进了社会养老服务体系建设，加强和规范了全市农村五保供养服务机构"星级"评定、社会福利机构"等级"评定工作，促进了养老事业健康、有序发展。

（五）存在的问题

虽然汉中市养老服务体系建设取得了长足发展，但与老龄化不断发展的形势和广大老年人养老服务需求相比，还有相当大的差距。当前主要表现在以下几个方面：

1. 养老服务机构总量不足。现有的福利型养老机构大都是由政府兴建，服务对象仅限于五保户等困难群体，覆盖面十分有限。而社会力量投资的养老机构数量相对较少，规模偏小。且由于传统观念影响等因素，养老机构均存在服务方式简单、水平不高、入住率不高等现象。居民养老方式仍以传统的家庭养老为主，面向社会化的服务机构养老比例较小，老年照料服务机构和专业人员缺乏，许多生活不能自理老人的服务需求难以得到基本满足。

2. 对民办养老机构扶持力度不够。由于在资金、土地、税收、用水、用电等方面的扶持政策落实不到位，没有充分发挥好对社会力量兴办养老机构的激励扶持作用，致使一些民办养老机构无力改善硬件设施、拓展规模，有的甚至负债经营、难以为继，迟滞了养老机构建设的步伐。社会上民营企业人士有兴办养老机构的意向，但由于目前一些政策不明晰，尚处于观望阶段。

3. 养老服务体系建设管理机制不顺。养老服务体系建设是一项量大、面宽的社会性系统性工程，涉及民政、发改、国土资源、财政、住建、卫生、教育、文广、公安、消防等诸多部门，资源分散，管理多头，在运行机制上面临着管理手段、协调效力、监督力度、服务合力缺乏的困难，也在一定程度制约了养老服务体系建设的推进。

4. 市场化运作程度低。汉中市现有民办养老机构 11 个，总投入 4.2 亿元，床位数 1598 张，占养老机构床位总数的 9.8%。其中，民办养老机构 8 个，床位数 1538 张；民办居家养老服务站 3 个，床位数 60 张。目前有影响、经营规模较大的养老机构是于 2012 年 10 月成立的汉中市东方老年公寓，项目总投资 4.8 亿人民币，征地 500 亩，分三期建设，拟设床位 3000 多个，完善配套设施及配套产业，打造一所汉中市、陕西省乃至全国著名的，集医疗保健、娱乐休闲、度假养老为一体的多功能酒店式养老机构。

5. 经营内容同质化、服务水平低。由政府出资创办的救助型和福利性养老机构其经营性质具有明显的社会救济性，主要是为了妥善收容那些无依无靠的鳏寡孤独老人，所以其经营内容几乎无差别，大多单纯的配置一些健身、休闲（乒乓球、台球、象棋）的附属设施，虽然可以让老年人"打发时间"，但老年人没有老有所成的心理成就感，服务水平较低，基本停留在解决入住老人温饱问题的水平上，缺少特色服务和差异化、个性化的服务。

6. 养老设施利用率较低。汉中市养老机构共入住老人 7581 人，入住率只有 46.6%，大部分设施处于闲置状态。造成养老机构入住率低的原因是多方面的，主要原因有两个方面：一是汉中市传统的居家养老观念的影响，老人及其子女都不能接受老人到社会养老机构养老；二是汉中市现有养老机构设施条件较差，服务质量不高，服务内容单一，缺乏知名的养老品牌，社会吸引力和社会信任度不高。

三　发展思路与目标

（一）发展思路

全面贯彻落实科学发展观，以道家养生文化为特色，以"生态汉中、养生圣地"为主题，充分发挥汉中生态环境优势，按照"生态经济化、经济生态化"的原则，以生态农业体验区、生态休闲和历史文化景区、休闲养老基地"三大平台"建设为切入点，按照社会化、专业化、产业化的方向发展休闲养老服务业，促进生态休闲养老相关产业的全面发展，将汉中建设成为中国西部地区规模最大的休闲养老之都，推动汉中经济实现绿色发展、生态富民和科学跨越。

（二）实施路径

1. 构建休闲养老产业体系。围绕汉中的生态资源优势和产业特点，重点发展生态休闲旅游、养老地产、养老文化、健康管理、养老教育、生态养生农业等六大产业，并实现六大产业互动发展，构建完整的休闲养老产业体系，支撑和推动相关产业转型升级，促进汉中养老经济的快速发展。

2. 打造三大养老产业平台。这是休闲养老经济发展的核心抓手和根本载体，是产业发展内容的主要体现和基本落脚点。一是建设一批田园风光为特色的休闲农业观光体验区；二是建设以传统文化、民族风情为特色的"休闲旅游景区"；三是建设一批突出个性、错位发展、互为支撑的大型休闲养老基地（养老地产），形成汉中休闲养老经济发展的核心网络平台架构，全力打造养老产业品牌。

3. 建设一批绿色农产品生产、加工基地。按照"特色养生、绿色精品、生态高效、优质优价"的定位,围绕食用菌、茶叶、水果、蔬菜、中药材等特色主导产业,积极建设一批绿色农产品生产基地,并配套适当加工业,延伸农业产业链,形成以功能性特色食品、绿色食品、有机食品、保健食品为主的食品产业,为"食养"发展提供丰富的食材。

4. 培育一批保健疗养基地。重点围绕健康管理,更加注重老年身体健康、精神关怀和心理慰藉,努力培育一批养生保健(包括食疗养生、运动养生、温泉及水疗养生等)、康复疗养、中医药治疗等基地,为休闲养老产业发展提供保障。

(三) 发展目标

到 2020 年,基本形成国内较大规模、较高品质的生态休闲养老产业体系,休闲养老服务业内部结构显著优化,产业质量显著提升,就业容量显著增加,服务环境和服务水平显著提高,市场竞争力显著增强,把生态休闲养老产业建设成为汉中的一个支柱产业,把汉中市建成西部地区规模较大的生态休闲养老基地和休闲养生旅游目的地,力争打造中国西部生态休闲养老之都。

到 2020 年,全面建成以居家养老为基础、社区养老为依托、机构养老为支撑,功能完善、规模适度、覆盖城乡的养老服务体系;生活照料、医疗护理、精神慰藉、紧急救援等养老服务覆盖所有居家老年人;符合标准的日间照料中心、老年人活动中心等服务设施覆盖所有城市社区;95%以上的镇和70%以上的农村社区建立包括养老服务在内的社区综合服务站点;社会养老床位数达到每千名老年人 40 张以上,养老服务就业岗位达到 5 万个以上。

四　重点任务

(一) 统筹规划,健全基本养老服务制度

将养老服务业发展纳入国民经济和社会发展规划,列入服务业重点发展领域,进一步加大对养老服务公共基础设施建设的投资力度。建立养老服务评估机制和经济困难的高龄、失能老年人服务补贴制度。完善养老服务"托底"政策,对无劳动能力、无生活来源、无法定赡养人或者其法

定赡养人无赡养能力的老年人，给予特困人员供养待遇，不断提高供养标准。建立老年人医疗护理保险制度，减轻养老医疗护理服务经费自付压力。根据经济社会发展水平和物价上涨等情况，适时调整基本养老、基本医疗、最低生活保障等补助标准，提高养老保障水平。

（二）示范带动，完善城市养老服务设施

加强公办养老机构建设，鼓励和扶持社会力量兴办养老服务机构，完善城市养老服务设施，形成以市级中心城区养老服务（福利）中心为示范、县级养老服务（福利）中心为辐射、社区日间照料服务中心和社会养老机构为重点的城镇机构养老服务模式。

1. 加快推进养老服务机构建设。进一步加快推进市、县（区）养老服务（福利）中心建设，充分发挥公办保障性养老服务机构的示范引领、专业培训、功能试验、品牌输出等作用。政府兴办的各类社会福利院、养老服务（福利）中心等养老机构要发挥"托底"保障作用，重点为城市"三无"人员和低收入老年人、经济困难的失能半失能老年人提供基本的供养、护理服务。

2. 支持社会力量兴办养老服务机构。按照"政策引导、政府扶持、社会兴办、市场推动"的原则，完善养老机构优惠扶持政策，积极推行养老机构民办公助、公建民营，建设一批经营规模化、管理规范化、服务专业化、运作市场化的老年公寓和服务设施。鼓励社会力量兴办规模化、连锁化的养老机构，鼓励社会资本整合可利用的社会资源用于养老服务，鼓励个人承办家庭化、小型化的养老机构。

3. 加强社区养老服务设施建设。在制订城市总体规划、控制性详细规划时，要按照人均用地不少于 0.1 平方米的标准，分区分级规划设置老年人日间照料中心、老年活动中心等养老服务设施。新建居住（小）区要将居家和社区养老服务设施与住宅同步规划、同步建设、同步验收、同步交付使用；旧居住（小）区没有养老服务设施或现有设施不能满足需要的，要限期通过购置、置换和租赁等方式完成达标建设，养老服务设施不得挪作他用。完善社区为老年人服务，充分整合和有效发挥社区公共服务设施的养老服务功能，加强社区养老服务设施与社区服务站以及社区卫生、文化、体育等多种设施的功能衔接，提高使用率，发挥综合效益。对

道路、楼宇等与老年人生活密切相关的公共基础设施实施无障碍改造。

（三）因地制宜，切实加强农村养老服务

加快推进农村养老服务设施建设，形成居家养老、互助养老和机构养老为一体，专业服务为特色的农村养老服务模式，为需要帮助的老年人提供全面的服务。

1. 进一步加强供养服务机构建设管理。完善农村养老服务"托底"措施，将农村"三无"老年人全部纳入五保供养范围，适时提高供养标准，使其老有所养。加强县区中心敬老院、区域性敬老院规范化建设，健全机构功能，提升管理和服务水平，在满足农村五保对象集中供养需求的前提下，积极开展面向辖区的社会综合养老服务，使之成为区域养老服务中心。

2. 大力推进农村互助养老设施建设。依托行政村、较大自然村，充分利用农家大院、闲置校舍建设农村幸福院等互助性养老服务设施。坚持公益性办院的方针，按照村级主办、互助服务、群众参与、政府支持的原则，采取集体建院、集中管护、自我保障、互助服务的建院形式，大力发展农村互助幸福院建设，优先为农村老年人、70 周岁以上孤寡老人、空巢老人和散居的五保老人提供日间照料、就餐、文化娱乐、精神慰藉等公益性活动及服务，力争用 3—5 年时间实现农村幸福院覆盖所有中心村。

3. 发挥农村公共设施综合作用。农村党建活动室、卫生室、农家书屋、学校等要支持农村养老服务工作，积极组织与老年人相关的活动。充分发挥村民自治功能和老年协会作用，督促家庭成员承担赡养责任，组织开展邻里互助、爱心资助、志愿服务，解决周围老年人实际生活困难。

（四）整合资源，大力发展居家养老服务

支持建立以社会为主体、社区为纽带，满足老年人各种服务需求的居家养老服务网络。鼓励居家养老服务企业和机构上门为居家老年人提供助餐、助浴、助洁、助急、助医等定制服务。

1. 支持社区建立健全居家养老服务网点，引入社会组织和家政、物业等企业，兴办或运营老年供餐、社区日间照料、老年活动中心等形式多样的养老服务项目。支持利用社区公共服务设施、社会场所组织开展适合老年人的群众性文化体育娱乐活动。鼓励专业养老机构利用自身资源优势，培训和指导社区养老服务人员。

2. 大力发展居家网络信息服务，加快建设县级社区服务信息网络平台，建立健全镇（街道办）、社区信息网络，充分发挥市级社区服务信息网络中心的示范作用，实现省、市、县（区）、镇（街道办）、社区"五级"信息联网。

3. 支持企业和机构运用互联网、物联网等技术手段创新居家养老服务模式，发展老年电子商务，建设居家服务网络平台，提供紧急呼叫、家政预约、健康咨询、物品代购、服务缴费等适合老年人的服务项目，并实现互联互通和资源共享。

（五）依托优势，繁荣养老服务消费市场

依托汉中得天独厚的地理和自然环境优势，统筹建设集老年产品研发、生产、物流配送、展览展销等一体化的养老服务产业。积极搭建供需对接平台，培育养老服务市场，推动快速发展。

1. 鼓励建设一批功能突出、特色鲜明、辐射面广、带动力强的休闲养生、特色医疗、文化教育、科技服务养老基地，吸引养老服务领域知名企业入驻，打造养老服务完整产业链。鼓励竞争力强、有实力的养老服务企业走集团化发展道路，扶持中小型养老服务企业连锁经营。

2. 扶持老年生活照料服务业发展，建设专业化老年照护机构和设施；扶持老年产品用品发展，研发适合老年人的营养保健、服装饰品等生活用品，引导商场、超市、批发市场设立老年用品专区专柜；扶持老年健康服务业发展，加强老年病研究及老年医疗药品研发，提高健康促进、医疗护理、心理咨询等方面的服务水平；扶持老年文化教育事业发展，利用现代传播技术，建设老年文化传播网络；扶持老年体育健身活动，开辟和增加老年活动场所，开展适合老年人身心特点的体育健身活动；扶持老年休闲旅游业发展，加大老年人休闲娱乐、健康养生等旅游产品开发力度，培育老年旅游市场。

3. 鼓励老年金融服务业发展，开发适合老年人的储蓄、保险、投资、以房养老等金融产品，增强老年人消费能力。扶持老年宜居住宅建设，结合城镇化建设、保障房建设和商品住宅开发，规划开发老年宜居住宅工程。

（六）融合发展，积极推进医养结合

推动医疗卫生、养老服务资源结合的融合式发展，制定医养工作规范标准，构建养老、照护、康复、临终关怀服务相互衔接的服务模式。卫生管理部门要支持有条件的养老机构设立医疗机构。医疗机构要积极支持和发展养老服务，有条件的二级以上综合医院应当开设老年病科或老年病区，增加老年病床数量，做好老年病、慢性病防治和康复护理。进一步完善社区卫生服务，社区卫生服务机构应当为老年人建立健康档案，提供上门诊视、健康查体、保健咨询等服务。对于养老机构内设的医疗机构，符合城镇职工（居民）基本医疗保险和新型农村合作医疗定点条件的，可申请纳入定点范围，入住的参保老年人按规定享受相应待遇。

（七）开放合作，积极推进养老地产模式

汉中市是地球上同一纬度生态环境最好的地区之一，有着得天独厚的养老休闲资源，蕴藏着养老产业的巨大发展潜力。汉中市可以借鉴国外一些成功经验和做法，按照养老地产的模式建造中国特色的养老社区：如集中规划建设集居住、商业服务、度假疗养为一体的老年公寓群；把老年住宅和养老院毗邻建设，以便在设置服务网点和急救站时，两者能共用；建设一些自助养老社区（DIY），以提供优质、满意的服务，为众多老年人的"夕阳红"事业打造成蓬勃发展的朝阳产业，使之成为汉中市调结构、惠民生、促升级的重要力量。

五 保障措施

（一）科学规划，合理定位

编制《汉中休闲养老服务业发展规划》，保障休闲养生服务业发展规划的科学性、系统性和持续性。注重与城市总体规划、旅游发展规划的相互衔接，确保规划定位准确、操作性强，并严格遵守"先规划、后建设"的程序组织实施，为汉中休闲养老服务业发展指明方向，奠定基础。

（二）注重营销，打响品牌

加大宣传投入，大力宣传汉中休闲养生旅游品牌。广泛利用各类媒体举行休闲养生旅游推介活动，并利用网络、报刊、户外广告、宣传片、旅游指南等宣传媒介开展多渠道宣传。加强与周边市、区县的休闲养生旅游合作，走差异化开发、集约化促销的旅游合作道路。

（三）培育行业组织

按照政府引导、企业自主的原则，在休闲养生服务行业加快培育一批独立公正、行为规范、运作有序、代表性强、公信力高，适应市场经济发展要求的新型行业协会，积极发挥协会在行业自律、服务品牌整合以及服务产品技术创新的研究、交流、推广等方面作用。

（四）加大政策支持力度

1. 对投资新建的养老服务项目，发改、规划等部门优先办理立项相关手续，优先完善相关配套基础设施。对民政部门批准设立许可的养老机构，在办理法人登记时予以优先办理。

2. 养老服务设施建设用地纳入土地利用总体规划和年度用地计划，可将闲置的公益性用地调整为养老服务用地。社会资本兴办的非营利性养老机构与政府建立的养老机构享受相同的土地使用政策，可依法采取划拨方式供地。对营利性养老机构建设用地，按照国家对经营性用地的管理规定，优先保障供应，依法办理有偿用地手续。

3. 对养老机构提供的养护服务免征营业税，对非营利性养老机构自用房产、土地免征房产税和城镇土地使用税，对符合条件的非营利性养老机构按规定免征企业所得税。对企事业单位、社会团体和个人向非营利性养老机构的捐赠，符合相关规定的，在计算应纳税所得额时按规定比例予以扣除。对非营利性养老机构建设免征相关行政事业性收费，对营利性养老机构建设减半征收相关行政事业性收费。

4. 对养老机构或服务设施的用电、用水、用气、用热及数字电视价格，按照居民生活类价格标准执行。对在养老机构就业的专业技术人员，执行与医疗机构、福利机构相同的执业资格、注册考核政策。社会养老机构与公办养老机构工作人员在技术职称评定、继续教育、职业技能培训等方面享受同等待遇。

5. 鼓励和引导金融机构创新金融产品和服务方式，拓宽信贷抵押担保范围，支持保险资金投资养老服务领域，开展老年人住房反向抵押养老保险试点，推进养老服务业加快发展。

（五）落实财政投入

1. 进一步加大投入，安排财政资金支持养老服务体系建设。老龄事业经费按总人口年均 1 元的标准列入财政预算（市级和县级各占 50%），从 2013 年起市财政将新增财力的 1% 用于老龄事业，建立老年事业发展专项资金，推进老龄事业和养老服务业发展。各级福彩公益金用于养老服务体系建设的投入不得低于 50%。

2. 持续加大对政府投资建设养老机构的支持，落实公办社会福利机构聘用人员薪酬待遇。依据省民政厅、省财政厅《关于印发陕西省农村五保供养服务机构聘用人员薪酬待遇和运转维护经费保障意见的通知》（陕民发〔2013〕23 号）相关规定，按照每年每名供养对象不低于 1200元的标准列支运转维护经费和每月每名聘用工作人员人均 2300 元标准落实薪酬等待遇，确保机构正常运行、人员配备合理、工作有效开展。

3. 建立社会公益性养老机构建设运营补贴制度，对符合条件的社会资本投资建设的非营利性公益养老机构（含租用期限在 10 年以上的），新建机构每张床位一次性补助 3000 元，改扩建机构每张床位一次性补助2000 元；对公建民营的养老机构，运营期间享受同等的补贴政策。

（六）吸引民间资本投资养老产业

1. 加大居家养老服务站点补助力度。建立居家养老服务经费长效保障机制，各县（区）财政应将居家养老服务经费列入当地财政预算，用于政府购买岗位、困难老人政府购买服务以及居家养老服务站点正常运行的经费补助。市财政对于城市社区具有居家养老服务功能的服务站点，根据服务对象的多少，给予不少于 2 万元的一次性建设经费补助。

2. 健全居家养老服务队伍。把居家养老服务纳入政府投资开发的公益性岗位，公益性岗位按享受政府补贴对象老人数 4∶1 的比例设置，为老人上门服务。居家养老服务人员实行职业培训和持证上岗制度，由市、县（区）民政部门和劳动保障部门开展培训。

3. 加大民办养老服务机构扶持力度。对社会力量兴办养老机构政府实行资金扶持，新建养老机构，按每张床位分年度或一次性给予一定数额的补助；运营养老机构，以入住 6 个月以上的本地户籍老人数，按护理等级，每月分别给予不同档次的补助金额；对居家养老服务组织按固定连续服务半年以上的，每服务 50 户老年人家庭，每年确定补助标准给予补贴。

4. 创新公办养老机构运行机制。大力倡导与市场经济相适应的公办民营等多种养老机构运作模式，有条件的公办养老机构在明晰产权的基础上，探索将所有权、经营权分离，逐步实现养老机构的社会化。此外，鼓励公办养老机构向社会开放，在满足当地五保、"三无"人员集中供养的前提下，利用闲置设施、空余床位接受社会老人自费寄养。寄养老人的收费标准，由价格主管部门根据设施条件、服务项目和标准，通过成本核算后确立收费标准。

第 十 四 章

汉中市健康体育产业发展战略

健康体育产业是随着社会经济的高速发展，以不断增长的社会物质基础为前提，以广泛的社会关心和国民的共同参与为支柱，是健康和体育两大产业的有机结合，是提供健康体育产品服务的阳光产业。健康体育产业经营追求的最高目标是将更多的人吸引到健康体育运动中来。我国由于优先发展竞技体育产业（职业化），健康体育产业曾经在很长时期内没有得到应有的重视和发展。

一　发展背景

中国健康体育产业的发展，从 20 世纪 80 年代健康体育产业由国外传入至今已经走过 30 多年的历程。1995 年，中国开始推行《全民健身计划纲要》，至今已经开展多年的"全民健身周、月"活动。健康体育产业的投资者也由原来的体育行业内人士扩展到拥有资金、器材的各类投资者，商业化进程进一步加强，与此同时，丰厚的利润使国内健身器材企业也得到迅猛发展。

（一）健康体育俱乐部迅速发展
一是俱乐部经营逐渐转向规模式经营；二是由单店、局部地区的发展模式变为全国乃至全球连锁经营的发展模式；三是俱乐部由原来的单一的酒店健身中心延伸到商业健身俱乐部、社区健身会所的多元化的发展格局；四是俱乐部从业人员素质不断提高，俱乐部的经营管理者由原来的教练转变为职业经理人；五是俱乐部器械、设施和项目档次和水准大幅度提升，培训体系和管理系统也更为系统全面。

（二）健康体育产业体系初步形成

健身俱乐部和健身市场的发展也带动了健康体育器材、服装鞋帽、营养补剂、俱乐部管理系统和培训系统的发展，中国的健康体育产业结构初步形成。从产业主体来看主要包括各类商业健康体育俱乐部及会所；健康体育器材生产及其经销商；健康体育服装、鞋帽、配件生产以其经销商；健康体育运动营养补剂生产及其经销商；教练员培训系统商；健康体育管理软件及系统商；相关健康体育投资管理公司。

中国的健康体育产业尚处于起步阶段，作为产业主体的健康体育企业在营销与管理、服务与品牌、人员素质、经验和水平上与健康体育业发达国家的差距是显而易见的。当前，推动健康体育产业发展的因素主要有：

1. 政策推动产业改革深化。发展健康体育产业是适应人民群众对体育的需求，促进全民健身运动开展的需要，也是进一步发挥体育的综合功能和社会效应，丰富社会体育文化生活，促进人的全面发展的需要。国务院批准从 2009 年起，每年 8 月 8 日为"全民健身日"。希望 8 月 8 日这一天，每一个人都能够在自己所在的地方，快乐、健康地从事体育健身活动。2010 年国务院文件从宏观角度为体育产业的深化改革指明了方向；2011 年国家体育总局进一步细化了体育产业发展和改革的具体目标；2012 年中国足协改革试点标志着改革"双轨制"，解决政企不分进入了实质操作阶段；2014 年 9 月，国务院常务会议部署加快体育产业发展，促进体育消费。2014 年 10 月 20 日，国务院发布的《国务院关于加快发展体育产业促进体育消费的若干意见》（国发〔2014〕46 号）指出，发展体育事业和产业是提高中华民族身体素质和健康水平的必然要求，有利于满足人民群众多样化的体育需求、保障和改善民生，有利于扩大内需、增加就业、培育新的经济增长点，有利于弘扬民族精神、增强国家凝聚力和文化竞争力。

2. 经济转型与消费能力提升。体育产业符合我国拉动内需、发展第三产业的转型方向，且随着居民收入水平提升，居民消费逐渐从基本消费、功能消费过渡至健康消费、体验消费，从而促进体育产业需求的有效释放。

特别是随着我国城镇化水平的提升，为体育产业快速发展提供了成长利基，驱动以城市为中心的核心体育产业成长，进而带动和支持外围体育产业同步发展。

3. 老龄化社会的需要。中国自 2000 年开始就已经进入了老龄化时代，预计到 2020 年中国 65 岁以上老龄人口将达到 1.67 亿人，约占全世界老龄人口的 24%。老年人的各种生理机能减退，会带来很多健康问题，而这些健康问题的重要解决途径就是正确的健康体育活动指导，同时老人们也需要彼此的感情交流，需要加强人与人之间的沟通，需要他们展示自己生存价值的社会舞台，而健康体育活动则能提供这一切活动的媒介，帮助老人们实现和达成自己的健康生活愿望。

（三）生活方式的改变带来的慢性病问题

我国目前确诊的慢性病患者已经超过 2.6 亿人，因慢性病死亡占我国居民总死亡的比例已经上升到 85%。引发慢性病的主要因素就是不良行为和生活方式，而针对行为和生活方式问题不能仅仅寄希望于医院和药品，只能依靠人们观念和社会性措施的改变。健康体育产业里的产品和服务正是基于改变人们不健康的生活方式而设计，能最大程度上改变人们以往的不健康的生活观念，最终改变慢性病患者的生活方式。近几年来，健康体育产业迅速发展起来并日益受到重视，人们对自身健康的理解越来越深，对健康体育运动的需求越来越高。

（四）收入的提高及健康价值观的变化

如今，休闲已经被看作是生活中不可或缺的重要组成部分，是人们进行自我评估、自我形象塑造的良好手段。健康体育运动作为当今社会一种主要的消遣、娱乐手段，已经成为人们进行休闲活动的重要选择。随着经济收入的不断提高，人们的健康价值观念也在发生着变化。人们更愿意把钱花在自己的身体健康上，花钱买健康的观念已经深入人心，人们对健康的追求更加迫切。健康体育产业的发展迎合了大众追求健康的心态，未来社会必将形成健康体育产业发展的大好时机。

二 发展基础

基于上述背景，汉中市在 2006 年开始启动了全民健身工程，标志着汉中市正式将健康体育事业纳入了民生工程，健康体育事业顺利发展。

（一）全民健身设施建设逐渐完善

一是城市社区健身器材配送工程，共建设 187 个项目，每个项目 8 万元；二是村级农民体育健身工程，共建设 900 个项目，每个项目 3 万元；三是乡镇农民体育健身工程，共建设 179 个项目，每个项目 10 万元；四是全民健身示范区示范带工程，共建设 11 个项目，每个项目 30 万元；五是移民安置村级农民体育健身工程，共建设 93 个项目，每个项目 3 万元；六是县级公共体育设施建设"四个一"工程，计划每个项目 500 万元。

（二）全民健身政策措施日益完善

2011 年 8 月，汉中市人民政府印发了《汉中市全民健身实施计划》（2011—2015 年），明确提出了以构建"健康汉中、和谐汉中"为主题，以提高广大人民群众健康水平为出发点和落脚点，逐步完善覆盖城乡、可持续的全民健身公共服务体系，促进全民健身与竞技体育协调发展，扩大竞技体育群众基础，丰富人民群众精神文化生活，形成健康文明的生活方式，促进人的全面发展，提高全民生活质量。明确提出到 2015 年要实现三个目标：一是经常参加体育锻炼人数进一步增加。城乡居民健身意识增强，体育健身成为广大市民自觉的、重要的生活方式，到"十二五"末，全市经常参加体育锻炼（每周不少于 3 次、每次不少于 30 分钟）的人数比例达到 39% 以上。二是体育健身基础设施有较大发展。积极实施"体育五大惠民工程"，城乡公共体育设施显著增加，人均体育场地面积达到 1.5 平方米以上。三是全民健身内容更加丰富多彩，组织网络更加健全，社会体育指导员队伍和健身志愿者队伍不断壮大，科学健身指导服务不断完善，以全民健身为主题的体育产业进一步发展。

（三）存在问题

以上分析可见，汉中市在发展健康体育事业方面已经具备了一定的基础，也为健康体育产业的发展奠定了基础。但由于汉中市健康体育产业的发展处于刚刚起步阶段，仍存在诸多问题：

1. 缺乏有效的市场监管。目前汉中健康体育市场管理部门不明确，工商部门只负责经营主体的注册登记管理，体育部门主要负责体育事业管理，而对体育产业的监管则处于管理空白状态。因此，健康体育市场较为混乱，无照经营、私自开班、乱收费现象较为普遍。

2. 缺少市场化运作的经营主体。汉中现有的健康体育俱乐部以个体经营为主，经营规模小，产业化、组织化程度低，而且经营个体大多属于高校、中小学等学校在职教师，其经营具有兼职创收性质，经营行为具有短期行为的特征，缺乏对经营可持续性的设计。

3. 健康体育专业人才匮乏。目前，汉中健康体育的教练员、指导员队伍不完善，专业人才匮乏，分布于城乡社区的群众体育活动场馆缺少专业人才队伍支撑，群众体育活动大多由社区居民自发组织、在固定地点、固定时间进行，群众体育活动的指导员、领队大多出于社区居民自愿义务担当，缺乏系统的专业知识，其活动仅限于动作示范，缺乏科学性和指导性。

4. 健康体育产业体系不完善。目前，汉中市尚未形成完善的健康体育产业体系，健康体育产业涉及的领域比较分散，且均呈自我发展状态，缺乏相互协调与合作，健康体育产业链不健全、产业结构比较单一，健康和体育产业融合度不强，尚未形成一个完整的健康体育产业体系。

三　发展思路与目标

（一）发展思路

深入贯彻习近平总书记系列重要讲话精神，深入贯彻落实科学发展观，牢固树立创新、协调、绿色、开放、共享的发展理念，全面贯彻落实国务院全民健身计划，围绕建设生态文明和全面建成小康社会两大战略目标，以增强人民体质、提高全民素质和生活质量为根本，以大力开展全民健身运动、有效提高竞技运动水平、发展壮大体育产业为落脚点，以扎实开展全民健身工程建设为突破口，将健康文化与体育运动项目有机结合，以健康文化指导大众体育运动为基本思路，开发地方特色的体育项目，按照"社会化、大众化、常态化"的方向发展健康体育服务业，拓展和延伸体育相关产业链，做大做强体育用品业，进一步满足人民群众对体育的新需求，构建符合市情、覆盖城乡和可持续发展的基本公共体育服务体系，实现体育事业跨越发展。

1. 坚持体育事业与社会发展相协调。明确体育要为生态文明建设和全面建成小康社会服务、为提高全民身体素质和生活质量服务，体育事业发展要与经济社会发展相适应。

2. 坚持体育事业与体育产业协调发展。加大对体育事业的政策扶持和财政投入，以学校体育和社区体育为重点，创新发展体育事业，保障人民群众享有基本公共体育需求。同时，通过加快体育产业的发展来进一步引导大众体育消费，满足人民群众对多样化的、更高层次的商品性体育消费需求，促进体育事业与体育产业的良性互动和协调发展。

3. 坚持城市与农村相均衡。通过城市的辐射带动，加快农村体育设施的改善和体育人口的增加，促进城乡均衡发展。

4. 坚持普及与提高相结合。以普及为重点，在普及群众体育的基础上抓提高，在提高竞技水平的同时推动普及。

5. 坚持特色与精品相推动。立足汉中山水资源，重点开发山地体育运动项目和精品赛事，不断做大特色项目，努力增强体育竞争力。

（二）发展目标

到 2020 年，基本形成包括健身娱乐、运动休闲、体育竞赛表演、体育用品制造和销售、体育彩票销售等结构合理的体育市场和产业体系，体育产业结构进一步优化，服务业比重稳步上升；体育社会化程度明显提高，基本实现体育公共服务均等化，推进体育设施开放共享，基本建成亲民、便民、利民的全民健身服务体系。

1. 群众体育发展目标。城乡居民体育健身意识进一步增强，人民身体素质明显提高，城乡居民（不包括在校学生）国民体质合格率达到90% 以上，在校学生普遍达到《国家学生体质健康标准》基本要求；体育健身设施更加完善，人均体育活动场地面积达到全省平均水平以上；突出发展农村体育、职工体育和老年人体育，加大青少年体育俱乐部建设力度；加强社会体育指导队伍建设，培训社会体育指导员、裁判员等基层体育骨干 3000 人以上，逐步形成遍布城乡的全民健身组织网络。经常参加体育锻炼人数有较大幅度增长。全市经常参加体育锻炼人数（每周不少于 3 次，每次不少于 30 分钟，中等强度）达到 150 万人以上，占总人口的 39%；每周参加 1 次以上体育锻炼人数达到 190 万人以上，占总人口的 50%。农村人群、中青年人群参加体育锻炼人数有大幅增加。

全民健身赛事活动蓬勃开展。积极推动群众体育赛事活动在市、县（区）、镇、村（社区）常态化发展。因地制宜、突出特色，精心打造汉中市全民健身运动会、油菜花海春季全民健身系列活动、滑雪大会、登山大会、百公里毅行、柔力球大赛、环汉中三国文化旅游景点自行车骑行、汉江赛艇对抗赛等 9 项全民健身赛事。县、镇、村（社区）因地制宜，发挥特长和优势，做到一县一品牌、一镇一亮点、一村（社区）一特色。各级政府、各部门、单位及社会各界积极参与全民健身，干部职工健身需求得到保证，每个单位每年至少举办一次具有一定规模的全民健身活动或赛事。

2. 全民健身设施建设目标。全市人均体育场地面积达到 1.8 平方米以上，城市社区体育设施全覆盖，农村体育设施覆盖率超 70%，县级公共体育设施进一步完善。具体任务是：每个县区要至少建成 1 个带足球场的标准田径场、1 个全民健身广场（或中心）、1 个游泳池、1 个室内体育馆；乡镇要建有 1 个带看台的灯光球场、1 片综合健身场、1 个室内健身房；公园、社区配建多功能健身场地，村、小区要合理设置健身器材。建设汉江沿岸全民健身长廊和相应运动设施，汉中水上运动中心、中心城区滨江水生态公园全民健身场地全面投入使用。启动汉中市体育运动中心二期工程，建设跳水游泳中心和中心城区全民健身活动中心；改造汉中体育馆，保证第十四届全运会跆拳道项目的顺利举办；把留坝营盘足球基地建设为全省足球训练基地。进一步打造留坝冰雪基地和山地自行车运动基地，逐步建设和完善登山步道、山地自行车赛道、汽车宿营地、攀岩基地、漂流基地、环汉中自行车及环油菜花海自行车骑行观光赛道、百公里毅行线路等，形成特色鲜明的户外运动基地。鼓励和扶持县、镇、村、社区和企事业单位建设游泳池，游泳池数量在 2016 年基数上翻一番。

3. 体育产业发展目标。2020 年，体育产业就业人数超过 1 万人，力争创建 1 个具有汉中特色的省级体育用品制造业基地，努力培育体育用品制造业品牌；结合汉中打造"西三角"乃至西部生态休闲养老旅游目的地的目标，借"汉中山水"优势，深入挖掘体育休闲旅游文化，加快建设一批市级体育健身服务场所和户外休闲基地，初步建成与大众消费水平相适应，以体育服务业、竞赛表演业为重点的体育产业体系。

社会各界积极参与支持全民健身，鼓励各类企业以冠名权等赞助支持大型体育活动和赛事，做到体育搭台、经济唱戏，互惠互利、共同发展。体育协会规范快速发展。条件成熟的体育项目，一律成立协会，市级协会总数达到 40 个。有条件的镇、村、社区成立体育协会，全市会员人数达到 15 万人以上，使协会成为组织引导广大群众科学健身、参与全民健身的主力军。社会体育指导员队伍进一步壮大。市、县（区）每年至少举办二期社会体育指导员培训班，每年发展会员不少于 300 人，获技术等级社会体育指导员达到 6000 人。

四 重点任务

（一）建立稳定的社会体育指导员队伍

根据国家体育总局建立的评价指标，在"十二五"期间中国要实现每千名人口拥有一名社会体育指导员，指导群众科学健身，日常锻炼的基本技能。凡是建设有体育场地、配备有体育器材的单位配置 2 名以上社会体育指导员，在公益性岗位安排、外出学习、设备服装配备等方面对社会体育指导员予以激励。汉中市目前社会体育指导员的队伍还没有建立起来，未来五年，应以社区健康体育运动组织为基础，倡导社会体育指导员发挥全民健身的指导作用，引导群众快乐健身，健康生活，推动全民健身"每天锻炼一小时，健康生活一辈子"制度化、生活化。

（二）加快落实体育五大惠民工程

包括：县级公共体育设施建设"四个一"工程（即加快建设和完善县级公共体育设施，做到每个县级公共体育基础设施工程包括一个体育场馆、一栋综合楼、一个标准田径场、一块全民健身活动场地）、城市社区全民健身器材配送工程、乡镇农民体育健身工程、村级农民体育健身工程、全民健身示范区（示范带）工程。

(三) 促进健康体育产业与旅游、休闲、文化等产业融合发展

以留坝县为基地，在发展生态旅游产业的同时，使生态旅游和体育产业、休闲产业、文化产业"结盟"，发展体育旅游，打造汉中山地体育旅游核心经济圈。将旅游、体育、休闲和文化相结合，打造健康体育品牌。充分展示紫柏山的四季登山、冬季滑雪的山地运动和夏季栈道漂流运动。其他区县应充分发掘具有汉中特色的、群众喜闻乐见的民族舞蹈、传统武术及其他体育项目，使之规范化、系统化，并扩大其影响力，进行更为深入地普及。实现旅游经济、健康体育、休闲养老、养生文化产业的融合发展。

五 保障措施

(一) 强化组织领导

推动全民健身是关乎人民群众身心健康和生活幸福的国家战略，是各级政府的重要职责。市政府将建立由分管领导牵头，市发改委、财政局、教育局、人社局、文广新局、文旅局、卫计局、国土资源局、建规局、民政局、工信委、市总工会、团市委、妇联、科协、老龄委、残联以及其他相关部门和单位组成的汉中市全民健身联席会议制度，定期研究解决全民健身重大事项。县区也要健全相应机制。落实各部门工作职责任务，强化体育行政部门工作职能，形成政府主导、部门参与、企业支持、社会响应的大群体工作格局。

(二) 建立体育经费投入保障机制

市、县两级人民政府将全民健身工作所需经费列入本级财政预算，并随着地区经济发展逐步增加对全民健身的投入，保证体育事业发展的重大全民健身活动、器材购置经费需求，鼓励企事业单位和社会资金积极投入体育事业的发展。

各级政府要将全民健身公共服务体系建设纳入国民经济和社会发展规划以及基本公共服务发展规划，将全民健身经费纳入同级财政预算，并根据财力状况逐步加大支持力度。体育彩票公益金要全额用于体育事业发展，重点用于全民健身，任何部门不得截留或挪作他用。要认真落实国务院《关于加快发展体育产业促进体育消费的若干意见》以及国家关于体育场馆的各项优惠政策，在体育场馆用水、用电、用气等方面价格按不高于一般工业标准执行，积极引导社会资金兴办体育事业，参与全民健身事业发展。

（三）建立管理体制创新保障机制

推进体育行政管理机构改革，明确政府和社会的事权划分，实现政事分开、管办分离。成立汉中市体育科学学会，依托汉中两所高校，加大体育合作交流，学习借鉴运动训练、体育科研、群众体育、体育管理等方面的先进技术与管理机制，增强体育科技服务功能，促进全市体育科学事业健康快速发展。

建立体育设施管理长效机制。积极探索建立以政府为主导的公共体育设施向社会开放的保障支持体系和长效管理机制，逐步建立切合实际、行之有效的现有场馆营运、协调配合、奖励补偿和安全保障机制，进一步整合体育场馆资源，提升体育现代服务业水平，使体育场馆维护、管理、开放等正常、高效运行。

（四）建立公共设施建设保障机制

切实保障体育场馆设施建设用地，对新增体育项目用地各级政府要按照项目留用地规定积极留足预留土地；盘活原有体育设施，用好存量用地。加大对重大场馆设施建设的资金投入，确保政府投资的重大体育设施项目按时顺利开工建设；对于可以实行社会化运作的场馆设施整体或组成部分，要加大项目招商力度，积极吸引社会资金的投入。

将体育设施用地纳入城乡建设规划、土地利用总体规划和年度用地计划，新建居住区和社区按"室内人均建筑面积不低于0.1平方米或室外人均用地不低于0.3平方米"的标准配建全民健身设施，大型居住区要规划建设田径场、体育馆、游泳池、全民健身中心等，确保与总体建筑工程同步设计、施工、验收、使用、不得挪用或侵占。政府投资的体育场馆，80%以上要无偿或低收费向群众开放。

（五）建立体育人才培养保障机制

实施"科教兴体和人才强体"战略，构建紧缺人才、创业创新人才、科技领军人才政策扶持体系，全面加强高层次人才的培养和引进。实施教练员、体育师资培训工程，打造一支思想素质好、业务水平高、执教能力强的教练员、体育师资队伍。逐步加强业余训练科研、医疗保障体系建设，普及科学选材、科学训练知识，提高体育训练的系统性和科学性。

第 十 五 章

汉中市科技服务业发展战略

　　科技服务业是指运用现代科技知识、现代技术和分析研究方法，以及经验、信息等要素向社会提供智力服务的新兴产业，主要包括科学研究、专业技术服务、技术推广、科技信息交流、科技培训、技术咨询、技术孵化、技术市场、知识产权服务、科技评估和科技鉴定等活动。科技服务业是现代服务业的重要组成部分，是推动产业结构升级优化的关键产业，对现代服务业的发展起重要支撑和导向作用。

一　发展环境

　　新经济背景下，全球技术创新与产业组织变革推动科技服务业成为高新技术产业发展的核心支撑。随着创新全球化程度不断加深，以移动互联网、智能制造为代表的新技术的广泛渗透和应用，颠覆着传统产业组织形式和创新模式，加速产品经济向服务经济转变，促使以全新方式配置技术、资本、产业要素的科技服务业在全球范围内快速发展，科技服务业已经成为发达国家的主导产业。

　　发展科技服务业对我国当前深入实施创新驱动发展战略意义重大，是调整优化产业结构、培育新经济增长点的重要举措，国家及各级政府都高度重视。2014 年，国务院印发《关于加快科技服务业发展的若干意见》，首次对科技服务业发展作出全面部署，提出了科技服务业发展的目标，即到 2020 年科技服务业产业规模达到 8 万亿元，成为促进科技与经济结合的关键环节和经济提质增效升级的重要引擎。

　　截至 2013 年底，全国科学研究和技术服务业固定资产投资总计为

3113.2 亿元，服务业业内占比从 0.86% 上升为 1.27%。固定资产投资总量实现首次赶超信息传输、软件和信息技术服务业（3084.9 亿元），在服务业中排名第十，次于房地产业（118809.4 亿元），批发和零售业（12720.5 亿元），交通运输、仓储和邮政业（36790.1 亿元），租赁和商务服务业（5893.2 亿元）。固定资产投资增速远高于服务业平均水平（272.19%），仅次于金融业（476.67%）、租赁和商务服务业（434.65%），服务业业内排名第三。年平均投资增速高达 32.0%，是同期信息传输、软件和信息技术服务业增速（简称信息服务业）的 4 倍多。全国科学研究和技术服务业行业增加值 9737.0 亿元，占全国服务业增加值的 3.53%，占全国 GDP 的 1.6%，分别比 2008 年上升了 0.6 个百分点和 0.3 个百分点。2008—2013 年我国科学研究和科技服务业增加值年平均增速达 19.5%，高于同期服务业 15.2% 的年均增速，也高于同期信息传输、软件和信息技术服务业 11.5% 的年均增速[①]。若根据 2014 年国务院《关于加快科技服务业发展的若干意见》中科技服务业的界定，用"R&D 经费 + 科学研究和技术服务业 + 检验检测服务营业收入"来估算当前广义科技服务业的规模，目前约为 2 万亿元，按照当前 19.5% 的平均速度发展，2020 年科技服务业产业规模将超额完成 8 万亿元的既定目标。

（一）市场需求增加，行业规模加速壮大

根据发达国家经验，工业化中后期是科技服务业快速增长期。当前我国产业进入转型升级发展阶段，正在加快实施创新驱动战略，这对以提供知识型服务和高附加值为特征的科技服务业需求将大大增加。2014 年国务院发布《关于加快科技服务业发展的若干意见》，提出采用 7 项政策措施推动科技服务业九大领域的发展，预示着我国科技服务业体系的形成。2015 年党的十八届五中全会明确将创新列为五大发展理念之首，从"创新驱动发展战略"到"创新发展理念"，科技服务业迎来政策春天。目前，各省市已纷纷出台了科技服务业的发展规划，并提出了 2020 年的发

[①] 数据来源：《中国服务业发展战略研究报告 2014》。

展目标。北京市科技服务业收入目标为 1.5 万亿元①，山东省为 8000 亿元②、江苏省为 1 万亿元③，三地收入合计将接近全国总体规模的 40%，我国科技服务业规模将迈入快速发展的第四阶段。

（二）新型业态不断涌现，机构数量继续增加

移动互联网、云计算、大数据等新技术应用极大地拓宽了科技服务企业的服务范围、提高了服务的效率和专业化水平，服务形式多样化发展，形成研发外包、众包与众筹、社交化、移动化、数据化、平台化等新的服务模式，涌现出一批新型科技服务机构。如以车库咖啡、创客空间为代表的创新型孵化器，以深圳光启研究院等为代表的新型研发组织，以国家农业科技服务云平台为代表的互联网＋科技服务云平台，以及科技服务超市、天使投资、新型技术联盟及技术交易市场等。

（三）社会力量加速涌入，企业资产规模将快速提升

我国科技服务业机构类型将从过去主要由政府主导创办逐步转变为以市场竞争为主的企业类服务机构，社会力量逐渐成为推动科技服务业发展的生力军。大中型企业、民营科技企业、高新区企业和跨国公司等日益成为科技市场的竞争主体。上海、北京、深圳等地民营资本加速进入科技服务业领域，提高了科技服务业的专业化服务和市场化运营能力。北京清控科创打造了中关村创业大街，其管理的资产超过 200 亿元，整个清控科创集团的资产已经超过 60 亿元，是目前拥有国家级孵化器最多、拥有最大科技园区网络的民营机构。

（四）专业化、集成化发展，科技服务业质量将逐步提高

随着行业规模的快速增长、企业市场主体地位的不断提升、科技创新

---

① 数据来源：北京市《关于加快首都科技服务业发展的实施意见》（京政发［2015］25号）。

② 山东省政府《关于贯彻国发［2014］49 号文件，加快科技服务业发展的实施意见》（鲁政发［2015］13 号）。

③ 江苏省人大财政经济委员会《关于江苏省现代服务业发展情况的调研报告》2014 年 9月。转引自国家新兴产业网，2015 年 1 月 20 日。

需求的多样化，科技创新服务链条开始不断细化、分解，各创新要素快速重构。科技服务机构通过整合跨行业资源，向社会提供更加专业化的第三方服务。其将具备专业的从业资质，聚集精通技术和科技服务各链条双重背景的职业经理人、技术经纪人等专业化人才，提供更高质量的科技服务。科技服务内容向整个"创新链"拓展，从技术咨询、技术转移、信息服务等单一服务发展到技术熟化、创新创业等综合性服务。围绕企业在种子期、初创期、成长期的不同需求，形成从创业苗圃到孵化器再到加速器、产业园的全过程创业服务链条。

二　发展基础

近年来，全市科技工作紧紧围绕中央、省实施创新驱动发展战略的决策部署，深化科技体制改革，加快创新体系建设，加速科技成果转化，科技创新事业较快发展，依托汉中制造业相对完整的产业链和资金链，在汉中市政府的大力扶持下，汉中科技服务业迅速发展，科技成果和专利工作不断加强，全社会科技创新意识明显提高，科技创新氛围日趋浓郁和创新环境极大改善。

（一）启动国家级创新型试点城市创建工作

成立创建工作领导小组，制定《汉中市建设国家创新型试点城市实施方案（2015—2017）》，启动国家创新型试点城市申报工作，积极构造科技、经济、社会、文化、生态互动互促发展机制，精准落实国家科技创新方针政策与陕西省创新型省份建设工作任务。明确了汉中市的 29 项工作任务，确定牵头部门和参与部门，逐项分解落实任务和指标，形成全社会参与的强大合力。

（二）科技支撑发展成效显著

最近五年，汉中市加大科技支撑专项和科学研究与发展项目实施力度，重点推进省"13115"和市"55315"科技创新工程，实施中央、省、市科技计划项目 440 项，其中国家科技计划项目 75 项、省级科技计划项目 180 项。争取中央、省科技项目资金 1.68 亿元，是"十一五"时期的

2 倍多。攻克"大型复杂蒙皮模胎轻量化设计技术"等重大关键技术 118 项，其中国际领先 12 项，填补国内空白 36 项。开发"轴套类加工专用数控液压复合式车磨床"等新产品 120 种。全市认定高新技术企业 18 家①。

（三）科技经费投入稳步增长

全社会研发经费投入（R&D）由 2011 年的 7.687 亿元增加到 2014 年的 12.46 亿元，增长 62.1%，其中，企业 R&D 经费投入占全社会投入比例超过 50%；市本级财政科技投入由 350 万元增加到 1000 万元，增长 186%，有力地保障了科技创新事业发展。

（四）科技创新能力显著增强

取得各类科技成果 211 项，获得省科技进步奖 50 项；累计申请专利 5626 件，授权 3556 件，年度专利申请量由 2011 年的 637 件上升到 2015 年的 1418 件，增长了 222.6%。2015 年，汉中市技术合同交易额 1.3 亿元，是 2011 年的 21 倍，科技创新能力综合排名上升为全省地级市第 4 位，为全市经济社会发展提供了强大动力。陕飞公司、中航电测、汉江药业等一批骨干企业核心技术达到国际或国内先进水平，大量新技术、新成果在经济社会各领域广泛运用。

（五）区域创新体系日趋完善

目前，全市共建有国家级农业科技园区 1 个、全国科普基地 1 个、省级高新技术产业开发区 1 个、省级农业科技园区 1 个、省级重点实验室 3 个、省级产业技术创新战略联盟 3 个、省级工程技术研究中心 10 个、省级科技创新服务平台 1 个、省级农业专家大院 10 个、省级科技产业示范园区 4 个、省级农业科技创业示范基地 5 个；建有市级科技研发机构 17 个；发展企业研发机构 28 个。构筑了市、县、乡、村四级新农村综合信息服务网络。

---

① 本部分相关数据均来自《汉中市国民经济与社会发展统计公报》（2010—2016）。

（六）创新人才队伍发展壮大

不断创新机制，加大投入，营造环境，加强以专业技术人才为主体的科技人才培养、使用和引进。目前，全市拥有各类技术人员13.5万余人，其中专业技术人员9.1万人，比"十一五"末增长了3.1%。获得国务院政府特殊津贴专家46人，国家、省级突出贡献专家35人，获得国家、省各类称号的专家66人，市级有突出贡献中青年拔尖人才86人，全市人才结构趋于合理，人才资源得到较好开发利用。

（七）创新驱动发展能力增强

一批大型骨干企业核心技术达到了国际或国内先进水平，涌现出以陕飞公司、中航电测、汉江药业、燕航精工、汉江机床等为代表的自主创新典型，促进了企业市场竞争能力的进一步增强。如汉中锌业有限责任公司完成的"湿法炼锌浸出渣铅银分离新工艺""湿法炼锌净化渣处理新工艺"等科技成果，采用循环经济理念，将传统工艺进行技术创新，对湿法炼锌产生的废渣进行综合回收利用，避免对环境、人体健康等方面的污染和影响，取得产值逾亿元，经济社会和生态效益明显。中航电测仪器股份有限公司开发研制18项专利产品，已发展成为世界主要的电测产品供应商之一，其"高精度轮辐式传感器""便携式汽车轮重板桥式称重板""汽车制动力性能检测台"等产品销售已超过2亿元，并出口创汇突破500万美元。由汉中市春雨农业产业开发有限责任公司研制的国家发明专利"纯玉米方便面"，采用玉米超微粉制作工艺技术、二次挤压温控熟化技术和大风量低温排潮干燥工艺技术，对玉米进行精加工，开发出规模化生产非油炸纯玉米方便面，三年已累计实现产值9600万元，销售额9435万元。陕西汉王药业有限公司拥有"强力定眩片""舒胆片"等五个专利产品，年产销1.2亿元，仅"强力定眩片"专利产品年销售额已达到8000万元。此外，陕西卷烟总厂汉中分厂完成的"双壁两点喷射法加香加料的设计与应用"和"生物型辊压法再造烟叶技术研究与应用"、汉江机床有限公司完成的"SK7432×40数控丝杠磨床""S7720A蜗杆磨床""SG7103高精度螺纹塞规磨床"，陕西勉县温泉水泥有限责任公司完成的"新型高效节能复合水泥助磨剂"，汉中秦元新材料有限公司完成的"烧结板状刚玉"，汉中万目仪电有限责任公司的"杠杆齿轮测微仪"和"数字指针式高度尺表"及"石油管螺纹参数测量仪"，汉中始皇磨粉机有限责任公司完成的"FMFQK1型电控磨粉机研制"，陕西省西乡县陕南绿茶有限公司完成的"陕南锌硒龙井茶研制"及"陕南乌龙茶"，西乡县西玛机床有限公司完成的"CNC高速精密雕铣机床"等一大批科技成果和专利，均得到不同程度转化，产生了十分显著的经济社会效益，尤其是这些科技成果和专利的研发，使企业拥有了较强的核心竞争力，科技创新能力不断提升。

另外，一大批药源基地、中药材产品、生产线通过GAP、GMP和国家原产地地理标志认证，"汉米""汉茶""汉药""汉果"和生猪等主导产业快速发展。"汉山红"牌红茶连续两年获得中国国际茶叶博览会"特别金奖"，增加了"汉茶"品种。大量新技术、新成果在交通、城建等领域被广泛运用。

（八）科技创新环境不断优化

出台《汉中市中长期科学和技术发展规划纲要》等政策性文件，强化科教兴市共识和创新政策扶持。进一步深化科技体制改革，基本形成了与国家及陕西省对应的科技体系；规范科技管理程序，加大知识产权保护和专利实施力度，完善创新激励机制，扎实实行科技进步目标考核责任制；建立市级领导联系专家和科技示范联系点制度，各级各部门对科技进步工作的支持力度明显加大。分别与西安交通大学、西北农林科技大学和陕西理工大学等多所高校签订了校地合作战略框架协议，为科技创新搭建了良好平台。

（九）存在问题

虽然近几年汉中市科技工作有了长足进步，科技创新环境有了较大改善，科技成果管理和专利工作取得了明显成效，但与全市经济社会发展整体水平、发展速度尚有差距，与周边地区和城市相比优势也不明显，特别是面对当前新的发展形势，如何抢抓机遇，通过自主创新，增强企业活力和核心竞争力，则显得更加重要和突出。主要存在以下几个方面的问题：

1. 科技投入总水平不高，特别是财政资金支持自主创新的力度还显不足。虽然市财政资金对科技投入呈逐年增长态势，但受财力限制，财政投入的总体规模仍然偏小，总量不足。科技支出占 GDP 和财政总支出的比重依然偏低，市级及部分县区科学技术研发资金和科技三项经费占财政预算支出的比重尚未达到法定要求。大多企业自筹能力还不强，引导社会资金进入科技创新和科技成果转化领域还存在一些制度障碍，金融机构对企业科技创新扶持力度有待进一步加大，多元化科技投入体系还不够完善，许多有发展前景的优秀成果和专利技术，因缺乏资金投入而无法迅速转化，常常出现专利等科研成果或束之高阁或流失外地，甚至科技人才也随之外流，对汉中经济发展造成很大损失，不同程度影响企业和发明人的积极性。到 2014 年，规模以上企业建有研发机构的仅占 10%；万人发明专利授权量不足 1 件；全市技术市场合同交易总额 1.96 亿元，仅占全省的 0.31%，交易不活、占比较低。

2. 技术创新能力不够强，企业自主创新意识还有待于进一步提高。汉中规模以上企业中，积极主动开展技术创新活动并把自主创新作为发展重要战略地位的不多，许多企业仅仅满足于引进单纯的"硬技术"，引进生产设备，全力生产，开拓市场，而面对未来市场进行自主创新活动，实现技术储备的能力和危机感还很不够强。一些部门和企业的知识产权意识还很薄弱，对知识产权保护缺乏足够认识，存在技术流失保护不力、科研经费投入不足等问题。

3. 科技创新服务体系比较薄弱，产学研联合体制不够健全。汉中高校、科研院所、研发机构、科技服务中介机构等创新载体种类和数量均偏少，虽然近年不断加大力度，积极为企业和高校、科研院所对接搭建平台，也采取了一些措施，但整体还缺乏促进产学研合作的配套政策、协调机制，科技资源优势和潜力有待进一步挖掘、整合。作为秦巴集中连片特困区，投融资受限、资本约束明显。自有资本不足、招商引资受到水源保护限制，投资总量不足，投在技术创新上的资本更有限；体制机制创新力度不足，市内创新资源还需要深度整合，区外合作创新局面还有待开拓，生产性科技服务业发展低于全国平均水平。

4. 高素质的技术人才较为缺乏。人才是研究开发活动的实际实施者，只有拥有具备创造力的核心人才，企业才有开展自主创新的基础。汉中科技人才总量不足，整体素质偏低，高层次的人才尤其匮乏。受多方面因素制约，大多企业难以引进科研人员。在承接发达地区产业梯度转移过程中，由于汉中高新技术产业总量不大，总体实力偏弱，在人才、技术等方面的竞争中趋于劣势，直接影响了汉中自主创新的进程。有的企业虽有较强的创新产品，但因人才和资金的制约，后续发展令人堪忧。专家型、创新创业型人才不足，多数人才聚集在中央、省属企业和教育卫生系统；中小微企业人才缺乏问题比较突出。

5. 鼓励科技创新的政策宣传不够到位，激励自主创新政策尚未完全落实。"十一五"以来，国家、省及汉中市相继制订和出台了一系列推动技术创新战略的新政策，从政府财政支出、税收、金融、政府采购支持，尊重和保护知识产权、构建产学研合作，引进创新人才等多方面鼓励、引导、支持企业大力自主创新。但宣传力度还不够到位，很多企业家对目前的创新政策不了解或了解不多，加之认识上的差异和受财力制约，落实激励自主创新的政策未完全到位，在一定程度上影响自主创新的热情。全社会科技创新意识有待提升，鼓励创新创业的政策有待完善和落实。以企业为主体的创新体制尚未形成，与"大众创业、万众创新"目标差距甚大。大中型工业企业研发投入占主营业务收入比例 2009 年曾达 2.68%，随后逐年下降，到 2013 年只有 1.59%，且主要集中在陕飞等大型军工企业。

6. 经费投入结构有待改善。科技投入严重不足，科技投融资机制尚未有效建立，研发经费（R&D）占地区生产总值比重不高。2014 年，汉中市 R&D 经费占 GDP 比重为 1.25%，低于全国 2.1% 和全省 1.99% 水平。以政府投入为引导、企业投入为主体、金融机构和社会各方参与的多元化、多渠道科技投入体系尚未完全建立，中小企业科技贷款难度较大。

三 发展思路与目标

（一）发展思路

根据以上关于汉中科技服务业发展情况的分析，结合汉中产业结构的实际，本研究认为，汉中传统支柱产业主要是装备制造、冶金工业，但生产方式存在高能耗、高污染问题，对自然资源的依赖程度高。在"十三五"时期，大力发展以这些传统产业为服务对象的科技服务业，促其产品、工艺和生产方式变革的创新，实现低能耗、低污染、智能化的生产方式，顺应低碳经济发展的要求是汉中科技服务业发展的必然选择。因此，提出以下发展思路：

深入贯彻落实科学发展观，以"自主创新、重点跨越、支撑发展、引领未来"为基本思路，以有效服务于科技创新创业为目标，以体制、机制创新为动力，以科技服务基础设施建设和服务能力建设为重点，坚持政府引导、社会参与、分工协作、多元发展的方针，集聚创新资源，激活创新要素，转化创新成果，提高创新能力。切实加强产业技术创新和企业自主创新，不断完善以应用为重点、企业为主体、市场为导向、产学研紧密结合的科技创新体系，全面提升科技创新能力，形成符合市场经济运作要求、专业化服务优势的科技服务体系，为汉中经济社会的又好又快发展提供强有力的科技支撑。

（二）发展目标

面向未来，汉中科技服务业发展的总体目标可概括为：提升两个能力，即自主创新和科技进步对产业发展的支撑引领能力；实现三个突破，即技术平台建设、高端科技人才集聚和高新技术产业发展的突破。打造中小企业孵化器，把汉中建设成为中小企业创业发展的"栖息地"。

到 2020 年，科技服务业年均增长率保持在 20% 以上，产业规模不断扩大；新建 5 个国家级、省级重点实验室、工程技术研究中心、企业技术中心和科技公共服务平台，形成比较完善的科技创新研发支撑体系；在柳林航空产业园、汉江工业园区、经济开发区等产业集聚度高的产业园区内建设 3 个综合性、专业性科技创业服务平台，形成较为完整、具有特色的科技创业服务体系；高新技术产业总产值突破 200 亿元，规模以上高新技术企业达 20 家以上；全市专利申请量达 1000 项以上，授权量达 800 项以上，专利结构进一步优化；引进培养高素质、高层次、专业化科技服务人员比 2010 年翻一番。

2017 年建成国家创新型试点城市，2020 年基本建成适应汉中发展需求的富有活力的科技创新体系，具体表现为：

1. 创新能力大幅提升。关键技术创新能力显著提升，取得一批具有自主知识产权的关键技术和核心产品。年度专利申请量达到 1500 件以上，专利授权量突破 1000 件，万人有效发明专利拥有量达到 1 件以上；每年取得 40 项以上自主知识产权成果，引进推广新品种、新技术、新成果 80 项以上；全市拥有自主创新产品和国家级新产品 180 个，累计转化科技成果 550 项。

2. 创新体系日益完善。围绕汉中科技资源统筹中心建设，新建 10 个产业发展生产力促进中心或专业孵化器，新建国家、省、市工程技术研究中心（企业技术中心）等科研开发机构 50 个。集中力量建设一批共享水平高、辐射能力强的科技信息服务平台，基本形成以企业为主体、市场为导向、产学研紧密结合的技术创新平台体系。

3. 高科技产业竞争力大幅提升。全市高新技术企业达到 80 家，高新技术产业总产值占全市工业总产值的比重达 35% 以上，战略性新兴产业增加值占 GDP 比重达 20% 以上，万元 GDP 综合能耗累计下降 10%，科技进步对经济发展的贡献率达 57% 以上，完成技术合同交易额 5 亿元。

4. 创新人才队伍不断壮大。科技人才总量稳定增长，每万人劳动力从事研究与开发工作人员数量达到 300 人。引进"千人计划"人才 2 名，长江学者 5 名，陕西省"百人计划"人才 10 名，支持陕西理工大学培育汉江学者 30 名。

5. 科技投入持续增加。建立研发经费稳定增长机制，力争全社会研发投入占全市生产总值的 2.5% 以上，确保市、县级科技投入占本级财政预算支出比例达到 1.5% 和 1% 以上，规模以上工业企业研发投入占主营业务收入比例达 1.6%。

四 重点任务

汉中企业有大量的科技需求，短期内，当地不可能满足这些需求。最经济的渠道是"借外脑"。通过项目形式，广泛与国内外研发机构合作。政府可以通过科技配套基金，鼓励企业"走出去"寻找合作者，同时将关键技术人员"请进来"。面向未来，汉中科技服务业发展的重点任务是着力开展科技服务平台的建设，一方面，要以汉中现代产业园区为依托，重点发展"创业孵化器"，发展容易得到园内投资方或骨干企业的低成本、专业化技术服务，如产品检测、样品试制、信息咨询等；另一方面，要引入中心城市的技术流、资金流、信息流、人才流，作为汉中技术市场的"源头活水"。

（一）坚持"五大发展理念"，建设国家创新型试点城市

坚持"创新、协调、绿色、开放、共享"的五大发展理念，强化政策引导，落实市委、市政府《汉中市创建国家创新型试点城市工作实施方案》，深入贯彻落实产业转型升级工程、企业创新主体培育工程、科技平台建设工程、创新型市、县（区）联动建设工程、人才振兴工程和体制机制创新计划等"五工程一计划"，力争把汉中建设成为秦巴区域科技创新资源聚集基地、科技成果测试与转化基地、科技人员创新创业基地、体制机制创新基地，建成国家级创新型城市。

（二）重点建设五大科技服务平台，实现开放共享

以科学发展观为指导，以"三市"建设为目标，以统筹全市科技资源发展为主线，立足汉中市资源禀赋，打破创新主体间的体制壁垒，加强各类创新基地、平台、团队的协同联动，建设五大平台，促进技术、资本、信息、人才等创新要素优化配置和有效整合。建立健全科技创新服务体系，加速科技成果转化及产业化，实现创新驱动发展，把汉中建设成为具有高新技术承接力和核心竞争力的创新型区域。具体表现为：

1. 公益科技中介服务平台。根据汉中市先进制造业发展需要，急需功能强大的科技服务公益性平台。整合全市科技资源，搭建集中介、信息、孵化甚至科技交易市场多功能为一体的"科技服务中心"，要强调四大功能，包括政策宣讲和企业辅导功能，利益协调功能，信息收集、传递、反馈、分析、发布功能，以及技术培训功能。为全市科技产业发展提供综合性服务的平台。

2. 技术交易平台。以建设网上技术市场为着力点，推进技术合同的网上登记和认定的实施；建立技术供需项目库，为科技成果转化提供强大的网上交易平台；强化技术合同网上登记系统工作，提高技术合同登记管理水平和工作效率；鼓励引进和培养高层次技术市场专门人才，培育一支素质较高的技术市场经营管理人才队伍。

3. 科技成果产业化孵化平台。要以汉中航空智慧新城、汉江产业园区、经济技术开发区等现有产业园区和陕西飞机集团、汉江机床、汉江工

具等一批骨干企业为依托，鼓励孵化器主体多元化，建立企业化运行机制，强化对重点孵化器的扶持，制定和完善孵化器配套政策，加快孵化器产学研合作体系的建设，完善服务功能，提高服务质量。

4. 科技创业投融资平台。重点要开辟多渠道的风险资本来源，发展风险投资与贷款担保服务机构，进一步完善科技风险投融资体系，建立和完善风险投资退出机制，促进风险投资业的健康有序发展。如充分发挥政府财政资金的引导作用，支持处于成长前期的中小企业快速发展；吸引国内外财团、风险投资基金及民间资金在汉中市兴办各种类型的科技风险投资公司；加强科技担保机构建设，为科技型中小企业提供贷款担保、履约担保、诉讼保全担保等多种担保服务。

5. 建立技术转移与技术推广服务平台。加强技术转移与推广机构建设，全面提升其面向中小企业提供技术信息、技术咨询和技术转让等方面的服务水平；选择有实力的高校、科研院所，围绕装备制造、原材料、生物制药、高效节能与环保等重点产业发展需求，建立一批综合性和专业性的技术转移机构，重点开展制约行业发展的共性关键技术的开发和转移扩散。

（三）创建国家级高新园区，打造科技创新新高地

农业科技园区坚持"政府引导、企业运作、社会参与、农民受益"原则，以农产品加工和生物产业为拳头产业，以水产养殖、茶叶种植、果业栽培为三大特色产业，依托泛亚柑橘、汉水大鲵、振华生物提取等重点，建成秦巴山区现代农业科技创新转化示范基地、农村科技特派员创业基地、现代农业新兴产业孵化基地。铺镇工业园区被省政府批准设立为省级高新技术产业园区，将构建以企业为主体、市场为导向、产学研相结合的技术创新体系，以高端装备制造业和高科技孵化器等为主导，依托金汉新能源汽车、朝阳机械民用品开发、燕航汽车零部件制造、汉川机器人生产线等重点，建成陕南科技创新发展新高地、军民融合发展示范区、先进装备制造基地、秦巴绿色发展示范引领区。参与并支持航空智慧新城建设，以中航工业陕西飞机工业（集团）有限公司、陕西安中机械有限责任公司、汉中蓝天精密机械有限责任公司为龙头，围绕航空制造推进产业聚集，建成新型工业化产业示范基地，打造航空高科技制造及服务相协同

的国家战略性新兴产业新城。

（四）围绕循环经济产业，支撑转型升级发展

围绕汉中市装备制造、现代材料、绿色食品、旅游文化和高科技"五大产业"，以科技成果为抓手，以循环经济产业为载体，组织实施一批产业链新产品开发项目，完善和延伸产业链，提升价值链，推动优势产业优化升级，提升产业技术水平和核心竞争力。工业方面，主要打造装备制造、钢铁工业、有色工业、生物医药、食品产业、新能源、石材、天然气化工等科技创新产业链；农业方面，以现代种业、粮油、茶叶、水产品、中药材、蔬果、畜禽、食用菌等为主，重点打造科技创新产业链；社会民生方面，主要加大地方病防治和优生优育科技创新力度。

（五）积极实施知识产权战略，推进知识产权创造和应用

全面推进知识产权战略，完善激励各类创新主体创造、运用、保护自主知识产权的政策，实施重点企业和成长性高新技术企业的知识产权专项行动，培育知识产权优势企业。实施中小企业专利战略推进工程，科技计划优先支持具有核心技术的项目和产品。设立专项资金，资助发明人申请专利和实施部分专利。推进专利文献数据库运用等专利信息应用服务平台建设，为科技创新和获取自主知识产权提供服务。完善知识产权中介服务和保护体系，加大对侵犯知识产权行为的打击力度。强化专利资源的开发利用，通过购买专利、专利入股、失效专利技术利用等形式，推动专利技术产业化，发挥专利资源的最大效益。

（六）发展普惠科技，拓展众创新空间

以共享发展为统领，全面推进社会民生事业领域科技创新，为"健康汉中""绿色汉中""智慧汉中"建设提供科技创新支持。加强科技信息化基础设施、网络平台建设，总结推广创业苗圃、创客空间、创业公寓等新型孵化模式，充分利用高新技术产业开发区、科技企业孵化器、小企业创业基地、大学科技园和高校、科研院所的有利条件，发挥行业领军企业、创业投资机构、社会组织等社会力量的主力军作用，拓展一批低成本、便利化、全要素、开放式的众创空间，发挥政策集成和协同效应，全

力推动企业、高校和科研院所自建孵化基地，实现创新与创业相结合、线上与线下相结合、孵化与投资相结合，为广大创新创业者提供良好的工作空间、网络空间、社交空间和资源共享空间。

五　对策措施

（一）加强组织领导

市、县科技工作领导小组要定期研究科技工作，协调和推动创新发展、科技进步与创新型城市建设。健全和完善对县区、市级部门、国有及国有控股企业科技进步目标的考核体系。建立在政府领导下的多部门会商与协同工作机制和联席会议制度，统筹各部门科技资源，进一步优化创新环境。

（二）深化科技体制改革

完善自主创新成果转化机制，推进创新评价和考核制度改革。深化科研经费管理制度改革，进一步完善专家决策咨询机制和公众参与机制。建立健全政产学研用统筹协调机制，促进技术成果转化。加强科技对外交流，推动企业、高校、科研院所、中介机构等建立机制灵活、互惠高效的跨地区、跨行业的产业技术创新战略联盟。

（三）完善研发投入体系

建立政府引导、市场驱动、企业投入为主体，多元化、多渠道、高效率的科技投入体系。促进和完善"担保、银行、企业、财政"四方联动机制，综合运用无偿资助、资本金注入、创业投资引导、风险补偿、融资担保、贷款贴息、后补助等科技投入方式，引导科技投入向共性关键技术研究、重大成果转化项目倾斜。

（四）创新科技管理方式

推进和完善重大科技项目公开招标、科技项目责任管理、科技项目评审评估及绩效评价等制度建设。强化企业技术创新主体地位和主导作用，开展龙头企业创新转型试点，围绕产业链优化创新链、搭建人才链、引进资本链，激发企业创新内生动力。贯彻落实国家知识产权战略、技术标准战略和名牌产品发展战略。完善《汉中市科学技术奖励办法》，培育全社会创新精神。

（五）强化创新人才队伍建设

实施人才强市战略，建立健全良好的培养人才、吸引人才和用好人才的机制，全方位、多层次地培养、引进、集聚创新型人才。制订科技人才发展规划，设立专项，支持高端人才培养和引进，聚集和引进一批高水平人才。打破创新人才自由流动体制机制障碍，完善知识产权归属和利益分配机制，释放人才资本潜能。建立领军人才、核心技术研发人才和创新团队资源库，鼓励和支持科技人才创新创业，给予科技项目支持。加大突出贡献人才表彰力度，每年择优支持 10 个市级科技创新团队，遴选一批 35 岁以下的青年科技新星、50 岁以下的学科带头人。

第十六章

汉中市信息服务业发展战略

当今世界正在由工业经济向知识经济过渡。它的繁荣不是由资源的数量、规模决定的,而是直接依赖于知识或者信息的产生、传播和利用。因此在全世界范围内,信息服务业的发展已在社会经济中占主导地位。我国在竞争激烈的国际环境压力下也搭上了社会发展的快车,使信息服务业得到了迅速的发展。信息服务业是利用计算机和通信网络等现代科学技术对信息进行生产、收集、处理加工、储存、传输、检索和利用,并以信息产品为社会提供服务的专门行业。信息服务业作为信息产业的一个重要领域,其发展水平如何,对于一个地区的信息化进程具有十分重要的影响作用。信息服务业主要包括图书资料、新闻出版、广播电视、广告电信、科技情报等传统行业,还包括软件服务业、信息处理服务业、信息提供服务业、现代咨询业、数据库、信息系统、网络服务等现代信息服务业。

一　发展环境

进入 21 世纪以来,在信息时代背景下,我国信息服务业迅速发展,正逐渐成为国民经济的支柱产业。信息服务产业持续快速发展,产业规模不断扩大,2016 年,我国信息通信服务业务收入规模超过 2.4 万亿元,其中,移动数据业务收入超过移动语音业务,成为电信业收入的主要来源。2017 年我国信息通信服务业收入将继续高速增长,收入规模将超过 3 万亿。IPTV、物联网等领域将呈现高速增长。其中,互联网企业收入占比超过 50%,实现历史性转折。科技发展使得信息资源服务的供需规模日益增长。信息服务业法人单位数保持平稳的增长趋势。从信息服务业就业人员的受教育构成来看，大专及以上的高学历人才占比逐渐增加，超过了总就业人数的一半，高学历就业人员逐渐成为信息服务产业发展的主要支撑群体。信息服务业固定资产投资额呈波动上升趋势，但在全国固定资产投资中占比逐渐减小，这主要是因为信息服务信息技术的依赖程度越来越大。尽管我国信息服务业发展迅速，但与西方发达国家相比仍存在很多问题，面临严峻的挑战，具体表现为：

（一）信息意识淡薄

在我国，人们对信息机构的信息科学性和系统性还缺乏正确的认识。在遇到需要咨询的问题时，通常是求教于亲朋好友或是借助网络传播媒介自行解决，而很少有人直接依赖专业信息机构解决问题。同时一部分人对信息的有偿服务也表示排斥或不理解。另外，由于我国现行制度弊端，导致信息决策时人为干扰因素太多，依赖信息服务机构进行的信息分析、预测工作在很多情况下就不是必要之举了。因此，阻碍了我国信息服务业的迅速发展。

（二）服务效益欠佳

虽然网络技术等新技术在我国得到广泛应用，但信息服务效益仍然欠佳。主要原因是管理体制的不完善，管理机构职能过于分散，没有统一的国家计划。缺乏掌握信息技术的复合型人才，社会对信息需求薄弱，资金来源不足，使我国信息服务机构过分追求经济效益。加上新技术推广不够，信息服务机构大多只是对原始信息简单的收集、积累，而很少进行信息的二次加工，如信息整理、组织、分析、研究等。这种明显的短期行为，致使我国的数据库建设与国外相比还很落后。同时，各信息机构各自为政，缺乏信息共享意识，导致信息资源重复性的建设，不仅造成人力、物力、财力的浪费，还加大了冗余信息比重，恶化了信息生态环境。

（三）信息服务业制度、法规不健全

20 世纪 80 年代以后我国信息立法虽然取得了突飞猛进的发展，但法律法规仍不健全。主要表现在：第一，我国信息法律体系还不如发达国家健全，使信息活动中产生的问题无法可依，如在隐私权的保护、信息安全

的保护、政府信息资源管理、信息网络资源管理等问题上还欠缺相关法律制度，另外一些需修订的法律还未加修订，这在一定程度上影响了信息服务业的发展；第二，在许多领域用政策代替法律增加了工作量和管理层次；第三，发达国家利用法律形式维护自身利益等工作相当出色，我国尚需加强对自身利益保护的法律工作。

二 发展基础

"十二五"期间，汉中市现代信息服务业的发展成绩显著，但与汉中市地区经济整体发展水平相比，信息服务业的发展相对滞后，汉中信息服务业发展总体水平仍然较低，可以说是刚刚开始起步。

（一）总量快速增长

2013 年，在汉中市注册登记的信息传输、计算机服务和软件业企业共 616 户，信息传输、计算机服务和软件业增加值为 6.036 亿元，比上年增长 4.3%，占服务业增加值的 2%。2015 年全年邮电业务总量 44.39 亿元，增长 37.8%。其中，电信业务总量 39.21 亿元，增长 41.2%；邮政业务总量 5.18 亿元，增长 16.6%。年末固定电话装机用户 49.84 万户，下降 2.9%；移动电话用户 283.37 万户，下降 1.8%；年末宽带接入用户 34.89 万户，增长 10.1%[①]。

（二）两化融合成绩显著

一是汉中市航空装备制造企业通过推进信息化与工业化深度融合，不断提升流程管理、系统工程、集成研发、生产管理、大数据等领域的先进理念及技术，取得了显著成绩；二是高端数控机床企业稳步实施信息化战略，成绩显著。汉川公司紧密围绕战略转型和业务发展需求，坚定实施信息化战略，基本实现了信息化在研发设计、生产制造、供应采购、销售管理、用户服务等各环节的全面覆盖、渗透融合和综合集成，实现了公司的统一管控，使信息化与工业化融合的效益得到充分体现。2011 年，汉川

---

① 本部分相关数据均来自《汉中市国民经济与社会发展统计公报》（2010—2016）。

机床集团有限公司被工业和信息化部信息化推进司、中国机械工业联合会联合评为"机床行业两化融合示范标杆企业"。

（三）产业高端化发展趋势凸显

近年来，汉中市积极运用高新技术改造提升传统产业，探索服务型制造模式，推动优势传统产业向研发设计、创新制造和市场营销环节延伸，提高工艺装备水平，增强新产品开发、质量管理和品牌创建能力。组织开展先进制造业企业咨询诊断工作，针对薄弱环节加大技术改造力度，推进精细制造、数字制造和智能制造，提升了重点装备智能化水平。

（四）存在问题

1. 信息应用认知水平不高，两化融合普遍有待提高。一是很多企业负责人没有认识到信息化建设的重要性，工作中习惯采用传统的方式，对电子信息存在戒心，认为这东西不可靠。另一方面片面地以为企业信息化就是日常办公信息化、无纸化。对 DCS 系统、PLC 系统、EMS 系统等生产自动化缺少认识。由此造成信息化应用在企业推进难度大。二是虽然企业在信息化方面或多或少都有所应用，但大多数企业还局限于单项应用，要么办公系统、财务系统应用水平较高，要么数字化装备、数控机床等装备水平较高，但都没有形成集成应用的局面。

2. 信息化发展不平衡。汉中市制造业企业信息化发展水平不平衡，不同行业之间的信息化水平差距较大，高新技术支撑的行业和大型企业的信息化水平明显高于其他行业和企业。另外，制造业产业链节点企业内部的信息化建设也不平衡，生产信息化和管理信息化比较成熟，而电子商务、信息资源的开发利用方面比较落后，信息化发展的不平衡在一定程度上影响了汉中市制造业产业链的运行效率。

3. 信息基础设施建设缓慢，网络安全有待提高。一是三大营运商基础网络投资和 4G 投资较低，短时间光纤很难覆盖到汉中所有小区和各乡镇。老城区改造和部分市民、社区对通讯基站辐射的误解和抵触，导致基站建设缓慢，对信息基础设施建设影响较大。二是网络安全管理涉及很多部门，部门网站相对独立，再加上部门对网络安全认识不足和网络技术人员专业性不强，致使网络存在很大的安全漏洞。

4. 信息化投入明显不足。一是政府投入不足。信息化工作对人力、物力、财力的投入要求较高，推进信息化工作需要财政的大力扶持，但汉中信息化方面的财政预算远远低于实际投入。二是企业资金不足。信息化投入高、产出时间过长的特点，使企业不愿意过多地投入资金开展信息化工作。三是信息化专业人才缺乏。政府主管部门缺乏信息化专项人才，信息化技术力量明显不足，企业也普遍存在信息化技术人才缺乏的现象。

三　发展思路与目标

（一）发展思路

依托国家创新型试点城市建设，顺应"互联网＋"发展趋势，按照中央、省的部署要求，坚持"开放共享、融合创新、变革转型、引领跨越和安全有序"的基本原则，强化政府扶持引导，推进"互联网＋"行动，推动产业优化升级，创造新经济增长点，培育新型业态，创新公共服务模式，促进全市经济社会发展。以"建立公共平台、服务民生"为主线，树立信息服务业在汉中地区经济社会发展中的基础性战略地位，按照"政府推动、统筹规划、资源共享、企业主体"的原则，以市场驱动、应用牵引、创新支撑、融合扩展为基本思路，大力推进企业信息化，加快信息化与工业化深度融合，大力支持物联网的研发与利用，积极发展面向流通领域的信息服务。以提高信息资源的开发利用水平为汉中信息服务业发展的重要目标；以"协同"和"服务"为特色，深挖现有资源潜力，加强信息资源共享平台建设和电子商务平台建设；完善信息服务业的发展环境，以新的理念推进汉中在政务服务、社会综合管理、公共服务等方面的信息化建设，健全城乡信息化管理和推进体制，以促进信息服务业做大做强，促进全市产业结构调整和经济发展方式转变，努力实现汉中信息服务业的跨越式发展，为汉中市建设提供强有力的支撑。

（二）发展目标

到 2020 年，全市信息化基础设施较为完善，信息网络实现城乡全覆盖，初步建成以云计算、大数据、物联网、移动互联网为载体的新一代信息技术网络，并在各领域得到广泛应用，建成"电子政府、信息经济、网络社会、数字家园"和谐共生的"数字汉中"。互联网与制造业、金融业、农业、文化旅游业等产业深度融合，发挥基础性、关键性作用，助力汉中市传统重点行业转型升级。互联网支撑大众创业、万众创新的作用进一步增强，网络经济与实体经济协同发展的格局基本形成，并成为汉中市经济增长新动力。公共数据资源开放共享，互联网成为提供公共服务的重要手段，更多的互联网社会公共服务在健康医疗、教育、交通等民生领域得到广泛应用，将汉中打造成陕南地区信息服务中心城市。具体目标如下：

1. 扩大总量规模。加快信息服务产业载体和平台建设，加强引进具有商业模式创新能力、能够发挥行业引领作用的品牌企业，加快做大汉中信息服务业的总量规模。到2020年，信息传输、计算机服务和软件业增加值突破15亿元。

2. 与相关产业融合发展。不断加大电子商务与工业、农业、旅游、文化、商贸、物流等产业的相互渗透，推动电子商务与各个产业的融合发展。到2020年，工业企业的电子商务普及率达到80%；农产品生产、加工企业的电子商务普及率达到60%；传统商贸企业的电子商务普及率达到60%；旅游、文化、物流行业的信息化普及率达到90%。各行业龙头及骨干企业电子商务普及率达到100%。

四　重点任务

（一）加快推进数字汉中建设步伐

1. 大力加强信息基础设施建设。全面建设智慧汉中"全域网"，建设覆盖汉中市全域的"城域网"，建设基本数据库、配置适当服务器，开发系列应用平台，包括：公共服务平台、专项政策咨询平台、供应与采购平台、商务中介平台、管理咨询平台、地理信息共享平台、资金融通平台、智慧物流平台、智慧旅游平台、智慧交通平台、智慧农业平台等。

2. 加快三网融合进程。"十三五"期间，在加快发展传统广电、通信业务基础上，推进广电网络公司、电信分公司、移动分公司和联通分公司实现广电、通信业务分阶段双向进入，探索三网全业务发展的模式和推进路线，在2020年前完成三网融合。在三网融合的基础上，推进互联网、电信网、广电网与物联网、宽带无线网的融合，为智慧汉中建设奠定良好的基础。

3. 推进企业数字化建设。以一条互联网高速接入通道、一个企业数据通信网络、一个企业内部图像监控平台、一套电子商务系统、一个企业门户网站、一套自动化办公系统、一套网上培训系统等"七个一"为标准，充分发挥信息技术对企业的倍增作用和催化作用，促进产业融合，创新服务品种，扩大市场需求。

4. 实施"十大信息化工程"。即：政府门户网站整合升级工程、政务信息共享工程、信息网络提速工程、信息消费促进工程、城镇信息化应用工程、农村信息化覆盖工程、"两化"融合示范工程、现代服务业信息化引领工程、人才培育工程、信息安全保障工程，充分发挥信息化对构建现代产业体系的带动作用提高网络通信服务能力。重点扶持电子商务交易平台建设，鼓励发展电子商务相关的支付中介服务，完善电子商务支撑体系，促进电子商务发展。

5. 积极开发汉中市民一卡通服务体系。市民卡以社保卡为龙头，整合社保、人事、卫生、民政、公安、计生、工商、税务、教育等部门的有关管理和服务事项，采用"一卡通用、业务分立"的建设和运营模式。市民卡要具有市民身份识别、电子凭证、电子支付、信息采集、信息查询等功能，是市民记录一生、管理一生、服务一生的实名卡。市民可利用市民卡刷卡乘车、刷卡消费、公共事业缴费、医保结算、出入文体旅游场所等，为市民出行、缴费、购物、办事等提供便利。

（二）"互联网＋"协同制造建设工程

以提高装备智能化水平和优化工艺流程为方向，推进计算机辅助设计、辅助工程、辅助制造等信息技术与制造业融合发展，提升制造业数字化、网络化、智能化水平。加强产业链协作，打造一批网络化协同制造公共服务平台，加快形成制造业与互联网融合发展的新体系。

1. 大力发展智能制造。推动互联网与制造业深度融合，发展新型生产模式，提升企业研发、生产、管理和销售环节的智能化水平。加快发展自主智能制造技术和产品，重点发展智能化高端制造装备、全自动智能化生产线以及相关智能制造技术。

2. 提高制造业网络化水平。鼓励企业和研究机构深度合作，建立"互联网＋制造"技术资源共享平台，形成基于互联网的研—学—产体系。构建产业信息网络平台，实现上下游产业链、供应链协同网络化。加快多元化制造资源的有效协同，提高制造产业链的资源整合能力。

3. 推进制造业服务化。促进制造企业与生产性服务企业的资源整合和业务融合，利用互联网平台，延伸产业链，涉足和整合从设计研发到售后服务的一站化制造服务模式。引导企业提供全生命周期服务的产品，基于互联网，做好技术支持、故障诊断、检测、维护、保养等服务。加快推进制造业服务化，实现制造向"制造＋服务"的转型升级。

（三）"互联网＋"现代农业建设工程

加快应用现代信息技术改造提升传统农业，围绕传统主导产业，构建种养加工、运输配送、检验检测、交易销售等农产品供应链全程信息和电子商务平台。建立健全农产品市场监测预警系统。

1. 培育现代农业生产销售新模式。建立现代农产品标准化生产、加工、销售、服务模式，推动三产融合，实现农业生产销售机械化、网络化。推进物联网技术在农业生产中的应用，实施智慧化示范工程，建设一批智能化生产管理和质量监控应用示范项目。加快构建新型农业生产经营综合信息服务体系，引导农业生产由生产向消费导向转变。加强农产品市场信息网络平台建设，促进生产计划与市场需求对接，提高农业生产经营的科技化、组织化水平，推进农业生产流通销售方式变革。

2. 完善农产品质量安全体系。健全农产品生产销售安全信息网络，推广智能控制、自动检测、视频监控、导航定位等技术，提升农产品生产销售全过程安全监控水平。加快物联网、二维码、无线射频识别等信息技术在生产加工和流通销售环节的推广应用，构建和完善基于互联网技术的农产品质量安全上下游追溯体系，不断扩展追溯体系产品覆盖面和地域覆盖范围，确保农产品从源头到餐桌全过程可追溯。

（四）"互联网＋"文化旅游建设工程

构建基于互联网的文化旅游服务体系，加速文化旅游产业升级转型，大力推广智慧服务。搭建旅游产业网络监管平台，提高旅游产业管理服务水平，全面提升汉中市文化旅游业综合竞争力。

1. 加速文化资源与互联网融合。大力推进新闻出版网络化、数字化水平，满足人们不断增长的信息服务需求。推动传统传媒模式和移动互联网融合发展，打造优质、快捷、高效的移动新媒体。推动数字图书馆、博物馆建设，整合优势文化娱乐资源，促进文化惠民建设，丰富人民群众的文化需求。

2. 大力发展智慧旅游。建设汉中市旅游数据库，及时掌握和管理调度全市旅游数据信息资源，打造应急指挥、市场监管、产业监控等平台。整合交通出行、餐饮住宿、购物娱乐等各类旅游资源，建立汉中市旅游综合信息服务体系，丰富旅游信息服务渠道。打造在线旅游企业第三方支付平台，实现旅游景区免费 WIFI、智能导游、信息推送等功能的全覆盖，打造智慧景区和智慧乡村旅游。

（五）"互联网 +"现代物流建设工程

推进互联网信息技术在现代物流中的应用和标准化建设，大力发展智慧物流。利用物联网技术实现物流信息和供需信息对接，提升仓储自动化、智能化水平。

1. 提高物流行业信息化水平。积极推广物联网技术在物流领域各环节的深入应用，不断提高物流效率，降低物流风险，促进环境友好型物流产业发展。建立"三位一体"的物流服务体系和大宗交易平台，促进物流园区和多式联运物流的标准化、信息化建设和一体化运作。大力发展特色行业电商、农村电商和跨境电商，满足网络化消费需求。

2. 加强物流配送体系建设。完善物流公共信息平台建设，建立以汉台区为中心，各县为节点的物流配送体系。建立乡镇物流和快递配送站，普及和完善农村物流快递信息服务网络；完善现有城市配送体系，鼓励发展社区自提柜、冷链储藏柜、代收服务点等寄递模式，解决快递配送"最后一公里"问题。

（六）"互联网 +"金融服务建设工程

深化互联网与银行、证券、保险、基金的融合创新，构建完善的互联网金融产业体系。发挥互联网金融门槛低、高效、便捷的优势，提高互联网金融服务水平的普惠性。

1. 积极发展普惠金融。鼓励和支持发展以互联网为载体、符合国家监管要求的各类新型金融服务平台，规范发展网络借贷、网络证券、网络保险等业务，创新在线支付、信贷、P2P、征信、金融租赁等金融产品和服务。以"金融惠农支付点＋电商"为突破口，积极建设互联网金融企业孵化器，打造一批具有影响力的互联网金融集聚区。

2. 健全互联网金融风险防控体系。明确和落实部门职责分工，严厉打击以互联网金融名义从事的各类金融违法犯罪行为。建立互联网金融第三方评估机构，开展行业发展、金融风险、网络安全、信用评级等评估服务。加强互联网金融行业自律，明确自律惩戒机制，提高行业规则和标准的约束力。互联网金融企业要严格遵守网络安全、支付安全方面的监管制度，按要求开展检测认证，落实信息安全等级保护制度，全面提升技术安全防护水平。

（七）"互联网＋"创业创新建设工程

围绕"互联网＋"创业创新，充分利用和发挥互联网的创新驱动作用，推动各类要素资源聚集、开放和共享，提升创业创新服务水平，大力引导和发展创业创新载体，推进开放式创新，加快释放"互联网＋"创业创新发展新动力。

1. 强化创业创新支撑。建设创业创新基地，建立创业创新服务平台，为中小创业创新企业提供研发、经营、管理和市场等方面的支持。鼓励和支持创业创新企业建立互联网平台、共享技术和市场资源，形成创业创新网络体系，推动技术成果交流和协同创新。支持各地孵化器以互联网为载体向企业提供高效便捷的知识产权和成果转化等服务。

2. 积极发展众创空间。鼓励创业创新孵化器、创业创新基地、创客空间等平台充分利用互联网优势，整合和共享现有资源，建立一批线上线下相结合的众创空间。鼓励发展开放式创新。鼓励创业创新企业与高等院校、科研院所加强创业创新资源共享利用与合作，积极推进众创空间发展，为创业者提供便捷高效的创业创新平台。

（八）"互联网+"公共服务建设工程

加强智慧医疗、智慧教育、智慧交通等应用，构建"广覆盖、易使用、惠民生"的互联网公共服务体系，统一城市"一卡通"密钥标准，加快公共服务资源共享和应用平台建设。

1. 建设互联网医疗服务体系。按照汉中市信息化建设规划，构建区域化卫生信息管理平台，努力建成集医院业务软件、数字化医疗设备、网络平台、智能化楼宇、数字化物资和后勤管理、移动医患管理所组成的数字医院。注重社会资源的有效利用与整合，实现患者、医护、药品、器械、医疗设备、医疗场所等资产系统之间的有效互动，促进患者就医体验的改善。

2. 整合优势教育资源。积极推进汉中市教育资源和信息技术的深度融合，打造优势教育资源共享平台。鼓励社会教育机构和互联网公司开发数字化、网络化教育资料，鼓励学校探索网络化教育模式，扩大优势教育资源覆盖范围，逐步实现教育公平。建设移动网络校园和在线培训平台，针对不同人群设置不同的培训课程和互动模式，帮助更多的人随时随地受教育。

3. 构建便捷智慧交通体系。推进基于互联网的便捷交通运输模式发展，不断提高交通运输资源效率水平，降低运营成本，促进城市交通管理的智能化。实施交通出行信息服务在线平台建设，开展实时交通信息查询，为群众出行提供信息服务。改造升级交通运输监测设备，运用卫星定位和无线网络等高科技手段，实时监测车辆和路况信息，提升交通网络智能监测水平。

（九）"互联网+"政府服务建设工程

利用物联网、云计算、移动互联网技术，以智能办公、智能监管、智能服务为主，转变政府职能、创新管理服务、提升治理能力，推动"电子政府"向"智慧政府"转变。

1. 加快政府信息化平台建设。构建公民信息大数据网，推进电子政务向社区延伸，建设智慧社区网格化管理体系。建立以智慧城管、网上办案等为主要功能的城市管理公共服务平台，建立决策科学化、指挥智能化、信息公开化、保障统筹化、防范系统化的综合应急信息网络，全面提升应急处置能力。

2. 提高政府网络化管理和服务水平。健全网上政务服务市、县级网络基础建设。推进政务流程再造，利用电子签章、电子签名、电子档案等技术，实现电子文件传递。及时更新完善政府部门网站，推进网上办事系统建设，全面提升政府管理和网上公共服务水平，实现行政审批全流程一站式网上办事服务。

3. 推动政府大数据采集及应用建设。完善全市政务及社会数据收集、整理和利用工作，动态管理相关数据目录，建立新建应用系统的非涉密数据库与大数据平台对接机制，适时制定《汉中市大数据发展规划》。同时，引入国内知名数据分析厂家，对政府大数据共享、应用场景等进行研究，探索大数据在部门的应用工作。

（十）"互联网＋"社会治理建设工程

充分发挥信息化技术和手段在社会治理和治安管理防范中的基础支撑作用，创新完善立体化社会治安防控体系。按照统一规划布局、统一技术标准、统一资源整合的原则，建设公安智能卡口系统。调整整合现有交通缉查布控、治安卡口和视频监控系统资源，在中心城区和全市公安检查站布建以公安智能卡口为主体的公共安全视频监控系统。强化社会治理，维护社会稳定，创建平安汉中，提升人民群众的安全感。

1. 按照视频监控全覆盖、全整合要求，调整、新建、补建一批高清视频监控探头，全市网上视频监控探头整合数达到5000个以上，并整合视频监控探头、交通缉查布控系统、公安智能卡口系统等信息资源。

2. 在中心城区和各县区布建1000个以上包括具有车辆、人像抓拍和运算功能的智能卡口。在市、县公安机关和公安派出所、公安检查站建立对接、存储平台，租用电信运营商光纤线路组网连接，形成网络。

3. 在市、县公安机关建立警务支撑平台（合成作战室），在县级公安机关和公安派出所、公安检查站建立视频巡控平台，做到三级平台联网运行。所有视频、卡口和数据等信息资源向实战平台和业务终端推送，支持和服务实战应用。

五　保障措施

信息服务业发展涉及诸多方面，没有得力的政策措施很难取得实质性突破，为此，提出以下对策措施：

（一）加强顶层设计，发挥政府的引导和推动作用

目前信息服务业发展已经进入一个新的阶段，汉中正面临着与发达地区"数字鸿沟"进一步加大的风险。面对新的挑战，亟须政府加强顶层设计，发布汉中信息服务业发展战略规划，明确发展目标、指出发展路径、集中优势资源，支持对整个产业具有战略意义的重点领域，出台配套保障措施，突破发展关键瓶颈，力争缩小与发达地区的发展差距。

建立由市发展改革委牵头，市级有关部门为成员的推进"互联网＋"行动联席会议制度，围绕重点任务，结合各自工作职能，切实贯彻落实实施意见。建立市级"互联网＋"行动专家咨询委员会，为政府决策提供重要支撑。市级有关部门要研究细化工作任务和目标，制定具体措施，完善配套政策，促进"互联网＋"新业态、新经济发展。各县区要结合实际，研究制定适合本地的发展方案，有序推进"互联网＋"行动。

（二）优化发展环境，促进信息服务产业健康发展

1. 推进基础设施建设。推进"宽带汉中"建设，优化县区之间网络结构和互联互通，加快宽带网络光纤化改造，扩大光纤网络覆盖范围。促进移动无线网络发展速度，建设 4G、WIFI 网络全覆盖。推进网络提速降费，加快 IPv6 部署和大规模应用速度。

2. 强化应用基础。适应信息化和工业化深度融合和经济社会信息化建设需要，加快面向重点领域拓宽应用和市场，加强信息服务在科技、教育、医疗、就业、社保、交通、环保和安全生产等领域中的应用；加大对中小企业应用电子商务平台的扶持力度，支持中小企业通过第三方服务平台开展电子商务应用，形成应用与产业发展的良性互动与协调发展。建立和整合各县区产业基地大数据云共享平台，共享创新技术和产业信息。发展大数据分析应用等信息服务业，促进产业聚集发展。鼓励制定互联网产

业服务标准，健全完善覆盖全社会的征信系统和统一共享平台，加快推进社会信用体系建设。

3. 加快网络安全建设。加强网络设施安全建设和个人信息保护，制定和完善网络安全保障措施。加强大数据安全保障体系建设，加快完善公共领域重要数据和信息安全防护体系。建立信息安全监督体系，提高对信息安全事件的监测、预警、研判和应急处置能力。

4. 鼓励和扶持"互联网＋"技术研发、标准制定、项目建设等。围绕汉中市重点建设和民生领域，组织实施一批重大"互联网＋"工程项目，培育发展一批"互联网＋"示范项目和企业，一并纳入市本级产业发展资金支持项目库，予以资金扶持。鼓励开展"互联网＋"政策创新试点，研究制定扶持政策，总结推广成功经验，发挥示范带动作用。

5. 贯彻落实中央、省有关信息经济发展的各项优惠政策，重点倾斜"互联网＋"项目。创新金融产品和服务，创新"互联网＋"投融资体系，引导更多社会资本进入，加强对"互联网＋"新兴产业投资。鼓励企业通过贷款、私募债券、集合债券和集合票据等多种方式融资，积极投向"互联网＋"项目。

（三）加强人才建设，保障信息服务产业发展后劲

建立高层次人才的创业与创新支持体系、管理与服务保障体系，营造有利于高端人才脱颖而出的人才发展环境。推动建立多层次的信息服务人才培养体系，创新培养模式。引导发挥社会教育与培训机构的作用，鼓励企业与高等院校合作培养人才，建立企业实习培训机制，建设实践实训基地。

1. 加快复合型人才培养。支持陕西理工大学、汉中职业技术学院设置"互联网＋"相关专业，引入国内外前沿研究成果与专业课程结合。鼓励互联网领域高级人才到高校兼职任教，加强"互联网＋"领域实验教学，着力培养"互联网＋"专业复合型人才。

2. 加强应用能力培训。依托高等院校、科研机构、企业的智力资源和研究平台，举行"互联网＋"专项知识培训，加快建立一批联合实训基地，加强互联网应用人才培养。加大"互联网＋"相关知识、重点工程、成功案例等的宣传力度，提高全社会对互联网的认识和运用水平。

3. 引进优秀人才。提供宽松政策，加大互联网紧缺人才引进力度，鼓励优秀人才来汉中市创业和从事科研创新工作，为优秀人才家属就业、子女入学、落户等提供绿色通道。对互联网企业创新项目给予优先支持和政策优惠，鼓励来汉创业。

第 十 七 章

汉中市现代物流产业发展战略

作为战略性产业，物流业属于社会经济不可缺少的重要部分，能有效促进产业结构调整、提高经济实力和调整经济发展方式，其是否发展良好能评价经济发展优劣。2009 年 3 月，国务院颁布实施了中国首个物流业专项规划——《物流业调整和振兴规划》，这对促进物流业的发展，尽快化解全球金融危机带来的风险，促进中国经济复苏起到了至关重要的作用。2011 年 6 月，国务院常务会议研究部署促进物流业健康发展工作，推出了推动物流业发展的八项配套措施，对提高流通效率、降低整个流通产业成本起到了重要作用，我国物流业发展水平明显提高，物流企业整体实力提升，物流基础设施也在不断完善，但是还是存在一些问题亟待解决。

一 发展环境

（一）物流发展水平提升，物流成本较高

我国物流总额增速放慢，物流总费用占 GDP 比值减速变快，运作效率提高。2015 年全国社会物流总额 219.2 万亿元，按可比价格计算，比上年增长 5.8%。全年社会物流总额呈稳中趋缓的发展态势。从构成看，工业品物流总额 204.0 万亿元，按可比价格计算，比上年增长 6.1%；进口货物物流总额 10.4 万亿元，增长 0.2%；农产品物流总额 3.5 万亿元，增长 3.9%；再生资源物流总额 8616 亿元，增长 19.0%；单位与居民物

品物流总额 5078 亿元，增长 35.5%①。

我国物流公司专业化、信息化水平提高，2014 年底物流企业数量达
35187 个，网站数达 15908 个，每 100 家企业网站数为 45 个，电子商务
销售额达到 2941.6 亿元，说明我国物流业企业信息化水平在不断提高，
而电子商务业务也在壮大，物流企业电子商务销售额从 2013 年的 1963.5
亿元增长到 2014 年的 2941.6 亿元，增长额为 978.1 亿元。

2015 年社会物流总费用 10.8 万亿元，比上年增长 2.8%。其中，运
输费用 5.8 万亿元，增长 3.1%；保管费用 3.7 万亿元，增长 1.6%；管
理费用 1.4 万亿元，增长 5.0%。从构成看，运输费用占社会物流总费用
的比重为 53.3%，比上年提高 0.4 个百分点；保管费用占 34.1%，下降
0.8 个百分点；管理费用占 12.6%，提高 0.4 个百分点。社会物流总费用
与 GDP 的比率为 16.0%，比上年下降 0.6 个百分点。物流业总收入 7.6
万亿元，比上年增长 4.5%。

（二）流通能力不断提升

2014 年底我国拥有铁路里程 11.18 万公里，比 2010 年增长 22.64%；
公路里程 446.39 万公里，比 2010 年增长 11.37%；内河里程 12.63 万公
里，比 2010 年增长 1.64%；航空里程 463.72 万公里，比 2010 年增长
67.70%；管道输油（气）里程 10.57 万公里，比 2010 年增长了
34.64%。五种运输方式里面增长率最高的是航空运输方式，随着经济的
发展和生活水平的提高，未来通过飞机运输方式进行物流活动会越来越
普遍。

2015 年全国公路货运量为 315.00 亿吨、货物周转量 57955.72 亿吨公
里，比上年分别增长 1.2% 和 2.0%，平均运距 183.99 公里；铁路货运总
发送量 33.58 亿吨，货运总周转量 23754.31 亿吨公里，比上年分别下降
11.9% 和 13.7%。其中，国家铁路完成 27.14 亿吨，21598.37 亿吨公里，
分别下降 11.6% 和 14.0%；水路货运量 61.36 亿吨、货物周转量
91772.45 亿吨公里，比上年分别增长 2.6% 和减少 1.1%，平均运距
1495.72 公里；民用航空完成货邮运输量 625.3 万吨，货邮周转量 207.27

---

① 本部分相关数据均来自《汉中市国民经济和社会发展统计公报》（2010—2016）。

亿吨公里，比上年分别增长 5.3% 和 10.4%。

（三）邮政快递业发展迅猛

2015 年全年邮政行业业务总量完成 5078.7 亿元，同比增长 37.4%；全年邮政行业业务收入（不包括邮政储蓄银行直接营业收入）完成 4039.3 亿元，同比增长 26.1%。函件业务持续下滑，全年函件业务量完成 45.8 亿件，同比下降 18.3%。包裹业务有所下降，全年包裹业务量完成 4243.4 万件，同比下降 29.6%。报刊业务小幅下降，全年订销报纸业务完成 188 亿份，同比下降 1.7%。全年订销杂志业务完成 10 亿份，同比下降 7.1%。汇兑业务下降明显，全年汇兑业务完成 8241.7 万笔，同比下降 34.2%。

全年快递业务量完成 206.7 亿件，同比增长 48%；快递业务收入完成 2769.6 亿元，同比增长 35.4%。

（四）存在问题

1. 物流运行效率低成本高。我国 2015 年社会物流总费用高达 10.8 万亿元，其中，运输费用 5.8 万亿元，保管费用 3.7 万亿元，管理费用 1.4 万亿元，运输费用占比非常高，占了一半有余，物流总费用占 GDP 比值 16.0%，欧美国家物流总费用通常占 8%—10%，与发达国家差距很大，物流运行效率低，物流成本高，利润低，物流市场受制约。

2. 物流技术水平落后。我国物流公司信息化发展迟缓，信息水平落后，对信息化重视不够，一些 EDI 技术、GPRS 技术等物流先进技术尚未普及，大部分物流小企业无力承担先进物流技术高额成本，绝大多数企业物流信息系统不完善，物流运营服务效率差，提高物流信息技术是我国物流企业的关键任务。

3. 物流企业总体实力弱。中小物流公司是物流业关键部分，数量大以及发展速度快。我国 95% 的物流公司为中小规模、组织散、设备落后、物流费用大，制约持续发展。中小物流公司信誉低，在国内外龙头物流公司面前生存艰难。如何在管理方面给予支持，使中小企业发展成为大企业，增强我国物流企业的综合实力对我国物流业未来发展具有关键作用。

二 发展基础

汉中位于江汉经济区、成渝经济区和关中—天水经济区三大经济片区的中心，位于中国西北、西南和中部三大物流通道的交汇处，具有得天独厚的区位优势，是陕南及西部地区的重要交通枢纽。十天高速公路、京昆高速公路与宝巴高速公路形成了一个以汉中为中心，快速连接西安、宝鸡、广元、巴中、安康、十堰等城市的高速公路网；西成高铁、成渝铁路、成贵高铁相接，将极大地提升汉中与高铁沿线城市西安、广元、江岫、绵阳、成都、宜宾、重庆等城市的交通便利程度。2014 年 8 月 13 日，汉中城固机场完工。以上利好因素决定了汉中将迎来物流业大发展的重大机遇。随着汉中市国民经济的不断发展，物流业正在朝着规模化、规范化的方向快速发展，公路、铁路和航空多式联运的物流格局开始形成，物流基础设施、技术装备、信息与咨询等相关服务体系日趋完善，为汉中地区物流业的发展奠定了重要基础。

（一）经济社会发展步伐加快

近年来，汉中市经济一直保持快速发展势头，各项主要经济指标均实现了翻番增长，拉动物流产业快速发展。2015 年，地区国民生产总值达到 1064.83 亿元，是 2010 年的 2.09 倍；人均生产总值达到 30000 元，是 2010 年的 2.01 倍；服务业增加值达到 404.46 亿元，是 2010 年的 2.02 倍；社会消费品零售总额达到 319 亿元，是 2010 年的 2.03 倍；进出口总额整体呈上升趋势，特别是 2014 年进出口贸易总额突破 1 亿美元大关，达到 1.04 亿美元，增长势头强劲。

（二）交通枢纽地位已经形成

经过多年的不懈努力，汉中市已经基本形成由公路、铁路、航空组成的三大交通运输网络，综合交通运输体系日益完善，现代物流区位优势已经形成。

1. 公路交通运输快速发展。近年来，汉中市公路交通进入高速发展时期，已经形成了以汉中为中心，贯通陕西省、辐射周边省市的高等级的

"＊型"干线公路系统,西汉高速纵贯南北,十天高速横穿东西,宝巴高速即将竣工,另有108国道、316国道、210国道3条国道干线通过,汉中在全省的交通枢纽地位日益凸显。所有乡镇和71%的村通了公路。截至2014年全市公路总里程达到18811公里,其中,等级公路16565公里,高速公路465公里。

表17—1　　　　　　汉中市公路交通运输发展情况统计表

指标	单位	2008年	2009年	2010年	2011年	2012年	2013年	2014年
公路里程	公里	12398	14298	15051	15974	17935	18462	18811
等级公路	公里	8930	11458	13785	14021	15598	16216	16565
高速公路	公里	210	210	307	431	428	465	465
公路货运量	万吨	1543	3251	3983	4861	5637	6312	6910

　　2. 铁路枢纽地位日益呈现。汉中站是西康(西安—安康)、宝成(宝鸡—成都)、阳安(阳平关—安康)铁路的核心站,是连接华东地区、华南地区、西南地区的铁路交通枢纽,有直达北京、上海、广州、成都、武汉、南阳、西安等各个方向的对开列车。2017年10月,汉中火车站二期工程改扩建完成,日办理列车接送可增至120对左右。其中,每日往返于汉中至西安间城际列车达20对。预计到2020年,汉中站年发送旅客人数将由现在的150万人左右增至600万人。西安和成都之间乘火车行程缩短至3小时以内。规划中的汉巴渝高铁(南起重庆,与成渝、渝万和渝昆客专相连,途经广安、巴中,北接西成客专汉中站,与郑西、兰西客专相通)也将汉中站作为重要枢纽。

　　3. 航空交通运输突破发展。汉中新机场(汉中城固机场)距离汉中市区仅17公里,2015年4月1日正式启用,跑道长2500米、宽45米,飞行区等级为4C级,高等级机场正扩建中,可起降B737、A320等机型飞机,可满足每年旅客吞吐量30万人次、货邮吞吐量1300吨。目前已开通汉中至西安、北京、深圳、上海、重庆、海口等航线。

(三) 物流服务产业异军突起

　　近年来,汉中市以运输、配送、仓储、商业流通为主要业务的物流行业异军突起，多类型、多层次的物流业基本框架迅速形成。全市围绕物资集散中心、商贸旅游中心、交通枢纽、交通主干道和产业基地培育发展了一批物流企业和物流机构，企业规模效益初显成效，物流产业增加值稳步上升，物流业对经济发展的促进作用显著增强。

1. 规模效益不断提升。2015 年，全市公路运输总体保持了较快稳定增长，全年货运量 6910 万吨，同比增长 13.12%；货物周转量 776755 万吨公里，同比增长 13.81%；全年公路运输实现客货周转量 800696 万吨公里，增长 13.5%。铁路货物发送量 259 万吨，货物周转量 119 亿吨公里，货送总收入 171903 万元。

2. 基础设施日趋完善。交通运输网络建设进一步加快，由公路、铁路、航空运输构成的综合交通运输网络已经形成。截至 2015 年底，全市高速公路总里程达 513 公里，铁路通车里程 295 公里，汉中城固机场建成投入使用。目前全市拥有各类营运车辆 24363 辆，其中大型货运车辆 2311 辆，客运车辆 1673 辆。

3. 产业集聚效应初现。建设中的褒河物流园区是陕西省规划的七大物流园区之一。另外，全市已建成大型物流产业园区 2 家，产业集聚效应日益显现。全市物流企业 430 家，其中，快递企业 108 家，货运代理公司 282 家，仓储企业 40 家，运输公司 127 家，物流信息平台 3 个，企业间合作日益加强。

三　发展思路与目标

（一）发展思路

面向未来，汉中要抓住将成为连接"西三角"经济区的高速公路、高速铁路、航空运输三线枢纽的有利时机，以汉中循环经济产业发展为基础，以物流业转型升级为主线，以降低综合物流成本、提高服务水平为核心，统筹制定汉中现代物流业发展规划，完善区域物流网络体系。以工业物流为核心，提高制造业物流发展水平，鼓励大型制造企业整合优化业务流程，推进采购、生产、销售等环节的物流整合，在流程再造基础上分离物流业务，逐步向第三方物流企业转型。大力促进各产业园区、县域特色产业物流中心的整合与协调发展，提高物流业的总体素质与综合效益，更好地服务于工农业生产发展，为实现汉中经济转型发展做出贡献。

1. 落实四个坚持。即坚持创新发展。通过理念、制度、服务模式、组织、管理和技术等创新，推动物流业创造更大的价值来满足经济社会发展需要。坚持联动发展。着眼于物流业服务生产、流通和消费的内在要求，加强物流自身资源和供应链整合，提升物流服务和供应链管理能力，增强物流业与各次产业、地区经济协同和互动发展，充分发挥物流业在汉中地区经济中的桥梁、纽带、助推器等作用。坚持可持续发展。着眼于生态文明、环境友好、资源节约和安全等，实现土地、能源、资源的集约与节约，减少污染、降低排放，最大程度减少物流活动的负面影响。坚持智能化发展。把握新科技革命和新产业革命的重大机遇，抢占物流业未来发展的制高点。应用感知、识别、信息处理、实时跟踪等技术，实现安全、高效、灵敏、实时、可控、人性的物流服务。

2. 突出一条主线。以转型升级为主线，在供给侧改革及产业升级的带动下，加快物流与上下游产业的紧密衔接，培育创新型物流生态系统。实施"互联网＋"战略，探索通过互联网和邮政网络、快递网络叠加推动业态创新。创新服务产品和服务模式，聚焦电子商务、农业、制造业、旅游业、金融业等关联产业拓展产业链、扩展增值服务。

3. 完成两个转变。一是增长方式的转变，即由规模数量型增长向质量效益型增长转变。不断加强现代物流技术和信息技术的应用推广，提高物流服务质量和能级，促进物流服务向供应链管理延伸，不断拓展增值服务，提高行业可持续发展的能力。二是经营组织模式的转变，即由单一的物流企业经营向物流企业联盟转变。发挥物流龙头企业的行业带动作用，以龙头企业为核心组建物流战略联盟，充分发挥物流资源集成效应。

4. 实现三个跨越。即在发展规模、服务能力、服务质量等三个方面实现大幅跨越。物流业产值在汉中市经济总量中所占比重明显提高，对关联产业支撑作用和对周边地区辐射作用显著增强，物流行业可持续发展动力依然强劲。

（二）发展目标

到 2020 年，力争全市物流业增加值比 2015 年翻一番，超过 160 亿元。将汉中建设成为陕南乃至"西三角"经济区物流协作体系的中心集散地。打造"一带一路"重要的物流节点城市；江汉、成渝和关天三大经济区物流协作体系的中心集散地；陕甘川毗邻区域物流枢纽城市；陕南现代物流示范城市。

1. 质量效率显著提高。物流社会化、专业化程度进一步提升，第三方、第四方物流比重明显提高。物流成本显著下降，到 2020 年，力争全社会物流总费用与生产总值比重比 2015 年下降 2 个百分点左右。

2. 产业体系基本健全。基本形成以制造业物流、农产品物流、商贸物流、电商物流为重点，其他专业物流协同发展的现代物流产业体系。

3. 企业竞争力显著增强。一体化运作、网络化经营能力进一步提高，信息化和供应链管理水平明显提升，形成一批具有较强竞争力的大型综合物流企业集团和服务品牌，实现国家 A 级物流企业零的突破。

4. 基础设施及运转方式衔接逐步顺畅。便捷高效的基础设施网络基本形成，多式联运、甩挂运输、共同配送等现代物流运转方式保持较快发展。园区布局更加合理，服务能力、管理水平和集聚效应明显提升，将褒河物流园区建成省级物流示范园区。

5. 技术应用水平明显提升。物流公共信息平台功能更加完善，物联网、大数据、射频识别等信息技术推广运用，分拣、装卸、搬运的自动化普及率进一步提高。

（三）空间布局

充分发挥汉中承东启西、贯通南北的区位优势，打造四通八达的"＊型"物流通道。加强与毗邻地区合作，加快陆港、海关口岸建设，推动形成功能完整、互联互通的立体化物流体系，全面融入全国物流大循环。

1. 总体格局。结合全市生产力布局和城镇化建设规划，着力构建"一心、一圈、多极点"的区域布局。"一心"指构建以汉台区褒河物流园区为核心，打造综合性城市物流园区；"一圈"指构建平川县区"1 小时物流圈"。覆盖南郑县、城固县、西乡县、洋县和勉县；"多极点"指打造以山区县城为中心的五大特色物流极点，覆盖略阳县、宁强县、留坝县、镇巴县和佛坪县。

（1）"一个核心"功能定位。褒河物流园区兼具资源整合功能、网络信息功能和应急物流功能，集加工、仓储、配送、口岸物流和业务配套机构于一体的综合物流园区。既是江汉经济区、成渝经济区、关天经济区三大经济区的物流枢纽，又是连接陕西省内七大物流园区的业务平台。

（2）平川县"1小时物流圈"功能定位，具体定位如下：①以汉台区褒河物流园为核心，建立覆盖南郑县、城固县、西乡县、洋县和勉县的1小时物流圈；②南郑县物流功能定位：配合我市电子商务产业孵化园建设，建立全市电子商务物流分拣中心、配送中心；绿色农产品配送中心；③城固县物流功能定位：以航空智慧新城建设为依托，着力建设航空物流中心；以柑橘为主的绿色农产品配送中心；生物医药产品专业配送中心；④勉县物流功能定位：以有色冶金、建材行业为支撑，着力建设钢铁、建材等大宗物流配送中心；以农业科技产业园为依托，建立绿色食药产品配送中心；⑤西乡县物流功能定位：依托现代产业园区，建立专业物流中心；以茶产业为依托建立绿色产品配送中心；⑥洋县物流功能定位：以现代材料园区和有机农业园区为依托，着力打造现代材料物流配送中心和有机农产品冷链物流配送中心。

（3）山区县"五个物流极点"功能定位，具体定位如下：①宁强县物流功能定位：发展陕甘川毗邻地区的商贸物流配送中心，依托宁强循环经济产业园区建立专业物流中心；②略阳县物流功能定位：以林特产业为依托，建立林特产品物流中心；③镇巴县物流功能定位：发展石化专业物流的配套服务，以林特产业为依托，建立林特产品物流中心；④留坝县物流功能定位：依托全域旅游产业优势，建立农林特产品及旅游消费品物流中心；⑤佛坪县物流功能定位：依托全域旅游产业优势，建设农林特产品和旅游消费品物流中心。

2. 物流通道。根据陕西省七大物流通道建设规划，发挥汉中交通区位优势，依托宝巴高速公路，打通向北连接关中经济圈、向南连接川北毗邻区的物流通道；依托西汉高速公路，打通向北连接西安经济圈、延伸至京津冀地区，向南连接成都经济圈的物流通道；依托十天高速公路，打通连接汉江经济带、甘南毗邻区的物流通道，构建四通八达的"＊型"物流通道。

图 17—1 汉中市"﹡型"物流通道示意图

3. 专业物流中心布局。以汉中支柱产业和优势产业为基础，以汉台、勉县、城固、洋县和南郑县五个区县的专业化产业聚集区为依托，整合区内企业物流资源，构建重点行业专业物流网络。

（1）机械装备制造物流中心。以汉台区铺镇的装备制造工业园和城固县航空产业园为集聚区，对分散的物流资源进行整合，建立内部物流系统，对供应物流和生产物流实行一体化管理。

（2）冶金、化工生产物流中心。以勉县为循环经济产业园区为依托，整合相关冶金、化工企业物流资源，围绕冶金、化工生产产业链，构建冶金、化工产品生产物流中心。

（3）医药制品生产物流中心。以汉中经济技术开发区为中心，结合汉中医药生产基地，围绕医药加工、基地生产等产业链，构建新型医药产品生产物流中心。

（4）食品加工生产物流中心。以汉江产业园老君食品工业集中区、南郑县绿色食品工业集中区、洋县有机农业产业园区、西乡食品工业产业园区为依托，重点发展酒制品、食用油制品、特色农产品和烟草制品生产物流中心。

（5）军工产品生产物流中心。以汉江产业园铺镇工业聚集区和城固县航空智慧新城为依托，发展以大型精密数控机床、专用工具、航空配套零部件为主的生产物流中心。

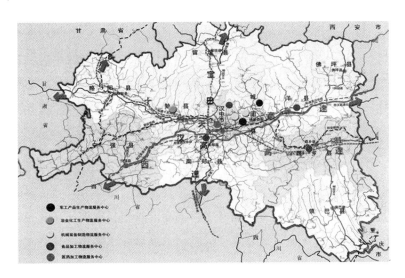

图 17—2　汉中市专业物流中心区位图

四　重点任务

着力建设"一个大市场、两个公共基础平台、三重物流配送网络"即建立统一开放、一体化运作的物流大市场；建设和完善物流基础设施平台和物流公共信息平台；构筑半小时市区配送物流，1 小时区域分拨物流，1.5 小时农村市场配送物流三重服务网络，实现城乡物流均等化和便利化。加快物流公共服务平台建设，积极推进物流信息化和标准化建设，实现物流活动数据化、社会化和组织化。创新"互联网＋"高效物流新模式，创新第四方物流经营新模式，不断激发市场需求、拓宽物流服务领域。加快培育壮大物流企业，推进物流业与相关产业协同发展。

（一）建立统一开放的物流大市场

加快汉中市与陕甘川毗邻地区交通、运输、物流等企业的业务对接与合作，加强与陕甘川毗邻地区的大型物流园区之间的紧密协作，竭力突破汉中市物流规模小、配送区域分散、物流以入为主、物流成本居高不下等制约物流产业发展的因素束缚，打造区域统一开放的物流市场，发展区域协同物流，实现物流高效化、多元化、便利化。加快改革生产企业物流经营机制，打破行业垄断，消除地区封锁，逐步建立统一开放、竞争有序的全市生产物流市场体系。充分发挥物流产业自身优势，在区域产业结构调整、发展方式转变、体制机制创新等方面发挥积极作用，助推形成区域经济优化发展和合作共赢的新模式，支撑区域经济协同发展的体制机制创新。

（二）加快城乡物流配送网络建设

1. 构建高效顺畅的交通运输网络。着力改善交通基础设施薄弱环节，加快构建以综合交通通道为主骨架，快速铁路网、高速公路网、高等级航道网为支撑的现代综合交通运输网络，推动形成相互衔接、互联互通的快速物流通道。优化各种运输方式在线路、节点上的匹配和衔接，促进顺畅衔接和高效中转，提升物流体系综合能力。

2. 优化完善仓储、配送物流网络。要大力支持物流园区升级改造，实现产业提升、功能提升、服务提升、形象提升，成为物流行业的信息、商品集散和电子商务集成的运营枢纽。高标准规划建设一批具有综合物流功能的物流园区和物流分拨、仓储、配送中心等骨干物流设施，促进物流资源和物流要素整合集聚，增强物流园区辐射带动能力。按照"一县一中心、一镇一站点"的总体规划，构建覆盖全市、普惠城乡的商贸物流服务网络，实现城乡物流服务均等化。重点加强城乡配送中心规划，在城市社区和村镇布局建设共同配送末端网点，优化城市商业区和社区物流基础设施布局，形成层级合理、规模适当、需求匹配的物流仓储配送网络。

3. 着力构建城乡双向物流网络。稳步推进城乡物流一体化进程，实现城市物流和农村物流的有机衔接，通过资源整合实现物流规模化和双向化，大幅降低物流成本，提高物流效益。加快打通城市农村双向物流通道，借助农业生产资料、生活消费品等工业品下乡的物流通道，实现农村土特产品进城。扎实推进"快递下乡"工程，全面实现"乡乡有网点，村村通快递"的目标，通过"快递下乡"打通城乡双向物流通道，激活城乡双向流通，促进农村经济进一步发展。

4. 加快快递便民网络建设。大力推进"快递四进工程"，即推进城市共同配送末端网点进社区、进楼宇、进校园、进机关，实现快递业与企业生产、居民生活的无缝对接。在大型社区、机关、大专院校和商务楼宇等区域集中布设智能快件箱，支持有条件的企业利用智能快件箱开展生鲜配送、洗衣、再生资源回收等业务。

（三）集中打造物流公共服务平台

以便民、利民、惠民为宗旨，以降低物流成本、提高物流效率为目标，积极通过政府引导、龙头企业牵头、行业联盟合作的方式，建设综合性物流公共服务平台。大力支持物流龙头企业通过股份合作、联合加盟等方式建设物流公共服务平台。

1. 着力建设电商物流公共服务平台。重点支持大型龙头企业牵头组建汉中电商物流公共服务平台，健全和完善农村电商物流共同配送网络，突破电商物流最后一公里的困境，为城乡电子商务普及发展提供支撑，特别要重点突破农村电商物流通达范围，建立覆盖全市十县一区的电商物流综合服务网络。创新发展城乡"商贸物流综合超市"新模式，为全市城乡居民提供多产品、多元化、个性化物流服务，实现一站服务全国畅通。

2. 加快建设邮政物流综合服务平台。充分发挥邮政网点覆盖城乡的资源优势，推动邮政服务网络对社会开放，鼓励邮政企业、快递企业、第三方参与综合服务平台建设，融入地方经济社会发展。积极承接政府公共服务项目，打造融普遍服务、快递服务、缴费服务、票务服务、金融服务、商品分销服务为一体的"一站式"综合服务平台。发展农业生产资料、日用消费品、医药产品、中小学教材等连锁配送服务。引导邮政企业利用综合服务平台，拓展代缴话费、代派快件、代购商品等多样化服务，提高基础网络运营效益。

3. 普及推广社区物流综合服务平台。鼓励和引导重点快递企业加强合作，共同建立便民利商的综合服务平台。综合利用各快递服务网络和社会资源，构建集快件揽派、新鲜产品配送、日用品配送等多种功能于一体的综合性寄递服务平台，提高人们生活的便利性。支持电商、物流、商贸、金融、农业等企业参与第三方平台建设，加快普及乡村代投代收快件业务。

（四）积极推进物流信息化建设

加强北斗导航、物联网、云计算、大数据、移动互联、智能交通、自动识别等先进信息技术在物流领域的应用，推动传统物流活动向信息化、数据化方向发展，促进物流相关信息特别是政府部门信息的开放共享，夯实"互联网＋"高效物流发展的信息基础，形成互联网融合创新与物流效率提升的良性互动。

1. 引导企业物流活动数据化。加快推动企业物流信息化建设，促进企业物流活动和物流交易模式的创新。通过电子化、数据化方式采集、分析企业物流交易和物流活动信息，推广应用电子面单、电子合同等数据化物流活动信息载体，实现"用数据化来管理物流"，为"互联网＋"高效物流发展创造基础条件。

2. 大力发展智慧物流。利用物联网、传感网和互联网，实现货物运输过程的自动化运作和高效化管理，数据智慧化、网络协同化和决策智慧化，提高物流行业的服务水平，降低成本，减少自然资源和市场资源的消耗。鼓励建立统一规范的物流信息平台，重点支持大型物流园区、物流中心建立专业化的智能物流信息服务平台，利用新技术新设备，优化配送流程，逐步实现物流实时跟踪和可视化管理，增强物流安全性和精准性。

3. 促进物流信息平台协同化。加强综合运输信息以及物流资源交易、车货匹配、安全监管等信息平台建设，推动物流信息平台之间数据对接、信息互联。加强城市物流信息平台与农村物流信息平台的数据对接，促进互通区县、下达乡村的物流信息共享，实现物流活动全程监测预警、实时跟踪查询。鼓励物流龙头企业搭建面向中小物流企业的物流信息服务平台，促进货源、车源和物流服务等信息的高效匹配，为优化社会物流资源配置提供平台支撑。

（五）加快推进物流标准化建设

落实《中国物流标准化体系规范》，正确实施、使用"物流术语""商品条码""物流单元格条码"等国家标准，同时，要系统推进物流标准研制、实施、监督、国际化等各项任务，满足物流业转型升级发展的需要。

1. 加快推进物流装备标准化建设。贯彻执行国家物流标准和行业物流标准，加强重要物流标准宣传培训和推广应用。加快对汉中市现有仓储、转运设施和运输工具的标准化改造。积极推广绿色低碳物流技术，鼓励企业采用专用物流技术装备，推进运输装备专业化、结构合理化、轻型化、快速化和标准系列化，推广先进适用的仓储、装卸等标准化专用设备，鼓励企业采用与国际接轨的标准化物流设施和装备。

2. 积极推进绿色物流标准化建设。贯彻落实生态立市战略，聚焦国际物流市场，借鉴国际先进理念和先进经验，积极研发绿色物流标准，扎实推行绿色运输、绿色仓储、绿色配送，实现物流业绿色低碳发展和节能减排。鼓励和引导物流企业选用节能环保车辆、新能源汽车等节能环保物流设施设备。鼓励包装物重复使用和回收再利用，支持开展托盘租赁回收业务。加强危险品运输和仓储管理，强化物流过程的环境风险防范与控制，最大限度减少环境事故。

3. 实施商贸物流标准化建设专项行动。加大商贸物流作业标准化建设力度，依托物流行业协会等组织加大对物流安全、物流诚信、物流信息、售后服务、城市共同配送、多式联运等物流标准的研制力度。按照作业流程分别制定技术标准和服务标准。选择3—5家大型物流企业、配送中心、售后服务平台、物流园区、物流信息平台等开展物流标准化试点工作。

（六）创新"互联网＋"高效物流模式

依托互联网等先进信息技术，创新物流企业经营和服务模式，将各种运输、仓储等物流资源在更大的平台上进行整合和优化，扩大资源配置范围，提高资源配置有效性，全面提升社会物流效率。

1. "互联网＋"车货匹配。发展公路港等物流信息平台，整合线下物流资源，打造线上线下联动公路港网络，促进车货高效匹配，促进公路货运的集约化、高效化、规范化发展。

2. "互联网＋"运力优化。鼓励企业利用大数据、云计算，加强货物流量、流向的预测预警，推进货物智能分仓与库存前置，提高物流链条中不同企业间的协同运作水平，优化货物运输路径，实现对配送场站、运输车辆和人员的精准调度。

3. "互联网+"运输协同。支持多式联运公共信息平台建设，加快不同业务系统之间的对接，推动多式联运信息交换共享。培育多式联运经营主体，在重点领域探索实行"一票到底"的联运服务，研究应用电子运单。

4. "互联网+"仓储交易。鼓励企业依托互联网、物联网等先进信息技术建立区域性仓储资源网上交易平台，推动仓储资源在线开放和实时交易，整合现有仓储设施资源，提高仓储利用效率，降低企业使用成本。

5. "互联网+"物流企业联盟。支持以资源整合、利益共享为核心的物流企业联盟，依托互联网信息技术整合社会分散的运输、仓储、配送等物流业务资源，推动实现合同签订、车辆调度、运费结算等统筹管理，规范运营流程，提高货运组织化水平，提升物流服务能力和效率，带动广大中小企业集约发展，鼓励依托企业联盟的跨区域甩挂运输发展。

6. "互联网+"供应链管理。鼓励物流企业依托互联网向供应链上下游提供延伸服务，支持供应链管理综合服务商建设智慧供应链管理服务体系，发展适应"互联网+"大规模定制的智能集成式物流模式，面向小批量、多品类、快速生产、快速交货和连续补货等新需求，提供物流服务解决方案。

（七）激发市场需求，拓宽服务领域

推进新领域物流发展。充分发挥汉中市在区域物流合作中的比较优势，加快区域采购分销物流和分拨型物流发展，发展区域转运型物流，拓展集装箱物流。

1. 着力发展农产品和冷链物流。围绕汉中市具有比较优势的粮食、蔬菜、水果等农产品资源，依托过街楼农产品批发市场和洋县、城固县等产地集配中心，建设农产品物流基地。推进产地预冷、初加工、冷藏保鲜、冷链运输等设施建设，形成专业化农产品冷链物流基地。加快推进农产品冷链物流基础设施建设，完善冷链物流网络体系，构建全流程质量监控和追溯系统。

2. 统筹规划再生资源回收物流。加快建设再生资源回收利用体系，重点推进包装物、废旧金属、废旧电器、报废汽车、农作物秸秆、建筑垃圾等回收物流发展。积极拓展回收加工、信息服务、价格评估等业务，建

成一批旧货物流分拣加工基地。完善再生资源回收网点，发挥再生资源加工企业带动作用，规划建设再生资源物流园。

3. 健全完善应急物流。加大应急物流基础设施投入，提升设施设备现代化水平。推进应急物流信息系统建设，整合利用各部门应急物流数据资源，强化应急物流数据保障能力。支持县级以上政府建立多部门协同的应急物流统筹协调机制，重点建立健全应急物流调度运用机制、储备机制和激励补偿机制，充分调动社会物流资源。

4. 拓展国际物流和保税物流。高起点规划汉中口岸物流园区，加快建设汉中保税区，积极探索国际物流战略合作，推进公铁联运，拓展国际物流需求。搭建国际物流合作平台，推动汉中市物流企业与国际先进物流企业合作交流，支持有条件的物流龙头企业"走出去"发展国际物流。大力发展保税物流，加强发改、商务、海关、检验检疫、交通、税务等部门联动，实现保税物流园区仓储运输、信息服务、海关监管、报关退税等一条龙服务。

5. 大力发展跨境电商物流。加快跨境电子商务发展，支持企业通过电子商务平台在线交易、支付结算、跨境配送，为企业"走出去"提供物流服务保障，加快口岸物流联建联动机制，提高通关效率。充分发挥中国邮政作为跨境电商的主要支撑平台作用，结合"互联网+"的发展趋势，开展国际 e 邮宝和国际小包业务。通过与阿里巴巴、eBay、亚马逊、wish、京东、敦煌网等主要跨境电商平台对接，带动汉中市特色产品出口。

（八）加快培育壮大物流企业

1. 重点培育大型物流企业集团。鼓励物流企业通过参股控股、兼并重组、协作联盟等方式做大做强，形成一批技术水平先进、主营业务突出、核心竞争力强的大型现代物流企业集团，力争实现 A 级物流企业零的突破。着力引进世界知名和国内龙头物流企业对接本地物流综合服务平台，为国内外龙头企业降低成本，提高效率。支持国内外知名物流企业来汉中市设立区域物流总部、运营中心、分拨中心和转运中心。

2. 大力发展第三方物流企业。推进生产企业物流业务外包，鼓励支持装备制造企业和物流企业实现联动发展，为第三方物流发展释放物流需求，实现企业生产的专业化和企业内部物流的社会化，培育具有市场竞争力的第三方物流企业群体。以各种运输物流企业与信息咨询企业之间的多样化联合为途径，建立契约型、综合代理型第三方物流企业，为生产企业提供原料运输、仓储、加工、配送等综合物流服务。通过第三方物流企业实施物流流程再造和重组，采用现代物流技术和管理方式，优化供应链管理，实现原材料、零部件"零库存"管理，降低物流成本，提高生产企业经济效益。

3. 升级改造邮政物流企业。一是结合邮政行业特点，进一步明确邮政物流企业的目标市场，以高附加值、小体积、小重量、多批次、高时效的物品为主要经营产品，以高附加值行业的生产企业为主要服务对象。二是充分发挥覆盖全国、深入城乡、一体联动的邮政网络优势，要借助中国邮政的信誉优势，打造"邮政物流"的服务品牌。三要塑造精益物流品质，努力优化物流作业组织，为客户提供及时、迅速、准确、高效的个性化、端到端一体化物流服务，塑造邮政物流服务的"精益"品质。

（九）推进物流业与相关产业协同发展

鼓励运输、仓储等传统物流企业向上下游延伸服务，推进物流业与其他产业融合发展，大力激发物流市场需求。推动物流业加快融入生产、流通和消费环节，鼓励制造企业分离外包物流业务，支持鼓励物流业务量较大的制造企业设立独立法人物流公司，或将物流业务外包给专业的第三方物流企业，促进企业内部流程再造，创新制造业与物流业联动发展方式与企业运营体系。

1. 促进物流与电商协同发展。引导物流企业与电子商务企业进行深度合作，促进线上线下互动创新，共同发展体验经济、社区经济等便民利商新业态，拓展代收货款、保价等增值业务，拓展协同发展空间。鼓励"第三方智慧仓储、第四方智慧物流"等模式创新，大力发展第三方电商物流和仓储配送中心。

2. 促进物流业与旅游业协同发展。鼓励和支持全市各旅游景点依托本地物流网点，开展土特产品、名优产品的展销寄递，重点促进本地茶叶、香菇、木耳、魔芋、蜜桔、真空面皮等土特产品的销售。研发与汉中旅游题材相关的邮资明信片、邮资纪念封、邮资门票等邮政文化产品，利用邮政文化产品提升旅游景区及旅游目的地的文化内涵。

3. 推动物流业与制造业联动发展。围绕汉中市装备制造、矿产能源、冶金建材、生物医药、新能源、新材料等重点产业基地，大力发展产业配套物流，主动对接制造业物流全过程，积极介入采购物流、厂内物流、配送物流、逆向物流等全供应链环节，为制造企业提供从原材料采购到产品销售的完整供应链服务。

4. 加强物流与交通融合发展。要打通衔接一体的全链条交通物流体系。优化交通枢纽与物流节点空间布局，构建便捷通畅的骨干物流通道。重点推进多式联运，拓展国际联运服务。推行物流全程"一单制"，实现货物"一站托运、一次收费、一次认证、一单到底"，强化一体化服务保障。二是创建协同联动的交通物流新模式。打造线上线下联动公路港网络，完善公路港建设和优化布局，强化综合服务功能。发展"互联网＋城乡配送"。

（十） 加强市场监管，提高监管效能

建立完善覆盖综治、公安、安全、工商、发改、交通、商务、邮政管理等部门的安全防控体系，落实企业安全主体责任、政府安全监管责任和用户安全寄递责任，建立企业负责、员工参与、政府监管、用户自律的安全责任体系。落实寄递安全管理规定，发挥部门联动机制作用，落实快件收寄验视、实名收寄等有关制度规定。加强寄递服务用户个人信息安全管理，保护消费者隐私，维护消费者权益。建立行业风险源管理机制，开展行业安全辨识、评估、监测和预警。完善综合应急机制，形成部门联动、运转高效、反应迅速、规范有序的应急管理机制。加强监管信息化建设，构建互联互通、整合协同、安全高效的信息化监管支撑服务体系，推动跨部门、跨层级的监管信息应用与共享，进一步发挥社会监督、舆论监督作用和行业组织自律作用。

五 保障措施

（一） 健全工作机制，做好协调服务

建立促进物流产业发展工作机制，做好部门间的政策协调和工作配

合，为加快物流产业发展提供组织保障和服务支撑。各县、区商务主管部门要把物流工作作为流通工作重点，明确分管领导和专门处室，加强人员配备，保障工作开展。市、县两级政府部门建立促进物流发展联席会议制度，由分管物流的市政府领导担任召集人，联席会议成员单位由市发改委、商务、交通、农业、工信、财政、公安、邮政管理等部门组成，定期召开联席会议，就制定物流业发展规划、搭建电商物流协同发展交流平台、数据共享和解决物流发展中的困难及问题进行商讨。

（二）完善政策体系，加大扶持力度

1. 落实完善支持物流业发展的用地政策。积极支持利用工业企业旧厂房、仓库和存量土地资源建设物流设施或者提供物流服务。积极争取将物流企业配送中心、连锁企业配送中心项目内用于建设仓储设施、堆场、货车通道、回转场地及停车场（库）等物流生产性设施用地列入工业、仓储用地范畴。

2. 加大对物流业财政支持力度。争取设立物流业发展引导资金，重点支持农村地区物流与电商协同发展、综合服务平台等物流基础设施建设项目。争取将符合条件的企业发展项目纳入汉中市现代服务业、物流业、新型城镇化、节能减排等专项资金支持范围。

3. 加大金融机构信贷支持力度。鼓励银行创新适合物流业特点的信贷产品和服务方式。积极引进外资、社会资本投资物流产业。支持物流企业引入私募基金、资产证券化、股权众筹等多种新型融资工具，开展直接融资。

（三）优化发展环境，加强诚信建设

发挥商务主管部门在整顿和规范市场秩序中的牵头作用，查处价格欺诈、以次充好、虚假仓单、重复质押等违法违规行为。注重发挥行业组织作用，建立物流信息披露管理制度和激励惩戒机制，增强企业诚信意识和风险防范意识。

利用社会化物流信息平台，获取诚信大数据，对诚实守信、合法经营、社会责任强的企业予以支持、鼓励和宣传，对破坏市场秩序、诚信缺失的企业将其列入"黑名单"并向社会公布，提高其失信成本，对列入

严重失信名单的企业进行重点监控。

推动建立行业内部监督机制、风险警示举报制度及处理机制，抑制恶性竞争、打击扣件压件行为，落实理赔制度，努力营造物流企业健康发展的行业环境。

（四）健全自律机制，组建行业协会

积极引导组建汉中市物流行业协会，充分发挥协会等组织的积极作用，推动物流示范企业建设，发挥示范企业的带动作用。建立行业自律性运行机制，避免出现盲目价格竞争和服务不规范的现象。依托行业协会组织制定《汉中市物流行业作业规范》和《物流行业服务质量标准规范》，开展行业服务质量测评、企业资质审核和先进表彰活动，并对结果进行公示，引导消费。加强会员间交流与学习，引导公平竞争，建立自律制度，完善自律机制，提高自律水平，促进行业的健康发展。

（五）加强校企合作，培养专业人才

建立物流专业人才培养基地，积极开展与陕西理工大学、汉中职业技术学院等高校合作建立人才教育培养体系，制定在职人员分类定期培训办法。依托校企合作平台，积极为物流企业输送合格人才，培养经营管理人才、专业技术人才，为行业发展提供智力支撑。

（六）加强物流统计，健全评价体系

提高物流业统计工作水平，完善物流业评价指标体系，促进物流统计台账和会计核算科目建设，做好社会物流总额和社会物流成本等指标的调查统计工作，及时准确反映物流业的发展规模和运行效率；构建组织体系完善、调查方法科学、技术手段先进、队伍素质优良的现代物流统计体系，推动各县区全面开展物流统计工作，进一步提高物流统计数据质量和工作水平，为政府宏观管理和企业经营决策提供参考依据。

第 十 八 章

汉中市商贸流通服务业发展战略

商贸流通服务业的发展能积极带动市场经济的发展，能高效培育消费热点，加速贸易的内外均衡。同时，社会消费的增长需要稳健的经济增长作支撑，经济的增长需要通过扩大内需、促进消费来实现。商贸服务业在社会消费和经济增长的互动上起着关键的桥梁作用，尤其是对社会消费起着重要的"引擎"效应。

一 发展环境

（一）政策环境

自东南亚金融危机以来，中国商贸服务业的发展发生了深刻的变化，流通成本过高、流通渠道不畅、流通效率低等诸多问题凸显出来，国家密集出台了一系列政策促进商贸服务业发展。

1. 《关于深化流通体制改革，加快流通产业发展的意见》（国发〔2012〕39号）。首次明确了流通业作为国民经济基础性和先导性产业的地位和作用；提出了加强现代流通体系建设、积极创新流通方式以及深化流通领域改革开放等任务；提出到2020年，中国将基本建立起统一开放、竞争有序、完全高效、城乡一体的现代流通体系，对国民经济和社会发展的贡献进一步增强。

2. 《国内贸易发展"十二五"规划》（国务院办公厅，2012年9月）。提出要统筹国内贸易协调发展，促进内贸领域服务行业大发展，大力发展流通现代化等措施，并提出要加快形成11个主要商业功能区，发挥其商品集散、价格形成、消费集聚、产业服务和辐射带动功能，形成一批国内贸易的重要增长极。

3. 国务院常务会议研究部署和确定《降低流通费用等十项政策措施》（2012 年 12 月）。其中包括严格执行鲜活农产品运输绿色通道政策、建立健全流通费用调查统计制度等措施。"国十条"的颁布有助于降低流通费用、降低物价从而释放消费。

4.《降低流通费用提高流通效率综合工作方案》（国务院办公厅，2013 年 1 月）。明确提出降低农产品生产流通环节用水、用电价格和运营费用，强化对零售商、供应商交易监管、便利物流配送等十项措施。

5.《深化流通体制改革 加快流通产业发展重点工作部门分工方案》（国务院办公厅，2013 年 5 月）。明确了各部门职责分工，也表明国家下决心要消除流通业顽疾，推动流通业健康发展。

如此密集的政策出台，尤其是"十二五"规划和 39 号文件都将流通业定位于"国民经济基础性和先导性产业"，这必然会对流通业产生深远的影响，使中国流通业进入黄金发展期。

（二）商贸服务业发展规模稳步增长

居民生活水平的提高促进了消费能力与水平的提高，我国近年来的社会消费品零售总额保持着稳定的增长速度。2015 年中国社会消费品零售总额 300931 亿元，比上年增长 10.7%，扣除价格因素实际增长 10.6%。按经营单位所在地分，城镇消费品零售额 258999 亿元，比上年增长 10.5%，乡村消费品零售额 41932 亿元，增长 11.8%。按消费形态分，餐饮收入 32310 亿元，比上年增长 11.7%，商品零售 268621 亿元，增长 10.6%。其中限额以上单位商品零售 133891 亿元，增长 7.9%。数据显示，全年最终消费支出对国内生产总值增长的贡献率为 66.4%，比上年提高 15.4 个百分点。全年全国网上零售额 38773 亿元，比上年增长 33.3%。其中，实物商品网上零售额 32424 亿元，增长 31.6%，占社会消费品零售总额的比重为 10.8%；非实物商品网上零售额 6349 亿元，增长 42.4%。[①]

---

① 本部分数据均来自《汉中市国民经济和社会发展统计公报》（2010—2016）。

（三）城乡一体的流通网络基本形成

在城市中，仓储、购物中心、便利店、超市等经营业态组成了城市的流通体系，而在乡镇地区，建立了配送中心，形成了农产品双向流通的流通渠道，网商进入乡镇，使得乡镇在线上线下开展了双渠道的流通方式，商贸流通业对社会资源的调配进行了优化，各产业间的依赖与联系进一步加强，商贸流通业形成的交易网络掌握了完整的市场销售网络，开始与生产领域融合，保证了供求双方的稳定合作，也促进了供求双方分工的专业化，通过融合市场的生产环节，使商贸流通服务业对第一和第二产业起到了调节作用，将服务、商品、供应链、生产等因素整合，充分实现商贸流通的高效运作，推动社会经济发展速度的提高。

流通主体向多元化专业化方向发展，我国由自主的连锁超市品牌与外企著名的连锁超市品牌共同组成了零售的销售体系。

（四）存在问题

1. 消费市场表现出的消费效果参差不齐，流通结构性矛盾突出。这主要是通过销售数据来体现的，在各个不同行业领域中，商品流通消费表现最为波动的是农产品的销售情况，农产品作为居民生活消费基础用品，其销售情况可以说能够体现一个阶段我国居民消费的水平以及市场经济中消费热点的变化。但是，我国每年均会有不同的农产品面临着销售断面的风险。问题的出现主要原因是商品低效流通的局限性，流通区域间的分割导致该区域内商品流通的停滞，在商贸流通服务业中，区域性的商贸流通是促进多个区域形成经济体的硬性基础，当地区内的商品不能跨越区域流通时，则证明该区域商贸流通服务业的市场机制是不完整的。

2. 政策问题。这主要分为两个方面：一方面是税收问题。连锁企业以其网点位于商业区中心，同时在城市内各区均设有营业网点，分设的营业网点在纳税的时间段需要分开缴纳税额。对于同一家连锁企业的不同营业设点而言，分开缴纳税费无疑增加了企业的工作量。因此，我国的纳税制度可以适当考虑将连锁企业汇总纳税切实在企业实际纳税中实施，以达到加快企业纳税过程，减少无谓的时间浪费，使用政策作为辅助也能够减轻纳税程序的复杂程度。另一方面是实现商贸流通企业下放权力所需的政策，规范和建设市场秩序，以及用于商业销售部门组织的教育和培训。我国在对外贸易方面遭到许多流通政策的限制，主要是检查程序的复杂以及众多特权和责任重叠的部门，延长了贸易通关的时间。与此同时，我国的协会和组织在市场导向的交易上与国外贸易流通服务具有很大的距离，需要我国的相关组织或者协会在政府的帮助下进行规范管理，由政府监管建设一个有利于协会或者组织在市场上运行和发展的良好机制。

3. 实现流通市场现代化的进程缓慢，不能实现信息化、市场化为商贸服务产业主导。信息化、网络化能使商贸流通的效率提高，同时贸易的范围将能有效地扩张，实现跨区域、跨阶段的贸易往来。在商贸流通业，电商的存在作为市场流通的中介，将产品由原产地转运至消费地。因此，电子商务的兴起，其实也是市场经济转型的一种体现。虽然上海、深圳等我国一线城市逐步建立了成熟的现代化商贸流通市场，但是在实际的商品流通过程中，市场信息的掌握量不足，流通渠道彼此之间阻碍，导致货物不能及时匹配出库，供销脱节。

二　发展基础

面对复杂多变的国际国内宏观环境和持续增大的经济下行压力，在市委、市政府和省商务厅的正确领导下，汉中市商务工作攻坚克难、开拓创新，坚持扩大内需与提升外需并重，以构建内外贸融通的大市场、大开放和大流通的现代商务格局为目标，不断深化流通体制改革，商贸流通服务规模化、专业化、特色化和现代化建设取得重大进展，影响力不断增强。2011—2015年，汉中市国内贸易总额、对外贸易总额和利用外资总额等三项指标均实现了三个翻番，呈现出商贸流通规模持续扩大，内贸、外贸协同发展的可喜局面，为全市经济发展做出了重要贡献。

（一）商贸流通业快速发展，消费拉动型经济格局初步形成

2011—2015年，汉中市商贸流通业对经济的支撑作用和引领作用明显增强。商贸流通业增加值达到了76亿美元，年均增长13.65%，占全市第三产业增加值的22%以上。社会消费品零售总额累计达到1248.49亿元，是"十一五"时期社会消费品零售总额556.43亿元的2.24倍，年

均增长 14.60%，连续位居全省 3—5 名。2015 年，汉中市社会消费品零售总额 319.00 亿元，增长 13.3%。按经营单位所在地分，城镇消费品零售额 260.98 亿元，增长 12.7%；乡村消费品零售额 58.02 亿元，增长 15.7%；按消费形态分，商品零售 281.93 亿元，增长 12.6%，餐饮收入 37.07 亿元，增长 18.5%。城乡流通网络体系建设进一步加快，"万村千乡市场"工程、"镇超工程"、城乡农贸市场、社区便利店、家政服务、再生资源回收网络建设等便民惠民工程取得新成效，实施商贸流通服务业重点项目 216 个，累计投资 97.47 亿元。"万村千乡"农家店覆盖率达到 67%，乡镇超市覆盖率达到 70%。万邦时代广场、世纪阳光、现代国际等城区大型商业综合体建设取得突破性进展，桃心岛、华盛、百隆、美阳等一批本土大型连锁超市不断壮大，带动各县快速发展了一批大型商超，城乡居民消费便利度明显提高。电子商务异军突起，累计注册运营电子商务企业 196 户，"限上企业培育工程"成效显著，市场主体不断壮大，新培育限上企业 331 户，总户数达到 544 户。商贸物流推动生产性服务业向专业化和价值链高端延伸，生活性服务业向精细化和高品质转变，褒河物流园区建设取得新进展。

（二）对外贸易逆势增长，经济外向度不断提升

2011—2015 年，汉中市实现了进出口总额、进口总额和出口总额三个翻一番，年均增长速度均超过了 20%。2014 年，全市进出口总额突破 1 亿美元，是 2010 年进出口总额的 2.35 倍，创造了自营进出口的最好水平。出口商品结构不断优化，高科技、高附加值的生物提取物跃居出口第二位，汉中绿色农产品成为出口新亮点。"外贸重点企业培育"和"外贸孵化器"工程扎实推进，外贸主体由国营企业为主向民营企业为主转变，重点支持了陕西汉江药业集团、汉中天然谷、汉中锌业、城固振华、国营长空、陕西飞机工业（集团）有限公司等 10 户企业做大做强，同时大力培育、扶持中小企业开拓国际市场，全市外贸备案登记企业数累计达到 180 户，重点企业外贸出口增长势头向好。加工贸易得到快速发展，有望发展成为未来外贸出口的主力军。口岸物流园区项目建设基本完成，跨区域口岸合作进一步加强，海关筹建进入实质性实施阶段。

（三）利用外资总额突破亿元大关，"走出去"战略谱写新篇章

2011—2015 年，汉中市实际利用外资总额达到 1.46 亿美元，比"十一五"时期增长了 1.37 倍。新增外商投资企业 17 家，全市外商投资企业总计达到 34 家，累计投资总额达到 4.13 亿美元，合同利用外资额达到 1.8 亿美元。着力开拓海外终端市场，中航电测仪器股份有限公司、陕南绿茶有限公司分别在美国以及我国香港地区建立销售网络和窗口；汉中天然谷生物科技有限公司完成北美贸易公司的设立组建，充分运用北美国际自由贸易市场优势平台，辐射全球贸易市场，开拓以植提物直铺欧美地区终端客户及大型生产商、中间商业务市场，开创了汉中市设立境外投资贸易企业、"走出去"开拓市场的新篇章。

（四）品牌塑造工作扎实推进，"汉"字品牌形象日益彰显

2011—2015 年，汉中市强抓汉中产品推介活动，抢抓传统节日促销时机，举办各种形式购物节、消费促进月、产品博览会。利用汉中优势资源，以举办"油菜花海节""梨花节""樱花节"为契机，同时举办"汉中地方名优土特产品展销会""农家厨艺大赛""两汉三国、真美汉中，舌尖上的美食——汉中餐饮十佳明星"评选活动等特色会展活动。积极开展"陕货南行""汉货进京"等产品推介活动，积极参加"广交会""西洽会""厦洽会""兰洽会"等大型国内商品展销会。以国家"一带一路"战略为契机，组织重点企业参加"哈萨克斯坦中国商品展览会""中国—东盟博览会""首届中国丝绸之路经济带国际博览会""中国西部跨国采购洽谈会""台北国际素食暨有机产品博览会""香港国际茶叶展美食展""首尔国际食品大展"等国外贸易洽谈会和展销会，有效宣传、树立了"汉"字品牌形象，使汉中特色产品、汉中制造、汉中服务走向世界。

（五）市场运行规范有序，综合执法能力日益增强

2011—2015 年，汉中市坚持把保障市场供应、规范市场秩序作为商务工作的首要任务，不断健全市场运行分析和监测预警机制，与汉中日报、汉中电视台、汉中人民广播电台和市政府网站密切合作，在 8 个县区开通了"商务预报"信息服务平台，及时发布市场监测信息。市场监测样本企业数达到 110 户，涉及生活必需品、重要生产资料、重点流通企业和农村市场等 10 个系统，监测分析能力不断增强。深入推进市场监管公共服务体系建设，不断壮大县区商务综合行政执法队伍，汉台区、南郑县、勉县、洋县、略阳县、城固县等 6 个区县先后成立了商务综合行政执法大队，全市商务综合执法检查力度进一步加强。

（六）存在问题

总体来看，2011—2015 年是汉中市商贸流通快速发展的五年，是汉中市社会消费繁荣发展的五年，是汉中市开放型经济培育成长的五年，也是汉中市市场秩序规范升级的五年，全市商务工作取得了显著成绩，但客观分析比较，汉中市商务工作仍存在一些困难和问题，主要表现：

1. 现代化信息化水平不高，创新发展能力亟待提高。现代信息技术在全市商贸领域应用不够广泛，商业模式、商业业态、商业管理等领域创新不足，同质化竞争激烈，抵抗外界压力能力不强，营业效率下滑明显。

2. 居民消费缺乏新动力，消费增长后劲有待增强。全市消费市场规模增长速度逐年放缓，新兴消费领域供给不足，新的消费热点难以形成，消费对经济增长的拉动作用有待提升。

3. 品牌特色不明显，辐射带动能力有待提升。汉中在全国及全省范围内知名的商贸企业较少，商业与本地特色旅游文化资源融合不够紧密，缺乏标志性高端商业旺区和特色鲜明的体验型消费目的地，整体对外吸引和辐射能力仍显不足。

4. 区域发展不平衡，空间布局有待优化。全市现代商业设施仍然较为集中在市中心区，县区商业发展仍显不足，档次不够，商业设施聚集度不高，分布不均，难以满足居民日益增长的多样化消费需求。

5. 外向型经济发展缓慢，海外市场开拓有待加强。外贸出口规模较小、出口市场单一，进口需求不旺，引进外资主要集中在资源型产业上，高科技、高附加值产业基本空白。

6. 商务人才匮乏。特别是现代商务经营管理人才和技术人才明显不足，创新能力有待提高。

三　发展思路与目标

面向未来，以商贸服务业自主创新为主线，切实转变商贸服务业的经营理念、不断拓展服务内容、开展线上线下联动、不断推广电子商务；以优化商贸环境、完善城市服务功能为出发点，以专业化、规模化为方向，构建能够辐射汉中市及周边区域生活消费服务的大商贸流通新格局；统筹规划各类商贸服务业网点布局，做到商贸区域层次清晰，商贸业态特色鲜明，商圈规模集聚适度；大力培育新型商贸业态，重点引进和培育能够聚集人气、满足生产生活需要的综合性商贸中心和特色专业市场，打造区域性商贸品牌，加快形成符合市场经济要求的现代商贸市场体系，提升城市综合服务功能。

（一）发展思路

紧紧围绕"五位一体"总体布局和"四个全面"战略部署，以"三市"建设目标为统领，以改革创新为动力，统筹两种资源、扩大两个市场，着力建设大项目、搭建大平台、培育大企业、创建大品牌，全面提高商务服务质量和能级，促进商务经济跨越增长。以"互联网＋"行动为引擎，大力发展线上线下互动，积极推动实体店转型，促进商业模式创新，服务大众创业、万众创新，服务新型城镇化和产业化，加快供给侧改革，提高商贸服务业对经济发展的贡献率。

1. 坚持以人为本原则。坚持把保障和改善民生作为一切工作的出发点和落脚点，把便民惠民利民作为服务民生的根本、不断完善城乡市场服务体系。不断加强食品安全监管、市场监管和综合执法工作力度，保障全市人民消费安全。

2. 坚持城乡一体原则。坚持城乡统筹、一体化发展，兼顾城乡人民生产和生活，构建城乡一体的商贸流通网络，进一步扩大农村消费，加快农村商贸流通体系建设，优化提升农村商贸流通网络，实现城乡联动、和谐发展的新局面。

3. 坚持创新发展原则。坚持推进存量做优做强和加快增量引进发展相结合，推进传统商贸业的现代化改造和加快发展新兴商贸业相结合，以大企业、大市场为载体，创新体制机制，激发市场新活力，构筑现代商贸业优化提升的新平台。

4. 坚持集聚集约原则。坚持以特色商业街区和大型商业综合体建设为抓手，突出产业导向，促进商业企业集中、集聚，依托公共服务平台，实现商业集约化、专业化、特色化发展，促进商业提档升级。

5. 坚持绿色发展原则。坚持生态优先，追求绿色经济效益最大化，坚定不移地走绿色发展、低碳发展和可持续发展道路。积极倡导绿色消费理念，推行节俭、文明的消费方式，加强可再生资源回收利用网络建设，构建绿色消费体系。

6. 坚持开放发展原则。扩大对外开放，积极采用国际和国内领先地区商贸业发展的先进理念和技术，引进新型业态，吸引更多国际品牌和跨国商贸企业落户汉中，加快融入国际市场的步伐，引导企业"走出去"拓展国际市场。

（二）发展目标

根据汉中商贸服务业发展的总体思路，汉中商贸服务业的发展要以"建设大市场、发展大商贸、搞活大流通"，服务城乡消费为总体目标，把汉中建设成为辐射陕南地区的区域性商贸中心。其主要发展目标为：

1. 商贸流通规模不断扩大。到 2020 年，社会消费品零售总额达到 500 亿元，年均增长达到 10%，培育限额以上贸易企业累计达到 800 家。其中，实现批发和零售业增加值达到 100 亿元，年均递增约 15%；企业规模进一步扩大，年营业收入超过 1 亿元以上的大型百货商场达到 5 家。实施商贸流通重点项目 117 个，计划投资达到 588 亿元。外贸进出口总额达到 1.5 亿美元，年均增长达到 10%。全市各类进出口企业备案数达到 300 家以上，有进出口实绩的企业达到 50—60 家以上。实际利用外资总额达到 1.5 亿美元，年均增长达到 10%。新增外商投资企业 20 家，对外投资、对外工程承包、对外劳务合作有所突破。

2. 连锁经营快速协调发展。到 2020 年，各类大型连锁经营企业发展到 20 家，连锁门店 300 家，连锁经营销售额达到 60 亿元左右，占全社会消费品零售总额的比重达到 30%。

3. 优化商贸服务结构。到 2020 年，形成以大型百货商场和购物中心、综合超市为主要特征的大型商业中心；提升和改造一批商业街区，发展适度规模的综合超市、连锁店、专卖店、专业店等商业设施。

4. 商业网点布局日趋合理。到 2020 年，形成一批具有鲜明特色的商贸集聚区；形成"市级、县级、社区级"三级商业中心体系；在中心城以外地区基本形成"新城、新市镇（社区）、中心村"三级商业网点体系。

（三）发展定位

1. 陕甘川毗邻地区商贸流通强市。大力发展商贸流通服务业，通过不断完善和优化市场体系，调整商业结构，创新商业业态，构建大市场、大流通、大商贸格局，不断扩大商贸流通、提升质量效益，树立商业品牌，增强商贸流通向毗邻地区的辐射，打造川陕成渝毗邻地区商贸流通强市。

2. 陕甘川毗邻地区物流中心。充分发挥汉中区位优势，利用航空、铁路、高速公路的便利条件，加快褒河物流园区建设，改造提升物流基础设施，完善物流信息平台建设，打造川陕成渝毗邻地区物流中心。

3. 陕甘川毗邻地区会展中心。加强商务服务体系建设，提升商务服务水平，着力建设一处大型会展中心，发展会展经济，提升汉中市在川陕成渝毗邻地区的商务地位，扩大地区影响力，打造川陕成渝毗邻地区会展中心。

4. 陕甘川毗邻地区对外开放中心。加快汉中口岸建设步伐，提高对外开放水平，积极推进汉中口岸基础设施建设项目，争取早日设立汉中海关机构，将汉中打造成川陕成渝毗邻地区对外开放的中心城市、窗口城市。

四　重点任务

积极推进城乡流通一体化，统筹规划城乡商业网点的功能和布局，构建现代大市场，拓展商业发展空间，提高流通设施利用效率和商业服务便利化水平，形成规模适度、布局合理、层次分明、业态先进、功能完善的现代流通体系。

（一）优化空间布局

1. 构建"一心两翼多极点"的空间格局，如图18—1所示。

图18—1 商务发展总体空间布局图

（1）一心：指一个城市商务中心。包括汉台区城市中心区和南郑县大河坎片区。着力建设东城、西城、南城、北城、古城和江南六大核心商圈，打造升级天汉大道中央商务发展轴，不断完善城市商业功能。

（2）两翼：以邻近汉中市区的城固县和勉县两个县城作为两翼，打造成为汉中市的两个商务副中心，承担部分城市商务功能。重点发展城固航空智慧新城商务中心和勉县三国主题文化旅游体验服务中心。

（3）多极点：以西乡县、洋县、留坝县、佛坪县、略阳县、宁强县和镇巴县的县城分别作为一个商务发展极点，不断配套完善商业设施和公共商业平台，建立集商业零售、商贸物流、住宿餐饮、娱乐消费、旅游体验等功能于一体的县城商务发展极，提升县城商业服务功能和商业服务质量。

2. 优化中心城区商业布局，如图18—2所示。

结合汉中"双百城市"发展总体规划，不断完善和提升城市功能，

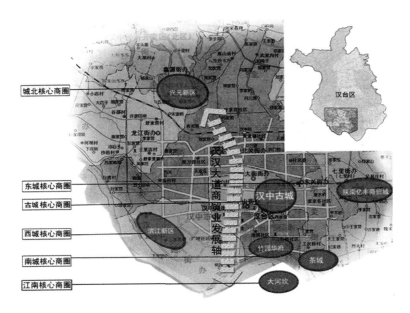

图 18—2　汉中市区核心商圈布局图

进一步优化城乡商业网点布局，中心城区形成以"一个中央商务发展轴，六大集中商业板块"为支撑，以商贸综合体、特色商业街区为节点，以社区商业中心为网点的商贸流通格局。

（1）"一个中央商务发展轴"。即沿天汉大道中央商务发展轴。沿贯穿中心城区的天汉大道，以世纪阳光、万邦时代广场、桥北广场、桥南广场等大型商贸综合体为支撑，着力开发综合性商务地产，打造集购物、餐饮、居住、休闲、娱乐等功能于一体的现代商贸业黄金发展轴。形成辐射陕甘川渝毗邻地区的"一个核心商圈""四个标志地"：即形成年营业收入超过 100 亿元的城市核心商圈，展示都市风貌的标志地、引领时尚消费的标志地、集聚现代商贸的标志地、体验休闲文化的标志地。

（2）"六大集中商业板块"。即集中打造"东城、西城、古城、南城、北城和江南"六大现代商业板块。①东城商业板块：深度开发陕南亿丰国际商贸城、盛世国际商城、财富立方三个大型商贸综合体，构建辐射西部的大宗商品和批发零售第一平台。按照一站式、全方位购物理念，优化业态分布，打造现代装饰城、食品特产城、时尚生活城、国际名品城四大主题特色城，配套商品交易区、购物体验区、商务博览区、仓储物流区、休闲生活区五大功能板块。②西城商业板块：以滨江新区、堂宏广场为核心，构建滨江新区江北片区、梁山片区、龙岗生态文化园、汉江滨水生态公园以及大河坎片区五大板块。以龙岗古人类遗址及龙岗生态文化园为依托，以汉江水面和两岸湿地、文化公园为核心，以天汉大剧院、天汉楼、中咀商务区、龙岗博物馆等城市公共重点项目为引擎，着力打造集旅游、休闲、商业服务为一体的商务新区。③古城商业板块：在城市中心汉中古城片区，以莲花池公园、古汉台、拜将坛三大古城地标性景观为核心，以改造提升特色文化街区、休闲购物街区、特色餐饮街区为重点，重点打造东关正街、北大街、饮马池小吃城、古汉台书画产业一条街等特色街区，开发建设中悦国际、天汉古镇、火车站前广场等商业综合体，形成集历史文化体验、休闲娱乐、旅游观光、休闲购物为一体的古城核心商圈。④南城商业板块：以南关正街（历史风貌街区）、汉中茶城为核心，以茶文化为主线，主要建设茶叶展销商铺、茶叶检验检测、茶叶仓储、茶叶信息系统、中高档茶楼、相关茶文化展示以及配套的商务酒店、办公楼写字间、超市和大型停车场及开放式大型茶艺广场。构建集茶商品贸易、茶精品展示、茶文化交流、茶信息传播、茶科技研讨，兼贸易、休闲、旅游、娱乐、会议于一体的商业文化中心和商住社区。⑤北城商业板块：以兴元新区、普汇中金世界港为核心。兴元新区以汉中享誉世界的汉文化为依托，以文化旅游为核心，以城乡统筹和城市可持续发展为基本立足点，建设集文化产业、旅游观光、休闲度假、康体疗养、商贸会展、安居生活为一体的综合性生态新城区，成为中国"文化新城"建设的典型示范区域。普惠中金世界港着力构建商贸、会展、电子商务、人居配套、物流、金融六大功能板块，打造世界级物流新区。⑥江南商业板块：在江南大河坎片区，以天汉大道和南郑大道为纵横两轴的区域，以建设汉中电子商务产业园为核心，以发展电子商务及配套快递物流产业为主线，着力引进大型电子商务公司入驻，完善电子商务网络平台，重点建设电子商务产品展示区、营销体验区、物流配送区、小微企业孵化区四大功能板块，同时发展配套商务酒店、餐饮美食、娱乐休闲等产业，构建江南现代商务产业新区。

3. 积极推进各县区商业网络体系建设。县级商业是汉中市域商业的有机组成部分，既拥有独立完整的城市商业服务体系，又与市区联动，成为承接市区商业功能延伸拓展的重要腹地，以及梯度影响和辐射农村的重要结点，坚持县城和重点镇的互动发展，坚持把中心镇作为城市化的重要引擎，科学规划建设一批重点中心镇，形成具有各自风貌和特色的城镇，成为农村人口转移和就业创业的重要载体。

各县区商业发展体现特色化，与当地的消费需求和消费水平相适应，与产业经济发展特征相结合，与城市建设进程相匹配，充分体现自然、人文资源的优势。通过改造与新建，提高中心城区商业的集聚度和辐射功能，形成融合不同功能配置、不同业态组合、组团状辐射的商业中心。发展休闲商业、网络商业、景观商业、生态商业、站点商业等现代新兴商业形态。满足和扩大多元化和多层次消费者的餐饮、娱乐、休闲、文化等现代综合消费的需求。到"十三五"末，各县区形成完善的具有本地特色的主城区商业中心、中心镇商业和社区商业三个层级格局。

（二）完善流通体系，健全流通功能

1. 规范优化批发业，扩展集货分销功能。积极培育大宗商品交易市场，加强批发市场专业化、规范化和信息化建设，拓展批发市场功能。加快配套服务设施建设，利用现代信息技术改造传统批发市场，鼓励传统批发企业建设供应链协同平台，向生产、零售环节延伸，实现由商品批发向供应链管理服务的转变。鼓励发展总经销、总代理等现代批发方式，引入现代交易方式，增强其展示订货、批发采购、信息发布、加工和物流配送的功能，促使其向现代流通方式转变。

2. 加快发展社区商业，便民利民惠民。

（1）加快构建和完善社区商业网络。以便民、利民为宗旨，激发"大众创业、万众创新"，加快构建和完善社区商业网络。从居住区商业（服务人口一般为 50000 人左右，相当于街道办事处管辖规模）和街巷商业（服务人口一般为 2500～4000 人左右，相当于居委会管辖规模）两个层面合理规划，建设环境优美、功能齐全、服务便捷、与居住环境相协调的社区商业。成片开发新建住宅区要加强总体设计，以集中建设团组式社区商业服务中心和合理配置多点式便利型商业网点为主，力争用 3—5 年时间建成 10 个市级以上社区商业示范区。

（2）重点推进智慧社区建设。要运用现代信息技术和网络技术创新社区商业服务模式，实现电话订购、网上购物等现代化服务，实现个性化、特色化的商业服务。积极打造便利、安全、快捷、高效的家政服务公共网络平台，健全供需对接功能。大力实施以"便利消费进社区，便民服务进家庭"为主要内容的社区"双进工程"，鼓励有条件的商业服务企业在社区服务站设点，开展"四上门"（送货上门、送餐上门、修理上门、回收废旧物品上门）服务，促进社区商业服务网络化、规范化、产业化。

（3）建设和改造城乡农贸市场。以便民、利民、惠民为指导思想，积极推进汉中市菜篮子工程、菜市场改造工程等民生工程建设，构建城乡一体的"菜篮子"产品消费网络。重点提升改造一批标准化农贸市场，设置固定售货摊位、优化市场购物环境，实现商品质量安全检查的全覆盖。促进汉中城市中心区的农贸市场进行超市化改造试点，发展净菜交易、代理销售、集中收银等新型现代交易模式。"十三五"时期，每年新建或改造10家净菜超市和生鲜超市。

3. 加快特色街区建设，提升城市窗口形象。积极推进汉中市商业街建设工程，鼓励各县、区结合自身发展条件和优势，打造、培育一批具有品牌特色和文化特色的商业街，发挥特色街区的综合品牌效应。

（1）提升改造一批综合性商业街区。突出特色经营，引领消费时尚，发现消费热点。打造多种零售业态并存，适应本地居民和游客需要的现代城市零售商业街区。充分发挥购物、娱乐、旅游、商务、文化、休闲等多项功能为一体的商业街集聚作用。"十三五"期间，重点规划改造汉中市中心城区的5条综合商业街。

（2）传承发展特色商业街区。以"传承历史、发挥特色、聚集发展、创建品牌"为目标，按照"一街一特色"的要求，重点凸显历史与现代相贯通，文化与创意相融会，传统与时尚相结合的特色，创新特色街区开发经营模式。"十三五"期间，重点改造提升汉中市中心城区4大特色商业街区。

（3）新建一批特色美食街区。加强政府宣传推广，着力打造"汉菜"品牌。按照特色化、专营化、规模化的要求建设一批特色美食街区，推动商贸、休闲、旅游、文化等第三产业协调发展，发挥综合品牌效应。对于新建商业街，要有明晰的市场定位和个性化设计风格，强调业态结构合理和服务功能互补，实现错位发展。"十三五"期间，重点打造 7 条特色美食街区。

4. 大力发展夜间经济，丰富夜间消费市场。充分利用汉中丰富的旅游资源和特有的民间文艺，挖掘适合夜间开展的深层次的休闲娱乐项目。选择适当的场地开设小商品市场、夜间排档及周末"跳蚤"夜市，提升现有夜市规模，吸引本地市民和外来游客的夜间消费。加快建成一批各具特色的夜间商业购物街区、餐饮服务街区、休闲娱乐街区，培育夜间消费市场。

5. 加强农村流通体系建设，活跃农村经济。

（1）完善农村零售市场。着力改变农村消费环境，巩固"万村千乡农家店"建设成果，实施"一店多功能"改造。普及"镇超工程"，在规划建制镇实现一镇一家标准化超市建设目标，建立以乡镇连锁超市为骨干、村级连锁农家店为基础的农村消费市场网络。鼓励发展农村生活消费品、生产资料、生活服务等各类专业电子商务平台，探索发展"订单农业"、期货交易等流通模式，拓宽汉中市农产品流通渠道。

（2）构建农产品"地产地消"流通体系。以"绿色健康、安全放心"为主题，加大"地产地消"理念宣传，积极培育新型农村流通经营主体，不断创新经营方式，以实施全域旅游工程为契机，鼓励、扶持农业合作社、农家店、农家乐、休闲农业园区、道路服务区便利店等经营主体以多种形式开设本地农产品"地产地消"体验店，通过开展农耕文化体验、营农生产体验、美食加工烹饪等体验活动，增进农产品生产者和消费者之间的沟通交流，传承地方特色农耕文化和饮食文化，推进一、二、三次产业融合发展，形成覆盖全域的农产品"地产地消"流通网络体系，扩大本地农产品销售，增加农民收入，活跃农村区域经济。

6. 构建绿色商贸流通体系。

（1）鼓励绿色商品消费。引导企业扩大绿色商品采购和销售，推动完善绿色商品认证制度和标准体系，引导消费者选择绿色认证产品。推行绿色包装，减少一次性生活用品、购物袋的使用。

（2）发展绿色商贸流通。鼓励商贸物流企业采用低能耗、低排放运输工具和节能型绿色仓储设施，使用清洁燃料，实行运输绿色化、仓储管理绿色化和配送包装绿色化，有效遏制流通环节造成的污染和浪费。

（3）推进再生资源回收网络体系建设。促进商贸流通网络与逆向物流体系共享，加快建立与汉中市经济社会发展水平相适应的，功能完善、开放高效的再生资源回收网点布局，形成以再生资源交易市场、分拣中心为核心，以回收站点为实体网络，与电子商务虚拟网络相结合的三位一体的再生资源回收体系。规划在汉中市北郊建设一个大型再生资源交易市场；在汉中市中心城区的东、南、西、北城郊、二环以外新建 4 个大型再生资源分拣中心；在南郑县建设 2 个分拣中心（从事废旧金属分拣、初加工和再生利用）；全市共设置再生资源回收站点 500 个；在汉中市北郊新建汉中市再生资源电子商务系统（信息服务中心），推广网上采购、网上交易和网上服务。"十三五"期间，再生资源交易额达到年均 10 亿元，年均增长 10% 以上。

（三）创新流通业态

坚持创新发展驱动战略，推进"互联网＋流通"行动计划，大力发展电子商务，促进商贸流通发展模式创新，引导智慧商业、绿色流通发展，加强商贸流通与相关产业融合创新发展，营造良好的创新创业环境，使汉中发展成为具有较强竞争力的"商业创新城市"。

1. 着力发展电子商务。积极推进"互联网＋流通"行动，加快流通网络化、数字化、智能化建设，构建以大数据平台为基础的云计算中心。要构建以电子商务产业园区为核心、以电子商务配送中心为支撑、以各乡镇为站点、覆盖汉中全域的电子商务网络体系。到 2020 年，电子商务交易额突破 100 亿元，新培育电子商务企业 100 户，从业人员达到 20 万人；物流快递业务收入超过 1.2 亿元，快递企业达到 34 户，从业人员达到 4000 人。

（1）推进传统商业企业数字化改造。增强店面场景化、立体化、智能化展示功能，开展全渠道营销。鼓励现有大型实体零售企业开设网上商城，加快培育一批产品丰富、消费便捷、售后服务完善的购物网站，推广"网订店取""网订店送"等新型配送模式，实现线上线下全渠道、全天候互动，增加体验功能，发展体验消费。重点推进传统的批发零售、餐饮住宿类服务企业数字化改造。到"十三五"末，力争实现 80% 的大中型商业企业建立自己的电子商务网站。

（2）加快电子商务公共服务平台建设。整合小、散、弱平台，打造特色鲜明的省级电子商务示范区。重点建设汉中市、县两级电子商务平台，构建电子商务产业链，实现汉中全域电子商务网络全覆盖。支持"有我 YOOWO"、百味园、大鲵网、淘实惠、周大黑、宅生活等本土企业网店与阿里巴巴、唯品会、聚世惠、淘宝、京东、苏宁易购、乐村淘等大型电商平台合作，提升电子商务企业竞争力。

（3）加快建设电子商务产业园区。着力打造市级电子商务创业园和孵化园，加快小微电商孵化器建设工作，实现电商企业"拎包入住"。积极搭建众创服务平台，促进产、学、研、政、企、金协同创新，提高自身服务水平，强化自身竞争优势。加速电子商务本土化，利用地区产业优势努力搭建茶叶、干果、山珍以及农产品电商化平台，进一步推进电子商务产业的本土化进程。

（4）大力发展农村电子商务。积极培育多元化农村电子商务市场主体，构建农村购物网络平台，鼓励电商、物流、商贸、金融、供销、邮政、快递等各类社会资源加强合作，实现优势资源的对接与整合，继续推进农村电子商务建设工程，扩大电子商务在农业、农村的应用。加强运用电子商务大数据引导农业生产，促进农业发展方式转变。

（5）鼓励发展金融电子商务。鼓励发展银行业的金融电商，建立互联网银行平台和第三方互联网银行平台。鼓励发展保险业的金融电商，鼓励保险公司建立电商平台，拓宽销售渠道。鼓励发展证券业的金融电商，积极促进证券电商化。

（6）积极开拓跨境电子商务。积极构建现代综合跨境物流体系，建设集电子商务、信息交流、仓储配送、货代货运及金融结算、海关监督、保税服务、展示交易等多功能为一体的跨境电子商务平台，加快发展跨境电子商务。

2. 积极创新商业模式。

（1）大力发展连锁经营。积极拓展连锁经营领域，在住宿餐饮、家政服务、房地产中介、家居家装、家用电器、汽车等消费热点领域拓展连锁经营，提升行业整体水平。积极引进国外知名品牌连锁企业，鼓励跨国公司在汉中设立采购、营销等区域性功能中心，争取引进沃尔玛、家乐福、大润发等国际知名品牌连锁商业企业，提升汉中商业品位。积极推动本土连锁经营企业发展，重点支持华盛超市、民生家乐、华润万家、桃心岛、百隆、美阳等大型连锁企业实现跨区域发展。积极支持大型流通企业向汉中周边延伸，发展农村连锁经营，促进农产品和生活必需品的集中配送。到 2020 年，力争实现连锁经营在全市社会消费品零售额中所占的比重每年递增 2 个百分点，培育连锁门店超 20 家、龙头企业 2—3 家。

（2）打造大型商贸综合体。引导业态组合发展，着力发展能够满足居民购物、餐饮、娱乐等"一站式"消费需求，集商务、休闲、金融等服务于一体的大型商贸综合体。着力打造中心城区商贸综合体，要引入国际先进经营管理理念，推动传统百货向现代百货升级改造、功能更新、结构调整，使汉中市中心城区成为汇集知名品牌、引领流行时尚、提供新型商务服务的重要集聚地。改造提升各县百货商场、购物中心等传统商业设施，拓展综合功能，打造县城商业综合体，提升县域商业服务质量与档次，促进县域商业现代化。到 2020 年，着力建设 22 个大型商业综合体。

（3）大力发展会展经济。适应服务业集聚发展、个性发展新形势，规划建设一座集商务、会务、休闲为一体的商务会展中心，同时开通网上会展中心平台，形成线上线下互动运营。通过举办大型展会，开展以节促销、以展引销、以旅兴销以及工商联手促销等各类活动。通过展销、展览、论坛、技能比赛等多种形式，进一步打造"汉中美食节""汉中购物节""油菜花节""樱花节""梨花节""柑橘节""熊猫节"等例行节会。

（4）发展智慧商贸流通模式。大力推进互联网、云计算、物联网、移动通信等现代信息技术在商贸流通领域的应用，加快培育"智慧商店""智慧商圈"和"智慧流通"，促进商贸流通集约化发展，全面提升商贸流通信息化水平。鼓励企业应用可视化、条码识别、EDI 等技术建立无纸信息传输系统。鼓励商贸流通企业开展大数据的创新应用，引导企业利用大数据技术推进市场拓展、精准营销和优化服务。推动第三方电子商务平台等企业开放数据资源，规范数据交易行为。鼓励商贸流通企业加强信息技术研发和集成创新，推广应用企业资源计划、供应链管理、客户关系管理、自动化配送等现代管理技术。推动智慧物流信息平台建设，推进第三方物流配送发展，促进流通配送资源共享。

3. 健全特种流通市场。

（1）二手车交易。以促进二手车流通、搞活二手车市场为目标，适度发展二手车经销公司、二手车鉴定评估机构、二手车经纪公司和从事二手车拍卖业务的拍卖公司等经营主体，提升二手车市场服务功能，提升二手车流通信息化水平，不断完善代理客户办理过户、上牌、车辆维修、美容、信息收集、发布和反馈等服务。在"十三五"期间，规划发展二手车交易市场9家、二手车经销公司3家、二手车拍卖企业控制在8家、具有独立法人地位的二手车鉴定评估机构控制在9家以内，引导二手车经营主体入驻二手车交易市场。

（2）报废汽车回收拆解。进一步规范报废汽车回收活动，加强对报废汽车回收的管理，保障道路交通秩序和人民生命财产安全，保护环境，加强资源重复利用。"十三五"期间，计划新增县及县以下偏远地区报废汽车回收拆解企业3家，总量控制在4家以内，年回收拆解报废汽车2000辆以上。

（3）典当业。积极稳妥地发展典当业。重点在县区经济总量大、规划没有布点的地区设立典当企业，培育一批操作规范、信用卓著的典当品牌企业，促使典当企业扩大规模、提升层次；依法取缔非法经营的典当业务、非法抵押放贷、地下钱庄等融资行为，净化典当行业秩序。"十三五"期间，计划新培育注册资金达到1500万元以上的典当企业5—8户，总注册资金达到1亿元以上。

（4）拍卖业。优先发展房地产拍卖、汽车拍卖、文物与艺术品拍卖以及消费品拍卖，鼓励发展名人纪念品拍卖和无形资产拍卖；加速发展网络拍卖、规范发展现场拍卖；建立拍卖行、律师事务所、资产评估公司、担保公司、银行等多部门协调运作的机制。"十三五"期间，计划新培育发展1—2家拍卖企业。

（5）成品油行业。在高速公路、国道、省道沿线建设一级站和二级站，城镇规划区及旅游景区建站规模控制在二级站，县乡道路、山区、农村道路可建立三级站，逐步形成规范统一、布局合理、竞争有序、功能完善的成品油零售网络体系。鼓励汉中市中心城区有安全隐患的油品仓储设施外迁；增加新城区、农村及主要交通要道的成品油零售网点；督促加油站加强收银系统、网络系统、安全防护预警系统的建设与更新，确保安全运营。"十三五"期间，拟建加油站 140 座，总数达到 400 座。

（四）培育产业融合消费新热点

要不断创新产业融合模式和产品服务供给，培育新的消费热点，加快消费潜力的释放。要把发展第三产业与居民服务消费需求结合起来，加强对金融、信息、健康、家庭服务、文化等方面消费的引导，积极发挥新消费引领作用，创造新供给、培育新消费、激发新需求，让热点常热，消费常新。

1. 创新消费金融。联合金融业创新消费金融，鼓励银行等金融机构设立消费信贷专营部门，提高消费信贷业务专业化程度。鼓励符合条件的民间资本、国内外银行业机构和互联网企业发起设立消费金融公司，创新消费金融服务种类，向消费者提供无抵押、无担保小额信贷，规范经营、防范风险，使消费金融公司与商业银行错位竞争、互补发展。鼓励金融机构支持线上互联网消费，高效发展包括汽车、家电、家居、旅行、健康等领域的线上、线下信用透支和分期信贷业务，建立全方位、一站式家庭金融服务链。大力发展手机银行、移动支付、快捷支付等支付方式，提升居民缴费、金融消费的便利性。完善社会信用管理体系，夯实消费金融持久发展基础。

2. 扩大信息消费。联合信息服务业重点培育信息消费热点，适应"宽带中国"战略落地实施，加快发展第四代移动通信（4G 牌照发放），推进城市的百兆光纤工程和宽带乡村工程，大幅提高互联网网速，加速推行"三网融合"，不断改善消费环境，积极争创西部地区信息消费示范城市试点。

3. 拓展体验型消费。联合文化旅游产业，大力发展文化、旅游等休闲型、享受型体验消费，培育新的消费增长点。

（1）引导文化消费。以汉中勉县三国文化产业园、汉台兴元汉文化国家休闲度假区建设为载体，培育消费者对文化演绎产品、文艺作品、文化用品、文化服务的消费热情，拓展消费空间。随着文化产业数字化，进一步加大对网络基础建设、移动多媒体、数字出版、文化创意等产业的扶持力度，培育发展新兴文化产业，以青少年为消费主体，不断开发电子书、在线视频等数字文化产品。

（2）促进旅游休闲消费。发挥汉中生态资源优势和交通便捷的区位优势，以"中国最美十大城镇"为宣传亮点，打破传统的单一的以观光为主的旅游功能定位，大力开发休闲娱乐功能、身心健康功能、参与体验功能等新功能，大力促进文化体验、山水观光、运动体育、乡村旅游等特色旅游的发展，满足消费者个性化、多样化的休闲消费需求。

4. 发展健康与养老消费。

（1）培育健康消费。积极培育康体、健身、养老和家庭服务消费等健康消费热点。发挥汉中特色中药材资源和绿色农产品资源优势，大力开发绿色、健康食药产品。着力开发勉县温泉，形成以温泉资源为核心的休闲、养生、康体产业链，形成新的消费增长点。深入推进全民健身工程，大力发展山地自行车、徒步穿越、水上运动等健康体育产业。

（2）发展居家养老消费。引导社会资本进入居家养老服务行业，同时推进家政企业进社区，实现人不离家享受专业服务的居家养老。整合民营医疗资源，开展"医养结合"的特色服务，以提高养老服务的专业化、精细化、个性化水平。依托养老地产项目建设养老社区，发展新型养老服务。

5. 促进特色餐饮住宿消费。积极促进住宿餐饮业发展，加强餐饮市场监测、信息收集、发布工作。以市场为导向，大力发展住宿餐饮业连锁经营方式，拓展服务领域，延伸服务空间。加强菜品创新，努力培育早餐、农家餐饮、生态餐饮等市场。

（1）住宿业。以品牌化、连锁化、便利化经营为重点，加快促进住宿业转型升级。在中心城区适度发展高档次星级酒店和高星级连锁酒店，配套发展高文化品位的娱乐设施。大力支持大众化产品开发，在各重点镇积极推进经济型酒店和商务酒店的发展，培育发展本土商务酒店。积极发展民俗酒店、"农家乐"、家庭旅馆等特色服务。

（2）餐饮业。引导餐饮企业错位发展，充分挖掘汉中地方餐饮特色和文化资源，大力发展主题宴席、有机绿色餐饮和地方特色小吃。拓展现代经营方式，加快打造陕菜产业旗舰店，创新开发具有鲜明标识的"陕菜"品牌。

6. 培育农村消费热点。适应农村经济发展、新农村建设和新型城镇化建设，积极培育家电、住房、教育、汽车等农村消费新热点。

（1）家电消费。积极促进农村居民家庭对洗衣机、电冰箱、空调机、抽油烟机等家用电器的消费，同时促进中低档家用电器的更新换代，推广普及移动电话和计算机等消费。

（2）住房消费。住房是农村居民投放资金比较集中的领域。积极培育以住房为核心的装潢、建材等农村消费新热点。不断改善农村居民的住房条件，提高农村居民生活水平。

（3）教育消费。以实现农业增产增收的目标，鼓励农业经营主体通过增加农业生产的科技含量，鼓励农民不断提高自身素质，积极促进农村文教用品、技术教育等方面消费。

（4）汽车消费。以提高农村交通运输水平、方便农村居民出行为目标，积极扩大农村居民对小型家用汽车消费量，到 2020 年，基本实现农村每户家庭拥有一辆小型汽车。

（五）提升商业质量，加强城市推广

以提高发展质量为重点，提升商贸流通服务质量，满足消费者高品质生活消费需求，推动更高质量的民生幸福城市建设。

1. 构建重要商品追溯体系。

（1）建设重要商品追溯体系。以食用农产品、食品、药品以及其他对消费者生命健康有较大影响的商品为重点，利用物联网等信息技术建设重要商品追溯体系，形成"来源可追、去向可查、责任可究"的信息链条，保证从原料、生产加工、流通到消费全过程的可追溯。以大型农产品流通骨干企业和连锁药品销售流通企业为示范重点企业，以点带面，推进全市加快建设重要商品追溯体系。

（2）完善追溯体系管理体制。加强与国家重要商品追溯体系管理的衔接，建设统一的重要商品追溯信息服务体系，整合监管部门、商品生产经营者及流通企业所采集的商品信息追溯资源，确保追溯信息的及时性、有效性和真实性。建立质量安全责任惩罚管理机制，依法向社会公开商品质量信息，提高重要商品质量安全监管效能，建立商品追溯体系持续有效运行的保障机制。

2. 提升商贸流通企业信誉。

（1）建立企业守信激励机制。积极弘扬诚信文化，加强以诚信兴商为主的商业文化建设。广泛开展商贸流通企业职业道德教育，积极建立诚信为本的企业行为规范，依托行业协会组织举办多种形式的"诚信经营"创建活动，创建一批"诚信经营"示范店、街、市场等，引导诚信兴商。大力开展"商贸明星企业""诚信企业""十佳企业"等评选活动，营造诚信兴商的环境。

（2）加大企业失信惩罚力度。建立健全企业经营异常名录、失信企业"黑名单"制度及跨部门联合惩戒机制。加强知识产权保护，加大对反复侵权、恶意侵权等行为的处罚力度。严厉打击逃税漏税、制假售假、商业欺诈等失信行为。依法在多种渠道公开失信企业的不良信用记录，使失信者"一处失信，处处受制"。建立企业信用等级评定与银行授信贷款等信用产品销售挂钩机制，加大企业失信成本。

（3）健全企业信誉监督机制。加强政府监管，对企业准入、经营、退出行为进行全过程的动态监管。充分发挥行业协会对商业行业自律的引导作用，建立企业间相互监督机制。强化舆论监督，成立信誉监督组织，吸引和鼓励社会各界人士加入，利用微信、微博等互联网终端工具打造在线投诉举报平台，鼓励公众积极举报各类商业领域的失信违法行为，形成依法监督和社会监督并举的信誉监督机制。

3. 加强城市商业营销推广。

（1）塑造城市特色商业形象。积极推动"现代、时尚、绿色"的城市商业形象塑造。加强现代化智能化信息化商业基础设施配套建设，增强商业环境的现代感和科技感。加强各类商业区时尚、艺术元素设计，引导企业在商品陈列、商场装饰、环境营造等方面突出创意。完善商业聚集街区绿化景观、街头家私布置，加强节能配套设施建设，突出低碳绿色文化。

（2）创新现代营销推广方式。充分利用新时代的智能电视、网络、3D广告栏、电子杂志、微信微博等数字化、移动智能新兴媒介，创新营销方式，实行线上线下双线营销，实行全方位营销推广运作模式。搭建公众参与交流平台，鼓励社会公众积极参与汉中城市商业的营销推广，以冠名合作、共办公益活动等形式，积极调动商业企业及协会团体的积极性，形成"政府、企业、市民"三位一体的城市形象推动力。积极实施联合营销策略，注重商业与优势产业、文化产业、旅游产业的结合，进行整体宣传推广，加强事件营销、活动营销等方式的应用。

（六）培育竞争优势，扩大外贸规模

以构建核心竞争优势为主线，坚持扩贸易和兴产业相结合，坚持速度规模与质量效益并重，加快实施出口市场多元化战略，进一步优化对外贸易结构，显著提升贸易竞争力，力争实现贸易规模稳定增长。

1. 培育壮大外贸经营主体。

（1）做强大企业，扶持中小企业发展。鼓励汉江药业、陕飞集团、汉中锌业等重点企业向产业链两端延伸，开展国际化经营，形成具有全球资源整合能力的跨国企业。扶持汉中天然谷、城固振华、国营长空等一批中小企业开展专业化经营，引导上下游生产企业之间、生产企业与流通企业之间加强协作与整合，在若干重点行业领域，扶持一批有发展潜力的中小型跨国经营企业，提高整体竞争力。

（2）支持企业提升国际影响力。支持企业开展境外商标注册，使用自有品牌，培育国际品牌。引导本土企业加大品牌宣传力度，加快组建境外营销网络，增加境外媒体营销、文化营销、网络营销，走品牌化路线。支持有实力的企业设立境外贸易公司，鼓励其注册和营销自有品牌，逐步改变目前依赖中间商获取订单的状况，实现从被动接单转向主动接单，实现外贸出口质的突破。

2. 促进对外贸易转型升级。

（1）优化出口商品结构。实施"以质取胜"战略，不断培育和引导"三自三高"产品出口（拥有自主知识产权、自主品牌、自主营销、高技术含量、高附加值、高效益），鼓励企业逐步建立重点出口产品质量追溯体系。鼓励企业开展国际通行的质量管理体系、环境管理体系和产品认证。

（2）推进出口市场多元化。实施"出口市场多元化"战略，支持企业建立自主营销网络，将贸易链延伸到境外批发和零售终端，提高贸易附加值。围绕绿色农产品、生物医药、高端装备制造等汉中优势产业和优势产品，巩固并扩大日本、韩国及欧美等地区出口市场；大力开拓"丝绸之路经济带"沿线国家的新兴市场，培育周边市场，以钢铁产业、建材产业等过剩产能的行业为重点，选择东欧地区若干个发展中国家市场进行

重点开拓，加快推进市场结构多元化，降低外部市场的结构性风险。

（3）积极宣传扩大境外消费。以"汉文化"和"三国文化"传播为主题，以"汉族、汉字、汉文化"发源地和"三国文化体验地"为卖点，加大在国际旅游市场推介力度，吸引海外华侨、汉文化研究者、汉文化传播者及对汉文化感兴趣的广大青年学生开启"汉文化探源之旅"活动、"三国文化体验"活动，同时举办"中国汉中——国际汉文化节"等国际文化节会，以文化传播为纽带，大力提升汉中城市品牌形象和影响力，扩大汉中境外消费收入。

（4）促进加工贸易本土化融合。培育、鼓励、扶持企业发展加工贸易，积极嵌入跨国公司国际产业链分工。着力推动加工贸易本地增值、本土配套、主体本土化。鼓励加工贸易企业属地化配套，延伸加工贸易的增值环节。提高汉中市产业对加工贸易企业所需中间品的配套能力，促进加工贸易企业与相关产业相互协作，进而形成完整的供应链，减低加工贸易的漂移性。推动加工贸易由单一加工制造功能向研发设计、品牌营销领域延伸，实现加工贸易企业由单一厂房向综合营运主体转变。

3. 优化对外开放发展环境。加快汉中口岸、海关建设步伐，不断完善汉中口岸物流园、电子口岸建设，进一步加强口岸区域合作，营造大开放、大流通、大通关的发展环境，提高汉中对外开放水平。

（1）积极推进汉中海关筹建工作。一要做好汉中海关建设筹备工作，重点做好汉中海关建设用地申请及海关建设项目规划用地条件图测绘、用地报批、项目设计等相关工作；二要科学制定汉中海关建设工作方案和建设工作进程表，分解目标任务，落实工作责任，确保海关筹建工作顺利开展。

（2）完善汉中口岸物流园建设。进一步完善汉中口岸物流园区建设功能，加快褒河物流园区普汇中金世界物流港共用性保税仓库、公用设施、海关监管场所、办公设施等建设，为早日设立汉中海关机构和开通汉中口岸创造条件。

（3）积极推进电子口岸建设。要加快规划建设汉中电子口岸，实现海关、检疫、边防、税务等多部门的信息共享，形成大通关的畅通渠道。鼓励进出口生产企业、贸易企业、货代企业建设基础信息平台，实现口岸信息共享，提高通关速度，降低贸易成本，提高国际市场竞争力，优化对外贸易经营环境，提高对外贸易便利化水平。

（4）进一步加强口岸区域合作。适应区域经济一体化的发展趋势，在加强与天津市口岸合作的基础上，进一步拓展口岸合作区域，积极建设与省内各地市口岸之间、沿海沿边口岸之间的口岸区域大通关合作和信息沟通，构建"属地申报、口岸验收"大通关服务平台。

（七）深化国际合作，扩大利用外资

1. 深化国际交流与合作。

（1）用好区域经贸合作安排。密切关注和跟踪我国自贸区谈判和建设进程，加强对已签署自贸区协定的宣传，用好用足双边投资合作安排。立足地缘优势，抢抓"丝绸之路"经济带建设机遇，制定与东欧地区国家的经贸合作规划，深入推进与东欧国家的区域投资合作。立足资源优势，抢抓"绿色贸易"发展机遇，及时了解跨国公司投资动向，积极争取与生物工程、绿色食药、新能源、精密仪器等领域的大型跨国公司的合作机会。

（2）加强国际经济技术交流。大力开展国际科技合作交流，充分利用国际科技资源，促进汉中市产业结构调整，提升区域科技创新能力并以此推进产业竞争力。①建立国际科技合作交流联络办公室。有关部门密切配合，根据自身工作职能特点，结合汉中市社会经济发展目标任务，及时掌握收集有关信息，重点建好国际科技合作交流信息库（内容包括海外华人专家学者信息、科技合作项目成果信息、国际科技交流重大活动信息等），主动寻求与有关国家和地区建立科技合作交流渠道，积极创建国际友好城市，开展有效活动，以适应汉中市未来发展需要。②营造开展国际科技合作交流的政策环境。大力支持开展国际科技合作交流活动，并对在汉中市实施的国际科技合作交流项目给予政策倾斜支持，应当制定出台有关汉中市开展国际科技合作交流工作的《办法》或《意见》，完善支持企业开展国际合作交流的总体协调机制，在资金筹措、外汇审核、人员进出、货物通关、检验检疫、项目管理等方面建立便捷高效的境内支撑体系，在领事保护、风险防范、信息沟通、政府协调等方面建立境外服务体系。③设立国际科技合作与交流专项资金。重点用于资助科技合作交流项目，支持企业引进海内外高层次创新人才，鼓励支持企业引进国外先进技

术实施消化吸收再创新的重大项目，组织开展国际科技合作交流、参展活动、信息收集服务等。

（3）扩大国际工程承包与劳务合作。①开拓发展境外工程承包。鼓励企业利用自身产业、技术、人才、融资等优势，参与国际工程招投标和境外工程分包，发挥其对汉中市机电设备、关键零部件的出口促进作用。提升劳务派遣人员素质，加大技能型劳务人员的派遣力度。紧紧抓住"一带一路"建设机遇，瞄准东欧市场和非洲国家市场，鼓励建筑企业与建材企业组团承接国际工程项目，鼓励机电工具企业承接国际制造工程项目，扩大国际收入，分解过剩产能。②大力支持开展国际劳务合作。搭建国际劳务输出与输入平台，积极拓展外派劳务市场，建立外派劳务基地，培育对外劳务合作经营龙头企业。做好国际劳务输出人员技能培训，不断扩大纺织服装业、农业、建筑业、运输业等领域劳务外派规模。加强国际劳务合作项目对接，保障劳务输出人员收入及人身安全，扩大国际劳务收入。

2. 扩大利用外资。坚持以使用外商直接投资为主，不断扩大使用外资规模。采取境外上市等形式，多渠道、多途径地扩大境外融资。注重处理好使用外资数量与质量的关系，把使用外资与产业结构调整结合起来、与延伸产业链条和增强配套能力结合起来、与发展高新技术产业结合起来，推动产业结构优化升级。

（1）引导外资流向，优化投资结构。转变招商引资理念，引导外资流向，不断扩大利用外资的规模，提高利用外资的质量，逐步实现由"招商引资"向"招商选资"的转变。注重关联招商和配套引进，促进产业链和产业板块的形成。鼓励外商以并购等形式参与国有企业的改组、改制，鼓励外商来汉设立研发中心和区域总部。①优先引进高端产业项目投资。围绕"十三五"时期汉中市重点建设的"六大产业、十大工程"，面向世界 500 强和大型外资企业，引导外商投向重点产业，以壮大产业集群、延长产业链条。明确三个重点领域，即：重视引进精密仪器、数控机床、汽车制造等先进制造业外资；重视引进电子商务、服务外包、研发设计等生产性服务业外资；积极引进新材料、新能源、生物医药、新一代信息技术等战略性新兴产业外资。②提升各引资载体的承载能力。实施工业园区承载能力提升计划，推进汉江产业园、高新技术开发区两大园区改造提升基础设施，加快城固航空智慧新城和汉江产业园区等机电、生物制药、新材料产业集聚基地的开发建设，为重大项目落地提供硬件支撑。引导广大外贸企业向工业园区集聚，集中打造外向型产业集群，以协同效应促园区承载力提升。大力承接高附加值投资项目，提高园区的产出强度。积极推进老工业区搬迁改造，充分挖掘存量土地的承载潜力。

（2）加强投资促进，拓展招商渠道。按照《外商投资产业指导目录》，加强对外商投资的引导和服务工作，充分利用"外经贸信息网""网上投洽会"等网络平台资源，加强对汉中市利用外资政策、投资环境展示、招商信息发布等工作，积极开展网上招商。着重转变招商方式，积极开展专业招商、专题招商、产业招商和园区招商，实现以商养商。继续巩固和拓宽吸收利用港澳台资金渠道，努力开拓吸收利用欧、美、日等发达国家资金的渠道，同时抢抓"丝绸之路经济带"建设机遇，积极拓展吸收"丝绸之路"沿线国家和地区的资金投资汉中经济建设。

（3）完善服务体系，鼓励企业"走出去"。①支持企业进行全球资源布局。鼓励有实力的企业利用多年积累的跨国经营经验和资本实力，通过新建、购并、联盟等多种投资方式，获取境外资源、能源、技术、人才等稀缺要素。推动技术密集型企业利用国外先进的科技、智力资源，设立境外测试中心、研发基地，提高企业集成创新能力。支持本地企业根据市场需求有选择地在东南亚、非洲、中东欧等重点地区建立长期稳定的资源供应基地。②积极推动企业"走出去"。把为企业"走出去"服务作为加速汉中市经济国际化进程的重要举措，建立"走出去"协调工作机制，加强"走出去"发展的人才培养，加强国际业务培训；加强与中国进出口银行、中国进出口信用保险公司以及各商业银行等金融机构的沟通与协调，落实各级政府扶持政策，重点支持陕西汉江药业、中航电测仪器、汉中天然谷等有实力、有条件的大型企业加快"走出去"步伐，以合资、合作等多种方式吸收境外资金组建国外生产基地、营销中心和经贸合作区；鼓励陕钢、略钢、尧柏水泥等产能过剩企业"走出去"开拓东欧、非洲等发展中国家市场，创新企业发展方式。③支持企业集群式对外投资。支持在设备、技术等方面有较强优势的企业以新建、控股、参股等方式开展境外加工贸易。支持钢铁、建材企业联合在新兴市场建立境外生产基地，转移本地过剩生产能力。鼓励中小民营企业加强合作，实现境外营销渠道或联络机构的战略资源共享，进而巩固境外生产经营基地，扩大境外市场的占有率。

五　保障措施

为实现汉中市商贸服务和开放型经济的跨越式发展，政府部门必须进一步统一思想认识，加快职能转变，强化统筹运作，尽快在全市形成政府加强指导、部门全力支持、企业自主发展、社会积极参与的商务工作新局面。

（一）改善政府服务，营造良好的商业环境

1. 转变政府职能。政府部门要通过转变职能，提高驾驭市场的能力，防范可能出现的市场风险，保障商品流通的安全、有序和可持续发展，要把工作重点放在统筹全局，协调各区、县，搞好规划，完善商贸业行业运作机制，规范审批手续，公开政务信息，全面建设"服务型政府"。

2. 强化政策导向。商务主管部门要通过加强调研，全面掌握商贸业发展情况，根据经济社会发展要求，定期发布商贸业发展指引，从宏观上引导商贸业健康发展。整合相关专项资金，建立商务发展专项资金，加大财政支持力度，完善政策扶持体系。各级、各部门要在各自的职责内对商贸业发展给予一定的政策支持和服务。

3. 做好信息服务。把全市商业网点普查工作制度化，定期将全市商业网点的发展状况向社会发布。全面收集、发布在建商业网点信息，增加在建网点信息的透明度。定期对商业网点经营状况进行调查、发布，为投资者和经营者提供商业网点的供求状况信息。建立公益性的商业信息系统，为消费者提供即时性的商业信息服务。

4. 加强知识产权保护。完善知识产权执法体系，改革知识产权行政管理体制，设立执法大队，加强知识产权行政执法队伍建设，提高业务水平。整合行政机关的力量，以知识产权行政管理部门为依托，建立多部门联合的知识产权行政管理统筹协调联动机制，加大行政执法力度。

（二）完善网点规划，强化规划引导

结合汉中中心城区建设、开发区二次开发、城乡一体化发展，加快《汉中市区商业网点布局规划》编制工作。大型商贸项目的规划和建设必须符合《汉中市城市总体规划》《汉中市土地利用总体规划》等各种布局、用地要求，规划所确定的商业网点用地，未经市政府批准，任何单位和个人均不得改作他用。积极建立对新建大型商业投资项目公示、会审制度，尽快制定《汉中市区大型商业网点建设管理意见》，合理规划布局，确保商贸流通业有序发展。

（三）积极引进和培养人才，提高商务发展水平

树立商务人才是商务发展第一资源的观念，积极推进"人才强商"战略，加强与高等院校和职业技术院校、行业协会合作，建立多层次商贸人才培训体系，分期分批对商贸重点企业负责人、特殊岗位进行培训，造就一批具有现代经营管理知识、开拓创新、引领商贸经济发展的优秀人才。鼓励企业吸引国内外高级职业经理人、精通现代流通、服务业经营管理的优秀人才，利用外脑，参与国际化竞争。

（四）推进协会建设，规范行业管理

鼓励发展各类专业性和街区性的行业协会、商会组织，增强行业自律、扩大行业内外的沟通协调、提高行业的组织化程度。吸纳行业协会和商会组织参与有关商业政策制定和大型项目的听证，多方面听取其所反映的行业内部的意见。力争到"十三五"末，汉中培育一批有一定知名度和影响力的商贸行业协会，实现门类齐全，结构合理。

（五）积极协调，形成共同推进商贸业发展机制

商务主管部门要加强与相关部门之间的沟通与协调，共同推动商务发展。一是加强与城市规划部门的协调，将商贸业规划纳入城市总体规划之中，统一实施；二是加强与交通建设部门的合作，使商贸业发展与交通建设相互促进、协调发展；三是推动商贸业发展与房地产开发的联动，在旧区改造、历史风貌区保护利用、大型住宅区建设中，做好商贸业设施建

设，完善功能配套；四是加强商贸业与旅游、文化等部门的合作，在建设服务业集聚区和特色街区时互相配合，在举办各类城市活动、营造城市文化中形成合力，扩大综合效应。

（六）科学分解任务，确保目标完成

加强"十三五"商务发展规划与年度计划目标考核体系的紧密衔接，本着积极、合理、适度超前的要求，科学分解"十三五"时期各项目标，对所有重点工作和重点指标进行分解落实，列入市政府每年下达到各区、县的年度考核指标体系中。加强对重点项目的有效监控，及时掌握进展情况和遇到的问题，开展跟踪服务。建立规划实施的评估机制，及时全面评价商贸业的发展。

第 十 九 章

汉中市电子商务产业发展战略

电子商务作为信息时代的一种新的贸易方式，从根本上改变了传统商务运作的过程和方法，对企业的生产和管理、人们的生活和就业、政府职能、法律制度及文化教育等各个领域产生重大影响。并且从多方面促进人们的思想观念、思维方式和相互交往方式发生转变，电子商务给这个时代带来了一场深刻的革命。加快发展电子商务是汉中市转变经济增长方式、实现产业结构优化升级、提高经济运行质量和效益的一项战略措施，有利于创新商业交易模式、降低流通成本、提高交易效率、有效拉动消费、促进优势产业和特色产业发展，有助于挖掘新的经济增长点和可持续发展动力，抢占市场竞争新的制高点。

一　发展环境

2008 年起，全球经济就一直受美国次贷危机的影响，金融危机给我国经济带来了巨大的冲击。电子商务作为当时的新兴产业，对各国的经济影响十分重大，它成功拉动了我国国民经济的增长，更在短期内推动我国国内经济快速复苏。"一带一路"战略提出以后，其覆盖范围占据了我国绝大多数区域。而近几年随着信息化的发展，国民经济的快速增长以及互联网在全国的普及应用，我国的电子商务呈现出迅速发展的形势，在规模和速度上正逐渐形成一超多强的格局。

（一）中国电子商务仍处于快速增长的态势
根据中国"互联网＋产业"智库中国电子商务研究中心发布的数据

显示：2015 年，中国电子商务交易额达 18.3 万亿元，同比增长 36.5%，增幅上升 5.1 个百分点。其中，B2B 电商交易额 13.9 万亿元，同比增长 39%；网络零售市场规模 3.8 万亿元，同比增长 35.7%；中国网络零售市场交易规模占到社会消费品零售总额的 12.7%；中国电子商务服务企业直接从业人员超过 270 万人，同比增长 8%；由电子商务间接带动的就业人数，已超过 2000 万人，同比增长 11%；中国网购用户规模 4.6 亿人，同比增长 21%；中国移动网购交易规模达到 20184 亿元（其中 2014 年 9285 亿元），同比增长 117.4%；农村网购市场规模达 3530 亿元，同比增长 94.3%；中国 B2B 电子商务市场交易额达 11.4 万亿元，同比增长 14%；中国 B2B 电商服务商营收规模为 220 亿元，同比下降 13.7%；中国跨境电商交易规模为 5.4 万亿元，同比增长 28.6%，其中，出口占比 83.2%，进口比例 16.8%，B2B 交易模式占比 88.5%，B2C 交易模式占比 11.5%；中国互联网消费金融交易规模 250 亿元，同比增长 142%。

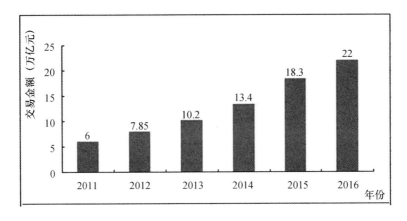

图 19—1 2011—2016 年中国电子商务交易额

2015 年中国 B2B 服务商市场份额上，阿里巴巴排名首位，市场份额为 42%。接下来排名为：环球资源、慧聪网、上海钢联、焦点科技、环球市场、网盛生意宝分别位列二至七位，分别占比 5%、4.2%、3.7%、2.2%、1.7%、0.8%，其他 40.4%。

2015 年，中国 B2C 网络零售市场（包括开放平台式与自营销售式，不含品牌电商），天猫排名第一，占 57.4% 份额；京东名列第二，占

23.4%份额；唯品会位于第三，占3.2%份额；位于4—10名的电商依次为：苏宁易购（3.0%）、国美在线（1.6%）、1号店（1.4%）、当当（1.3%）、亚马逊中国（1.2%）、聚美优品（0.8%）、易迅网（0.3%）①。

（二）信息化在企业、行业快速发展

近年来，在信息化快速发展的环境下，我国的企业、服务业等行业逐步意识到电子商务的可观前景，正加快企业、行业的信息化建设，电子商务的应用需求不断增加。多数传统行业加快经济结构的转型，在电子商务的应用上取得了不错的成绩，更涌现出大批的淘宝店铺。在一些农村，他们围绕自身的地理优势、资源优势，开展了独特的电子商务，推动了农村经济的发展。传统的零售、旅游、邮政等行业也在信息化的基础上着力发展电子商务。

（三）电子商务运行机制趋于成熟

电子商务的投资主体开始多元化，其发展的主导力量正从IT行业向传统产业转移，国内的B2B以及B2C企业都已初步建立起符合自身需求的电子商务运营模式。我国的电子商务起步较晚，发展时间相对其他发达经济体也较短，不过在其发展过程中有着足够的经验和教训，因此我国的电子商务已经逐步趋向于成熟。

（四）电子商务发展的政策环境不断改善

我国政府十分重视电子商务以及信息化的发展，电子商务发展至今，政府部门成立协会、实施相关法律法规等一系列措施，为加强信息化基础设施建设，以及电子商务的发展提供了良好的宏观经济环境。近年来，我国在鼓励跨境电商发展方面出台了一系列政策法规，2015年7月，为了给跨境电商提供一个良好的发展环境，减轻企业的负担并避免过多中间环节，政府一次性推出了六大促进措施。

---

① 中国"互联网＋产业"智库中国电子商务研究中心：《2015年度中国电子商务市场数据监测报告》，http：b2b.toocle.com/zt/2015ndbg/。

（五）电子商务加速发展势不可挡

1. 电子商务从城市向城镇和农村加速渗透。随着整体信息化水平提升，互联网覆盖面积更广，上网费用持续降低。大量在城市求学、打工的青年也将上网和网购的风潮带回家乡，物流网络也不断延伸，为更多的城镇和农村地区提供服务，促使电子商务从城市向城镇和农村渗透，并为农村地区创业提供了一种新的可能性。

2. 涉农电子商务正在快速兴起。2012 年，国务院办公厅印发了《关于加强鲜活农产品流通体系的建设》；商务部出台了《关于加快推进鲜活农产品流通创新的指导意见》。其核心即为通过电子商务方式来重新配置农产品的流通体系。阿里平台之外，1 号店、我买网、京东商城等综合 B2C 网站正迅速覆盖农产品领域，沱沱工社、本来生活网、顺风优选等生鲜农产品的专业 B2C 也在快速崛起。我国最大的网购平台淘宝网（含天猫）2014 年涉农网店数量已达 39.10 万家，涉及农产品的商品数量超过了 1000 万种。淘宝网（含天猫）卖家为 37.79 万个，B2B 平台上商户约为 1.6 万个；2015 年"双 11"期间天猫交易额超 50 亿元；2015 年，中国电商销售额增长超过 30%，达到 5980 亿美元。

3. 本地生活服务（O2O）和移动电商的发展势不可挡。本地生活服务（O2O）将电子商务线上服务和线下传统服务有机结合，O2O 服务与手机地图、定位和二维码等移动电商服务密切结合，2015 年全国各类产品年产值已形成超过 20 万亿元的市场需求，未来五年依然呈快速上升趋势。

二　发展基础

（一）国民经济持续快速发展

在过去的五年里，汉中市各项主要经济指标均实现了翻番增长，为电子商务发展奠定了坚实基础。2015 年实现生产总值 1064.8 亿元，较 2010 年增长 100.8%；财政总收入 100.2 亿元，较 2010 年增长 122.5%；社会消费品零售总额实现 319 亿元，较 2010 年增长 102%；外贸进出口总额 8796 万美元，较 2010 年增长 98%；全社会固定资产投资完成 1039.4 亿元，较 2010 年增长 232%。

（二）交通枢纽地位已经形成

由公路、铁路、航空组成综合交通运输体系日益完善，汉中市成为连接西北、西南的交通枢纽，为汉中市电商发展提供了有力支撑。以汉中市区为中心，由 3 条国道（G108、G316、G210）、4 条省道（S309、S310、S210、S211）、3 条高速（西汉、十天、宝巴）构成了贯通陕西省、辐射周边省市的" ＊ 形"干线公路网络。汉中站的铁路枢纽地位日益凸显，成为西康、宝成、阳安铁路和汉巴渝高铁的核心站，是连接华东地区、华南地区、西南地区的铁路交通枢纽，有直达北京、上海、广州、成都、武汉、南阳、西安等各个方向的对开列车。汉中新机场距离汉中市区仅 17 公里，已开通汉中至西安、上海、北京、深圳、海口、大连、重庆等多条航线，可满足旅客吞吐量 30 万人次/年、货邮吞吐量 1300 吨/年。

图 19—2　汉中市综合交通规划图

（三）物流服务产业异军突起

近年来，汉中市以运输、配送、仓储、商业流通为主要业务的物流行业异军突起，多类型、多层次的物流业基本框架迅速形成。全市围绕物资集散中心、商贸旅游中心、交通枢纽、交通主干道和产业基地培育发展了一批物流企业和物流机构，全市物流企业 430 家，全市已建成大型物流产业园区 2 家，建设中的褒河物流园区是陕西省规划的七大物流园区之一，产业集聚效应日益显现，物流产业增加值稳步上升，物流业对经济发展的促进作用显著增强。

（四）特色产业发展成效显著

特色农业和有机产品向规模化发展，以"汉米、汉油、汉茶、汉药、汉果"等为主的特色产业品牌知名度日益提高。洋县被国家授予"有机产品认证示范创建县"，并命名为"全国朱鹮生态保护产业知名品牌示范创建区"。汉中仙毫、洋县黑米、略阳乌鸡、略阳杜仲、洋县红米、镇巴腊肉、汉中附子、略阳猪苓、略阳天麻、佛坪山茱萸和宁强华细辛等 11 个产品成功申报国家地理标志保护产品，汉中茶叶多次获得国家金奖。汉中大米、留坝香菇、留坝黑木耳、留坝蜂蜜、褒河蜜橘等获国家农产品地理标志。此外，香菇、木耳、天麻、魔芋和中药材等一大批农副土特产品以其优良的品质而享有盛誉，逐渐成为网销的热门商品。

全域旅游融合发展，围绕秀美山水风光和历史文化底蕴，以"两汉""三国"为特色的历史文化、巴蜀文化和羌族文化产业全面发展，特色历史名镇建设步伐加快，乡村旅游日趋全域化、特色化。2015 年实现第三产业增加值 404.46 亿元，较 2010 年增长 102%。人文旅游、自然旅游和乡村旅游拉动特色加工业和商贸服务业快速发展。

（五）信息化建设步伐加快

2011—2015 年，汉中市全面落实"宽带中国"战略，大力推进"数字陕西·智慧城市"建设，宽带网络发展水平大幅提升。截至 2016 年 5 月，全市光纤铺设达 50.2 万公里，建设无线基站 12728 个，3G、4G 网络城乡覆盖率达 99.5%；2015 年底宽带接入用户已达 34.89 万户。城市宽带用户平均接入速率为 14Mbps；农村 53.7% 的用户具备 20Mbps 及以上接入能力，用户平均接入速率为 9.7Mbps。《"智慧汉中"总体规划（2016—2020）》将为电子商务的发展创造极为浓厚的发展氛围，汉中市作为 2016 年"第二批电信普遍服务试点"城市,即将实现所有行政村光纤宽带全覆盖,为电子商务发展提供有力支撑。

(六) 电子商务产业蓬勃发展

截至 2015 年底,汉中市网商在淘宝网、天猫、苏宁、京东商城和 1 号店等平台共开设网店 6200 家,销售产品 1 万多种,交易额年均增速保持在 30% 左右,2016 年实现电子商务交易额约为 91.26 亿元。2015 年电商物流快递收发单量排名全省第 6 位。洋县和略阳县被确定为"全国电子商务进农村综合示范县",留坝县被评为"陕西省电子商务示范县"。百味网、大鲵网、周大黑、宅生活、"有我 YOOWO"和秦南易购等一批本地电商企业在竞争中发展壮大,逐步成为汉中市电商行业的主力军。省级电子商务示范企业百味网,2015 年获得全国 B2C 电子商务交易服务(商品类)认证,这是国内第一家获得此认证的食品类电商企业。2015 年成立了汉中市电子商务行业协会和汉中市农产品电子商务协会,有效增强了对电子商务企业的凝聚力和对行业整体发展的推动力。

(七) 存在问题

1. 社会信息化程度有待提高。企业对电子商务的理解还停留在网上宣传阶段,多数行业网站仍然处于供求信息发布等初级应用阶段,团购、O2O 等新型业态发展与东部经济发达地区还有一定差距。农村信息服务"最后一公里"问题仍未彻底解决,各类行业数据库尚不完善,对于各类数据尤其是大数据的处理能力不足,数据无法有效转化为生产力。

2. 电商配套体系有待完善。为电子商务服务的行业比重小,信用担保、支付、代运营、物流配送数据分析、网店装修等服务体系不够健全。物流业发展相对滞后,缺乏物流产业的管理和信息化经验,缺乏具有行业影响力的本土骨干企业,物流企业同质化无序发展,而生鲜物流基本空白。

3. 本地电商平台实力有待提升。国内大型知名电商平台已经拥有大量的用户与网站流量,正逐步开放平台供商家使用并主导电商市场发展,许多地区都开始重视农村电子商务的发展,并和淘宝网等电商平台开展合作,这将对汉中市本地电商平台发展壮大造成巨大挑战。

4. 安全和信用机制有待规范。电子商务的安全问题仍是影响电商发展的主要因素，网络经常会受到各种病毒、木马程序的攻击，网络电子支付手段尚不成熟，信用机制和约束机制也正处在探索阶段，给网商经营带来很大影响。

三　发展思路与目标

（一）发展思路

牢固树立五大发展理念，积极实施汉中市政府制定的追赶超越战略，以加快经济发展方式转变为主线，着力促进电子商务与农业互动发展、与工业融合发展和与现代服务业联动发展。按照生态化、标准化、平台化、品牌化的要求，坚持高起点规划、高标准建设、市场化运作，以农村和农产品电子商务为重点，以电子商务创业园建设提升为抓手，强化功能整合，夯实基础配套，推进产业优化，将汉中市打造成辐射陕甘川渝毗邻区的电子商务中心城市和国内有影响的地市级电子商务示范城市。

1. 坚持企业主导，政府引导。注重激发市场活力，使市场在资源配置中起决定性作用，充分发挥企业在开展电子商务应用中的主体作用，正确处理政府与市场的关系，不断完善电子商务发展环境，积极推进政府采购电子商务应用，充分发挥政府在电子商务应用中的示范引导作用。

2. 坚持创新发展，普及应用。鼓励和支持电子商务技术创新和模式创新，建立政产学研用相结合的创新推动机制，积极探索适合汉中市电子商务发展的路径，加快电子商务与实体经济的深度融合，普及面向中小企业和社会公众的电子商务服务，不断提高电子商务应用水平。

3. 坚持突出重点，示范带动。扶持培育一批电子商务示范基地、示范企业和知名品牌，探索电子商务发展新路径，促进电子商务与第一、第二产业及其他服务业融合发展，打造汉中市服务业发展的升级版，促进汉中市产业结构优化升级。

4. 坚持统筹布局，重点集聚。结合汉中市电子商务发展实际，重点加快推进中心城区和县城重点项目建设。继续支持全国电子商务进农村示范县建设。鼓励优势电商平台在汉中市建设区域服务中心和物流中心，将培育发展本地企业与全市资源相结合。统筹发展电商服务产业，完善产业公共服务，推动电子商务产业集聚、技术和商业模式创新。

5. 坚持规范秩序，强化安全。积极引导电子商务企业建立健全信用管理制度，提高服务诚信度。加强网络环境下的市场监管，建立相关部门间信用信息资源的共享机制。加大依法管理网络和保护个人信息的力度，规范在线交易行为，保障信息安全，维护电子商务活动的正常秩序。

（二）发展目标

到 2020 年末，全面建成以电子商务产业园区为核心、以电子商务配送中心为支撑、以各乡镇为站点、覆盖汉中全域的电子商务网络体系。具体目标：

1. 电商交易规模大幅提升。到 2020 年末，电子商务交易额突破 200 亿元大关，年均增长 20%；网络零售额占社会消费品零售总额的 20% 以上。

2. 电商市场主体不断壮大。全市培育 3—5 家年电子商务交易额超过亿元的电商龙头企业，培育 8—10 家年电子商务交易额超过 5000 万元的电商骨干企业。

3. 电子商务应用全面普及。中小企业电子商务应用普及率达到 70% 以上，规模以上企业电子商务应用普及率达到 80%。

4. 示范带动效益显著提高。建成国家级农产品电子商务示范县 4 个；打造省级电子商务产业园区（基地）2 个；培育国家、省和市级电商示范企业 1 户、5 户和 20 户。

（三）空间布局

按照"统筹规划、资源集聚、突出重点、注重实效"的思路和原则，构建"一个中心、两个园区、三个特色、多个极点"的汉中电子商务发展总体格局。

1. 一个中心是指以汉台区作为汉中市电子商务产业聚集和人才培养的中心进行规划和建设。一要发挥商贸流通、电商物流资源集聚优势，依托大型商业基础设施平台，着力建设汉中市电子商务综合体验区。二要以百嘉汇美居广场的江北网络电子商务产业园为核心，形成电子商务企业核心聚集区。三要建立政、产、学、研联动机制，依托陕西理工大学的专业教师团队和先进的教学设施设备，与陕西理工大学合作建设汉中电子商务人才培训基地，逐步扩大电子商务人才培养规模、提升人才培养质量，同时加强对在职人员的继续教育培训。

2. 两个园区是指着力建设汉中电子商务产业园和电子商务创业孵化园。一是在南郑县大河坎镇建设汉中市电子商务产业示范园，逐步产生规模效应、集聚效应和示范效应，对全市电子商务产业的发展起到引领和辐射作用。二是在兴汉新区建设汉中市小微企业电商孵化创业园，为小微电商和电子商务创业者提供免费场所和专业服务，成为专业化、规模化、现代化、集成化的电子商务企业创业孵化园。

3. 三个特色是指着力建设三个特色电子商务示范县。加快推进"智慧乡村"建设，以特色农产品和乡村旅游服务为重点，培育一批知名的电商品牌和龙头企业，发挥示范引领作用，加快全市农村电子商务产业的发展。洋县以有机农产品电子商务为特色，着力建设"全国电子商务进农村综合示范县"；略阳县以绿色中药材电子商务为特色，着力打造"全国电子商务进农村综合示范县"；留坝县以文化旅游电子商务为特色，持续提升作为陕西省电子商务示范县的影响力。

4. 多个极点是指依托汉中市产业特点和多中心分散布局的特点，依托各县、区的产业特点发展特色电子商务。勉县以钢铁、冶金、建材产业为依托，重点建设建材产品电子商务产业园；西乡县以茶产业和生物产业为依托，重点建设现代生物产品电子商务产业园；城固县以机械制造产业为依托，重点建设机械配套产品电子商务产业园；镇巴县、宁强县和佛坪县以绿色食品加工产业为依托，重点建设绿色食品电子商务产业园。

四　重点任务

（一）加快电子商务基础设施建设

1. 加快完善通信网络基础设施。加快推进"智慧城市"建设，重视发挥云计算、大数据库和物联网的基础设施作用，为电子商务产业、电子商务服务业以及信息咨询服务业构建信息化基础设施。加快基础通信设施建设，全面推进光纤宽带网络建设，促进三网融合。力争实现市区100%光纤到小区、到楼宇、到商户，在所有行政村实现光缆覆盖。加快移动

4G 网络建设，率先在全市商贸中心区域实现高速无线网络覆盖。全方位发挥三大通信运营商的效能，推动通信运营商积极参与电子商务平台建设，为电子商务用户提供接入、服务托管以及商务应用解决方案等服务。鼓励电子商务用户通过云服务模式来获取硬件、软件、应用及安全等服务。

2. 加快电商产业园区和基地建设。以实现电子商务产业集聚化发展、规模化经营、协同化运作为方向，高标准规划、布局、建设一批电子商务产业园区，形成推动电子商务产业升级的支撑平台。着力打造江南电子商务产业园和江北网络电子商务产业园两个市级电子商务园区。各个县区要结合本县产业优势，积极创建特色产业电子商务产业园区。

江南电子商务产业园主要建设电子商务创业孵化中心、电商品牌运营中心、电商物流中心、电商金融服务中心、电商产品质检中心、电商企业营销办公区、特色产品体验馆、县级电商运营中心及农村三级电商服务体系、创客空间等，加速电子商务本土化，利用地区产业优势努力搭建茶叶、干果、山珍以及其他农产品电商化平台，进一步推进电子商务产业的本土化进程。

江北网络电子商务产业园主要建设电商综合服务平台、云数据中心、实景演播室、特色体验馆、众创空间、创客咖啡馆等，打造集科技创新、创业孵化、电商服务、投资路演、咨询培训、信息交流、生活服务等综合功能于一体，为电商企业、小微电商提供完整的"一站式"服务的电子商务广场。

坚持"大众创业、万众创新"的基本理念，以扶持、培育小微企业电子商务成长为宗旨，统筹规划一批电子商务孵化创业园。重点建设汉中市小微企业电商创业孵化园，努力将其打造成市级电子商务孵化创业园区，发挥小微电商孵化器功能，积极搭建大众创业服务平台，实现电商企业"拎包入住"。

3. 加快建设电商物流基础设施。以物流园、市农产品物流配送中心等物流配送中心为依托，加快建设适应电子商务发展需要的社会化物流配送体系，规划和建设专业物流园区、商品物流中心和连锁仓储配送中心，支持引导有条件的企业整合市内外仓储服务、货运服务、分拣服务资源，构建现代化的第三方物流企业。

要大力支持物流园区升级改造，高标准规划建设一批具有综合物流功能的物流园区和物流分拨、仓储、配送中心等骨干物流设施，促进物流资源和物流要素整合集聚，增强物流园区辐射带动能力。大力发展同城配送，解决"最后一公里"配送难题。

优化物流公共配送中心、中转分拨场站和社区集散网点等物流设施的布局，加快建立社会化物流信息平台，将买家、卖家和快递企业连接起来，实现订单信息、配送信息、用户反馈信息实时共享，降低物流成本、提高服务效率。

以"万村千乡市场工程""镇超工程"和"新农村现代商品流通网络体系建设工程"为重点，全面推进商品配送进农村。以信息化为主要手段，改造现有的农村标准化"便利店"和乡镇标准化"超市"，帮助村民实现网上代购、农产品销售和货物配送，解决农村商品配送难问题。发挥航空、铁路、高速公路的交通优势，大力发展电商物流。吸引国内外大型电商企业和物流企业在汉中建立物流配送中心。

（二）拓展电子商务应用范围

加快推进"互联网＋流通"行动计划，积极拓展电子商务在农产品销售、工业品流通、传统商业改造、文化旅游营销、社区便民服务、对外贸易等领域的普及应用，实现流通成本最小化和效益最大化。

1. 加快农村电子商务推广深入。大力发展农村电子商务，推动农业产业结构优化。支持农产品加工企业应用电子商务，实现农业信息化，在农业生产、销售、运输等过程中进行全生命周期管理，实现生产过程的标准化、规模化，建立现代化的农产品流通服务体系。引导特色农产品电子商务发展，打造品牌化、国际化的农产品。利用电子商务推动农村大量闲置土地的产业化、市场化运作，发展现代物流、都市休闲农业等高端产业。

充分发挥农产品电商在营销推广、信息集成、资源管理等方面的优势，全面启动和开展"农商互联"工作，引导全市新型农业经营主体、农产品加工流通企业及农产品冷链物流资源向优势电商企业集聚，推动农产品流通线上线下资源、传统涉农产业和电商企业的全面对接融合，全面提升农产品流通的信息化、标准化、集约化水平，建立安全环保、高效便捷、规范有序、数据共享的农产品流通新渠道。

支持过街楼蔬菜批发市场建设电子交易平台，鼓励营销企业、销售大户以及中介组织应用电子商务开展农产品营销。鼓励和支持县区在淘宝网、京东商城等国内知名大型电商平台和本地电商平台开设"汉中特产馆"，进行品牌包装，推广西乡牛肉、镇巴腊肉、洋县黑米、略阳乌鸡、留坝香菇、城固蜜桔等知名品牌，提高汉中农产品品牌知名度，扩大市场销量规模。鼓励汉中仙毫等传统知名品牌自建网络平台，利用 O2O 模式进行品牌推广，扩大销售，提升效益。支持农业电子商务平台与农业生产基地、农产品营销大户、大型超市、大型餐饮连锁企业和农产品加工企业对接，促进大批量农产品网上交易。

2. 开拓工业品线上销售新渠道。以工业园区为载体，重点在医药、食品和装备制造等领域加快构建电子商务 B2B 平台，并推动园区内企业整体应用电子商务交易平台，逐步形成支撑汉中市经济发展、辐射全国的行业 B2B 价值链体系。鼓励大型企业自建电子商务平台，将电子商务与企业采购、生产、销售等不同层面进行深度融合，降低库存、提高供应链效率，并在条件成熟时向行业平台转化，成为汉中工业品的内销平台与信息门户，为本地工业品的销售提供新的渠道。利用汉中的医药生产企业聚集优势，鼓励和扶持医药企业通过网络平台开展原料采购和药品配送服务。支持医药流通领域的龙头企业积极尝试非处方药的网络销售服务。依托汉中众多的食品加工企业，建设食品加工电子商务销售平台，通过网络营销品牌，扩大销量，便利服务。依托勉县、西乡、略阳的特色建材产业集群，积极开展交易平台建设，打造成辐射西北，融生产、线上线下交易、物流、金融服务为一体的 B2B 建材电子商务平台。

3. 发展商贸流通电子商务新模式。加快传统商业企业数据化改造。支持大型百货商场、购物中心、连锁超市建设网上商城，增强店面场景化、立体化、智能化展示功能，开展全渠道营销。推广"网订店取""网订店送"等新型配送模式，实现线上线下全渠道、全天候互动，增加体验功能，发展体验消费。鼓励支持大型卖场和连锁店做大线上业务，建立集产品展示、网络营销、产品推荐、订购、支付和配送为一体的都市商贸交易平台。鼓励建材、蔬菜、水果等专业市场大力发展网上批发、网上拍卖等 B2B 和 B2C 电子商务。

加快推进特色电子商务市场发展。加快航空智慧新城、经济技术开发区、褒河物流园区、汉江产业园等产业园区，搭建大宗商品交易平台，引导和支持企业探索现代交易方式，逐步规范行业秩序、优化资源配置、加快产业转型升级、带动相关产业发展。

挖掘汉中市特色农业区域优势，找准龙头企业，加快培育秦巴中药材仓储物流交易中心、汉中皇冠农产品批发市场、汉中市农副产品物流配送交易中心等专业市场，建成一批集交易、物流、支付、服务于一体的农产品电子商务平台，带动汉中市电子商务产业"上规模、聚企业、引网商、增效益"。

4. 加强文化旅游线上营销推广。加快推进"智慧旅游"建设，支持黎坪、紫柏山、华阳、青木川、诸葛古镇、张良庙、五龙洞和南湖等重点旅游景点建设旅游信息化平台。在 3A 级以上旅游景区免费实行无线网络全覆盖，为游客推送包括旅游路线、景区内商品与服务等相关信息。开展旅游服务网络预约，鼓励旅游服务企业与商业银行、银联、第三方支付服务机构通力合作，实现景区内的在线支付服务。以乡村旅游为突破口，开发具有乡土人情的乡村旅游产品，依托微信平台进行市场推广，形成别具一格的乡村旅游品牌。利用汉中丰富的中医药、温泉、森林等资源和养生保健文化资源，打造保健养生品牌，立足网络，实现休闲养生的在线咨询、在线预约、在线支付和在线评论。

5. 大力发展社区便民电子商务。加强社区门户网站建设和更新，依托网站、数字电视、便民服务热线、市民卡等终端和载体，为社区居民提供身份识别、小额支付、购物消费、便民呼叫等服务。鼓励各类物流中心、企业通过社区服务平台实现在线交易、实时配送。鼓励社区居民利用电子商务服务平台获取信息、服务和发布信息、在线消费。

依托移动互联网、以城市居民为中心，提供社区周边的服务、餐饮、购物信息，提供小区新闻、物业通知、物业缴费、物业保修等便民服务。支持社区快递"寄存 e 站"建设，打造具有汉中特色的社区物流配送服务体系，破解"消费最后一公里"难题。依托"万村千乡""新网工程"和农村便利店、农信联社服务点、村邮站，通过对网点负责人的网购业务培训，发展成为乡村社区电子商务服务点，为当地农民提供网络代购和农产品销售服务。

建设"一站式"惠民服务平台，与"智慧汉中"基础平台相对接，为居民提供社保、医保、水电煤气、通信以及城市一卡通查询与缴费等公共事业服务。全面推进医院自助服务平台建设，实现市民的预约挂号和医药费用的在线支付，提高医疗服务效率。整合全市的代购、保洁、订餐、保姆、家教等各类家政服务资源，构建汉中家政电子商务平台，实现传统家政服务的转型升级。

6. 大力推动跨境电子商务发展。充分利用汉中建设海关和海关保税仓库的机遇，鼓励汉中市外贸企业利用互联网开展国际贸易活动。支持园区和行业协会牵头搭建汉中跨境电子商务服务平台，为企业开展跨境电子商务创造条件和提供便利。扶持中小企业依托第三方跨境电子商务平台销售本地特色产品，拓宽产品进入国际市场的渠道。利用第三方跨境电商平台，以"汉文化"和"三国文化"传播为主题，以"汉族、汉字、汉文化"发源地和"三国文化体验地"为卖点，加强在国际旅游市场推介，扩大汉中境外消费收入。

7. 加快推进移动电子商务发展。鼓励各类主体加强合作，拓展基于3G、4G、云计算和物联网等新技术的移动电子商务应用。推动移动支付、公交购票、公共事业缴费和超市购物等移动电子商务应用的普及推广。重点推进移动电子商务在农业生产流通、企业管理、安全生产、环保监控、物流和旅游服务等方面的试点应用。推动移动电子商务产业链和应用领域的相关主体加强合作，加强商业模式创新和社会化协作机制创新。

8. 实施电子商务精准扶贫工程。加大汉中市全域贫困地区流通基础设施建设，加快农村贫困地区的电商普及应用，实施电商精准扶贫工程、物流提升工程，支持贫困地区万村千乡农家店、邮政、供销合作社、快递网点、村邮站和村级综合服务中心信息化改造，拓展经营服务内容，在提供便民超市、农资代销等传统服务的基础上，增加网上代购代售新型服务功能。

（三）完善电商综合服务体系

引导各类电子商务业态和功能聚集，鼓励电子商务企业与相关支撑企业加强合作，促进信用、融资、物流、支付和保险等服务协同发展，扶持电子商务企业做大做强。重点鼓励电子商务交易服务平台、技术服务平台、中介服务平台的发展，鼓励开设电子商务咨询、法律、信息技术、培训、代运营等专业服务机构，为客户提供专业的品牌战略咨询、营销策划、品牌设计及品牌配套服务等在内的全价值链服务。

1. 建立电商公共服务平台。坚持以政府部门引导、承建机构营运、龙头企业带动、服务平台支撑、行业协会互动为理念，有效整合服务资源，形成公共服务合力，利用市场配置资源作用，整合汉中市电子商务服务企业、行业协会、高等院校、中小企业服务中心、各产业园区以及各类企业服务机构的资源，形成强大合力，为汉中市企业提供电子商务方面的公共服务，为企业的发展壮大创造良好的公共服务环境，开创"政府服务得抓手、相关平台得效益、企业机构得服务"的多赢局面。

加快建设汉中市电子商务综合服务平台，打造具有城市品牌的电子商务名片。着力建设"1+6工程"，构建1个电子商务公共服务平台，为广大企业开展电子商务提供一站式、精细化服务，即围绕电子商务企业发展和传统企业开展电子商务的共性需求，建立在线商城、信息交流、创业孵化、云端展会、数据统计、监察监管等电子商务服务板块，使平台成为信息共享中心、产品展示中心、品牌推广中心，带动汉中市电子商务应用整体升级。

大力引进总部经济运营平台，重点引进苏宁易购、阿里巴巴、京东商城、中国网库、乐村淘等具有良好合作基础的大型第三方电子商务平台在汉中建立区域中心，优先支持获得国家和省级认定电子商务示范企业、商贸和制造业龙头企业通过行业间并购重组等形式做大做强电子商务平台，打造电子商务总部经济。重点支持大宗商品交易第三方电子商务平台的发展壮大，吸引国内外知名互联网企业，包括搜索引擎、社交网络等企业，利用会员及资金等优势在汉中建设电子商务总部。

2. 加强电子商务示范创建。在电子商务各领域中选出一批基础扎实、成长性好的企业、平台和项目，集中相关政策措施，进行重点支持和培育，认定一批市级电子商务示范企业，发挥好示范带动作用，全面提升汉中市电子商务发展水平。

积极支持洋县和略阳县建设"全国电子商务进农村综合示范县"，支持留坝县深化打造省级电子商务示范县，在全市持续、广泛开展"全国电商示范强县"和国家、省、市级示范县区创建工作。通过专业化的服

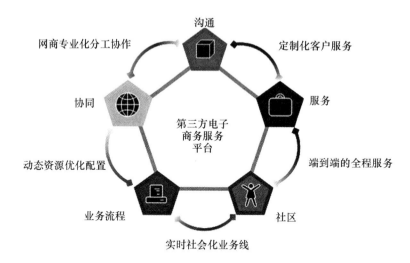

图 19—3 第三方电子商务平台功能示意图

务聚集网商，策划包装洋县有机农产品、略阳绿色中药制品、留坝旅游产品等特色品牌农产品，以特色品牌提升示范效应。壮大汉中市"农字号"电子商务产业，带动传统农业交易模式的转型升级，助推汉中市农业向标准化、品牌化和规模化方向发展。

鼓励各县区建设一批电子商务产业集聚区或楼宇，构建完善的电子商务政策体系和高效的公共服务体系，营造良好的电子商务发展环境。充分发挥汉中百味园电子商务有限公司作为省级电子商务示范企业的示范引领作用，总结和宣传成功经验，加快培育电子商务示范企业和示范网商。

3. 完善电商人才培养体系。实施人才兴业战略，采取"政府＋企业＋院校"三者结合的形式，将高级电子商务人才的引进纳入全市人才引进总体计划，建立高等学校、电商企业、行业协会共同参与的电商人才培育队伍，为电子商务发展提供智力资本支撑。

（1）充分依托电子商务行业协会、陕西理工大学、陕南航空职业技术学院等院校，整合专业师资资源，形成"汉中市电子商务专家资源库"，支持汉中市高等院校与电商企业建立电商人才共同培训基地，积极开展电子商务专业培训和在职教育，培养和造就大批适应电子商务发展需要的复合型人才和高素质的应用创新型人才。统筹商务、农业、人力资源社会保障、扶贫办、团委等部门培训资源，制定培训计划和标准，有序组织实施。推进国家电子商务专业技术人才知识更新工程，对相关培训按规定给予补贴。

（2）充分利用就业创业相关政策，把发展电子商务、促进就业纳入就业发展规划，支持大学毕业生、返乡青年、个体工商户通过电子商务以创业促就业。指导电子商务创业园区为电子商务创业人员提供场地支持和创业孵化服务。强化对创业人员的实践指导，提供创业咨询、财务代理、税收代理、人才招聘等相关服务，做到对新创业人员"先扶上马、再送一程"，缓解新创业人员心理压力，最大限度地降低新创业人员创业风险，提高新创业人员创业成功率和新创业企业成活率。

（3）充分利用各级媒体和现代传媒手段，广泛宣传电子商务应用知识，提高社会各界对电子商务重要性的认识，提高公众对电子商务的应用意识、应用能力和安全意识。加大对示范园区、示范企业宣传力度，加大对优秀创业人才、创业团队的宣传力度，形成全社会关注、支持、参与的良好氛围。鼓励汉中市电子商务行业协会开展电子商务宣传推广、技能比赛、人才培训、示范企业评审等活动，通过专题报告、电商知识讲座、创业培训指导等形式培养电商人才。

4. 健全电商产品质量控制体系。积极探索开展电子商务产品质量治理体系和治理能力建设。运用"互联网"思维，以"云计算"和"大数据"技术为支撑，围绕重点消费品质量状况，针对性进行数据分析和应用，开启用"数据驱动监管、服务发展"的智慧履职途径，致力于走出一条以数据驱动的精准质量监管和精细质量服务的创新之路。

（1）以互联、互动、互享为基础，以"以网管网""一网管网"为总原则，集聚监管合力、技术资源、社会力量，主动对接全国打假协作网、检验检测网，通过共享机制，实现产品质量全程可追溯。

（2）建设覆盖面广、检测手段先进的农产品检测中心和质量指导中心，为农产品电子交易提供有力的质量安全保证。针对非农产品，开展检测与认证服务，鼓励有资质的质检公司向电子商务企业提供产品质量认证服务。

（3）力争打造一套"政府＋企业＋网商＋交易平台"的多方负责的电子商务产品质量控制体系，鼓励企业、政府开展"三品一标"认证、质量体系认证和产品溯源体系认证，在电子交易全过程中实行实名认证、全程抽检和备案、源头可追溯、联网联保、品质担保金制度，助力汉中市电子商务可持续健康发展。

（4）实施电子商务品牌战略。依托汉中市产业优势，宣传推广地域优势产品，提高消费者对汉中市特色产品的认知度，打造具有特色的电商品牌，扩大品牌效应，引领电商企业快速发展。

5. 完善电商金融服务体系。推动完善电子支付业务规则、技术标准，引导和督促支付机构规范运营。引导、支持汉中市有条件的企业发起设立以社会资本为主、财政资金参股的电子商务产业投资基金、创业投资基金。鼓励金融资本与电子商务产业融合，促进金融服务创新。建立多元化投融资机制，鼓励本地金融服务机构开展面向中小企业的网上信贷，支持本地电子商务企业迅速做大做强。鼓励商业银行与成熟的第三方支付平台以及第三方安全认证服务平台合作，发展网络支付金融服务。鼓励发展国际结算服务，提高对跨境电子商务发展的支撑能力。

鼓励金融行业机构拓展电子服务领域，加强与电子商务企业的合作，发展电子票据、移动电话支付等新型电子支付业务，推出适合电子商务特点的支付产品和服务。加强第三方支付平台建设，加强产品和服务创新，做大做强非金融机构支付服务市场。尽快建立由网上支付、移动电话支付、固定电话支付以及其他支付渠道构成的综合支付体系，提供安全、高效的资金结算服务，满足电子商务活动中多元化、个性化支付需求。

6. 建立电商信用服务体系。加强政府监管、行业自律以及部门间的协调与联合，鼓励企业积极参与，按照完善法规、特许经营、商业运作、专业服务的方向，建立科学、合理、权威、公正的信用服务机构。加快培育信用调查、认证、评估、担保等社会中介服务组织，对电子商务经营主体开展商务信用评估。

加快企业和个人征信系统建设，完善信用激励和惩戒机制，充分发挥征信系统对电子商务企业的担保融资功能。建立健全相关部门信用信息资源的共享机制，建立全市统一的电子商务信用服务平台。深入推进12315进网络，建立网上消费申诉举报平台，实现网上受理登记、网上分流转办、网上回复反馈，并定期发布消费警示，曝光典型案例和网站"黑名单"，打造"一处失信、处处受限"的诚信评价体系。

在本地网络交易平台、网上商城等试点设立"红盾服务维权工作站"，做到网络消费投诉在线受理、站内解决。支持和委托协会行使网络交易培训、知识产权保护、征信服务、"守合同重信用"网商公示等活动，鼓励支持协会组织会员建立诚信联盟，打造区域网商信誉品牌，推动行业自律管理。

7. 建立电商安全认证体系。加快建设汉中数字证书认证中心，统一对全市的党政机关、企事业单位和个人用户提供认证服务，签发数字证书。建立全市信息安全数字认证平台，为电子政务、电子商务应用提供统一的身份认证机制。

大力推广电子签名、电子认证和电子合同在电子商务各环节的应用，建立健全安全认证体系。按照有关法律规定，制定电子商务安全认证管理办法，进一步规范密钥、证书、认证机构的管理，注重责任体系建设，发展和采用自主知识产权的加密与认证技术。整合现有资源，完善安全认证基础设施，建立布局合理的安全认证体系，实现行业、地方等安全认证机构的交叉认证，为社会提供可靠的电子商务安全认证服务。

8. 加快建设电子政务体系。加快税务、工商、银行、海关等部门的电子政务建设，实现基于网络的跨部门业务协同，推进网上纳税、网上年检、网上申报和电子通关等政府公共服务。依法公开政府信息资源，促进信息资源的开发和利用。

五　保障措施

（一）加强组织领导，强化部门协调

成立电子商务发展工作领导小组，统筹全市电商发展工作，组织、协调成员单位和有关部门，研究相关政策措施，服务电商企业。实行重点产业扶持服务、重点项目集中服务、重点企业上门服务、重点难点个别服务、特殊项目特殊服务。

电子商务发展工作领导小组办公室（市商务局）要统筹全市电商发展工作，组织、协调成员单位和有关部门，研究相关政策措施，服务电商企业。各成员单位（市发改委、市工信委、市人社局、市农业局、市科技局、市公安局、市财政局、市国土局、市建设规划局、市交通局、市林业局、市水利局、市文广新局、市统计局、市食药监局、市文旅游局、市工商局、市质监局、市经合局、市供销社、市金融办、市信息办、团市委、市国税局、市地税局、市邮政管理局、市出入境检验检疫局、人行汉中中心支行、汉中银监分局、市网信办、电信汉中分公司、移动汉中分公司、联通汉中分公司）、各县区政府、电子商务行业协会等要按职责分工，紧密配合，合力推进汉中市电子商务发展。

（二）完善扶持政策，优化发展环境

1. 落实《汉中市人民政府关于大力发展电子商务加快培育经济新动力的实施意见》和《汉中市电子商务扶贫政策措施》，制定相应实施细则，开辟电商发展"绿色通道"，从土地、税收、财政资金、行业自律、人才培训和物流配送等方面着手，量身打造电子商务产业发展的良好政策软环境。着重研究制定促进农村电子商务发展的意见，出台相应支持政策措施。

2. 放宽市场准入，提供工商登记准入、商标品牌建设、合同管理、抵押融资等招商扶商服务。实施商品品牌和广告拉动战略，支持本地优势产业商标品牌建设和网络广告产业发展，扶持电子商务产业园等电子商务集聚区抱团注册集体或证明商标，提升产业集群影响力。

3. 开展"合同帮扶"行动，指导加强网络商品电子交易规则规范管理，以"守合同重信用"企业公示活动为载体给予电子商务企业更多优惠扶持措施。同时，加强指导，突出重点电子商务企业，建立行政指导联系点，推行行政指导联络员制度，解决电子商务企业发展难题。

（三）建立专项资金，实施以奖代补

1. 设立汉中市电子商务产业发展专项资金，为电子商务科研创新、模式创新、产学研成果转化、中小企业电子商务应用、中小电子商务企业融资、农村商务信息服务、电子商务公共服务等提供资金支持和股权融资支持。各县区要结合实际落实相应的电子商务发展专项配套资金，充分发挥资金的导向作用，切实提升电子商务发展水平。

2. 建立财政资金专项奖励制度。按照年度网络销售额（营业额）排名推荐，经市商务局综合考评，每年评选出市级电子商务示范县区、创业

园区（基地）、企业，由市政府按照"一事一议"进行研究，一次性给予
一定数额资金奖励"以奖代补"。

（四）降低准入门槛，激励创业就业

放宽名称、住所（经营场所）和经营范围限制，落实电子商务领域
"一址多照"和"住改商"等登记便利化政策。鼓励电子商务企业集群注
册，在电子商务产业园区实行"互联网＋虚拟经营场所"新型注册登记
模式，允许使用电子商务产业园区、创业园区、科技园区、网商协会以及
网络交易平台经营企业的集中办公区域作为住所（经营场所）办理工商
登记，促进电子商务集聚发展。放宽电子商务集团企业注册条件限制，着
力构建推动电子商务健康发展的市场准入政策，助推大众创业、万众
创新。

（五）强化基础保障，提升履职能力

加强电子商务发展调查研究，深入研究网络交易监管工作目标、定位
和措施，建立健全网络交易监管绩效评估机制，落实监管工作责任制。强
化网监机构和队伍能力建设，落实监管设备、人员编制、监管经费保障，
科学规划网监人才队伍建设，储备网监专业人才。整合内部监管资源和强
化与相关职能部门的沟通协作，营造内和外顺的电子商务监管服务环境。
建立有利于电子商务发展的制度环境和管理体系，建立电子商务及跨境电
子商务监测统计制度。建立信用评估机制和风险防范预警机制，加强执法
监管，打击电子商务中出现的各种侵权违法行为。

（六）强化以网管网，规范交易秩序

全面推进网络市场监管信息平台应用，开发"网络交易监管服务网"
等辅助平台，完善平台综合监管服务功能。加强"两库一标"（网络经济
主体库、主体网站库和红盾电子标识）基础信息数据建设，推进网络
"虚拟"经济主体"实体化"，提高网络交易风险防范能力，并运用网络
大数据服务全市电子商务行业发展。针对网络交易频发的虚假宣传、商标
侵权、销售假冒伪劣商品等可能出现的问题，加强日常监管和专项整治，
建立健全的跨区域监管协作机制，严厉打击网络交易违法行为，规范网络

交易秩序。

（七）构筑安全防线，保障电商安全

1. 保障电子商务网络安全。电子商务企业要按照国家信息安全等级保护管理规范和技术标准相关要求，采用安全可控的信息设备和网络安全产品，建设完善网络安全防护体系、数据资源安全管理体系和网络安全应急处置体系，鼓励电子商务企业获得信息安全管理体系认证，提高自身信息安全管理水平。鼓励电子商务企业加强与网络安全专业服务机构、相关管理部门的合作，共享网络安全威胁预警信息，消除网络安全隐患，共同防范网络攻击破坏、窃取公民个人信息等违法犯罪活动。

2. 确保电子商务交易安全。明确电子商务交易各方的安全责任和义务。确保网络交易各方的合法权益。加强电子商务交易各方信息保护，保障电子商务消费者个人信息安全。

3. 预防和打击电子商务领域违法犯罪。电子商务企业要切实履行违禁品信息巡查清理、交易记录及日志留存、违法犯罪线索报告等责任和义务，加强对销售管制商品网络商户的资格审查和对异常交易、非法交易的监控，防范电子商务在线支付给违法犯罪活动提供洗钱等便利，并为打击网络违法犯罪提供技术支持。加强电子商务企业与相关管理部门的协作配合，建立跨机构合作机制，加大对制售假冒伪劣商品、网络盗窃、网络诈骗、网上非法交易等违法犯罪活动的打击力度。

第二十章

意见和建议

通过本次研究工作，作者深刻体会到汉中市发展现代服务业的必要性、紧迫性。为保证实现汉中市现代服务业的健康发展、跨越式发展，特提出以下五点意见和建议。

一　加强规划指导

政府主管部门应对服务业的发展予以高度重视，积极组织制定现代服务业各主要产业的发展规划，完善城市功能区规划和服务业聚集区发展规划，推动服务业集中、集聚发展。要重点制定三类规划：一是制定服务业总体发展规划。立足汉中实际，以开阔的视野，高标准、高起点制定汉中服务业中长期发展规划，并把服务业发展规划纳入城市总体规划和经济社会发展规划体系之中；二是制定重点产业规划。在服务业总体规划框架下，进一步完善物流、商贸产业规划，制定金融、信息软件、文化等重点产业的发展规划；三是抓紧制定服务业融合发展规划，应重点制定以下三项服务业融合发展规划，即生产性服务业与制造业融合发展规划，生产性服务业与农业融合发展规划，生态农业与休闲养老、生态旅游业融合发展规划。通过以上三类融合规划的制定，进一步明确服务业发展思路、发展重点，引导产业布局和产业集聚。

二　"走出去"与"请进来"并举

汉中地处西部边远山区，接受东部发达地区的经济、文化辐射较少，人们的思想观念还比较落后，尤其是政府相应主管部门、企业单位的管理层的基本理念与当前经济发展的形势还有差距，对比中国一些先发地区和国外发达地区同等规模的城市发展，差距更为明显。本研究认为，当前汉中现代服务业的开放度还比较低，现代服务业已经成为制约汉中经济发展的一个因素。

要保证汉中经济顺利实现转型、升级，必须要使汉中现代服务业实现跨越式发展。而要实现汉中现代服务业的跨越式发展，必须充分借鉴先发地区的成功经验，以避免走弯路、走老路，实现高起点、高速度发展。在本研究过程中，发现与汉中城市规模、地理位置、产业结构相似的一些城市已经走到了汉中的前面，如河南省焦作市，过去一直是一个煤炭之城、黑色之城，自 2009 年开始转变城市发展观念，以旅游业为龙头成功地促进了经济结构的转型、升级；浙江省丽水市是位于长三角经济圈腹地的一个极为落后的城市，2009 年以来全市上下高度重视，对城市主导产业重新定位，以长三角周边三大核心城市为市场，以休闲养生（养老）产业为主导，特色农业、旅游、文化等产业融合发展，也促进了地区经济结构的顺利转型等。因此，必须尽快成立由政府主管部门牵头，各相关部门领导、科研团体代表共同参与组织的考察团，到兄弟省市调研取经，以期扬长避短，保证汉中市现代服务业在"十三五"时期能够实现历史跨越。

另一方面，汉中市要敞开城市之门，扩大开放度，通过与国内兄弟省市、国际同等城市建立友好城市关系，加大城市宣传力度，积极"请进来"一批现代服务业大企业、引进一批大项目、请进一批高水平的专业人才，尤其是技术水平高、经济效益好、辐射带动能力强的大企业和大项目，充分发挥"请进来"企业、项目、人才的带动和示范作用，并努力使这些"请进来"的企业、项目、人才在汉中落地生根，使"请进来"的优势转化成汉中的本土优势，增强汉中经济发展的长效性。

三　积极扶持与培育示范项目

汉中市现代服务业的发展需要培养一批具有示范作用的示范项目，而政府相关部门应发挥更大的作为。政府主管部门应转变工作方式，不能只停留在政策制定层面，政府工作要向实际操作指挥层面延伸，切实为示范企业、示范项目的发展提供咨询指导，可以设立专门帮扶小组，提供政策咨询、技术支持、管理运营支持等服务。也可以委托课题组对示范企业、示范项目进行跟踪研究，随时发现和解决示范企业、示范项目运行中遇到的新问题，为政府主管部门调整对策措施提供参考意见，共同探讨服务业转型升级的道路。只要将示范企业、示范项目运行好，在全市范围先形成影响、产生共识，就能对相关企业产生带动作用，形成行业新的发展方向，引领汉中市服务业健康发展。

四 注重本土学者长期性研究

对一个地区的经济发展出谋划策，必须建立在对该地区充分了解的基础之上，国内大多地级市都设置有市级的社会科学研究机构，以服务于地方经济发展。汉中市目前尚无这样的专门研究机构，经济发展项目主要依靠外部力量，外埠学者的学识水平无可厚非，但毕竟存在不接地气的现实问题，而且缺乏长期的持续性研究。因此，作者建议成立汉中市社会科学院或社会发展研究中心，至少应该在汉中市当地建立起一支相对稳定的地域经济发展研究人员队伍，以项目资助的方式支持其对汉中经济发展热点问题进行长期研究。

五 全力打造汉中市现代服务业"秦巴创客谷"

秦岭与巴山之间的汉江，自古号称"黄金水道"，它流经平川地带的汉中盆地与高山峡谷的黄金峡，共同构成阴阳共生的悠久历史文脉和古老运输通道。作为"南水北调"和"引汉济渭"的汉江水源地，传统农业和现代工业发展与矿产资源开发受到极大的限制，现代服务业成为振兴汉中市社会经济发展的不二选择。

在贡献与共享的时代里，区域中心主义与全球多极化伴生共进。为了中华民族的崛起，创业与创新成为时代的最强音。挖掘中国传统的山水园林理念和规制，以及开发汉文化的发祥地，传承中国古典文化，引领社会发展时尚，必须全力打造"秦巴创客谷"，畅想未来，应采取以下策略：

（一）"引嘉济汉"，回归汉中

效法大禹"嶓冢导漾，东流为汉"，修筑嘉陵江调洪水利设施，沟通西汉水，加大汉江流量，以满足"南水北调"再加上"引汉济渭"水量的需求，以及缓解汉江下游丹江口水库以下汉江断流的局面，还能增强汉中江段"黄金水道"的通航能力，让汉中回归到汉江中游的地位，使掐头去尾的汉江浩浩荡荡，再现往日辉煌。治水之功，泽被后世。

（二）功能定位，高雅人生

在饮食上，全民饮用山泉源头水和"汉中仙毫"富硒茶，全域发展有机农业和山林野生瓜果，产品销售推行道家思想浓厚的"地产地消"；在穿着上，传承华夏文化，大力开发汉风服饰；在居住上，提倡城内一处住宅，乡下一套别墅，平均一人一亩田的"小国寡民"，使小农人家早日超越发展奔小康，使北、上、广等大城市无法攀比；在出行上，城区要划定步行道、盲道、共享单车和电动车专用道，还要满足自驾小型客车和公共交通行车通畅，有足够的满足旅游城市的停车位。乡野要优先发展环保的沟通各景区和居民集聚区的轻轨交通体系，要发展各种民用航空飞行器与森林消防结合起来，要结合秦蜀古道的挖掘开发，建设足够的游步道和自驾游房车营地，完善全域旅游和全民参与的服务体系，使秦巴山间的汉中市成为真正意义上的"国家中央公园"。

（三）生态产业，打造五谷

全力打造秦巴绿色产业"创客谷"；陕西最美宜居城市"养生谷"；中国天汉婚恋旅游"善缘谷"；亚太汉文化"研学谷"；天下第一休闲度假"欢乐谷"。实现一县有五谷，一谷一洞天。搭建创业平台，招募天下英才，在全汉中市域内，形成资源优势互补，各具特色的66处秦巴创客谷。

（四）山水园林，修复古城

修复先秦时代的"万石城"，政府东迁金华村"龙舌衔珠"之地，刷新政府服务体系，引领秦巴创客创业，创造"耕读为民"的现代服务业新模式；再造汉代 42 里"南郑大城"，沿 108 国道南侧，建设物流、信息流、人才流等服务基地；重修唐代"褒城驿"，建设旅游服务中心，再现"天下第一驿"；尽快完工仿古"兴元府城"，使之成为汉文化研学与天台论道国际会议中心；重建明代"汉中府城"，使之成为餐饮、购物旅游城，城墙修建成现代立体停车场；还可整合勉县两汉三国影视文化城，挖掘沔州城、汉城、泜水城、白马城和褒州城；美化南郑山水田园，保守旱麓山、中梁山、汉水女神庙等生态与文化财富；快建城固航空智慧城，挖掘汉王城、乐城、胡城和张骞文化；加强洋县有机农业城的带动作用，保护朱鹮生态园，挖掘古代真符城、兴势城、黄金城和大力开发"黄金水道"漂流等旅游项目；提升西乡茶产业城，挖掘蒿坪山洋州古城、午子山茶道、太极湿地和茶镇文化，使之成为汉茶文化的大本营，世界第一大茶会。挖掘汉中文化底蕴，旧瓶装新酒，醉美山水间。

（五）百水千山，养生天堂

结合汉中市"美丽乡村"规划，沿秦蜀古道、乡间小道、近代省道国道和现代高速公路铁路，建设 100 处以本地江、河、湖、溪等命名的养生小镇、温泉小镇和 1000 处以本地名山命名的度假山村，使之成为养生养老、休闲度假、徒步旅游和感悟人生，使之成为研学访道、"吾老吾幼"实践、人与自然和谐共存的天下第一养生天堂。

总之，汉中市与周边落后市县相比，早已是区域中心城市；与成都、西安、重庆、兰州和武汉等省会城市相比，短时期内社会经济发展总量难以企及；但是，放在亚太地区"汉文化圈"内，乃至全球社会视野中，其地位凸显；特别是在全中国人民的心中，不仅是中国地理版图的中心，更是"山水田园"城市和汉文化的中心。

参考文献

［1］仇方道、佟连军、朱传耿等:《省际边缘区经济发展差异时空格局及驱动机制:以淮海经济区为例》,《地理研究》2009年第2期,第451—463页。

［2］王兴平、黄兴文:《省域中心城市的内涵与选择:以江苏省为例》,《城市发展研究》2002年第3期,第48—52页。

［3］冯德显、贾晶、乔旭宁:《区域性中心城市辐射力及其评价:以郑州市为例》,《地理科学》2006年第3期,第266—272页。

［4］沃尔特·克里斯塔勒:《德国南部中心地原理》,常正文、王兴中,等译,商务印书馆2010年版。

［5］Preston R E. *The structure of central place system.* Economic Geography, 1971, 47: 136—155.

［6］Marshall J U. *The Structure of Urban Systems.* Toronto: University of Toronto Press, 1989.

［7］Irwin M D, Hughes H L. *Centrality and the structure of urban interaction: Measures, concepts, and applications.* Social Forces, 1992, 71 (1): 17—51.

［8］Bonacich P. *Power and centrality: Afamily of measures.* American Journal of Sociology, 1987, 92: 1170—1182.

［9］周一星、张莉、武悦:《城市中心性与我国城市中心性的等级体系》,《地域研究与开发》2001年第4期,第1—5页。

［10］朱翔、徐美:《湖南省省际边界中心城市的选择与培育》,《经济地理》2011年第11期,第1761—1767页。

［11］张志斌、靳美娟:《中国西部省会城市中心性分析》,《人文地理》

2005 年第 1 期，第 14—18 页。

[12] 刘嘉俊、蒋国富、靳晶晶：《黄淮四市城市中心性评价》，《国土与
自然资源研究》2011 年第 1 期，第 1—2 页。

[13] 薛丽芳、欧向军、谭海樵：《基于熵值法的淮海经济区城市中心性
评价》，《地理与地理信息科学》2009 年第 3 期，第 63—66 页。

[14] 王茂军、张学霞、齐元静：《近 50 年来山东城市体系的演化过程：
基于城市中心性的分析》，《地理研究》2005 年第 3 期，第 432—
442 页。

[15] 吴艳丽、刘兆德：《山东省城市中心性及城市发展研究》，《国土与
自然资源研究》2010 年第 1 期，第 8—9 页。

[16] 叶大年、赫伟、李哲等：《城市对称分布与中国城市化趋势》，安徽
教育出版社 2011 年版。

[17] 周一星、张莉：《改革开放条件下的中国城市经济区》，《地理学
报》2003 年第 2 期，第 271—284 页。

[18] 蒋海兵、张文忠、祁毅等：《高速铁路与出行成本影响下的全国陆
路可达性分析》，《地理研究》2015 年第 6 期，第 1015—1028 页。

[19] 刘继生、陈彦光：《分形城市引力模型的一般形式和应用方法：关
于城市体系空间作用的引力理论探讨》，《地理科学》2000 年第 6
期，第 528—533 页。

[20] 陈联、蔡小峰：《城市腹地理论及腹地划分方法研究》，《经济地
理》2005 年第 5 期，第 629—631、654 页。

[21] 潘彦江、方朝阳、缪理玲等：《基于交通状态分析的南昌市区区际
联系通达性研究》，《地理研究》2014 年第 12 期，第 2325—
2334 页。

[22] 陆大道、樊杰：《2050 中国的区域发展》，科学出版社 2009 年版。

[23] J. Boudeville, *Problems of Regional Economic Planning* [M]. Edinburgh, 1966.

[24] Lasuen, J. R, *Urbanization and Development, the Temporal Interaction between Geographical And Sectoral Cluster* [J]. Urban Studies, 1973. Jg. 10.

[25] Friedmann, J. R. P., *A General Theory of Polarized Development*. In:

N. M. Hansen, Growth Centers in Regional Economic Development [M]. New York: The Free Press. 1972.

[26] Perroux F. *Note sur la notion de pole de croissance* [J]. Economic Appliquee, 1955 (8): 307—320.

[27] 国务院扶贫办：《关于公布全国连片特困地区分县名单的说明》2012 年 6 月 14 日, http://www.cpad.gov.cn/publicfiles/business/。

[28] 何龙斌：《省际边缘区接受中心城市经济辐射研究》,《经济纵横》2013 年第 6 期, 第 12—16 页。

[29] 武力、肖翔：《不均衡与均衡：中国经济发展的历史与逻辑》,《中共党史研究》2012 年第 7 期, 第 35—39 页。

[30] 陈仲伯等：《湘鄂渝黔桂省际边境区域经济发展战略》, 湖南科技出版社 2001 年版。

[31] 何龙斌：《关中—天水经济区与陕南经济互动发展对策》,《陕西理工学院学报》（社会科学版）2012 年第 1 期, 第 57—61 页。

[32] 何龙斌：《"西三角"中心城市对周边地区辐射力的比较与启示——以陕南为例》,《开发研究》2012 年第 1 期, 第 9—12 页。

[33] 何龙斌：《西安对陕南的经济辐射力测度评价与提升对策》,《安康学院学报》2012 年第 3 期, 第 52—55 页。

[34] 赵志模、郭依泉：《群落生态学原理与方法》, 科学文献出版社重庆分社 1990 年版。

[35] 邢忠：《边缘效应与城市生态规划》,《城市规划》2001 年第 6 期, 第 44—49 页。

[36] 邢忠：《边缘区域边缘效应——一个广阔的城乡生态规划领域》, 科学出版社 2007 年版。

[37] 郭荣朝：《省际边缘区城镇化研究》, 中国社会科学出版社 2006 年版。

[38] 肖振西：《边缘城市建设区域性中心城市模式探究——以河南省安阳市为例》,《经济问题探索》2007 年第 10 期, 第 110—113 页。

[39] 张伟：《中部欠发达地区城镇化特征、机制及若干探讨》,《城市规划》2012 年第 6 期, 第 42—49 页。

[40] Thomas A. Hutton. *Service industries, globalization, and urban restructu-*

ring within the Asia-Pacific: new devel-opment trajectories and planning re-sponses Progress in Planning [D] . Vol-ume 61, Issue 1, January 2003.

[41] 代文、秦远建:《基于产业集群的现代服务业发展模式研究》,《科技进步与对策》2006 年第 3 期。

[42] 张洁、芮明杰:《现代服务业发展模式及其国际借鉴》,《改革》2010 年第 5 期。

[43] 李艺、秦玉婷:《基于钻石模型的现代服务业发展模式研究》,《沈阳工业大学学报》2011 年第 3 期。

[44] 车鑫、谷一鸣:《发达国家现代服务业发展模式研究——以美国、英国、日本为例》,《科技创业》2015 年第 14 期,第 40—42 页。

[45] 刘龙龙、李鸿波、梁军壮:《生态旅游发展现状及未来发展对策研究——以金丝峡景区为例》,《辽宁农业科学》2015 年第 4 期,第 12—17 页。

[46] 周诗涛:《国内外生态旅游发展现状比较研究》,《牡丹江教育学院学报》2015 年第 9 期,第 115—116 页。

[47] 王建冬、陈建龙、陈光华等:《中美欧现代信息业发展水平比较分析》,《情报学报》2014 年第 6 期,第 573—583 页。

[48] 何琴清:《浅析我国物流业发展现状》,《物流工程与管理》2016 年第 38 期,第 45—46 页。

[49] 王晓红:《我国物流业发展现状评价》,《经济体制改革》2006 年第 5 期,第 168—170 页。

[50] 刘琼、杨贤传:《我国物流业发展现状与对策研究》,《重庆科技学院学报》2013 年第 1 期,第 93—96 页。

[51] 米雪玉、张林、轧红颖:《我国物流业发展现状及对策研究》,《公路交通科技》2014 年第 7 期,第 376—378 页。

[52] 韩思媛、吕贵鑫:《我国物流业发展现状分析》,《产业与科技论坛》2013 年第 6 期,第 25 页。

[53] 李博群:《我国电子商务发展现状及前景展望研究》,《调研世界》2015 年第 1 期,第 15—18 页。

[54] 郝然:《我国电子商务发展现状与趋势》,《中国商论》2015 年第 7 期,第 56—58 页。

［55］杨艳：《产业融合对现代服务业发展影响初探》，《知识经济》2012 年第 5 期，第 117—118 页。

［56］刘卓聪、刘新冈：《先进制造业与先进服务业融合发展研究》，《科技进步与对策》2012 年第 11 期，第 52—54 页。

［57］谢印成：《基于产业融合的现代服务业与新兴产业互动发展研究》，《商业时代》2013 年第 16 期，第 118—119 页。

［58］付春丽、李晶、黄斌：《我国科技服务业的发展研究》，《中国科技资源导刊》2016 年第 6 期，第 26—31 页。

［59］胡兰：《挖掘产业转型升级内在需求着力培育科技服务业新业态：长城企业战略研究所科技管理部经理邵翔谈高新区如何发展科技服务业》，《中国高新区》2014 年第 9 期，第 18—22 页。

［60］唐守廉、徐嘉玮：《中美科技服务业发展现状比较研究》，《科技进步与对策》2013 年第 5 期，第 41—47 页。

［61］张清正、李国平：《中国科技服务业集聚发展及影响因素研究》，《中国软科学》2015 年第 7 期，第 75—93 页。

［62］张前荣：《发达国家科技服务业发展经验及借鉴》，《宏观经济管理》2014 年第 11 期，第 86—87 页。

［63］向勇：《转型期我国文化产业发展模式研究》，《东岳论丛》2016 年第 37 期，第 66—70 页。